U0612692

曾庆榴 著

# 黄埔军校史（1924—1927）

岭南文库编辑委员会　广东中华民族文化促进会　合编

南方传媒　广东人民出版社·广州

**图书在版编目（CIP）数据**

黄埔军校史：1924—1927 / 曾庆榴著. --广州：
广东人民出版社，2024.6. --（岭南文库）. -- ISBN
978-7-218-17745-8

Ⅰ. E296.3

中国国家版本馆 CIP 数据核字第 2024ZC8687 号

Huangpu Junxiao Shi（1924—1927）

# 黄埔军校史（1924—1927）

曾庆榴　著

出 版 人：肖风华

策划编辑：夏素玲
责任编辑：易建鹏　饶栩元　唐明映
责任校对：帅梦娣
责任技编：吴彦斌
装帧设计：亦可文化

出版发行：广东人民出版社
地　　址：广州市越秀区大沙头四马路 10 号（邮政编码：510199）
电　　话：(020) 85716809（总编室）
传　　真：(020) 83289585
网　　址：http://www.gdpph.com
印　　刷：恒美印务（广州）有限公司
开　　本：640mm×970mm　1/16
印　　张：35.25　字　数：433 千
版　　次：2024 年 6 月第 1 版
印　　次：2024 年 6 月第 1 次印刷
定　　价：138.00 元

如发现印装质量问题，影响阅读，请与出版社 (020-85716849) 联系调换。
售书热线：(020) 87716172

ISBN 978-7-218-17745-8

9 787218 177458 >

# 《岭南文库》前言

广东一隅，史称岭南。岭南文化，源远流长。采中原之精粹，纳四海之新风，融汇升华，自成宗系，在中华大文化之林独树一帜。千百年来，为华夏文明的历史长卷增添了绚丽多彩、凝重深厚的篇章。

进入 19 世纪的南粤，以其得天独厚的地理环境和人文环境，成为近代中国民族资本的摇篮和资产阶级维新思想的启蒙之地，继而成为资产阶级民主革命和第一次国内革命战争的策源地和根据地。整个新民主主义革命时期，广东人民在反对帝国主义、封建主义和官僚资本主义的残酷斗争中前仆后继，可歌可泣，用鲜血写下了无数彪炳千秋的史诗。业绩煌煌，理当镌刻青史、流芳久远。

新中国成立以来，广东人民在中国共产党的领导下，摧枯拉朽，奋发图强，在社会主义物质文明建设和精神文明建设中卓有建树。当中国社会跨进 20 世纪 80 年代这一全新的历史阶段，广东作为国家改革开放先行一步的试验省份，被置于中国现代化经济建设发展的前沿，沿改革、开放、探索之路突飞猛进；历十年艰辛，轰轰烈烈，创造了中国经济发展史上的空前伟绩。岭南大地，勃勃生机，繁花锦簇，硕果累累。

际此历史嬗变的伟大时代，中国人民尤其是广东人民，有必要进一步认识岭南、研究岭南，回顾岭南的风云变幻，探寻岭南的历史走向，从而更有利于建设岭南。我们编辑出版《岭南文库》的目的，就在于予学人以展示其研究成果之园地，并帮助广大读者系统地了解岭南的历史文化，认识其过去和现在，从而激发爱国爱乡的热情，增强民族自信心与自豪感；高瞻远瞩，继往开来。

《岭南文库》涵盖有关岭南（广东以及与广东在历史上、地理上有密切关系的一些岭南地域）的人文学科和自然学科，包括历史政治、经济发展、社会文化、自然资源和人物传记等方面。并从历代有关岭南之名著中选择若干为读者所需的典籍，编校注释，选粹重印。个别有重要参考价值的译著，亦在选辑之列。

《岭南文库》书目为350种左右，计划在五至七年内将主要门类的重点书目基本出齐，以后陆续补充，使之逐渐成为一套较为齐全的地域性百科文库，并作为一份有价值的文化积累，在祖国文化宝库中占一席之地。

岭南文库编辑委员会
一九九一年元旦

# 序

　　1924 年 1 月中国国民党第一次全国代表大会期间，孙中山正式下令筹办陆军军官学校，以蒋介石为筹备委员会委员长，指定广州黄埔岛原广东陆军小学、海军学校旧址为校址。以故，陆军军官学校又被称为黄埔军校。

　　孙中山在兴中会时期，经过 1895 年广州重阳起义和 1900 年的惠州起义，已认识到依靠会党反清，难于成事，于是于 1903 年在日本开办青山军事学校，招收学员进行训练。中国同盟会成立后，孙中山鼓励各同志进入日本士官学校、成城学校或振武学校学习。"二次革命"失败后，孙中山在日本成立中华革命党，其军事部领导国内的中华革命军东北军等部，从事武装斗争，并在日本设立军事学校，培养军事人才。孙中山从实践中深刻地认识到，干革命必须依靠笔杆子与枪杆子。靠笔杆子，体现于他强调宣传的重要性，常引用拿破仑的话"报纸功力胜于三千毛瑟"，以启示同党；靠枪杆子，就是重视军事干部的培养，以造就革命军的骨干。但是，在二十多年时间里，孙中山旋起旋蹶，仍然是"革命尚未成功"。尤其是 1922 年 6 月 16 日陈炯明部发动兵变，炮击观音山总统府。孙中山踮踏于永丰兵舰，亲信四散。待援无望，只得出走上海，住租界。残酷的现实，使他不能不作深刻的反思，乃幡然悔悟，另谋出路，与共产国际、苏联及刚成立一年多的中国共产党接洽，经过几度磋商，终于在 1923

年 1 月 26 日发表《孙文越飞联合宣言》，开始推行"联俄"与"容共"。所谓"容共"，中国传统"名从主人"，用孙中山的话语，是"容纳共产分子"，中共党员以个人身份参加国民党（称"党内合作"），并非两党对等联合。"联俄""容共"的最初也是最大的成果，便是国民党第一次全国代表大会的召开（中共党员参加国民党中央执委、中央候补执委及担任组织等部的部长、秘书），以及随后成立的陆军军官学校（1924 年 6 月 16 日正式举行开学典礼）。

初创时期的黄埔军校，虽然有以巴甫洛夫、切列潘诺夫等人组成的苏联军事顾问团的帮助，但开局难以完善，也未能全面推行苏联红军的军事体制，短短半年左右，先后更换了戴季陶、邵元冲两位政治部主任。只是到了 1924 年 11 月共产党人周恩来任政治部主任以后，引进聂荣臻、熊雄、恽代英等人到黄埔军校工作（聂任秘书，熊任副主任和代主任，恽任政治主任教官），建立体制，红军化的黄埔军校才走上正轨。

国共两党中的黄埔军校教官、学生在中国现代史上的重大作为，使黄埔军校成为世界著名军校，饮誉中外，黄埔军校历史研究在中国现代史、国民党党史、国民党军事史乃至国共关系史上，均居于重要的地位。国民党将广州、南京、成都所办军校以及迁台后的凤山军校，均冠以"黄埔"系统，出版了数量可观的史料和论著。大陆方面，改革开放以来，学界急起直追，也出版了大量有关黄埔军校的史料、论文和著述，在研究的广度和深度方面，成果喜人。然而，综观有关资料与著述，无可讳言，尚未见到与黄埔军校历史地位相匹配的一部厚重而完善的《黄埔军校史》出版。有求则有应，事情到了一定阶段，必有转机。现在，读者可以庆幸的是，学界将会普遍认可、填补一项空白的《黄埔军校史（1924—

1927)》——曾庆榴教授的力作，作为《岭南文库》丛书之一，将由广东人民出版社刊行。

本书撰写国共合作期间黄埔军校在广州办学的历史，前三期为陆军军官学校时期，第四至第六期为中央军事政治学校时期，详述黄埔军校建校、建军、改组、北伐以及在穗终结的方方面面的史事，扣紧国共两党携手办校这一主题，致力于阐述共产党人与黄埔军校的关系，认真梳理该校发展过程中出现的逆转与质变，并对这所学校的历史地位与研究的现实意义作了认真深入的分析探讨。书中融汇了大量广州大革命运动的史事，按史书规范撰写，分五个部分、二十章，共约四十五万言。全书结构严谨，条理清晰，史料丰赡，观点明确，笔酣墨饱，洵为黄埔军校历史研究之集大成者，堪称这一专题最为厚重之作。

著者从事黄埔军校历史研究已历半世纪，出版多种专著和大量论文，对黄埔军校许多历史问题，均有所思考与研究，并有个人独到的认识。纵览全书，著者写作之着力点，显而易见：（一）孙中山创办黄埔军校的初衷；（二）苏联和共产党人在黄埔建校、建军中的作用；（三）黄埔军校、国民革命军"党代表制""政治部制"及"党部制"的建立，军校政治教育、军队政治工作、战时政治工作的开展：（四）黄埔军校开门办学、学用结合的办学特色；（五）在战争中学习战争（参加平定商团叛乱、两次东征、讨伐滇桂军、北伐战争）；（六）黄埔军校教官、学生的社会活动（援助工农学生运动）；（七）黄埔军校左、右两翼的分化及蒋介石的"军权"扩张；（八）国民党及黄埔军校从"容共"到反共的演变；（九）黄埔军校对各地革命运动的影响与辐射。凡此，均为在网罗中外文献、分析诸家短长的基础上，通盘斟酌、经久打磨、着墨尤多之笔。对此，读者读后当有所体认。

本书的另一特点是史料翔实。著者1964年考入中山大学历史系，毕业后数十年间，主要从事中共党史、广东地方史的征编、教学和研究工作，阅览广泛，对中方（包括港台）和俄方有关的史料，对黄埔军校的档案、书报，对蒋介石的日记、年谱，以及与黄埔军校相关的口述史、回忆录等，长期搜集，孜孜以求，梳爬数十年，发微显隐，所获甚丰。

例如，书中对黄埔军校两"会"之争、王懋功事件、布勃诺夫使团来穗、蒋介石的虎门之谋、蒋策划排汪出局的"联席会议"等史事的阐述，均以扎实的史料为依据，其中不乏个人所见，言人所未言。书中对黄埔军校的教学情况，放笔而写，特别是对他书涉及不多的第四、第五期的课程设置、教学方针方法等，作了全面的阐述，这也是重视史料发掘的结果。汪精卫1926年3月25日致张静江函，是一通较为罕见的信函，著者发现于《马叙伦自述》一书，并在本书"蒋介石逼汪去职"一章予以引用，从而对汪、蒋关系破裂的细节，作了深度揭示。所有这些，均可见其搜寻之勤，发覆工作之细致。

此外，著者与黄埔军校人士（在世教官学生及其亲属）、学界和文博界人士及关注黄埔军校历史之社会人士交往密切，互相切磋，互证互补，从中获得了不少有价值的史料，并加深了对黄埔军校史学的认识。此书史料之翔实、富赡，他书实难望其项背。

《黄埔军校史（1924—1927）》初稿写成后，我有幸拜读一遍，获益匪浅。现又读到校订稿，感到此书政治导向正确，史实准确，在写作上，用笔错落有序，剪裁得体，收放自如，叙事、论事新意迭出。特别是，书中就共产党人参与黄埔建校建军的实践对于中共早期军事政治干部的养成，对于人民军队建设的影响、作用和意义，作了严肃、认真的分析探讨，观点颇有见地。这尤为难得，也是著者立意之所在。综合地看，这是一部下功夫写作，并写得成功之作。

《黄埔军校史（1924—1927）》是曾庆榴教授在数十年的史料征研基础上写成的学术著作。这本书的出版，是黄埔军校历史研究的一桩盛事，可喜可贺。庆榴教授邀我为此书作序，深感荣幸之至，但我对黄埔军校的历史研究不深，而又盛情难却，于是勉强从命，写了上面几段文字，作为读后感言，贻笑方家了。

谨此以报庆榴教授，并诚挚向读者推荐这部新著。

李吉奎

2023 年 1 月 15 日

（作者系中山大学历史系教授）

# 目　　录

## 第二部分　黄埔建军

## 第三部分　黄埔军校的改组

## 第四部分　黄埔军校与北伐战争

## 第五部分　黄埔军校在广州的终结

# 引　言

　　黄埔军校创办于 20 世纪 20 年代。这是第一次国共合作与中国大革命运动的产物，是一所对中国近现代历史进程产生了重大影响的军事政治名校。在广州，黄埔军校旧址名闻中外，是一道著名的革命历史文化景观。

　　黄埔军校的史料较为丰富。孙中山、廖仲恺、蒋介石及苏俄、国民党、共产党的众多人物在黄埔军校的活动，分别有或详或略的文字记载；黄埔军校军事学科、术科和政治教育的内容，一般有资料可查，相关的教学大纲、讲义、讲演录等，有的已专册出版，有的已收录于各种书刊中；黄埔军校教官、学生参加东征、北伐的情况，不少见诸已出版的征战录或实战记。尤为难得的是，黄埔军校出版过多种期刊和报纸，除发表教官、学生的言论撰述外，还大量报道军校的教学活动和社会活动，从中可以窥见军校办学的一些具体情况以及军校与社会的种种联系，了解军校教官、学生参加社会政治、军事、党务活动和投身工农运动的情况。这些期刊报纸不少得以保存。黄埔军校很早成立"筹备校史编纂委员会"（1925 年 9 月 13 日），每一期都编印有同学录，至 20 世纪 30 年代，还出版了《中央陆军军官学校史稿》。

　　值得注意的是，大量有关黄埔军校的史料，是交错积沉于历史当事者的撰述或相关资料之中的。毛思诚根据蒋介石的日记、文电、函稿、演说词等，纂成《蒋公介石年谱初稿》，蒋亲自审定修改，1937 年 3 月以《民国十五年以前之蒋介石先生》的书名出版，但删改了"年谱初稿"的若干内容。1992 年 12 月，档案出版社出版中国第二历史档案馆编《蒋介石年谱初稿》时，恢复了"年谱初稿"的面貌。这两本书保留了黄埔军校相当多的史料，对照着看，更能全面认识军校深层次的一些问题。众多黄埔军校人物不同时期、不同形式的撰述，也不同程度地反映了黄埔军校的办学情况。如第二任政治部主任邵元冲的日记，有不少关于黄埔军校的记述。第一期学生张隐韬入读军校前后的日记，具体记述了第一期招生、上课、军训和参加平定商团之役的经过，是亲历黄埔军校初创阶段的简朴记述。苏联顾问鲍罗廷当年在各种场合所作的讲话、报告和所发的书信，很多涉及黄埔军校的内部情况。军事顾问加伦不仅是一位杰出的军事家，而且勤于写作，他的《广东战事随笔》中文译本近 30 万字，其中许多内容都与黄埔军校直接相关。切列潘诺夫是军校军事教官，离华后所撰《中国国民革命军的北伐》，是以苏联教官的身份参与黄埔军校工作的亲历、亲见之作。

　　因黄埔军校历史地位和作用影响的重要性，也因这所学校的历史蕴含具有一定的学术魅力，长期以来，不断有人致力于黄埔军校史的研究和写作。大致的情况是：（一）在关于中国近现代史、中华民国史、国民党史、中共党史以及中国军事史、政治史的著作（包括港台和海外学者所作）中，有专门章节或一定篇幅论列黄埔军校的史事；（二）在有关孙中山、廖仲恺、蒋介石以及黄埔众多教官学生的传记作品中，有一定篇幅介绍、评述他们在黄埔军校的活动；（三）整理出版了《黄埔军校史料（1924—1927）》，并陆续推出了卷帙浩繁的《黄埔军校史料汇编》；（四）出版了《黄埔军校图志》《黄埔军校史话》《大革命时期的黄埔军校史略》《黄埔军校名人名将名师》等一批图书；（五）出版了若干关于黄埔军校的研究著述，发表了相当多的专题论文等。近 20 年来，黄埔军校的研究在各地颇受重视，广州"黄埔军校研究中心"先后出版多辑《黄埔军校研究》，在学术界产生了一定的影响。

　　总的看来，对黄埔军校历史的研究不但是有意义的，撰写"黄埔军校史"也是有条件和有基础的，并取得了丰硕的成果。然而，此前的研究尚有待于深入，主要是因为还没有专门的论著出版。已有的文论，有的是嵌接在其他著述之中，作为其书稿的组成部分而出现的，缺乏论述的完整性；有的是有一定论述范围的专题之作，而不是对黄埔军校历史的全面、系统的撰述；有的"将帅录""名人传""征战录"，冠以黄埔军校之名，但提及黄埔军校的内容却不多；有的还停留在对史料的整理编印阶段，尚未作进一步的研究。迄今未见有"黄埔军校史"一书出版，这不能不说是一个遗憾。

　　本书是努力遵循历史唯物主义，按史学规范撰写"黄埔军校史"的尝试之作。兹将笔者的写作意图和内容预设，简述如下。

　　一、黄埔军校是为适应时代的需要而诞生，又对历史发展的走向产生了巨大影响的一所学校。本书是撰述黄埔军校创办、发展、演变过程的专门之作，力图揭示黄埔军校的组织架构、规章制度、教学训练和教官学生活动的全貌，并对校内外发生的与本校有重大关联的事件，作出历史、客观的分析。本书撰述黄埔军校的历史，将不可避免地要涉及第一次国共合作和中国大革命运动的大量史事。笔者的意图在于：既要在国共合作与大革命运动的背景下诠释黄埔军校的历史，又要对黄埔军校作用于、影响于国共合作和大革命运动的种种因素，作出应有的梳理、分析和评述。笔者所预期的"黄埔军校史"，是一部以"校史"为中心，融汇相关史料，全面展现 20 世纪 20 年代中期中国革命风云的学术专著。

二、本书撰述的范围，是从 1923 年黄埔军校的筹创，至 1927 年夏秋国共关系破裂及黄埔军校质变为止。这是在国共合作的历史条件下，黄埔军校在广州创建、发展、演变的全过程。此为本书的骨架和主要部分。黄埔长洲岛 1927 年夏季后所办的军校，以及后来在南京、成都所办的军校（包括各地的分校），虽然仍然称为"黄埔军校"，但性质已变，已不是国共合作创办的军校。这些学校的史事，宜另立专题来研究和写作，本书只作为军校变迁而略加交代，不予详细撰述。

三、扣紧国共两党携手建校、建军的主题。本书以撰述黄埔军校的史事为中心，大体设想是：（一）按陆军军官学校（1924 年 5 月至 1926 年 3 月）和中央军事政治学校（1926 年 3 月至 1927 年 4 月）两个阶段，阐述军校办学的经过。陆军军官学校为前三期，中央军事政治学校为第四、五、六期。两个阶段互相连接，但因政治因素、人事关系变动的影响，黄埔军校各方面的情况也出现了复杂的变化。本书力图对此作细化梳理，以揭示黄埔军校办学进程的复杂性及教学、训练内容的多样性。（二）设专门章节撰述黄埔军校军队建设的情况，包括黄埔建校与建军的关系，军校"教导团""党军"和"国民革命军"的建立发展，军队"党代表制""政治部制""党部制"的建立及其意义等，以展示黄埔军校以"校"建"军"，"校""军"一体，以"军"强"校"的特点。（三）按时间顺序撰述军校教官、学生参加两次东征和北伐战争的经过，以体现战场是黄埔军校的"特色课堂"，"在战争中学习战争"是黄埔军校办学的基本经验。

四、致力于撰述共产党人与黄埔军校的关系。黄埔军校不仅有许多苏联顾问教官参与，而且自筹创之日起，陆续有大批中共党员在校内、军队工作，或在军校各期、各科学习。

本书将细绎共产党人在黄埔军校活动的情况及其对黄埔军校所作的建设性贡献：（一）共产党人进入黄埔军校的动机、因缘，各期教职员和学生中的共产党员和党组织的情况。（二）共产党人在黄埔建校、建军中的作用，特别是在军校政治教育、军队政治工作和战时政治工作中发挥的作用。（三）军校共产党人参加社会政治活动和援助工农革命运动的情况，包括分赴各地开展武装斗争的情况。（四）共产党人参加黄埔军校的深远意义。参加黄埔军校，是中国共产党人认识武装斗争的重要性、从事武装斗争实践和尝试独立组建军队的开端；中共早期的军事、政治干部，许多出自黄埔军校；共产党人在黄埔军校主持政治教育和军队政治工作，对此后中国共产党领导的人民军队的建设发展，产生了深刻的影响。这些内容，将在有关章节中予以阐述。

五、认真梳理黄埔军校在发展进程中出现逆转与质变的相关情况。黄埔军校是孙中山手创、得到苏联大力支持并有大批共产党员积极参加的军事政治学校。黄埔军校创立后所发生的种种变动，在本书中，必然要有所涉及。本书将扩大视野，联系国民党及国民革命营垒的复杂情况，并联系中国大革命运动发展变动的复杂形势，力图对黄埔军校的逆向演变及其内因、外因作出客观的分析。主要着墨点为：孙中山、廖仲恺逝世后国民党的分化；黄埔军校左、右两翼的形成及其活动；胡汉民、汪精卫、蒋介石的权力角逐；蒋介石军事实力的扩张及"军权"对"党权"的挑战；苏联顾问团指导思想、人事关系变动的影响；等等。本书有意在国民党从"联共"到"反共"转变的大背景下，梳理黄埔军校逆向转变的渐进性和阶段性，并揭示军校的逆变对国共关系的破裂和大革命的失败产生的影响，以期深化对黄埔军校历史经验教训的研究。

　　"黄埔军校史"是专题性写作，时间、地域跨度虽不算大，但牵涉的历史事件多，问题复杂，千头万绪。区区一座江中之岛，与国民党左右两派的关系、国共两党关系、中俄关系关联着，甚至，影响了整整一个时代。佛经有"芥子纳须弥"之说，谓崇高之"须弥"（神话中的高山），纳于微细的"芥子"（菜籽）之中。套用此语，比喻黄埔军校虽小而容纳至大，或不为过。本书的写作，难就难在这里，既要写足、写好黄埔军校，又要写出黄埔军校包容之大、辐射之广，这谈何容易？笔者学养未足，乏剪裁润色之功，暮年秉笔，思绪滞涩，故临文未免疑虑，踌躇犹豫再三。现开弓再无回头箭，惟秉承"永远在路上"的精神，决心将这一写作进行到底。但愿有始有终，静心澄虑，拟出并打磨好书稿，以不负学界、师友和各地读者的期待，并了却一宗多年的心愿。

# 第一部分
# 黄埔军校的创建

# 第一章 背景、酝酿与准备

## 第一节 军校创立的背景

广州黄埔，有办军事学堂、办军校的传统，是中国近代军事教育摇篮之一。1924年陆军军官学校诞生前之三十七年（1887年），黄埔即有军事学堂之设。军事教育落地于长洲岛，是近代广州一道引人注目的景观。

当时，达尔文学说流行，"物竞天择""适者生存"之说大倡，意思是生存空间有限，世界是强者、优胜者的世界，弱肉强食，天经地义。弱小国家、弱势群体，从中读出了深深的危机感。中国落后，落后必挨打。达尔文学说的中译者严复，呼吁国人从沉睡中觉醒，保种自强，救国图存。19世纪以来国际社会，把振兴军队作为抓手。普鲁士人先走一步，通过军事变革，训练新军，实现了德意志的统一，遂崛起而为军事强国。许多国家都想走德国的道路，整军经武，以军兴国，成为世界性的潮流。急起救国图存的中国人，喊着"军国民主义"口号，也想走兴军强国的道路。

在中国，鸦片战争后，清朝军队（"八旗""绿营""营勇"等）日趋没落，军事改革的呼声不可阻挡。上上下下，要求整军经武，更新军制，提高军队的作战能力。19世纪下半叶以来军事学堂在黄埔的举办及其延续，实为晚清"军事自强"运动的反映。在广州黄埔之长洲岛，在这座江中小岛上，涌现了一所又一所的军事学堂或军校，走在各地整军经武、振兴军事教育的前头。

由于种种历史原因，晚清"军事自强"运动没有达到让清王朝免于衰败的目的。在辛亥革命的烽火中，清王朝轰然倒塌。在帝制向民国转变的大变局、大潮流中，由于袁世凯开历史倒车，致使政治步入歧途，社会秩序失去控制，国家陷入混乱。这样，全国各地在自强呼声中编练的"新军"、派赴外国学习军事的学生，以及从各种军事学堂走出的军人，为时代与潮流所驱动，各自走上了不同而曲折的道路。有的加入反清及创立民国的行列；有的陷于迷惘，徘徊于十字路口，不知所措，继而为野心家所操弄，成为拥兵割据的工具。地方军事集团，如直系、皖系、奉系、晋军、川军、鲁军、豫军、滇军、桂军等，大量涌现，军人干政，武力割据，战火蔓延，社会动乱。"军阀"这个称号，进入民国之后，变得妇孺皆知，无人不知其为社会之祸害。孙中山辛亥革命后维护共和的斗争，目标是打倒军阀，统一中国。诞生不久的中国共产党，这时明确指出："军阀政治是中国内忧外患的源泉，也是人民受痛苦的源泉，若没有较新的政治组织——即民主政治，来代替现在不良的政治组织——即军阀政治，这样状况是必然要继续下去的。"① 中共并提出"消除内乱，打倒军阀，建设国内和平"的纲领。② 打倒军阀，统一中国，乃时代的要求，是推动历史前进应有的担当。

---

① 《中共中央第一次对于时局的主张》（1922年6月15日），中央档案馆编：《中共中央文件选集（1）》，中共中央党校出版社，1982年，第18页。

② 《中国共产党第二次全国大会宣言》（1922年7月），《中共中央文件选集（1）》，第77页。

要打倒军阀，就要掌握军队，就要培植革命军事人才。基于推进中国革命的需要，至1924年，乃有陆军军官学校（黄埔军校）创建之举。这是中华民国缔造者、中国国民党总理孙中山长期思考、摸索的结果，也是苏联和中国共产党人积极帮助、具体参与的结果。

黄埔军校创立的原因、机缘、条件如下。

**一、孙中山的思考与摸索**

孙中山是重视军队的。他的革命生涯，总与军队联结着。医生和文人出身的他，头上却戴着大元帅的帽子。孙中山对掌握军队，做过许多思考、探索和尝试。从辛亥革命到1924年，这一段时间，均可视为他对军队的问题，也就是对如何统摄军心、振作军队、掌握和引领军队的问题进行思考和摸索的时期，纵而观之，也可以说是黄埔军校创建前酝酿、摸索的一个漫长时期。

对孙中山的有关活动略加梳理，可以看出如下的动向。

**（一）周旋于"新军"、会党之间**

辛亥革命之前，孙中山借重的力量，一是会党，一是"新军"，主要依靠这两种势力从事武装斗争，策动各地反清的武装起义。孙中山与袁世凯不同，**孙没有属于自己的一兵一卒**，而袁却手握重兵。袁以小站练兵起家，掌握北洋陆军实权，又以门生之谊，或亲缘、地缘等关系，羁縻部属。赤手空拳的孙中山，只能周旋于"新军"、会党之间，做宣传、转化、争取和策动的工作，以期将各种势力吸引到反清的旗帜之下。

**（二）"运动"军队**

民国成立，祸患频仍。始有袁世凯称帝，继有张勋复辟，再有冯国璋、徐世昌毁法。奉系张作霖霸占东北；直系曹锟、吴佩孚控制中原；皖系段祺瑞则把持着江浙、福建、陕西和湖南；西南之云、贵、川和两广，也是战火绵亘，兵连祸结。孙中山南下护法，开府设政于广州，但是他没有自己的军队。当孙中山首次建政广州任海陆军大元帅时，广东省省长朱庆澜受旧桂系压迫，亲近孙中山，对孙颇多赞助。当时，朱庆澜将省府卫队扩充为"省政府亲军"，其中二十营，欲交孙中山。国民党人朱执信建议孙中山借此机会，建立革命武装的基础，徐图发展。孙中山接受了这一建议，指令陈炯明担任省政府亲军第一统统领。孙不堪受制于西南军阀，被迫离开广东。省政府亲军（第一统二十营）被陈炯明以"援闽"的名义，带往福建。护法援闽粤军，后来成为陈炯明的基本部队。

由于没有军队，也没有独立建军的意识，孙中山只能拉拢、利用、借用各种名目的武装势力，来执行他的征伐之令。有人形容说，孙一时联甲打乙，一时联乙讨丙，为达到一时之目的，招降纳叛，绿林、山贼无所不用。他实行的是"借军阀制军阀"的所谓策略。这种举动，在当时称为"运动"军队。

所谓"运动"军队，主要是以物质（金钱、枪械、地盘等）手段贿赂和拉拢军队。在当时的中国，贿赂、拉拢军队，一是靠关系（亲缘、地缘、故旧、门生等），二是靠金钱，而金钱尤其有冲破一切的魔力。从袁世凯开始，中国的官僚、政客、军阀等，已养成以金钱收买军人，军人则为金钱打仗的习惯。廖仲恺这样说："这桩要钱的风气，便传遍了全国的军人。"① 孙的"运动"军队，一言以蔽之，是金钱笼络。

这样，被先后"运动"而来的军队，只有利害关系，而无革命共识。孙中山后来说，民国军人"可以分成两派：一派是

---

① 廖仲恺：《革命党应有的精神》（1924 年 6 月 24 日），广东省社会科学院历史研究室编：《廖仲恺集》（增订本），中华书局，1983年，第 182 页。

在革命党内的军人，这派军人口头赞成革命，行动都是反对革命，所谓口是心非；一派是在革命党外的军人，这派军人，完全反对革命，只知道升官发财，时时刻刻都想推翻共和，恢复专制"。[1]孙多次策划的北伐，均遭受挫折。经历多次教训之后，孙中山认识到"运动"军队之路走不通，必须另谋出路。

### (三) 以"精神""主义"感召军队

从武装反清开始，孙中山已意识到应注重于"主义"的灌输。早在1906年，在进行反清革命动员时，孙主张应"以主义集合，非以私人号召"[2]。此为孙对"主义"灌输的早期阐释。辛亥革命之后，四处"运动"军队之时，孙注意开展"主义"与"精神"的宣传教育，对官兵晓以大义，感以至诚，苦口婆心，不遗余力，以期将那些借利害策动而来的军队，感化、转化为真正的革命军队。

1920年秋，援闽粤军回粤。孙中山再次在广州建立政权，次年4月，由非常国会选举为大总统（5月5日就职）。正是这个时候，孙在广州陆军学堂的演说中说："军队的灵魂是主义。有主义的军队，是人民和国家的保障。"希望军界同袍，将军队改造成为"有主义的军队"。[3]4月23日，孙对粤军第一、二师演说，指出民国的官吏"把中国搅得不成样

---

① 孙中山：《陆军军官学校开学演说》（1924年5月16日），广东革命历史博物馆编：《黄埔军校史料（1924—1927）》，广东人民出版社，1982年，第48页。

② 孙中山：《中国同盟会革命方略·招降满洲将士布告》（1906年秋冬间），广东省社会科学院历史研究室、中国社会科学院近代史研究所中华民国史研究室、中山大学历史系孙中山研究室合编：《孙中山全集》（第一卷），中华书局，1981年，第311页。

③ 孙中山：《在广州陆军学堂的演说》（1921年4月4日），中山大学历史系孙中山研究室、广东省社会科学院历史研究所、中国社会科学院近代史研究所中华民国史研究室合编：《孙中山全集》（第五卷），中华书局，1985年，第486页。

子，以后不用革命精神来改造民国，再没有别的希望"。还说："陈（炯明）是革命党，你们人〔也〕是革命党呀！你们要努力贯彻主义，才不负陈总司令。"① 4 月 24 日，在欢宴海陆军警军官的演说中，孙中山说："故革命之义，实为世界之潮流，顺之者昌，逆之者亡。而实行之者，则不得不有赖于军人"，"民国既以革命之手段而创造，则今后亦必以革命之精神而维持"。② 勉励官兵同心协力，赞成革命，支持革命。

其后，粤军西征。孙中山于 10 月间离穗赴桂。驻节桂林时，他特别注意对所部将士进行精神训话。当时，为准备北伐，粤、桂、滇、赣四省之师集中于桂林。各军各戴其主，不相统属，斗殴冲突，习于见闻。城内城外，时有骚动。为灌输"主义"于军队，振作官兵精神，孙中山在桂林可容500 人的省议会厅内，对滇、赣、粤三军分批、分次作了"军人精神教育"的系列讲演。③ 每天讲两小时，每军听讲三天。听讲者包括士兵、班长以至高级军官。因公未能直接听讲的官兵，由官长回营补述。这些讲演，主题词为"精神与物质相辅为用"，着重剖析精神教育之要旨与定义，对军人精神作了阐释，指出革命军人应具之精神，即古人所谓仁、智、勇三项，并比较"精神"与"物质"的关系，使听众明了精神力量的伟大。讲演之中，他还肯定和赞扬了苏俄军队有主义、有目的。此为孙中山军队精神教育中最具代表性之作。

然而，以"精神""主义"感化军队，所得甚微，成效不

---

① 孙中山：《在粤军第一、二师恳亲会的演说》（1921 年 4 月23 日），《孙中山全集》（第五卷），第 522、523 页。

② 孙中山：《在广州欢宴海陆军警军官的演说》（1921 年 4 月24 日），《孙中山全集》（第五卷），第 524 页。

③ 孙中山：《在桂林对滇赣粤军的演说》（1921 年 12 月 10 日），中山大学历史系孙中山研究室、广东省社会科学院历史研究所、中国社会科学院近代史研究所中华民国史研究室合编：《孙中山全集》（第六卷），中华书局，1985 年，第 9 页。

彰。这主要是由各地、各种名目的军队的阶级本质决定的，也与当时军队的政治素质、文化水平不高有关系。与之谈"主义"，无异于对牛弹琴，或曰对井蛙而言沧海、对夏虫而语冰。对于借利害策动而来的军队来说，"精神""主义"的感召力有限，只有上层军官才能掌控部队，"主义"难于进入军营，以"精神""主义"感召或转化军队，只是主观愿望而已。

以上，认识到"运动"军队之路不通，须另谋出路，是孙中山在亲身经历中的痛切感悟。这一点，为此后国民党独立建军，作了思想上的铺垫。而以"主义""精神"感召军队，目的是要提高军人的觉悟与精神境界，以改造部队，尽管因当时条件所限，收效甚微，但却是一种有新意的尝试，是后来黄埔军校思想建校、主义建军的预演。孙中山以上活动和认识，虽有历史局限性，但难能可贵，总的来说，属于黄埔军校创建前的酝酿与摸索。

### 二、六一六兵变的教训

陈炯明所部粤军，其基础是前文所述省政府亲军第一统二十营。孙中山与之关系密切，寄予厚望。1920年秋，粤军从福建回粤，驱逐扰粤多年的陆荣廷、莫荣新的桂军。对此，广东各界颇有好评。《广东群报》《劳动者》等传媒，对粤民欢迎和支持由闽返粤的粤军，作过许多报道。是年12月中旬，新文化运动旗手陈独秀，由上海来到广州。1921年元旦，陈独秀在《广东群报》发表《欢迎新军人》一文，此乃陈独秀"亮相"广州之作。有言："我希望我广东的新军人随着新年思想一新"，"我更希望广东军人能为中国军界开一新纪元"，"我心中对于广东，充满了我的希望"。[1]陈独秀这

---

[1]　陈独秀：《欢迎新军人》，《广东群报》（1921年元旦增刊）。

里所说的"新军人"，具体说，是指陈炯明所部粤军。

援闽粤军从福建返粤后，孙中山、陈炯明之间，产生了矛盾和分歧。两人的主要分歧是：（1）孙中山出于政治需要，提出成立正式政府，选举大总统，以取代北洋政府。而陈炯明却认为孙不切实际，陈义太高，自树目标，适足于增加北方政府之忌恨，促其派兵南下，因而极力反对总统选举。（2）孙中山主张北伐，以武力统一中国，而陈却高唱"联省自治"，保境安民，对北伐大加阻挠与掣肘。陈以回粤之功为己功，将粤军变成只听命于他一人的"陈家军"。孙中山说："竞存（陈炯明）以我为万恶之薮，凡举措政事，其有善足述者，则引为己功；其受人唾骂者，即诿为余过。……余每举一事，竞存必掣余肘。有利于彼者，则亟为之……"[①] 陈、孙貌合神离，两人的矛盾分歧越演越烈，以至于里里外外沸沸扬扬。

虽然如此，孙中山1921年4月7日当选大总统后，陈炯明仍于11日以个人和全体粤军将士名义，致电祝贺："我公手建民国，肇造共和，全国人民，夙深景仰。今兹当选，实惬人心。谨为我国前途贺。"[②] 在北伐方面，是年11月，孙中山与陈炯明会晤于梧州，陈答应由桂返粤，筹足饷银500万元、子弹500万发，交桂林大本营，支持北伐。[③] 孙中山以

---

① 《危机四伏之广东》，天津《大公报》1921年3月11日，转见段云章、沈晓敏编著：《孙文与陈炯明史事编年》，广东人民出版社，2003年，第361页。

② 《陈总司令电贺孙大总统》，《申报》1921年4月19日，转见《孙文与陈炯明史事编年》，第379页。

③ 黄梦熊：《追随孙中山革命见闻》，广东省政协文化和文史资料委员会编：《从辛亥革命到国民革命——孙中山文史资料精编》，广东人民出版社，2017年，第722页。

为，在政府方面，陈是他的部属，在国民党内，陈为他的党徒，虽意见参差，陈不致越轨而行。陈炯明也说："余为中山党员，焉有党员而反对党魁者？"①

1922年春，因陈答应提供的饷弹迟迟未到，而湘军赵恒惕反对北伐军过境湖南，大本营乃决定由桂返粤，改道江西北伐。令孙中山未曾意料到的是，正当大本营移驻韶关，北伐军道出梅关、展开于赣南之际，6月16日，陈炯明所部粤军竟在广州发动了一场兵变，围攻总统府，炮毁观音山粤秀楼。孙中山脱险登舰，周旋于珠江一个多月。入赣北伐军回师广州，但告顿挫。不得已，孙中山再一次离开了广东，出走上海。

六一六兵变，是孙中山一生中遭受的最惨痛的失败。这一事变，给孙中山以深刻的教训。

**（一）必须切实思考军队的管治问题**

陈炯明所部粤军，非同于别的"运动"而来的党外之军，而与孙中山、国民党有长期且密切的关系。孙曾以大元帅名义，任命陈炯明为援闽粤军总司令。无论是出驻漳泉，还是回戈广东，在外，孙中山为之策划照应，在内，国民党人致力于种种协助，故陈军初能展布于闽南，两年后又以破竹之势，不兼旬而直取广州。朱执信曾谓，陈军是"国民党的遗腹子"。回粤后，孙中山任命陈为粤军总司令兼广东省省长。孙中山将陈炯明比作黄兴，比作陈其美，信任有加，寄望殷切。

革命要依靠军队，更要管治军队。军人有枪在手，军队难于掌控，历来不乏拥军自重、有兵乃大、为所欲为者。六一六兵变的教训就在于，原以为可靠的军事将领，竟然纵兵、

---

① 《汪精卫到沪之谈话》，长沙《大公报》1921年10月12日，转见《孙文与陈炯明史事编年》，第424页。

弄兵，以下犯上，残民以逞。孙中山拉出了一支军队，举全党之力扶植这一军队，却为这支军队、为他自己所信任的将领所反噬。"祸患生于肘腋，干戈起于肺腑。"这说明，驭军、治军之道如不得法，军队不但不能为我所用，反而将危及自身，遗祸无穷。经此一变，孙中山意识到，必须着力研究治军之道，力求在军队之外，寻找到一条能够有效地监督、约束、制衡和引领军队的现实路径来，将军队真正纳入为革命所用的轨道。

**（二）必须改组国民党**

中国国民党的历史，经历了兴中会、中国同盟会、国民党、中华革命党几个阶段。1919 年 10 月，中华革命党改组为中国国民党，设总部于上海。粤军回粤后，中国国民党在广州特设办事处。1921 年 3 月 6 日，孙中山在广州办事处发表演说，针对香港报纸有广东是"党人治粤"之说，明确回应道："我们也甚愿意承认'党人治粤'……果能实行本党底主义，也是我们粤人莫大之幸。"[①] 当时，孙中山委陈炯明兼任国民党广东支部支部长。陈于 3 月 17 日致函各县知事：

> 本党由同盟会国民党渊源而来，而总理孙先生，又为民国开国之大总统、今军政府主席总裁。本党素以民族、民权、民生三大主义扬诸天下，民国之缔造与维持，本党负有惟一之责任，此历史之事实，为中外所共认。……孙总理返粤重组建军府，督率同人发扬前绪，以冀宗邦统一，国体磐安，政治修明，生民乐利。省为首善之区，本支部之设，更刻不容缓。现我粤拟于各县

---

① 孙中山：《在中国国民党本部特设驻粤办事处的演说》（1921年 3 月 6 日），《孙中山全集》（第五卷），第 481 页。

设立分部，使经天之义，日益昌明。①

在组织关系上，孙中山为国民党党魁，陈为国民党的上层干部。在这里，陈已明确表示对国民党有责任担当，还说过"余为中山党员，焉有党员而反对党魁者"这样的话。然而，如上一场兵变，不但粉碎了陈的誓言，而且暴露了国民党在政治上、组织上及党员素质上存在的严重缺陷和弊端。

孙中山经此变故，意识到党的问题疏忽不得。长期以来，由于不注重和未抓好党的工作，在国民党内，产生了政治方向不明、组织松散、成分复杂、纪律废弛、党务萎靡和党员腐败、堕落等弊端。唯官是猎，唯权是争者，比比皆是。党内腐败的现象，"如深山蔓草，烧而益生，黄河浊波，激而益溷"②。很显然，一个政治混杂、组织松散的党，不能吸引、号召民众，没有战斗力，更不能以党领政、以党治军。以往历次失败，包括在六一六兵变中的失败，都与党的工作未抓好、党的肌体出了问题有关系。经过这样的反思，孙中山乃决心正本清源，改弦更张，抓好党的各项工作。此为国民党改组的思想触发点。

以上，孙中山从中得出的启示，是组织军队、建设军队、统驭军队的责任，必须交付给国民党；而国民党则必须整顿，必须改造。这是他重要的思想转变，也是黄埔建校初衷所在。日后黄埔军校创建时，孙中山特意于兵变发生的 6 月 16 日，举行开学典礼，并且在这一天的讲演中，告诫军校全体官生，

---

① 《陈炯明致各县知事函》，《广东群报》1921 年 3 月 18 日，转见《孙文与陈炯明史事编年》，第 365 页。

② 《中国国民党改组宣言》（1923 年 11 月 25 日），中山大学历史系孙中山研究室、广东省社会科学院历史研究所、中国社会科学院近代史研究所中华民国史研究室合编：《孙中山全集》（第八卷），中华书局，1986 年，第 429 页。

勿忘两年前的教训。可知六一六兵变的教训，与黄埔军校的创立，有重要的因果关联。

### 三、苏俄经验的启示

20世纪20年代初，因世界局势变化，苏俄的目光从欧洲移向东方，尝试在中国寻找同盟者，并逐步明晰地将目标定位于孙中山和国民党。孙中山亦为苏俄的成就所吸引，对苏俄产生了向往之情，认为苏俄革命不过数年，内清叛逆，外抗帝国主义，新经济政策实行后，国基日固，各项事业蒸蒸日上。他说："十月革命使人类产生了大希望，从今以后只有沿着苏俄指出的道路革命才能胜利。"① 遂把目光从西方转向苏俄。这样，苏俄与孙中山，你选择了我，我选择了你，相向而行，逐渐走到了一起。

孙中山认为，苏俄革命成功如是之速，必有许多经验，可供借鉴。据李章达回忆："孙中山希望取得苏联革命成功的经验，他决定派朱执信往苏联考察，并指定我做朱的助手。朱先生和我即做些准备工作并学习俄文、俄语。"后来，朱随粤军返粤，牺牲于虎门（1920年9月21日）。赴苏俄考察的任务，遂由李章达接手。几经周折，李到达了苏联伯兰俄维辛（远东共和国），惜因赤塔有战事，终止了他的行程。② 李章达之赴俄，时在1920年秋粤军回粤、朱执信殉难之后。这是孙中山关注、向往苏俄，向苏俄学习的起步。

------

① 宋庆龄亲笔答复问题（英文原件藏中山大学孙中山纪念馆），转见陈锡祺：《孙中山与国民党"一大"》，《孙中山与辛亥革命论集》，中山大学出版社，1984年，第175页。

② 李章达：《六十自述》，《从辛亥革命到国民革命——孙中山文史资料精编》，第812页。

1920 年 10 月 29 日，从福建回师的粤军，克复了广州。第三天（31 日），苏俄外交人民委员契切林致函孙中山："贵国正坚定不移地前进，贵国人民自觉地走上同帝国主义对世界的沉重压迫进行斗争的道路，谨祝你们取得伟大成功。……你们胜利在望。"[①] 此为俄方对孙中山的主动示好。11 月 20 日左右，经陈独秀介绍，孙中山在上海会见了俄共（布）东方部长维经斯基（化名吴廷康），两人谈到了加强和俄国关系的问题。[②] 孙中山重返广州，就任非常大总统后，收到了契切林此前发来的信件。他复函契切林："我希望与您及莫斯科的其他友人获得私人的接触。我非常注意你们的事业，特别是你们苏维埃的组织、你们军队和教育的组织。"[③] 这是孙中山与苏俄正式通信的开始。孙中山 1921 年 12 月驻节桂林时，出席中共一大的共产国际代表马林，在中共党员张太雷的陪同之下，远道来访。孙中山、马林会谈三次。马林会见后的印象是："国民党的领袖多数都倾向于社会主义"，"他们毕竟对俄国革命，对苏维埃俄国抱有很大的同情"。[④] 孙并派出了一个代表团赴俄，参加远东会议。1922 年 4 月，孙中山在广州，会见少共国际代表达林，反复询问了苏俄"红军

---

① 《契切林致孙中山函》（1920 年 10 月 31 日），桑兵主编：《各方致孙中山函电汇编》（第五卷），社会科学文献出版社，2012 年，第 468 页。

② 《维经斯基在中国的有关资料》，中国社会科学出版社，1982 年，第 110 页。

③ 《孙中山致俄罗斯苏维埃社会主义共和国外交部信》（1921 年 8 月 28 日），中共中央党史研究室第一研究部编：《共产国际、联共（布）与中国革命档案资料丛书》2，北京图书馆出版社，1997 年，第 53 页。

④ 马林：《访问中国南方的革命家》（1922 年 9 月 7 日），《共产国际、联共（布）与中国革命档案资料丛书》2，第 242—243 页。

的规模，她的组织和政治教育"的有关情况。

六一六兵变后，当孙中山离粤到沪时，不少外国使者和种种政治势力的代表，都对他态度冷淡，避之唯恐不远。共产国际代表、苏俄使者和中共党员，却向他伸出了热情之手。马林、陈独秀、李大钊等，频频会见孙中山。苏俄在华全权代表越飞致函孙中山："我希望，以后我们之间能建立更密切的联系。"[①] 这让孙中山特别感动。他说："在这些日子里，我对中国革命的命运想了很多，我对从前所信仰的一切几乎都失望了。而现在我深信，中国革命的唯一实际的真诚的朋友是苏俄。"[②] 随后，孙中山邀请共产党员李大钊加入国民党。中共领导人陈独秀、蔡和森、高君宇、张国焘和张太雷等，在此期间也加入了国民党。

在上述思想转变的基础上，1922 年 9 月，孙中山启动了改进国民党组织的准备工作。1923 年元旦，国民党本部连续发表《中国国民党宣言》《中国国民党党纲》和《中国国民党总章》，在政治上，宣示了改弦更张的决心；1 月 26 日，孙中山签署《孙文越飞联合宣言》，在对外方面，宣布实行联俄。这两项工程，同时并举，双管齐下，是中国国民党历史上影响至深的重大举措。这也是日后黄埔军校创建的不可或缺的前提条件。

1923 年 3 月 8 日，联共（布）中央政治局答应向孙中山提供资金援助，并决定向广州派出政治、军事顾问小组。5 月 1 日，越飞致电马林，转达苏联政府发给孙中山的电报，

---

① 《越飞致孙中山函》（1922 年 8 月 22 日），桑兵主编：《各方致孙中山函电汇编》（第六卷），社会科学文献出版社，2012 年，第 406 页。

② ［苏］C.A.达林著，侯均初、潘荣、张亦工等译：《中国回忆录：1921—1927》，中国社会科学出版社，1981 年，第 126 页。

主要内容是：

第一，我们认为广泛的思想政治准备工作是不可以须臾离开的，您的革命军事行动和在您领导下的尽可能集中的机构的建立都应以此为基础。

第二，我们准备向您的组织提供达 200 万金卢布的款额作为筹备统一中国和争取民族独立的工作之用。这笔援款应使用一年，分几次付，每次只付 5 万金卢布。

第三，我们还准备协助您利用中国北方的或中国西部的省份组建一个大的作战单位。但遗憾的是我们的物质援助数额很小，最多只能有 8000 支日本步枪，15 挺机枪，4 门 Opucaka（奥里萨卡）和两辆装甲车。如您同意，则可利用我国援助的军事物资和教练员建立一个包括各兵种的内部军校（而非野战部队）。这就可以为在北部和西部的革命军队准备好举办政治和军事训练班的条件。

第四，恳请将我国的援助严守秘密，因为遇公开场合和官方场合，即令在今后，对国民党谋求解放的意向，我们也只能表示积极同情而已。①

这封电报明确规定苏联的援助，是用于建立"军校"，而不是组建"野战部队"。虽然当时设想的"军校"，并非建在广州，但苏联援建军校的意向已很清楚。5 月 15 日，孙中山致电苏联外交人民委员会，表明态度说：你们 5 月 1 日的电报给我们很大的希望。我们感谢你们慷慨的许诺，我们接受你们的全部建议，我们将竭尽全力实现这些建议。我们将力

---

① 《苏联政府致孙中山电》（1923 年 5 月 1 日），《共产国际、联共（布）与中国革命档案资料丛书》2，第 414 页。

派代表前往莫斯科，以便讨论细节。[①]

以上，国民党组织改进工作的启动，为日后国民党改组作了预热；国民党联俄政策的确立和苏联对孙中山的承诺，使日后黄埔军校创建时，不但在经济上、物质上和办学人才上，可获得苏联的援助，而且在党务上、军事上，可借鉴苏联的经验。没有这两点，黄埔军校的创建，无从谈起。

## 第二节　孙逸仙博士代表团访苏联

1923 年初，孙中山策动西路、东路讨贼军，驱逐陈炯明之军，克复广州。孙中山于 2 月间由沪返粤，建立陆海军大元帅府，第三次在广州建立政权。孙中山的革命生涯，进入了新的进程。

大元帅府建立之际，中共领导人陈独秀第三次来到广州，任大元帅府宣传委员会委员，实际上加入了孙中山的执政团队，6 月任宣传委员会委员长。同时，共产国际代表马林也再次来到广州，持第三十八号"特别出入证"，进出于大元帅府。中共中央机关在此期间亦迁至广州。是年 5 月间，孙中山接受了马林、陈独秀所拟的国民党改组计划，提出将重点放在国民党的宣传与组织工作上。6 月 12 日至 20 日，中国共产党第三次全国代表大会在广州东山举行，陈独秀、李大钊、谭平山、瞿秋白、蔡和森、毛泽东、罗章龙、张国焘及马林等出席了会议。会上讨论并确定了中共党员、社会主义青年团员加入国民党的问题。会后，马林、陈独秀居留广州，一同按莫斯科的意愿做孙中山、国民党的转化工作，推动国

①　《孙中山致苏联外交人民委员部电》（1923 年 5 月 15 日），《共产国际、联共（布）与中国革命档案资料丛书》2，第 415 页。

民党重视发展党务，加强政治工作。

7月21日，马林致函廖仲恺。信中说：为"反对本国封建分子和外国帝国主义者合谋统治"而奋斗的共产党人，都可成为真正革命的民族主义政党的优秀分子，中国也完全属于这种情况。基于这个原因，马林建议并促成中国共产党人参加国民党。通过这种方法使中国共产党人参加实际活动，也吸引同情共产党的青年靠近国民党。马林在信中批评了国民党，直率地指出了国民党存在的一些弊端，如从不召开代表大会或代表会议，党的政治宣传极其薄弱，违犯党义的现象司空见惯，军官将公共财产窃为己有，如此等等。马林说：

> 关于党的策略，只要领导人相信单纯依靠军事行动和军队将领（采取与他们在北方的武人相同的封建方式），就可能建立一个新中国，那么，党的前途就肯定是暗淡的。新中国，一个真正独立的共和国的诞生，只能依靠一个强大的、具有坚定革命信念和远见卓识的党员组成的现代化政党的不懈的革命斗争。[①]

这时，孙中山准备派出代表团，赴苏联考察。代表团的组成，以蒋介石为首选。蒋是国民党内为数不多的军事科班出身的党员。1922年六一六兵变发生后，他登上永丰舰，护卫孙中山，表现出对孙的忠诚，深得孙的信任和好评。马林在广州与蒋介石有过接触，5月10日晚当孙中山宴请马林时，蒋陪座，参与"研究一切"。7月中旬，蒋离粤赴沪。马林从廖仲恺的言谈中，了解到"人们把蒋介石看作孙最优秀

---

① 《马林致廖仲恺的信》（1923年7月21日），《共产国际、联共（布）与中国革命档案资料丛书》2，第432—433页。

的将领之一，最优秀的国民党员。他从不争地位，也从未参与权柄之争"。① 7 月 20 日，马林致信达夫谦和越飞，将这几句话写进了他的信中，等于为蒋作了推荐。7 月 26 日，在上海的蒋介石从汪精卫处，得知已决定派他赴苏联的信息。8 月 5 日，蒋会见了从广州到达上海的马林，同马林"商决赴欧事"。派蒋介石赴苏联，马林显然起了关键的作用。赴苏联考察代表团团长这一角色，可能就是未来借鉴苏联的经验负责创办军校的人选。

8 月 4 日，《广州民国日报》刊登《蒋介石又有欧洲之行》一文。文谓：

> 大元帅行营参谋长蒋介石，于此次各江战事多所计划，且皆命中，故大元帅倚畀甚殷。但蒋以某项要事，须要赴沪一行。抵沪后，即经向各方接洽，备极忙碌。又以欧洲各国，对于中山先生所抱建国主义，多未了解，故拟分赴欧洲各国，从事于主义上宣传云。②

国民党派蒋率团访苏，使用"孙逸仙博士代表团"的名义，成员包括王登云、张太雷、沈玄庐（沈定一），以蒋介石为团长。其中张太雷、沈玄庐二人，是中共党员。8 月 16 日，代表团由上海登船，启程赴苏。

代表团赴苏的目的，是了解苏联红军的政治工作制度、共产党与红军的关系、各类军事学校的办校情况及红军创建的经验，并与俄方商讨国民党与共产国际及俄共（布）

---

① 《马林致达夫谦和越飞的信》（1923 年 7 月 20 日），《共产国际、联共（布）与中国革命档案资料丛书》2，第 427 页。

② 《蒋介石又有欧洲之行》，《广州民国日报》1923 年 8 月 4 日。

的关系等事宜，争取莫斯科对国民党的援助和支持。蒋一行于 8 月 25 日进入苏联境内，9 月 2 日抵达莫斯科。在苏期间，代表团拜会了共产国际与俄共（布）领导人，参观了军用化学学校、高级射击学校、陆军学校、红军步兵第一一四团、海军大学、海军学校、海军机器学校、海军博物馆。此外，蒋多次会见了已经由华返苏的马林和越飞、孙中山派驻欧洲的非正式代表邵元冲（邵并一度参加了代表团的工作）；还分别会见了在苏联的陈启修（北京大学教授）、胡志明（阮爱国，蒋称其为"安南之志士"）、赵世炎（东方大学学生，中共党员，蒋称其为"青年有为之士"）等。9 月 20 日，蒋在莫斯科出席了中国共产党和青年团组织为代表团召开的欢迎会；10 月 10 日，同全体中国留苏学生聚会，庆祝双十节。11 月 7 日为俄国十月革命六周年纪念日，代表团前往莫斯科红场，观看了阅兵式。26 日参加共产国际执行委员会的特别会议，次日会见了苏联军事革命委员会主席托洛茨基。12 月 8 日，代表团离开苏联，返回中国。代表团在苏逗留，总共 106 天。

蒋晚年在《苏俄在中国》中说：代表团赴苏的任务，是"考察苏俄革命后的党务与政治军事组织，以资参考"[①]。蒋等人主要的观感、收获如下。

**（一）苏联人民诚恳热情，红军风纪良好**

蒋 9 月 2 日下午到达莫斯科，恰好遇上群众集会，参会者约 22 万人，观者塞途。蒋坐在汽车上观望，很有感触，当天在日记中写道："初到其地，适逢如此纪念大会，亦一快事。其余诸事，可不言也。"蒋对苏联的党、政、军领导干

① 蒋中正：《苏俄在中国——中国与俄共三十年经历纪要》，（台湾）中央文物供应社印行，1956 年，第 19 页。

部，印象甚佳。他在日记中写道：维经斯基"相见时颇诚恳，皆以同志资格谈话"；契切林"语颇诚挚"，"彼此甚为投机"；斯克良斯基"其人和蔼可亲"，他的参谋总长"亦热心助我者"。蒋还说："俄国人民无论上下大小皆比我国人诚恳，令人欣慕。"

9月17日，代表团参观驻扎在斯巴斯军营的第一一四步兵团。蒋主要关注军事组织、行政管理机构和技术装备的情况。接待方简略说明纪律与同志关系、学习情况、同工农的亲密关系。参观之后，安排了士兵大会，约400人出席。蒋发表了演说，大意谓：红军是世界上一支最勇敢、最强大的军队。"今天我有幸访问你们，访问光荣的红军的一个光荣的团，并亲眼看到了你们的强大和这种强大的秘密，这就是与人民的团结一致。从西伯利亚来到这里时，我就在各处看到了这种团结，看到了你们的强大，现在对我来说已经很清楚了。"接待方的报告谓：蒋演讲时"情绪很高、也很激动"，"充满着强烈而诚挚的感情"，"代表团成员，特别是蒋介石，非常激动和兴奋。他们非常活跃，整个回来的路上都在谈论红军的'精神'、它的'热情'，（据他们说）这是他们在其他任何一支军队中都没有见到过的"。临走时，蒋介石还请翻译告诉接待方：他的印象非常好，他为红军的"精神"所感染。[1]

蒋在当天的日记中写道：上午参观约四小时。"其军纪及整理虽不及日本昔日军队，然其上下亲爱出于自然，毫无

---

[1] 《关于国民党代表团访问第144步兵团情况的书面报告》（1923年9月17日），中共中央党史研究室第一研究部编：《共产国际、联共（布）与中国革命档案资料丛书》1，北京图书馆出版社，1997年，第291—293页。

专制气象，而政党代表与其团长亦无许可权之见。"①

## （二）苏联红军的党代表制度"实行得很好"

苏联红军的特色，主要是有党代表制度。俄国武装最早出现党代表（政治委员）是在1917年4月。十月革命后，随着列强武装干涉和国内武装叛乱的扩大，苏俄不得不大量吸收旧军队的军官参加红军，担任各级指挥员。为对这些指挥员实行政治监督，并加强对红军士兵的政治教育，1918年7月，俄共在建立正规红军的决议中，把政治委员列为正式编制，分队设政治指导员。政委、政治指导员等党的代表负责领导部队的党务、政治与经济管理工作，规定革命纪律，参与决定一切作战行动问题，任何命令未经党代表签署，不得执行。各级部队的领导、指挥权，实际全部集中在党代表手中。政治部则为党代表的下设机关，辅助党代表从事政治训练和指导党务，有处罚下级党代表的权力。②这一治军模式，在十月革命及其后的政权稳定时期，发挥了无可替代的作用。

作为军事将领，蒋介石对苏联红军的经验，特别是军队党代表的问题，是十分关注的。9月7日在会见俄共（布）中央书记鲁祖塔克时，代表团表示希望听到"对共产党在革命进程中的作用和意义"的介绍，"因为俄国革命的经验教训可能对国民党在中国的工作很有教益"。9月10日访问军事革命委员会时，代表团又要求"提供了解红军的机会"。委员会副主席斯克良斯基表示，对此"完全可以接受"，并安排苏联军事学校管理总部主任彼得罗夫斯基，负责回答代表团

---

① 吕芳上主编：《蒋中正先生年谱长编》，台湾"国史馆"，2014年，第213页。

② 斯他委诺夫讲演，黄锦辉笔记：《俄国红军党代表制度》，《中国军人》第七期，1925年10月10日。

所要了解的关于红军的问题。9月11日，代表团同彼得罗夫斯基就红军的组织，特别是军队党代表制度的问题，进行了座谈。对方"详述俄国军队组织之内容"，还向代表团提供了有关的材料。对党代表制度的要点，蒋在他的日记中作了如下记录：

> 每团部由其党部派一政治委员常驻团部，参与团中主要任务，凡有命令均须经其署命，方能有效。而其共产党员在团中当士兵及将校者，皆组织团体，在其团中活动为主干，凡有困难勤务皆由其党首先负责服务云。[1]

代表团成员之一沈玄庐，也关注红军党代表的问题。他在从莫斯科寄回国内的信中写道："关于组织的：军、旅、师、团本部，都有一个政党代表机关；主持这个代表机关的代表，名是政府委任，其实由党部选择了适当分子去充任。军、旅、师、团本部底主将，任何部令，非得代表的签名，决不发生效力。所以军中无论任用帝政或白党底军官，决不会发生挟兵造反的事情。"[2]

沈回国后在他所作的《游俄报告》中说："军队组织中最出色的，为军中政党代表的组织。这个组织的最高机关为革命军事委员会，凡陆军海军底全权是操在此会，而此会又从共产党出发，凡军师旅团中均有政党代表的机关，团以下

---

① 《蒋中正先生年谱长编》，第 211 页。

② 沈玄庐：《最近的新俄罗斯——从莫斯科寄回来的四封信》（1923 年 11 月 8 日），陶水木编：《沈定一集》，国家图书馆出版社，2010 年，第 599 页。

的营连等，只有代表而无机关。……军官底命令必须经代表签字才发生效力。"①

蒋介石当时特别关注的是，党代表制度在实际运行中会不会遇到障碍。也就是说，党代表与军事指挥官之间，会不会在职责、权限等问题上纠缠不清？有没有矛盾和冲突？9 月 17 日在考察第一一四步兵团时，蒋特意问及这些问题，对党代表与军事指挥官的职责分工，作了深入的了解。看来经过考察，蒋的这一问题已经得到了解答，他的日记写道：

> 而政党代表与其团长亦无许可权之见，大约军事指挥上事务皆归团长，而政治及智识上事，皆归政党代表，尤其是精神讲话，及平时除军事外之事务皆归代表也。②

蒋 9 月 20 日在寄回国内的一封信中写道："这种组织的政治方面，由党所派代表掌理。为求得一务实示范，我去考察了党代表在陆军中的工作情形。我发现在红军第 144 步兵团中，部队长只能掌管军事指挥的事，至于政治及精神训练，以及一般知识讲解等，完全交由党代表主办。军官和党代表的职责权力，都有明白区分。"蒋并写道：这种制度实行得很好。

由上可知，蒋对苏联红军及其党代表制度的考察，较为认真而深入，对"党代表""政治部"和部队"党组织"这

---

① 沈玄庐：《游俄报告》（1924 年 2 月），《沈定一集》，第 603 页。
② 《蒋中正先生年谱长编》，第 213 页。

几个要素，作了一番较贴近的了解，并明白了党代表与军事指挥官的关系，是责任明确、各有分工、互相配合的关系。这一治军模式的重点，在于军队之上设置党的机制，明确党对军队有监督、约束、引领的权力，对军队的巩固、发展和战斗力的提升，起保证作用。这是以党建军、以党治军的具体、鲜活的参照物。

基于对红军官兵关系、军民关系和党代表制度的认识，蒋后来在黄埔军校对他的学生说："这样的军队，有甚么打不胜的仗。所以我回国之后，就决定了，真要使军队能为人民求自由幸福打仗，能为党实行三民主义打仗，非用俄国赤卫军这种编制不可。"①

**（三）近距离接触了共产国际、俄共（布）领导人及有关部门的负责人，了解到共产国际与俄共（布）对于中国的方针**

在苏联期间，代表团同苏联外交人民委员契切林举行过两次会晤；同苏联军事革命委员会领导人（包括主席托洛茨基、副主席斯克良斯基、红军总司令加米涅夫等）会晤三次；并分别会晤了俄共（布）中央书记鲁祖塔克、全俄中央执行委员会主席加里宁、教育人民委员卢那察尔斯基、俄共（布）东方部长维经斯基，等等。蒋显然是带着争取苏联的"军援"目的而踏入俄境的，多次在与共产国际、俄共（布）领导人的会谈中介绍了国民党的军事行动计划。蒋说"国民党一向认为，苏联共产党是自己的姐妹党"，希望共产国际和俄共（布）对国民党的军事行动给予支持和援助。

此时，共产国际与俄共（布）对中国的方针，是要求国民党转变和放弃单纯军事观点，端正政治方向。因为共产国

---

① 中国第二历史档案馆编：《蒋介石年谱初稿》，档案出版社，1992年，第414页。

际和俄共（布）近时关注的重点，是欧洲；而更为重要的，是孙中山此时的军事行动连遭挫折，华南形势危急，大元帅府地位不稳。有鉴于此，11 月 11 日斯克良斯基等人在会晤代表团时，斯氏发表意见说：国民党应当集中力量于政治工作，否则"任何军事行动都必将失败"。这等于否定了国民党的军事行动计划。托洛茨基谈到外蒙古问题，蒋极为不满。11 月 27 日，托洛茨基在会见代表团时，将谈话的中心，"归结到一点，是让孙逸仙和国民党尽快放弃军事冒险，把全部注意力转到中国的政治工作上来"。托洛茨基说："国民党应当立即坚决地、急剧地改变自己的政治方向盘。目前，它应该把全部注意力集中在政治工作上来。把军事活动降到必要的最低限度。"①

11 月 28 日，共产国际执委会通过了《关于中国民族解放运动和国民党问题的决议》，对三民主义作出新的解释，还提到国民党应当"放手发动"工人阶级的力量，应"全力支持"中国共产党。决议指出：对三民主义作新的解释后，国民党将是一个"符合时代精神的民族政党"。② 在一定的意义上，这是国民党同共产国际建立直接关系的开始。

蒋介石在与共产国际、俄共（布）领导人的会谈中，强调中国是受多个帝国主义国家压迫的国家，情况特别，实际上是坚持既定的军事观点和计划，不赞成国民党应当全力开展政治工作的意见。蒋的日记写道：共产国际关于中国革命和国民党决议案"普泛不实"，"骄傲虚浮"。然而，通过以

---

① 《巴拉诺夫斯基关于国民党代表团拜访托洛茨基情况的书面报告》（1923 年 11 月 27 日），《共产国际、联共（布）与中国革命档案资料丛书》1，第 340—341 页。

② 《共产国际执行委员会主席团关于中国民族解放运动和国民党问题的决议》（1923 年 11 月 28 日），《共产国际、联共（布）与中国革命档案资料丛书》1，第 343 页。

上的接触，蒋也摸到了共产国际和俄共（布）的意向，因此"他（蒋）赞同托洛茨基所说的意见，还说党将努力贯彻俄国同志的意见。他表示希望在不久的将来，解放了的中国将成为俄罗斯和德国苏维埃社会主义共和国的一员"①。

当蒋介石率代表团赴苏考察时，苏联政府也派鲍罗廷来华。在苏联，从 1923 年列宁病重开始，在斯大林（总书记）与托洛茨基（军事革命委员会主席）的较量中，斯大林越来越占上风。在中国的问题上，斯大林主张以国民党为旗帜，暂时搁置其他方面的因素。在斯大林、托洛茨基相争的背景下，与斯大林关系亲近的鲍罗廷，代替马林，走上了国民党的政治舞台。鲍罗廷初次进入中国的时间，在 1923 年 8 月，同蒋介石之进入苏联只是前脚、后脚之差。他们的出入境地点也相同，就是中国边境——满洲里。9 月间，鲍罗廷被委任为苏联政府驻广州的代表。

以上，在同一时间段，在中苏之间交叉穿插、相向而行的蒋介石和鲍罗廷，实际上都担负着差不多的使命，即努力促使国民党作出转变，端正指导思想，改弦更张，摆正党、军关系，重新规划党的路线。在 1923—1924 年冬去春来的日子里，这两人都自觉不自觉地当了一回弄潮儿，引领着潮流与"时尚"。应当指出，鲍罗廷来华的任务，是担任孙中山的"政治"顾问，关注的是政治；而蒋介石赴苏联的任务，重在考察"军事"。他们背后的俄共（布）与中国国民党的决策者，各自的出发点和合作的兴趣点，都存在着明显的差异。

---

① 《巴拉诺夫斯基关于国民党代表团拜访托洛茨基情况的书面报告》（1923 年 11 月 27 日），《共产国际、联共（布）与中国革命档案资料丛书》1，第 341 页。

他们到底会走向何方？又会走到哪一步？在当时，依然是个未知数。虽然如此，蒋、鲍对国民党改组，对军官学校的筹建，则起了架桥铺路的作用。

## 第三节　国民党改组"试验"与军校创设案的议决

1923 年，大元帅府重建，但广州局势仍然不稳定。孙中山仍处于无可靠之兵，无可管之政的状态，号令不行，财政困难达于极点。这一年，为征伐东江陈炯明军，孙仍然从外省引进滇军和桂军，下半年为解广州之围，又将另一支来自北方的军队（樊钟秀）引进广州，走的仍然是"运动"军队的老路。孙中山虽欲改弦更张，但在国民党尚未改组，又受诸多客观因素制约的情况下，要想刷新广州的局面，有所作为，真乃不得其门而入。

### 一、国民党改组在广州的"试验"

1923 年 10 月 6 日，鲍罗廷到达广州。鲍 1903 年加入俄国社会民主工党，曾以共产国际代表的身份，赴欧、美活动。抵穗伊始，鲍一面做共产党员、社会主义青年团员的工作，提出帮助国民党改组；一面在国民党内开展活动。[1] 鲍对孙中山说：可在 6 个月内，将广州市变成国民党"最巩固的地盘"。[2] 孙中山接受鲍的提议，重新启动国民党改组的工作。

10 月 10 日，国民党广东支部举行"恳亲"大会，接着

---

① 　《中共中央局报告》（1923 年 11 月），中央档案馆编：《中共中央政治报告选辑（一九二二—一九二六年）》，中共中央党校出版社，1981 年，第 20 页。

② 　孙中山：《人民心力为革命成功的基础》（1923 年 11 月 25 日），《共产国际、联共（布）与中国革命档案资料丛书》2，第 540 页。

召开党务讨论会、华侨党人非常大会、广州市全体党员大会、改组特别会议。孙中山在党务会议上说："俄国革命六年，其成绩既如此伟大；吾国革命十二年，成绩无甚可述"，"故十年来党务不能尽量发展，观之俄国，吾人殊有愧色！"他进而郑重提出：此后当"效法俄人"，"以党治国"。① 随后孙发表一系列讲话，阐明国民党改组的宗旨、办法、意义，为改组做思想发动和舆论准备。10 月 11 日，孙致电上海国民党本部，提出"本部应改组"。18 日任鲍罗廷为"国民党组织教练员"，说"鲍君办党极有经验，望各同志牺牲自己的成见，诚意去学他的方法"。19 日，委廖仲恺、汪精卫、张继、戴季陶、李大钊为国民党改组委员。② 24 日，委廖仲恺、邓泽如召集特别会议，商量改组问题，并派胡汉民、林森、廖仲恺、邓泽如、杨庶堪、陈树人、孙科、吴铁城、谭平山为国民党临时中央执行委员会委员，汪精卫、李大钊、谢英伯、古应芬、许崇清为临时中央候补委员。③ 28 日，临时中执委成立，召开第一次会议，谭平山（中共党员）任临时中执委书记和组织员。由此至 1924 年 1 月，两个多月内，临时中执委开会 28 次，议决要案 400 余件，包括召开国民党第一次全国代表大会案。④ 11 月 25 日，临时中执委发表《中国国民党

---

① 孙中山：《在广州国民党党务会议的讲话》（1923 年 10 月 10 日），《孙中山全集》（第八卷），第 268 页。

② 孙中山：《致上海事务所电》（1923 年 10 月 19 日），《孙中山全集》（第八卷），第 310 页。

③ 孙中山：《致党内同志函》（1923 年 10 月 24 日），《孙中山全集》（第八卷），第 334 页。

④ 谭平山：《临时中央执行委员会报告概要》（1924 年 1 月 21 日），《谭平山文集》编辑组：《谭平山文集》，人民出版社，1986 年，第 271 页。

改组宣言》，并公布《中国国民党党纲草案》《中国国民党党章草案》等。国民党改组，进入了筹备阶段。

国民党改组的目的和途径，约而言之：一是端正政治方向。"以俄为师"，学习、借鉴苏联革命和俄共治党、治军经验。二是汰劣留良，输入新鲜血液。提出要吐故纳新，振作精神，建立新陈代谢的机制，"使国内人民皆与吾党合作"，"使广州百余万人民皆变成革命党"。① 三是健全机构，整顿和改造党的组织。孙中山说："曩者吾党组织，形式上似部别整然，然实际则不特以全党事务委一人之手，且以一人而供孤注，其不失败、不陨越者几希！"② 廖仲恺也说："吾党情形，目下除少数干部，并无党员"；"本党自同盟会以来，即无精密组织，如民国成立改为国民党后，仅以议员为党员多少标准，其后经过中华革命党，中国国民党，均属无甚组织"。③ 故须从组织制度上，对国民党力加整顿和改造。临时中执委所拟出的"章程"，对中央、地方各级组织机构作出规定，并将"区分部"规定为"本党基本组织"。④

从 11 月开始，国民党临时中执委决定在广州进行改组"试验"。1923 年 11 月 13 日，阮啸仙（社会主义青年团广东区负责人）致信刘仁静说：关于国民党改组，"现决定在广州试办两个月"。谭平山在国民党一大报告中说："但及一章

---

① 孙中山：《在广州大本营对国民党员的演说》（1923 年 11 月 25 日），《孙中山全集》（第八卷），第 431、436 页。

② 孙中山：《在中国国民党广州市全体党员大会上的训词》（1923 年 11 月 11 日），《孙中山全集》（第八卷），第 390 页。

③ 廖仲恺：《在中央干部会议第十次会议上的报告》（1923 年 12 月 9 日），《廖仲恺集》（增订本），第 139 页。

④ 孙中山：《中国国民党总章》（1924 年 1 月 28 日），广东省社会科学院历史研究所、中国社会科学院近代史研究所中华民国史研究室、中山大学历史系孙中山研究室合编：《孙中山全集》（第九卷）。中华书局，1986 年，第 153 页。

程，非是易事。而章程之运用，非实地试验不可，故以广州及上海两地为章程本案试验场。"① 广州，成为国民党改组的试行地点。

国民党在广州的改组"试验"，第一步，重新登记党员，要求居住本市的国民党员办理登记手续，以确认党籍；第二步，自下而上组建国民党的区分部、区党部和市党部。至1924 年 1 月中旬，广州全市总共成立区分部 66 处、特别区分部 3 处、区党部 9 处、代理区党部 3 处。国民党基层党部（区分部）的设立，是国民党组织制度上的创新。同时仿照俄共（布）组织法，在各级党部实行委员会制。

青年团广东区委这时的报告说："同志们奔走于国民党中异常忙碌"②。各区分部、区党部选举时，共产党员或青年团员阮啸仙、刘尔崧、张元恺、周其鉴、张善铭、蓝裕业、杨石魂、沈厚堃、施卜、杨命葵（杨殷）、黄觉群、邹师贞、黄居仁、赖国航、关肇康、杨匏安、潘兆銮等，分别在他们所在的区分部或区党部，当选为执行委员，有的还当选为秘书。③ 改组试验期间，共产党、青年团为国民党引进了大批进步青年。至国民党第一次全国代表大会时，广州市内国民党员总数达 8218 人，两个月内实增加 4569 人，其中工人占60%。对此，孙中山深表满意："今日各区分部之成立，时

---

① 谭平山：《临时中央执行委员会报告概要》（1924 年 1 月 21日），《谭平山文集》，第 272 页。

② 阮啸仙：《致刘仁静、恽代英的两封信》（1923 年 11 月 24日、12 月 10 日），阮啸仙著，《阮啸仙文集》编辑组编：《阮啸仙文集》，广东人民出版社，1984 年，第 105 页。

③ 《团广州地委报告（第六号）》（1923 年 12 月 30 日），广东省档案馆、广东青运史研究委员会：《广东青年运动历史资料》（一），1986 年，第 168—169 页。

间虽甚短，而据各位同志之报告，成绩已大有可观。"①鲍罗廷说："应该为他们说句公道话，广州的共产党员为改组国民党做了大量的工作。"②

国民党改组筹备及其在广州的试验，国民党员、共产党员均有参加。摸索总结了整顿、改造国民党组织的经验，为国民党第一次全国代表大会在广州的召开做了各种准备。

## 二、军校创设案的议决

当国民党改组在广州试验时，创设军官学校的问题，也提上了国民党议事的日程。

1923年10月15日，国民党党务讨论会通过了陈安仁（国民党驻南洋特派员）的议案："建议设陆军讲武堂于广州，训练海外本党回国之青年子弟，俾成军事人材，拥护共和案。"③这一议案，是国民党设立军校的先声。

10月28日，国民党临时中央执行委员会成立。至次年1月，临时中执委前后开会28次，其中涉及组织义勇军、创设军校的问题，共有7次。（1）11月12日，临时中执委第5次会议，讨论组织义勇军问题。（2）11月15日，第6次会议，议决由廖仲恺起草的《本党义勇军组织法》。（3）11月19日，第7次会议，议决义勇军学校的教学、训练事宜，拟"先招有军事学识党人约十数人，日间为学生讲习军事及党

① 孙中山：《在广州大本营对国民党员的演说》（1923年11月25日），《孙中山全集》（第八卷），第438页。
② 《鲍罗廷关于华南形势的札记》（1923年12月10日），《共产国际、联共（布）与中国革命档案资料丛书》1，第373—374页。
③ 《党务讨论会议决事项》，《广州民国日报》1923年10月16日。

义，夜间教练义勇军"。（4）11 月 26 日，第 10 次会议，议决义勇军学校定名为"国民军军官学校"，并决定校长、教练长、政治部主任人选。（5）11 月 27 日，第 11 次会议，议决"国民军军官学校"校址、预算、招生等事项。（6）12 月 5 日，第 14 次会议，议决电催蒋介石来粤，就任军官学校校长。（7）12 月 8 日，第 15 次会议，党内公意请孙中山自兼军校校长，孙未予采纳，仍以蒋介石为校长。①

以上，为国民党临时中执委关于国民军军官学校创设案议决的经过。此与国民党改组的启动有关，亦与广州当时的军事形势相关。此前，陈炯明军对广州发起多次进攻，敌进至白云山。11 月 13 日，广州已能听到炮声。大元帅府穷于应付。谭平山稍后在国民党一大代表临时中央执行委员会所作报告说：

　　于是本委员会，乃召集各区主席、组织员、秘密执行委员等联席会议，决议组织义勇军，以御敌人；组织慰劳队，以慰劳前敌义军，并向军队宣传党义。此举颇得军人同情。至义勇军之组织，党人加入者甚为踊跃，两日之间，达五百余人。后因义军奋勇反守为攻，敌人窜退，于是有由义勇军临时的组织，变为本党军官学校永久的组织之决议。现在关于本党军官学校之组织，已有具体的计划，且已决定由本党总理孙先生为校长云。②

　　①　《临时中央执行委员会会议录》，黄振凉：《黄埔军校之成立及其初期发展》，正中书局，1993 年，第 52—53 页。
　　②　谭平山：《临时中央执行委员会报告概要》（1924 年 1 月 21 日），《谭平山文集》，第 274 页。

此即义勇军的由来。参加义勇军的，有加入国民党不久的中共党员阮啸仙、刘尔崧、张瑞成等。① 这样，因有义勇军的成立，遂有将义勇军临时组织变成永久军校之议，再有命名"国民军军官学校"之举。创设军官学校最初的方案，在改组试验及保卫广州的过程中，逐步酝酿成形。

国民党临时中执委上述 7 次会议的议决，显示出值得注意的几点。

**（一）党办军校**

明确义勇军及军官学校各项事项，由国民党负责。如由临时中执委召集各区分部执委及组织员召开特别会议、讨论组织义勇军；由"党委任专家"监督及辅助教员；以"中央执行委员会名义招请教练员"；教员应"受党之训练，充分了解党之宗旨主义及其实现方法"；"请党中军人同志训练"，要"讲习军事及党义"，"由党所委任专家及教员"商定军队组织；等等。

**（二）孙中山重视办军校**

临时中执委第 10 次会议，是孙中山亲自主持的。这次会议议决：义勇军学校定名"国民军军官学校"；校长定蒋介石，教练长定陈翰誉，政治部主任定廖仲恺，筹备工作由廖仲恺负责；校址租借东园。此为国民党正式确定创设"军官学校"的起点。可见，有关军官学校创设的重大事项，是孙中山亲自主持确定的。

**（三）廖仲恺在其中发挥了重要作用**

廖仲恺发起成立"国民义勇军"，起草义勇军"组织法"，

---

① 《党员加入义勇军之踊跃》，《广州民国日报》1925 年 11 月 22 日。

贯彻国民党改组的精神，提出在义勇军的组织、训练中，要体现党的引领作用。这是军校创设的较为具体、完整的构想。孙中山指定廖任军校政治部主任，并负责筹备工作。12 月 9 日，在上海召开的中央干部会议第 10 次会议上，廖仲恺所作的报告，在军事方面，提出建立"军团"的设想，暂定 600 人，教学的内容：一为"欧洲（疑为欧战）后的军事教育"；二为"惟党可以造国的教育"；三为"政治关系"。每天上午教学，下午训练。预计一年之内，"可以成两师真正党军"。①这是关于军校创设的更为长远的设想。

纵观上述，1923 年秋冬之际，国民党改组业已局部启动，而军官学校创设的方案，亦经临时中执委议决，并付诸实施。当时，因拟任校长的蒋介石访苏回国后，迟迟未来粤，加上其他原因，致使有关的工作，进展不大。虽然如此，但国民党军官学校的创办，已是曙光在望。

---

① 廖仲恺：《在中央干部会议第十次会议上的报告》（1923 年 12 月 9 日），《廖仲恺集》（增订本），第 139 页。

# 第二章　陆军军官学校的创建

## 第一节　国民党一大与军校筹委会的成立

1924 年 1 月 20 日，中国国民党第一次全国代表大会在广东高等师范学校礼堂（今广州鲁迅纪念馆）开幕。此前，孙中山曾说过：广州是"革命的起点"，是"革命党的发源地"，"我们想从新再造民国，还要拿这个有光荣的地方做起点"，"再来建设中华民国，为中华民国开一个新纪元"。① 大会代表 165 人，其中有陈独秀（未到会）、谭平山、李大钊、毛泽东、于树德、林祖涵、罗迈（李维汉）、夏曦、袁达时、谢晋、宣中华、李永声、于方舟、韩麟符、王尽美、矢季恂、张国焘、李立三、廖乾五、陈镜湖、沈定一（玄庐）、刘芬、胡公冕等中共党员。鲍罗廷参加了大会。

孙中山以总理身份任大会主席，林森、汪精卫、谢持、胡汉民、李大钊为主席团成员。大会成立的宣言、党务、宣传、章程 4 个审查委员会，均有共产党员参加：李大钊、于树德参加宣言审查委员会，谭平山参加党务审查委员会，李

---

① 孙中山：《在广州商团及警察联欢会的演说》（1924 年 1 月 14 日），《孙中山全集》（第九卷），第 61 页。

大钊参加宣传审查委员会，谭平山、李大钊、毛泽东参加章程审查委员会。谭平山代表临时中执委，在会上作《临时中央执行委员会报告》。大会历时 10 天，在国共两党成员共同努力下，取得了一系列重大成就。

大会讨论通过《中国国民党第一次全国代表大会宣言》，指出"军阀之专横，列强之侵蚀，日益加厉"，因此"益知进行国民革命之不可懈"。孙中山总结过去"与军阀官僚相妥协、相调和"，致使革命"不免于失败"的教训，提出"宣言"的主旨"就是计划彻底的革命"：对内"终要把军阀来推倒，把受压的人民完全来解放"，对外"免除帝国主义之侵略"。

国民党改组的关键，是关于共产党员加入国民党的问题。此事出于共产国际使者马林的提议，并经共产国际批准。1922 年秋，中共高层陈独秀、李大钊等，加入了国民党。次年 6 月，中共三大决定全体加入国民党。虽出于共产国际的决定，但赞同共产党员加入国民党，乃出于孙中山的斟酌，且是他不容更改的决策。孙中山希望通过引进共产党员，达到推动、改进国民党，为国民党输入新鲜血液的目的。孙中山说："来者不拒，所以昭吾党之量能容物，而开将来继续奋斗之长途。吾党之新机于是乎在。"[1] 此即"党内合作"之由来。然而，国民党内对此存有争议，持怀疑、反对态度者，不在少数。国民党一大讨论了这一问题。孙中山发表多次讲话，解释引进共产党员的缘由和目的。

在孙中山看来，有的人反对共产党员加入国民党，搅动暗潮，是因为他们不了解民生主义与共产主义的关系，"质

---

[1] 孙中山：《致全党同志书》（1924 年 3 月 2 日），《孙中山全集》（第九卷），第 542 页。

而言之，民生主义与共产主义实无别也"。① 一大期间的一次宴会上，有人发表反对共产党员加入国民党的言论，孙中山指出，这些人不过是为个人升官发财而已。"二十年以来，党员总是阻挠我革命，总是丢掉民生主义。跟随我的很多，但总是想打他自己的主意。"② 在另一次讲演中，孙中山说："你们老党员已经堕落了，不革命了。你们反对共产党员加入，是含有想做党阀的意味，想要包办革命。老实不客气说，都只想发财做官。数十年革命尚未成功，就是受了你们的累。民族主义，你们只晓得打倒满清。民权主义，你们只晓得议会政治，其余便不知道了。至民生主义，更是全然不懂得。我的民生主义，就是共产主义，不过与马克司（思）观察稍有不同罢了。"③

　　1 月 28 日，当大会讨论国民党"总章"草案时，广州代表方瑞麟提出"党章应明文规定党员不得加入他党"，意在以设反对"跨党"、反对一人而具双重党籍的规定，来阻挠共产党员加入国民党，进而叫停国共两党的"党内合作"。为此，李大钊登台发言，说明共产党员加入国民党是"自己先从理论上事实上作过详密的研究"，"再四审慎而始加入的"，"是为有所贡献于本党，以贡献于国民革命的事业而来的"，"是正大光明的行为，不是阴谋鬼祟的举动"。④ 廖仲恺等发言

---

　　①　孙中山：《批邓泽如等的上书》（1923 年 11 月 29 日）．《孙中山全集》（第八卷），第 458 页。

　　②　子任（毛泽东）：《国民党右派分离的原因及其对于革命前途的影响》，《政治周报》第 4 期，1926 年 1 月。

　　③　程潜：《纪念周演说词》（1926 年 5 月 31 日），国民革命军第六军政治部编：《奋斗》第 2 期，1926 年 6 月。

　　④　《北京代表李大钊意见书》（1924 年 1 月 28 日），中国人民政治协商会议广东省委员会、广州市委员会文史资料研究委员会，广东革命历史博物馆合编：《广东文史资料》第四十二辑，广东人民出版社，1984 年，第 313、375—376 页。

力挺李大钊，支持共产党人加入国民党。经过激烈的斗争，共产党员加入国民党的问题，终获解决，国共合作宣告实现。

国民党一大选举时，共产党员李大钊、谭平山、于树德当选为中央执行委员会委员，谭平山并当选为常务委员；林祖涵、毛泽东、瞿秋白、韩麟符、于方舟、张国焘、沈定一，当选为候补中央执行委员会委员。

国民党一大厘定国民革命的政纲，建立了国共合作，开拓了国民革命崭新的局面，从而成为中国大革命的起点。

国民党一大的召开，与黄埔军校的创建，是密切相关、链条相扣的关系，前者对后者，直接起牵引、带动的作用。

在政治上，改组撬动了各项变革。在一大前召开的干部会议上，廖仲恺说：国民党过去只有上层干部，没有基层组织；而专靠上层的结果，是"徒赖军队，不过终为军队所用而已，遑能改造国家哉！"廖仲恺还说："徒恃军队，必至为兵所制，不能制兵也。因为做事不能不赖力，一方虽赖军力，然一方不可不有一种力量，能制伏军队之力量，即党是也。"①这一段论述，很值得注意。如前所述，孙中山长期思考如何驭军、治军的问题。在这里，廖对接了孙的思路，指出治军之道，是以力制军，但不是以军制军，而是以军队之外的"一种力量"制军。这种力量，"即党是也！"以党制军的思路，赫然明晰。廖并且断言：党的基础巩固了，"庶足制伏军队"。②国民党一大摆正了党、军关系，并撬动了以党建军

---

① 廖仲恺：《在中央干部会议第十次会议上的报告》（1923年12月9日），《廖仲恺集》（增订本），第138—139页。

② 廖仲恺：《廖仲恺致孙中山改组国民党原因及改组进行情况文》（1923年12月9日），桑兵主编：《各方致孙中山函电汇编》（第七卷），社会科学文献出版社，2012年，第351页。

的三步走之进程：第一步，党的改组；第二步，以党办校（军校）；第三步，由校建军。在以党建军的链条中，黄埔军校的创建，是核心的一环。

在组织上，国民党改组最具突破性的举措，是引进共产党员，这不但是更新国民党组织，输入新鲜血液的必要之举，而且为共产党人参与黄埔建校、建军，敞开了大门。日后黄埔军校的特色，或曰办学成功之道，正在于大量共产党员的踊跃加入。这与国民党组织大门的开放，有直接的关联。

1924 年 1 月 24 日，孙中山以大元帅的名义，任命蒋介石为陆军军官学校筹备委员会委员长。此前，国民党临时中执委 1923 年 11 月间议决的"军官学校"创设议案，指定蒋为校长。12 月 15 日，蒋已从苏联返至沪上。廖仲恺、胡汉民、汪精卫等于 12 月间，多次函电蒋介石，以"鲍君（鲍罗廷）有事与商，学校（军官党校）急待开办""军官学校由兄负完全责任办理，一切条件不得兄提议，无从进行""鲍先生日盼兄至，有如望岁"等情由，促蒋来粤。而蒋却迟迟未行。军校筹创进展迟缓，与此有关。直至国民党一大开幕之前 4 天，即 1924 年 1 月 16 日，蒋才回到广州。孙中山于一大期间派蒋为军校筹委会委员长，是加大力度推进军校筹建之举。

据《李烈钧将军自传》，军校筹创时，李烈钧对孙中山说："校长一席，非蒋莫属。"① 关于军官学校的名称，国民党临时中执委第 10 次会议（1923 年 11 月 26 日）命名"国民军军官学校"；组织军校筹委会时，定名"陆军军官学校"。

---

① 李烈钧：《李烈钧将军自传》，中华书局，2007 年、第 85 页。

这是个重大改变。

至是，陆军军官学校正式开始筹建。

## 第二节　黄埔军校的筹建

1924 年 2 月 1 日，孙中山派王柏龄、李济深、邓演达、沈应时、林振雄、俞飞鹏、宋荣昌、张家瑞为军校筹备委员。2 月 6 日，设军校筹备处于广州南堤 2 号。8 日，蒋介石主持召开军校筹委会首次会议，决定分设教授、教练、管理、军需、军医等五部，分别以王柏龄、李济深（邓演达代）、林振雄、俞飞鹏、宋荣昌为临时主任，分部办公。参与筹备处工作的，有王柏龄、沈应时、顾祝同、陈继承、刘峙、邓演达、严重、陈诚、王登云、朱一鸣等。粤军第二师参谋长叶剑英，应廖仲恺邀请，亦参加筹备处工作。

至 5 月 8 日，军校筹备处共开会 32 次，讨论决定订定校章、修整校舍、招生考试、任用干部、制定教练计划等事项。要点如下。

### 一、选址黄埔

临时中执委此前讨论军校创设事宜时，曾设想以市区东园为军校校址，后又提出以"测量局及西路讨贼军后方病院"为校址。[①]1924 年 1 月 28 日，孙中山决定以黄埔长洲岛上原广东陆军小学校为军校的校址。

黄埔岛称得上是中国近代军事教育摇篮之一。1887 年，两广总督张之洞在此创办广东水陆师学堂，堂址为 1845 年苏

---

① 《国民党军官学校之规划》，《广州民国日报》1923 年 12 月 20 日。

格兰人约翰·柯拜修建的黄埔船坞。1876 年两广总督刘坤一以白银 8 万两购买船坞，办广东"西学馆"，后相继改称"实学馆"和"博学馆"。广东水陆师学堂为中国最早的两所军事学堂之一（另一所是北洋武备学堂）。除黄埔船坞原址外，张之洞又在长洲岛上征地 47 亩，使用白银 4592 两，建造新校舍一座。八卦山以东之旧堂舍，专居陆师学生，称"陆师诵堂"；八卦山以西的新校舍，居水师驾驶、管轮专业学生，称"水师诵堂"。广东水陆师学堂的创办，不但是广东官办学堂之始，而且开广东近代军事教育的先河。

广东水陆师学堂开办之后，两广总督谭钟麟将水陆师学堂的水师、陆师分开办理。其中，水师诵堂独立为广东水师学堂，后与广东鱼雷局附设之鱼雷学堂合并，改名广东水师鱼雷学堂。此后渐次演变为广东水师工业学堂、广东海军学校等。陆师诵堂改为广东陆军速成学堂，后渐次改为广东武备学堂、广东陆军中学堂、广东陆军小学堂，辛亥革命后改名为广东陆军小学校。

以上情况，简列如下：

广东水师学堂：由广东水陆师学堂之水师诵堂改成。设驾驶、管轮二部，学制 5 年，课程设置仿天津水师学堂和福州船政学堂，学生每年 9 个月在堂，3 个月在船。共毕业驾驶、管轮学生 14 届，计 208 名。

广东陆军速成学堂：由广东水陆师学堂之陆师诵堂改成。以水陆师学堂旧址为堂址。

广东武备学堂（广东陆军中学堂）：以广东水陆师学堂之陆师诵堂旧址为堂址。后改为广东陆军中学堂，堂址迁广州大东门外北横街（此处曾办广东随营将弁学堂、广东陆军测绘学堂）。

广东水师鱼雷学堂：广东鱼雷局附设之鱼雷学堂（学生

40 名）归入广东水师学堂，改名为水师鱼雷学堂。学生兼学驾驶、管轮、鱼雷课目。

广东陆军小学堂：清末陆军学堂制度改革，仿效德国和日本，分为小学、中学、军官三级。1905 年，在原广东武备学堂（陆军诵堂）旧址上，设广东陆军小学堂，以高小、初一学生为对象，学制 3 至 4 年。

广东水师工业学堂：1906 年，在广东水师鱼雷学堂堂址上，办水师工业学堂。

广东海军学校：由广东水师工业学堂改称，以"实施海军教育，养成海军人材"为宗旨，学制为预科与正科各 3 年。后归北洋政府海军部直接办理。1922 年停办。

广东陆军小学校：1912 年，广东陆军小学堂改名为广东陆军小学校。学生毕业后升武昌南湖第二预备学校。

黄埔岛此前之军事学堂和军校，追求军事的先进性和专业化。晚清国防建设有海防、陆防孰重之争，沿海（北洋、南洋、福建、广东）自然以海防为重，重点是发展海军。广东海域辽阔，是海防大省，故军事教育重"水师"，着力培养海军人才。英国优长于海军，德国优长于陆军，故"水师"学英国，"陆师"学德国。不但聘请外国教习，而且任用学有专攻的"海归"人才。著名留美幼童詹天佑，耶鲁大学毕业后回国，1884 年任教习于"博学馆"，后任教于广东水陆师学堂。

这些军事学堂和军校，培养了不少军事人才。

在海军方面：水陆师学堂第一期谭学衡，毕业后赴英留学，宣统年间为海军副大臣，民国时任海军总长；水师学堂毕业生汤廷光，1920 年任广州军政府海军部长，次年任中华民国政府海军总长；杨树庄、潘文治、叶在馥、伍景英、杜衍庸、邓钧、冯肇宪、李庆文，胡应球、邓兆祥、陈策、黄文田、马廷伟等，亦均出自黄埔水师学堂或海军学校。1914年入读广东海军学校第十六期的邓兆祥，后赴英国留学，被称为英国"海军通"。1948年任重庆号巡洋舰舰长，1949年2月率重庆舰起义，加入中国人民解放军海军，1981年任海军副司令员。

在陆军方面：李济深、姚雨平、张醁村、刘志陆、邓彦华等，为广东陆军速成学堂毕业生；蒋光鼐、李朗如、李章达、陈铭枢、陈济棠、张竞生、王应榆、邓演达、张云逸、李扬敬、萧冠英、余汉谋、徐景唐、李煦寰、吴奇伟、张文、叶挺、张发奎、薛岳、李汉魂、邓龙光、韩汉英、林廷华、冯宝森、华振中、许志锐、何春帆、谢婴白等，就读于黄埔各军事学堂或军校。张云逸、叶挺分别是广东陆军小学堂第四期、第十一期学生。

黄埔长洲岛之陆地面积约8平方公里，为广州东南方门户。孙中山"以其四面环水，隔绝城市，地当枢要，实为军事重地，便于兴学讲武，遂指定该岛为本校校址"。校址确定之后，2月13日，军校筹备委员前往勘察。次日，蒋介石派管理处主任林振雄，率工兵前往修缮布置，重修校门、校舍、操场、道路等。昔时之自修室，改为校长办公厅。门庭、礼堂、走道、回廊依旧，面貌更新。至4月17日，始告竣工。

**二、招生考试**

军官学校筹创时，全国各地多处于军阀势力之下，招生不易，只得委托出席国民党一大的代表，在各地引荐、介绍考生。对此，廖仲恺在大会上说明："我们先前已告诉同志诸君，我们在广州创建了一所军事学校。为要在士兵中进行宣传，必须有科班出身的军官，如今我们将能培养这样的军官。凡愿入学者均可以提出申请，入学者必须受过中等教育。

各省均有权派遣 10 至 15 人。"① 廖仲恺特别提道："必其人明白本党主义，且诚实可靠，能做事方可入选。"②

2 月 10 日，埔校筹备处召开会议，分配各省、区招生名额，预定共招 324 名。其中东三省、热河、察哈尔共 50 名；直隶、山东、山西、陕西、河南、四川、湖南、湖北、安徽、江苏、浙江、福建、广东、广西，每省 12 名，计 168 名；驻广东的湘、粤、滇、豫、桂五军，每军 15 名，计 75 名；国民党先烈遗属 20 名；机动名额 11 名。③

2 月 20 日，国民党中央执行委员会第 7 次会议，通过《陆军军官学校考选学生简章》。《简章》声明：本校希望对于军队有彻底的改良进步，故拟使全国热心有志堪以造就之青年，得有研求军事学术之机会，并教以三民主义，俾养成良好有主义之军人，以为党军之下级干部。投考者须符合如下资格：（1）中国国民党员，或对国民党有同情而未入党者，始准应考；但于考取后，加入本党，始许入校。（2）年龄 18 至 25 岁。（3）身体各部健全者。（4）在高小毕业，并入过中学一年以上，或具有相当程度者。④ 除此之外，凡中央各直辖军队内之现役军官、军士，凡中等以上各学校学生有志报考者，亦可报名考试。

孙中山、廖仲恺及国民党中央、大元帅府要员，各地党、政、军名人，很多都为军校介绍过考生。出席国民党一大的中共党员李大钊、谭平山、于树德、毛泽东、林祖涵等，亦

① ［苏］亚·伊·切列潘诺夫著，中国社会科学院近代史研究所翻译室译：《中国国民革命军的北伐——一个驻华军事顾问的札记》，中国社会科学出版社，1981 年，第 84 页。

② 《中国国民党全国代表大会会议录》（第十六号），《广东文史资料》第四十二辑，第 75 页。

③ 《蒋介石年谱初稿》，第 156—157 页。

④ 《中国国民党周刊》第十期，1924 年 3 月 2 日。

为军校推荐考生。经李大钊介绍而获录取的考生有 13 人，经毛泽东介绍而获录取的有蒋先云等 6 人。

当时，何叔衡（共产党员）受军校筹委委托，返湘办理招考事宜。以"试述报考军校志愿"为题，初次选出赵自选、陈作为、郭一予等，送往上海报考。① 长江流域及以北各地前往上海报考者，有 500 多人。毛泽东时任国民党中央候补委员，一大后到上海，在国民党上海执行部工作，任执行部组织部秘书、文书科代理主任。3 月间，毛泽东负责军校上海地区考生复试工作，并在环龙路四十四号接见了赵自选、陈作为、郭一予及来自北方的考生张隐韬、杨其纲等。毛泽东后来说：我还曾经在上海为黄埔招过一期学生，地址是上海环龙路四十四号。② 上海考试，国文题为"你为什么报考军校"和"试述你的国防观"，并考算术、代数、几何、三角、化学和物理。经过考试，共录得 200 多人，发给路费，赴广州参加复试。

3 月 21 日，孙中山任蒋介石为军校入学试验委员会委员长，王柏龄、胡树森、张家瑞、钱大钧、邓演达、彭素民、宋荣昌、简作桢、严重为入学试验委员。因蒋离职不归，入学试验委员长一职由李济深代理。27 日至 30 日，军校入学考试在广东高等师范学校举行。应考者 1200 余人（包括上海送考的 200 多人），除考国文、算术外，加考三角、几何、代数。国文试题由戴季陶拟，数学试题由王登云拟，张申府（中共党员）参与拟口试试题。至 4 月 28 日，第一期招考放

---

① 郭一予：《我对黄埔军校的片断回忆》，中国人民政治协商会议广东省委员会文史资料研究委员会、广东革命历史博物馆合编：《广东文史资料》第三十七辑，广东人民出版社，1982 年，第 73 页。

② 中共中央文献研究室编：《毛泽东年谱（一八九三——一九四九）》（上卷），人民出版社、中央文献出版社，1993 年，第 124—125 页。

榜，共录取 470 人，其中正取生 350 人、备取生 120 人。

### 三、经费、枪械筹措

当时，广东财政极为困难。军校筹建时，并未指定由哪个机关为军校拨款，经费没有可靠的来源。蒋离职期间，为使军校筹建工作不至于因费用不济而流产，代理军校筹委委员长的廖仲恺，不得不到处奔波，忍气吞声，向把持广东钱路的滇、桂军首领"化缘"。廖仲恺说：我非常痛苦，非常受气，天天晚上都要去会杨希闵、刘震寰，等他们把烟烧完，然后我才向他们说借款来办黄埔军校。

经过争取，至 5 月 22 日，大本营财政委员会才议决：军校开办费 186600 元，由财政厅拨给；经常费 3 万元，其中财政厅拨 5000 元，公安局拨 15000 元，市政厅、筹饷局各拨 5000 元。[①]

办校所需枪械，筹措起来也很困难。广东兵工厂生产能力很低，每天只可出步枪 15 支，改进后，日产量也只有 45 支。厂长马超俊回忆：该厂为滇、桂军阀所控制。一次，孙中山令拨步枪 500 支、机关枪 4 挺给黄埔军校。兵工厂存枪不足，马乃罄其所有，连同护厂队的枪支，照数凑足拨发。事为滇军第二军军长范石生所知，范石生悍然扣留了马超俊，要马立即将拨给军校的枪械全数收回，否则枪毙。孙中山派参军邓彦华、侍卫长黄惠龙前往交涉，范置之不理。最后，孙中山又派秘书长杨庶堪持手谕，并约滇军总司令杨希闵同往，与范交涉，范石生才将马超俊释放。[②]军校创办之艰辛，由此可见一斑。

---

① 《蒋介石年谱初稿》，第 192 页。

② 马超俊、傅秉常口述，刘凤翰等整理：《马超俊、傅秉常口述自传》，中国大百科全书出版社，2009 年，第 42 页。

实际上，直到第一期学生入校时，军校所需枪支仍未筹足。5月2日，蒋介石致函廖仲恺："本校步枪已领到230杆，尚差250杆，务请转催马厂长设法办到。"

### 四、下级干部考录

2月间，筹备处启动下级干部招录工作，发布《陆军军官学校下级干部布告》。凡由各方推荐人员，必先缮具履历，经审查考试后，酌量录用。学生队副队长、区队长以下干部，于广东省警卫军讲武堂、西江讲武堂毕业生中挑选。当时，军校筹备处收到推荐函件很多，为防止徇私用事，贻弊滋生，考试委员会发布启事："所有考试及审查方法，一以公正无私，细密谨严之旨行之，以期选拔优才，无负重托。"[①] 3月24日，下级干部考试在广东高师举行。4月24日，筹备处公布下级干部初录名单：

王声聪、吴济民、陈应瑞、严凤仪、王禄丰、吕敬藩、周得三、冯圣法、雷德、唐同德、杨步飞、张仲侠、周品三、杨权一、胡仕勋、杨铭三、侯又生、邱仕发、朱一鸣、徐文龙、宋云兢、张慎阶、范馨德、祖静川、邓瑞安、杨鹤年、李鸿钧、符腾光、周汉伟、韦兆熊、范振业、李叔文、吴用淮、朱一鹏、郑重达、张人玉、鲍宗汉、谢永平、钟伟、麦鉴满、赖杳、曾昭镜、罗实钧、蒋魁、邱贞中、周振强、郭景、刘干、郭远勤、郑燕飞。[②]

---

① 《陆军军官学校考试委员会启事》，《广州民国日报》1924年4月7日。

② 《陆军军官学校筹备处布告》，《广州民国日报》1924年4月24日。

4月26日，以上50人集中于南堤筹备处，共往黄埔本校复试。复试结果，周振强、唐同德、周品三、胡仕勋等20多人，未获录用，改为第一期学生。合格之干部，从28日起，接受为期3天的训练。

对黄埔军校的创办，苏联给予了支持。苏驻穗代表鲍罗廷（国民党组织教练员）参与军校筹建工作。1923年9月底，苏联红军干部雅·格尔曼等到达广州，随后与亚·伊·切列潘诺夫、尼·捷列沙托夫、弗·波里亚克和波·斯莫连采夫组成顾问小组，参加军校筹建工作。1924年4月，曾任苏联红军十三集团军司令安·巴甫洛夫抵达广州，任孙中山的军事总顾问。

军校筹委委员长蒋介石，于2月22日离职。第二天，孙中山派廖仲恺代理筹委委员长，主持军校筹建事项。以上修建校舍、筹措经费、招生考试、任用干部等事项，主要是在廖仲恺的主持之下，艰苦备尝、百折不挠进行的。

## 第三节　蒋介石辞职事件

蒋介石辞职的风波，是他就任军校筹委会委员长未满一个月，黄埔军校筹建工作起步不久时发生的。

2月21日，蒋具函孙中山，并呈中央执行委员会，以"驽骀庸材，难胜重任"为辞，提出辞去埔校筹委会委员长之职。蒋的英文秘书王登云，即到筹备处宣布："蒋先生已决定黄埔军校不办了，筹备处马上解散。"当场还宣布每个人发多少遣散费。[①]苏联顾问切列潘诺夫的回忆录写道："实际上

---

① 《叶剑英元帅谈孙中山先生的建军思想和大无畏精神》，《黄埔军校史料（1924—1927）》，第31页。

是蒋介石未经孙中山和廖仲恺的许可，擅自发给为黄埔军校招来的教职员一笔离职津贴，声称学校不办了，而他自己则跑到了上海。"① 事发后，孙中山于 2 月 25 日派邓演达赴宁波奉化，催促蒋介石返粤。孙中山、廖仲恺连续发出 10 多封函电，批评蒋介石。2 月 29 日孙致蒋电："辞呈未准，何得拂然而行。"同日廖致蒋电："党事讵可因兄而败。"3 月 7 日，廖仲恺致电在上海的胡汉民，说明"军校势成骑虎""只有迫弟自杀谢人"，要胡汉民"务请介行，勿延"。17 日，孙中山密电蒋介石："事紧急，盼速来。"然而各种努力，均无济于事，蒋悠游故里，不肯回粤。

在此之前，作为孙中山的部属，蒋介石有多次擅自离职记录：1918 年夏、1919 年秋、1920 年、1922 年各有一次；1923 年 7 月，蒋又以"受人妒忌排斥，积成嫌隙"为由，再次离职出走。可见，擅自离职这件事，在蒋来说屡见不鲜，司空见惯。

这次蒋于埔校筹建期间擅离职守，与他此时的际遇、心态，应有关联。1923 年间，蒋在广州只停留过短暂几个月（4 月至 7 月），随后去了上海和苏联，孙中山这一年在广州重建大元帅府、经略广东、整顿和改组国民党等，蒋基本上置身事外。他在广东的重要性，经已打折。12 月中从苏联回国后，蒋直接回到他的家乡，而非及时到穗述职。过了一个多月，即国民党一大召开的前 4 天（1924 年 1 月 16 日），蒋才返至广州。蒋居乡一个多月，置孙、廖、胡、汪和鲍罗廷的多次催归于不顾，这或可解释为他访苏联目的未获满足的

---

①　《中国国民革命军的北伐——一个驻华军事顾问的札记》，第 91 页。

情绪化表现，但却是他与广州权力中心的自我疏离。这影响了他在国民党一大的待遇。当时，国民党海内外各地、各界人士，大批集中于羊城，许多人都有所收获。随蒋访苏的沈定一，是大会代表，并当选候补中委。在苏参加代表团工作的邵元冲，虽未出席大会，也当选为候补中委。蒋却非大会代表，更未能进入中委或候补中委，这样的安排，与蒋的自我疏离，应有关联。他只是被派去办军校，似是被晾在一边，坐了冷板凳。他此时有所失落，不言而喻。

当时，蒋对军校校长这一位置的"含金量"，可能没有足够认识。正如苏联顾问切列潘诺夫所说："显然是因为他当时还不完全明白这所军校对于大资产阶级和他本人来说是一笔多么可观的财富。"① 让蒋去办军校，是孙中山对蒋的重用。蒋的失望与失落，只是他自己的一种错觉而已。切列潘诺夫说，蒋"觉得军校校长这个职位是给他设下的一个圈套"。

离开广州后，蒋于3月2日上书孙中山，14日致函廖仲恺，25日致函胡汉民、汪精卫，"缕陈一己之心曲"，要点如下。

一是埋怨不受重用。蒋上书孙中山，罗列大本营之种种乱象，如"内部乖离，精神涣散，军事、政治棼如乱丝，用人任事毫无统系"，"虽成必败，虽得犹失"。直指孙中山用人不当，"今日先生之所谓忠者、贤者及其可靠者，皆不过趋炎附势、依阿谄谀之徒耳"，以致君子道消，小人道长，邪正不明。蒋的自我评价是："如吾党同志果能深知中正，专任不疑，使其冥心独运，布展菲材，则虽不能料敌如神，决胜千里，然而进战退守，应变致方，自以为有一日之长。"埋

① 《中国国民革命军的北伐——一个驻华军事顾问的札记》，第91页。

怨孙中山没有"以英士（陈其美）之信中正者而信之也"，"先生今日之于中正，其果深信乎，抑未之深信乎，中正实不敢臆断"①，声言"合则留，不合则去"。

二是指责廖仲恺等。蒋说："孙先生回粤已阅十五月，为时不可为不久，而对于民政、财政、军政，未闻有一实在方案内定，如期施行。"蒋将这一切归咎于廖仲恺等人，说"其初为徐（绍桢）、杨（西岩）办理，固不得法，而其后接办者为兄（廖）与海滨（邹鲁），何亦丝毫无有起色？"②指廖为"有罪"之人。孙中山身边的许多人，也受到蒋的指责。

三是对《游俄报告书》未受重视，表示不满。蒋介石在1923年12月15日回到上海，无视胡汉民、汪精卫、廖仲恺、鲍罗廷等来沪迎接并一同返粤的盛意，径回宁波，蛰留多时，才将《游俄报告书》寄给孙中山。此报告书孙、蒋文档及党史会都无存。其内容主要应是反对联俄容共。随后（1924年3月14日），蒋致廖函中，大致可看出其要旨：其一，"俄党殊无诚信可言"；其二，俄国共产党与国际共产党（共产国际）不同，"崇仰"孙中山的，"非俄国共产党，而乃国际共产党员也"；其三，"俄党对中国唯一方针，乃在造成共产党为其正统，决不信吾党可与之始终合作"；其四，廖仲恺"过信俄人"；等等。或者正因为这样，报告书未被看好。蒋对此耿耿于怀，说："党中特派一人赴俄，费时半年，费金万余，不可为不郑重其事，而于弟之见闻报告，毫无省察之价值，此弟当自愧信用全失，人格扫地，亦引自咎不遑

① 《蒋介石年谱初稿》，第160—164页。
② 《蒋介石年谱初稿》，第164—165页。

也。"他深感失落，在上书孙中山时说他"失信于党，见疑于上"，又说："不料到粤月余，终日不安，如坐针毡，居则忽忽若忘，出则不知所往，诚不知其何为而然也。"报告书被冷置，是蒋出走的原因之一。然而，联俄容共已上快车道，蒋唱反调，也只有被冷置了。

四是摆出返粤的条件。主要是：撤杨西岩（筹饷督办）；解散孙科（广州市市长）掌握的财团；"汝为督粤"，"展堂长省"，即让许崇智主持广东军事，胡汉民当省长。

蒋这几封信，不少话说得冠冕堂皇，却不接地气。盖蒋长年不在广东，孙中山、廖仲恺艰苦支撑，廖尤其身在一线，疲于应对，许多不合常规的事，属不得已而为之。蒋自苏联归来，不体察当事者之艰辛，大话连篇，等于隔岸观火，徒托空论而已。在这里，蒋提出"汝为（许崇智）督粤""展堂（胡汉民）长省"，从后来的事变看，并非真的重视许、胡，实质是欲拉许、胡，抵制廖仲恺，进而要演出倒廖之一幕。只是因为廖的后台硬，即孙所言广东不能没有仲恺，迄孙去世，地位不易撼动而已。

当时，国民党内缺乏军事人才，孙中山要办军校，还得借重于蒋。为争取蒋回心转意，孙中山在人事方面做了若干调整，于3月17日决定免杨西岩职，随后委胡汉民为大本营秘书长，还表示蒋提出的各有关事项，可在他回粤之后面商，这等于满足了蒋的要求。然而，蒋3月25日在致胡汉民、汪精卫的信中，仍表示不愿再回广东，谓"弟之行止，不应以一杨西岩去而定"，如果就这样子来广东，等于"徒招物议，自损人格"。①

———————

① 《蒋介石年谱初稿》，第171页。

2 月间当蒋离粤，军校筹备处骑虎难下，面临解散之时，廖仲恺受命为代理筹委会委员长，指示筹备处各职员坚守岗位，并说：办成军校，是"爱人以德"，实际上是帮助蒋介石，使蒋不至于因军校流产而"开罪于全党"。[①] 正是在廖的努力下，筹办工作才得以进行。3 月 10 日，到粤报考的军官和学生，已有数百人。21 日，廖致函蒋："惟数百青年慕兄来学，为兄信用计，断不能使来自远方者望崖而返，故仍积极筹备，以副兄托。"[②] 然而，此时的蒋，仍在讨价还价，纠缠不休。

到了这个时候，军校筹委会只好决定按既定计划，准期举行入学考试，甚至不再期待蒋有回归之日。3 月 26 日，廖仲恺致电在上海的胡汉民，请胡转达在奉化的蒋介石："转介石兄：归否？请即复，俾得自决。"按台湾史家汪荣祖、李敖的讲法，这是廖给蒋发出的"哀的美敦书"。[③] 无异于向蒋表明，如果再纠缠下去，黄埔军校校长一职将会另觅他人了。

直到这时，蒋才表明了他的态度。3 月 27 日，即廖的"通牒"发出的第二天，亦即军校入学考试开考之日，蒋致书王柏龄、林振雄、邓演达、俞飞鹏，表示："弟拟即来粤，相会匪遥。"28 日，蒋致电廖仲恺："弟必来粤，勿念。"蒋何以有回心转意之举？有人说是得之于张静江的劝说，也有人说是因为戴季陶的催促，如郭廷以《近代中国史纲》谓，

--------

① 　《叶剑英元帅谈孙中山先生的建军思想和大无畏精神》，《黄埔军校史料（1924—1927）》，第 31 页。
② 　《蒋介石年谱初稿》，第 169 页。
③ 　汪荣祖、李敖著：《蒋介石评传》，中国友谊出版公司，2005 年，第 92 页。

戴力劝蒋"暂时忍耐，先谋掌握实力，以观其变"。[①] 胡汉民亦劝过蒋："兄即宜速定归粤计，不能久久消极，以待各种问题之解决。"胡在向蒋转述廖仲恺电报内容时，直说，"弟意兄万不宜遽决"。[②] 这"万不宜"三个字，可能起了点作用。

这是黄埔军校历史上的一个节点。假如蒋不改变态度，继续僵持、硬拧下去，让机会从指缝间溜走，黄埔军校校长一职，难说不属他人。

蒋虽于3月27日答应返粤，但仍迟迟未有动静。31日，粤军将领许崇智奉命从上海赶至浙江奉化，再一次前往劝驾。直至4月14日，蒋才偕同许由沪赴粤，21日回至广州。4月26日，即下级干部赴黄埔复试之日，蒋始入校视事。而埔校建校各项筹备工作，在此前的4月1日已经基本结束。

至此，蒋介石辞职事件已僵持两个多月。这说明黄埔军校办校非易，也预示着埔校此后要走的路将是坎坷不平的。

## 第四节　开学典礼

至此，黄埔军校的创办，峰回路转，进入快速运转的轨道。

4月26日，蒋介石入校视事。是日第一次对军校下级干部讲话。27日，第二次对军校下级干部讲话。28日，军校筹备处放榜，第一期学生总共录取470人，其中正取生350人，备取生120人。是日及30日，蒋对下级军官分别作了两次讲

---

① 郭廷以：《近代中国史纲》，格致出版社、上海人民出版社，2015年，第374页。
② 《蒋介石年谱初稿》，第174页。

话，说明复试结果，除部分拨归学生队外，其余人职已分派就绪。

5月2日，孙中山签署大元帅令，特任蒋介石为陆军军官学校校长。

5日，正取生350人入校。新生集合于南堤2号筹备处〔此后改为黄埔军校驻省（广州）办事处〕，在天字码头分登几艘民船，由小火轮拖着，向黄埔驶去。学生编为三队：蒋先云、徐向前、宋希濂、贺衷寒、王尔琢等编入第一队，派吕梦熊为队长；郑洞国、周士第、张际春、张隐韬等编入第二队，派茅延桢为队长；陈赓、曹渊、杜聿明、阎揆要、关麟徵、侯镜如、蔡光举等编入第三队，派金佛庄为队长。7日，备取生120人进校，编为第四队，有胡宗南、荣耀先、黄梅兴等，派李伟章为队长。以上470名学生，编为学生总队，由邓演达代理总队长。

9日，孙中山任廖仲恺为军校党代表。党代表一职，胡汉民有政治经验，且有军事阅历，本来有资格入选。对此，孙中山有全盘的考虑。他对廖仲恺、蒋介石知根知底，深知廖顾全大局，任劳任怨，为人随和，而蒋有军事才干，廖、蒋搭档，是各用其所长。更为重要的，是廖联俄态度鲜明，蒋对此则持保留、观望甚至抵制的态度，让廖当党代表，不但能对蒋有所节制，而且在联俄方面，能发挥胡、蒋不能起到的作用。此为胡未能进入军校班子，而廖终被选任党代表的原因所在。

5月21日，第一期学生预备教育期满。6月2日，第一期开始正式授课。

6月16日，陆军军官学校举行开学典礼。这一日，是孙中山广州蒙难两周年纪念日，是个特别的日子。孙中山说，在两年之前，"竟有号称革命同志的陈炯明军，炮攻观音山，拆南方政府的台"。他选择这个日子举行开学典礼，是提醒黄埔官生，记住六一六兵变教训。

这一天，黄埔长洲岛上，朝气勃勃，人人兴高采烈。陆军军官学校校门，高悬"亲爱精诚"四字，是为校训；第二道门为蒋亲书的"继往开来"四字，两旁以"先烈之血，主义之花"为门联。大元帅、国民党总理孙中山到校作开学演说，并检阅官生队列。国民党中央执行委员胡汉民、汪精卫、林森、张继，大元帅府外交部部长伍朝枢、军政部长程潜、粤军总司令许崇智、湘军总司令谭延闿等，参加观礼。

孙中山的开学讲演，[①] 主要内容如下。

"独一无二的希望，就是创造革命军，来挽救中国的危亡。"孙中山从分析中国革命与俄国革命的差异破题，指出俄国革命之成功，是革命党、革命军共同奋斗所致，是"革命军做革命党的后援"的结果；而中国革命之屡遭挫折、失败，是因为"只有革命党的奋斗，没有革命军的奋斗"造成的。他说："中国革命虽然有了十三年，但是所用的军队，没有一种是和革命党的奋斗相同的。……所以我们的革命，总是失败。"他进而说明必须组建革命军："中国革命有了十三年，到今天还要办这种学校，组织革命军，可见大凡建设一个新国家，革命军是万不可少的。"

组建革命军的路径，是创办军校，以校建军。孙中山说："我们今天要开这个学校，是有什么希望呢？就是要从今天起，把革命的事业重新来创造，要用这个学校内的学生做根

---

① 孙中山：《在陆军军官学校开学典礼的演说》（1924年6月16日），广东省社会科学院历史研究所、中国社会科学院近代史研究所中华民国史研究室、中山大学历史系孙中山研究室合编：《孙中山全集》（第十卷），中华书局，1986年，第290—300页。

本，成立革命军。诸位学生就是将来革命军的骨干。"而创办军校，则要学习俄国的革命经验："我们现在开办这个学校，就是仿效俄国。"

"革命是非常事业，不是寻常事业，非常事业决不可以寻常的道理一概而论。"孙中山告诫全校官生：一要立革命志气，效先烈行为，专心救国，舍己为民，敢于牺牲。二要革命必先革心。革命事业，要"从自己的方寸地做起"，革命要"从自己的心中革起"。三要有高深学问做根本。

孙中山通篇讲演，强调的是"一定要开这个学校，要做成革命军"。他将以俄为师、以党建校、以校建军的蓝图，作了完整的演绎。孙中山还颁发书面训词，由胡汉民宣读。

近代以来，在反抗外来侵略的过程中，中国屡战屡败，惨痛的教训极大地激发起国人整军经武的决心，并随着历史的发展，逐步加深对武装斗争在中国革命中的重要性的认识。许多国家都有一段尚武强兵的历史。中国的社会状况尤其注定了中国的历史必然出现一个让大批军人走到历史的前台，成为"时代骄子"的时期。黄埔军校教授部副主任，后来成为国民革命军和中国人民解放军杰出将帅的叶剑英，在他少年时期的作文中写过一句话——"兵之物，大矣哉！"此言可谓振聋发聩。

一代军事政治名校——陆军军官学校（黄埔军校），于兹宣告诞生。

# 第三章　组织与人事

## 第一节　组织机构

军校筹备处成立（1924年2月）时，仅设教授、教练、管理、军需、军医五部。至5月学生入校时，校本部以下，设一厅（校长办公厅）一室（总教官室）六部（教授、教练、政治、管理、军需、军医），并配备特别官佐。（图示如下）

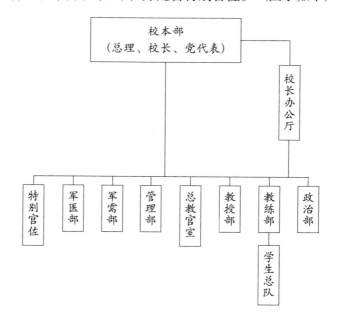

校本部由总理、校长、党代表组成，总揽全校校务。校本部以下之办公厅及各单位，各有权责，各有所司。教授部之军事教官，负责军事"学术"之讲授；教练部之官长，除配合军事教官"学科"之教学外，主要负责"术科"方面的训练；政治部之设立，乃为中国军校之首创，设政治教官，负责政治及思想的教育训练，并在党代表的指导、监督之下，从事党务与宣传；管理、军需、军医三部，为辅助与后勤部门。此外，设总教官室，独立于六部之外，总教官与教授、教练二部主任同负军事"学科""术科"之教学与训练。

从 5 月 10 日起，由校长、党代表联署，呈请孙中山和国民党中央执行委员会，分别任命教练部、教授部、政治部主任和总教官。随后数月，全校教务、组织与人事安排，陆续编配完成，人员逐一到位。

1924 年底，军校第一期学生毕业，教导团成立，第二期、第三期学生相继入学。因东江战事紧急，大本营即将发起东征之役。为适应内外情势的变化，军校第二期的组织机构，有若干调整：一是 11 月 29 日增设教育长一职，秉校长命处理校务。二是 11 月 20 日教导团第一团成立，12 月 3 日教导团第二团成立，为校属部队。为此，部分教官转任队官。三是因校属部队成立，军校于 12 月 10 日成立参谋处，设参谋处长一职，赞襄军务。四是 1925 年 1 月 30 日教授、教练二部合并为"教官部"（第三期称"教育部"），由教育长主持；除政治部仍旧之外，其余各部统改为处。五是 1925 年 3 月增设军法处。六是 1925 年 4 月增设军械处。

军校第二期和第三期学生入学时间相近，校内机构设置略同，变化之处：一是第三期实行入伍生制度，成立入伍生队。二是教授、教练二部，恢复分别设置。三是 1925 年 7 月，增设秘书长一职。

以上，军校初期所设——校本部下设一厅一室六部，在前三期办学过程中，时有调整与变更。主要是教授、教练二部时分时合，名称编制亦有变化。这反映了军校办学环境多变（时局不稳等）、教学秩序易受影响的实情，是因时就势，不得已而为之。这种情形在往后几期仍然存在。军校机构中，稳定不变并不断充实发展的，是政治部。前三期如此，往后几期亦如此。

## 第二节　前三期教职员

据不完全统计，陆军军官学校教职员，第一期 70 多人，第二期 110 多人，第三期 320 多人，此外还有为数不少的苏联教官。兹根据《陆军军官学校最初组织官长名录》、前三期"同学录"所收"第一期教职员名录"，并参考各种口述史料，列出陆军军官学校第一、第二、第三期主要的教职人员简况。

### 一、第一期

总理：孙中山。

校长：蒋介石。

党代表：廖仲恺。

校长办公厅：西文秘书王登云，中文秘书张家瑞。

政治部：主任戴季陶、邵元冲（继）、周恩来（继），副主任张申府，秘书甘乃光。政治教官胡汉民、汪精卫、邵元冲。

教授部：主任王柏龄，副主任叶剑英，秘书顾元炳，英文秘书张静愚。

总教官室：总教官何应钦。学科教官张元祐、梁广谦、陈焯、朱棠；国文教官王南微；技术教官郑炳垣；战术教官顾祝同、刘峙、胡树森、陈继承、严重；兵器教官钱大钧、文素松；地形教官王俊、黄香蕃、黄思基；筑城教官陆福廷。

教练部：主任李济深，副主任邓演达。学生总队总队长沈应时。第一队队长吕梦熊（前）、陈复（后），第一区队队长汪鼎、副队长朱得三，第二区队队长王仲珩、副队长张鲁，第三区队队长王声聪。第二队队长茅延桢（前）、童锡坤（后），副队长许用休，第一区队队长曹石泉、副队长吕藩敬，第二区队队长蒋鼎文，第三区队队长童锡坤、司务长张仲侠。第三队队长金佛庄（前）、梁瑞寅（后），副队长刘宏宇，第一区队队长郭俊、副队长李鸿钧，第二区队队长吴济民，第三区队队长张强渠（前）、郜子举（后）。第四队队长李伟章，副队长严凤仪，第一区队队长詹忠言、副队长宋云竞，第二区队队长王禄丰，第三区队队长李春茂。

管理部：主任林振雄，副主任吴宗泰，副官赵世荣，卫兵长胡公冕。

军需部：主任周骏彦，副主任俞飞鹏，事务员朱一鸣。

军医部：主任宋荣昌（前）、李其芳（后）。

特别官佐：徐坚、季方、黄为材、陈诚、徐成章、吴嵋、简作桢、杭毅、徐桂八、江志航、王莳文、符腾光、严伯威、杨本烈、徐克武、李侠公。

最初苏联顾问小组：雅·格尔曼、亚·伊·切列潘诺夫、尼·捷列沙托夫、弗·波里亚克、波·斯莫连采夫。

## 二、第二期

总理：孙中山。

校长：蒋介石。

党代表：廖仲恺。

教育长：胡谦，王柏龄（继），何应钦（继），邓演达（继）。

总教官：何应钦。

政治部：前方主任周恩来，后方主任包惠僧（第一次东征时）；主任汪精卫，副主任邵力子，秘书鲁易，秘书股主任黄鳌，干事苏文钦、袁炎烈，书记黄道，指导股主任王逸常，指导员周惠元、谭其镜、谢一寰，编纂股主任杨其纲，编纂员傅维钰、黄第洪、张镇。

教官部：1925年1月30日，教授、教练部合并为教官部（教育部），由教育长主持。战术教官张元祐、邹竞、朱棠、胡宗陈、林国光、杨膺渭、钱如一、陈复、葛金熔、童锡坤、杜廷英、欧阳钟、沈静、吴兔、张鼎家、陈克斋、吴树森、萧友松、何埒聪、郜子举、陈宪章、邹黄侠；兵器教官杨焕新、蔡忠笏、朱毅、李尚庸、徐雄；工兵主任教官李卓元，教官陈哲、卢佐；地形教官黄香蕃、黄思基、程孝恭、李良仁；教育副官邱汉杰；特别官佐冯毅、鄢繁、吴展。

总队部：总队长严重；副官简作桢、陈应龙；特别官佐袁守谦、谢维干、关麟徵。

各处处长：军需处处长周骏彦；管理处处长戴任，副处长陈适，代处长赵世荣；军械处处长邓士章、杨志春（继），副处长宋继尧；军医处处长金诵盘；军法处处长周恩来。

步科第一队：队长张与仁，副队长许非仙，区队长陈德法、伍其中、赵篪，区副队长谢力虎。

步科第二队：队长郜子举，副队长吴达，区队长周振强、冯剑飞、王副乾、刘静山、唐鑫元、王匡亚、王冕。

炮科：队长蔡忠笏，副队长周诚先，区队长周鹏飞、邓湘瑞、詹觉民。

工科：队长陈哲，副队长方清昶，区队长熊绶云、罗清澄、杨雄杰、唐浑。

辎重科：队长黄在玑，副队长宋炳炎，区队长钟离震、李国干。

**三、第三期**

校长：蒋介石。

党代表：廖仲恺（1925年8月20日被害），汪精卫（1925年10月2日就职）。

政治讲师：鲍罗廷。

校长办公厅：教育长胡谦（前）、王柏龄，邓演达；秘书长邵力子，秘书袁同畴、毛思诚；特别官佐长韩亮兼，特别官佐万越凡、宋文彬、吴展。

政治部：主任邵力子；副主任鲁易；秘书聂荣臻；宣传科长鲁纯仁，书记官陈良，书记袁公夏，干事黄道；宣传科员杨其纲、谢一寰、邝廊、朱雅零、袁炎烈、黄第洪、曹蕴真、区作垣，速记员林春华；组织科员张镇、雷德堂、李勉成、卢德铭、谭其镜、杨溥泉；图书管理员蒋先泽；司书杨雨廷、叶长德、李耀燊、杨宗励、唐桂人、莫澍荣、薛卓中。

教育部：学科主任张元祐（前）、李绎；术科主任严重；战术教官萧友松、陈克斋、邹黄侠、汪世鎏、万梦麟、钱正南、徐定鼎、姚唯、谢□龙、杜廷英、萧钟钰、吴树森、吴请缨、吴奂、欧阳钟、林振夏、李运刚、林荣、刘效龙、张联辉、杨榆椿；兵器教官李尚庸；工兵教官孔庆睿、张寄尘、侯连瀛；地形教官程孝恭、李良仁、黄思基、黄仲恂、黄香蕃；技术教官邓炳坦。

总队部：总队长严重，总队附梁瑞寅，副官简作桢、袁守谦、李蔚仁；第一大队大队长郭大荣，大队附吴大虹；第二大队大队长陈复，大队附胡寿昌；第三大队大队长张与仁，大队附吴法斌；队长翟瑾、伍树帆、陈奇涵、杨宁、魏鸿、杨文瑆、范苾、冯剑飞、顾瀻、张鼎家；副队长董仲明〔董朗〕；区队长陈言、孙树成、黄维、邓文仪、贺声洋、廖央虎等。

第三期第二届官佐：队长季方，副队长陶春霖，区队长萧序伦、邓子超、刘楚杰、刘静山。

入伍生队：总队长王懋功，代理总队长张治中，营长陈继承、文素松，战术教官朱棠。

管理处：处长杨膺渭、朱一鸣，处员王莆文等。

军需处：处长周骏彦，副处长朱孔阳。

军械处：处长邓士章，代处长杨志春，副处长宋继尧。

军医处：处长金诵盘。

## 第三节　师资来源

师资是办校的基石，是学校各种资源中最重要的一种。黄埔军校的办学之路，是由各科、各类教官及全校教职人员共同开拓出来的。

黄埔军校的军事教官，主要来自保定陆军军官学校、云南陆军讲武堂，有的曾经就读于日本陆军士官学校，亦有本校毕业生留校任用者。而政治、文化各科类的教官，部分是海外留学回归者，部分来自国内军事学校。在当时来说，这些人属于知识精英之列，称得上是国内首屈一指的军事、政治人才。

兹将陆军军官学校期间（前三期）部分教职员的来历，[①]分述如下。

### 一、保定军校

通常所说"保定军校"，乃20世纪初创建于保定的多所陆军官佐学校之通称，主要有：北洋速成武备学堂（1903年）、通国速成武备学堂（1907年）及保定陆军军官学校（1912年）。黄埔军校校长蒋介石、教授部主任王柏龄、管理

---

① 本节所述教职员有的是第三期以后入校的。

部主任林振雄，均为通国速成武备学堂学生。保定陆军军官学校，则是中华民国成立之后第一所中央陆军军官学校。该校办校之宗旨，据陆军部呈大总统文：培植将才为整顿军队、力图自强之基础。该校师资力量较为雄厚，校长、教官多有留学国外军校的学历，受过系统的军事教育，如第二任校长蒋百里，先后留学日本、德国，成绩优异，曾获日本士官学校第一名佳绩，为国内著名军事学家。保定军校的不少学生受过陆军小学三年、陆军中学二年、军官学校二年的教育，军事学修养堪称上乘。

黄埔军校的教职人员中，来自保定军校者，除上述蒋介石、王柏龄、林振雄出自通国速成武备学堂外，军校筹备委员邓演达、沈应时，分别是保定陆军军官学校六期工科和六期炮科的学生；入学试验委员严重（保定五期工科）、胡树森（二期步科）、简作桢（六期辎重科）、钱大钧（六期炮科），均为保定陆军军官学校毕业生。此外还有：季方（一期步科）、陈继承（二期步科）、郭大荣（二期步科）、刘峙（二期步科）、朱棠（二期步科）、何埒聪（二期辎重科）、吴石（三期炮科）、陈复（三期步科）、文素松（三期炮科）、陆福廷（三期炮科）、陈诚（三期步科）、张元祜（三期步科）、林熏南（三期步科）、陈焯（三期炮科）、林鼎祺（三期炮科）、王文翰（三期步科）、乐震东（三期炮科）、林国光（三期步科）、陈适（三期步科）、侯连瀛（五期工科）、刘秉粹（六期步科）、张与仁（六期步科）、严尔艾（六期炮科）、徐坚（六期步科）、梁瑞寅（六期步科）、萧友松（六期步科）、顾祝同（六期步科）、李赓护（七期步科）、刘尧宸（七期骑兵科）、蒋必（八期炮科）、周至柔（八期步科）、范荩（八期步科）、许用休（九期炮科）等。以上，邓演达任陆军军官学校教练部副主任、教育长，张元祜、严重、陈继承、顾祝同任战术教官。

黄埔军校学生队长来自保定军校的有：茅延桢（九期工科）、金佛庄（八期步科）、童锡坤（三期步科）、郜子举（八期步科）、郭俊（八期步科）、蔡忠笏（三期炮科）、杨培根（二期步科）、严重（五期工科）、王懋功（二期步科）、张治中（三期步科）。其中，王懋功、张治中任入伍生总队队长。

在任教、任职于黄埔军校的人员之中，出身于保定军校者，较出自国内其他军事学校者多，占教官总数六成以上。他们占据了黄埔军校的中上层地位，成为军事学科和术科教学、训练的主要骨干。黄埔军校"校军""党军"成立后，军队中之主官，亦多为出身于保定军校的教职人员充任。

## 二、云南陆军讲武堂

云南陆军讲武堂创建于1909年，1912年改称云南陆军讲武学校（以下通称云南讲武堂），是一所成立时间较早、办学成绩突出并为革命党人实际掌控的军事名校，与保定军校和东北讲武堂，并称为中国三大军校。云南讲武堂的教官中，多有留学日本军校的经历，如李根源、李烈钧、方声涛、唐继尧等，著名军事将领蔡锷亦曾任兼职教官。此外，朱德（三期）、卢汉（四期）、龙云（四期）、朱培德（三期）、叶剑英（十二期）、李范奭（十二期）、崔庸健（十七期）等，亦为云南讲武堂毕业生。朱德、叶剑英后授中华人民共和国元帅衔，李范奭任大韩民国第一任国务总理，崔庸健任朝鲜人民民主共和国最高人民会议常务委员长，故云南讲武堂素有"将帅摇篮"之称。

黄埔军校1924年成立初，即有云南讲武堂的教官和毕业生到校工作，主要有：王柏龄（云南讲武学堂科长、教育长、云南高等军事学校炮兵科长）、何应钦（教务长）、帅崇兴（工兵科长）、林振雄（骑兵科长）、叶剑英（十二期炮科）、徐成章（十二期步科）、严凤仪（十一期步科）、杨宁（十六期步科）、陈奇涵（云南讲武堂韶州分校一期步科）、吴济民（十三期步科）、叶佩高（十八期步科）、詹忠言（十五期步科）、万梦麟（十二期步科）、卢濬泉（十五期炮科）、吴宗泰（十五期炮科）、王禄丰（十五期步科）、曹石泉（十五期工科）、崔庸健（一七期工科）、曾泽生（十八期步科）、赵一肩（十三期骑兵科）等。以上，王柏龄、叶剑英分别任黄埔军校教授部主任、副主任，徐成章任特别官佐，曹石泉、吴济民、崔庸健等任学生队区队长，杨宁任技术主任教官。

### 三、日本陆军士官学校

日本陆军士官学校创办于 1874 年，是一所对中国军事教育影响至深的军事名校。1903 年后，中国学生大量赴日本留学，几年间多达万余人。至 1908 年，仅学习军事者就达千人，多数以日本陆军士官学校为首选。如曾在保定就读过通国速成武备学堂的王柏龄和林振雄，也是日本士官学校的学生。而同为"通国"学堂出身的蒋介石，在日本入读振武学校，毕业后入野炮第十九联队，其传记称之为士官"候补生"。留日士官生回国后，有的跻身高层，执掌军机；有的任教、任职于陆军大学或保定、云南各军校，成为军事教育领域的风云人物。黄埔军校创办后，也聘任了不少日本陆军士官学校的毕业生。

在黄埔军校工作的日本陆军士官学校毕业生主要有：敖正邦（二期步科）、邵保（四期炮科）、张翼鹏（五期骑兵科）、李铎（六期骑兵科）、李孔嘉（六期步科）、吴思豫（七期步科）、张华辅（六期步科）、方鼎英（八期炮科）、王柏龄（十期骑兵科）、林振雄（十期骑兵科）、何应钦（十一期步科）、张春浦（十一期步科）、钱大钧（十二期炮科）、帅崇兴（十二期工科）、王俊（十四期工科）、廖士翘（十四期工科）、李卓元（十五期步科）、陈隐冀（十五期炮科）、汤恩伯（十八期步科）等。以上，何应钦任黄埔军校军事总教官，严重先后任学生总队长、训练部主任和教授部主任，方鼎英先后任入伍生部长、教育长和代校长。

### 四、国内外其他军事学校

黄埔军校前期军事教官，除出自上述几所军校之外，还有出自国内外其他军事学校者。如初任军校教练部主任、后任副校长的李济深，早期就读于两广将弁学堂和广东陆军速成学堂，后入北京军官学堂（陆军预备大学堂，即陆军大学前身）三期，毕业后任陆军大学教官，完整接受了新军教育。覃异之，毕业于桂军军官学校。军需部主任周骏彦，毕业于日本警监学校和东京政法大学；军需部副主任俞飞鹏，毕业于北京军需学校；战术教官蒋鼎文，毕业于浙江讲武堂；军械处处长戴任，毕业于湖北武备学堂和日本明治大学；经理处长黄为材，毕业于北洋陆军测量学校等。

黄埔军校学生毕业后留校任职任教者为数不少。如一期毕业生周振强，任学生队队长和总队长；黄维任队长；蒋先云、陈明仁、关麟徵、胡宗南、杜聿明、蔡光举、陈赓、董朗、俞墉、郑洞国、曹渊、许继慎等，分别在入伍生队或军校教导团任排、连、营长或党代表；王逸常、洪剑雄、黄鳌、黄第洪、傅维钰等任职于军校政治部。

### 五、政治教官和其他科类教官

黄埔军校的政治教官和其他各科类教官，来源甚为广泛，有出自国内高等学校或专科学校者，亦有留学海外回归者。如校长办公厅英文秘书王登云，毕业于美国威斯康辛大学等；英文秘书张静愚，毕业于北京留美预备学校和英国利物浦工学院；参谋马文车毕业于日本法政大学；秘书廖尚果为德国柏林大学法学博士。在黄埔军校政治部，主任邵元冲毕业于

美国威斯康辛大学和哥伦比亚大学，主任邵力子先后毕业于
上海南洋公学、震旦公学和复旦公学。

至于先后任职、任教于黄埔军校政治部的张申府、周恩
来、卜士畸、包惠僧、鲁易、聂荣臻、熊雄及先后调入黄埔
军校工作的中共党员饶来杰、熊锐、李合林、恽代英、萧楚
女、陈启修、高语罕、王懋廷、于树德、张秋人、毛简青、
李世璋、黄日葵、安体诚、韩麟符、黄松龄、陈日新、罗懋
琪、孙炳文、阳翰笙、宋云彬等，多受过高等教育，或曾赴
法、德、日、俄留学。他们各人的情况，详见下文。

## 六、苏联教官

黄埔军校总顾问加伦说："学校（黄埔军校）从创建至教
学，始终有俄国教官直接参加。"① 国民党组织教练员鲍罗廷
参加军校的筹建工作。苏联工农红军军事学院东方系毕业生
雅·格尔曼等人于 1923 年 9 月底到达广州，随后与亚·伊·切
列潘诺夫（契班诺夫）、尼·捷列沙托夫、弗·波里亚克和波·
斯莫连采夫组成顾问小组，参加筹建黄埔军校的工作。其中，
波里亚克是苏联驻黄埔军校的第一位首席顾问，与教授部主
任王柏龄拍档，参与主持教务；切列潘诺夫与捷列沙托夫同
总教官何应钦合作，从事学员队列、射击与战术训练。②

1924 年 4 月，曾任苏联红军十三集团军司令的安·巴甫
洛夫（又译巴富罗夫）抵达广州，任孙中山的军事总顾问。
随后，大批炮兵、步兵、工兵、军需、交通、通讯、卫生、
政治方面的顾问，陆续被派到黄埔军校工作。主要有：机枪

---

① ［苏］A·И·卡尔图诺娃著，中国社会科学院近代史研
究所翻译室译：《加伦在中国（1924—1927）》，中国社会科学出版
社，1983 年，第 155 页。

② 《中国国民革命军的北伐——一个驻华军事顾问的札记》，第
109 页。

专家帕洛、齐利别尔特、科楚别耶夫、马采伊里克；步兵顾问舍瓦尔金（普里贝列夫）；炮兵顾问别斯恰斯特诺夫；通讯兵专家德拉特文；工程兵顾问雅科夫列夫、基列夫、格米拉；还有马迈耶夫、艾蒂金（勃拉依洛夫斯基）、罗加觉夫、季山嘉（古比雪夫）、奥利金（奥尔坚、拉兹贡）、铁尼罗，等等。

以上人员，许多参加过第一次世界大战和俄国国内战争，并在苏联工农红军军事学院学习或工作过。如切列潘诺夫参加过第一次世界大战，然后进入总参谋部军事学院，即伏龙芝军事学院学习；奥利金来华之前是工农红军军事学院主管政治工作的副院长，在黄埔任季山嘉的政治助手。1924 年 7 月 18 日，安·巴甫洛夫在东江前线失足坠江，不幸溺亡。孙中山称他为"俄国为中国自由而捐躯的第一位先烈"[1]，表彰他"来佐我华，羽扇纶巾，运谋设策，颇见经纶"[2]。随后，苏联政府派苏联远东共和国军事委员会主席、陆军部长、远东军总司令加伦（瓦·康·布留赫尔）来华，担任大元帅府首席军事顾问和黄埔军校军事总顾问。至 1924 年底，在广州的苏俄教官、顾问达 25 人。

除此之外，尚有韩国和越南人士在黄埔军校担任教职员。如：韩国孙斗焕任校长办公厅少校副官，金铁男任军校教导团少校副团长，李客雨任政治部少校教官，姜波任军校教官。在黄埔的韩国教职员还有杨宁（技术助教练）、梁道夫（俄炮助教练）、李彬、吴成崙（声伦，俄文教官）、吴明、蔡元恺、崔秋海（崔庸健）、安应根、李逸泰、朴孝三、孔周宣等。[3]

---

① 《加伦在中国（1924—1927）》，第 33 页。

② 孙中山：《祭巴富罗夫文》（1924 年 7 月 23 日），广东省社会科学院历史研究所、中国社会科学院近代史研究所中华民国史研究室、中山大学历史系孙中山研究室合编：《孙中山全集》（第十卷），第 441 页。

③ 据金光载《黄埔军官学校与韩国独立运动》及崔凤春《广州起义与韩国独立运动》，载中山大学韩国研究所等：《韩国独立运动与华南地区的关系学术研讨会论文集》，2012 年，第 93—94、135—139 页。

# 第四节　教官团队的特点

黄埔军校的教官，大体包含：各科（类）教官；从事军事训练之各科（类）学员队队官；军事、政治训练部门之训育人员；其他相关的教学辅助人员。第一期有 70 多名职员，此后阵容扩大，陆续加入者为拥有各种学校的学历、不同的社会阅历和程度不等的学术造诣的人员，其构成越来越广泛和多样化。

## 一、阵容强大

冷兵器时代中国的军事教育，或表现为私相传授兵书武略，或设馆授徒，苦练十八般武艺，规模既小，也未形成学科。这种教育远远落后于船坚炮利的世界大势。新式军事教育，应从晚清基于强兵富国的认识而开办的军事学堂算起。至民国初年，军事学堂改称军官学校，军事教育逐步走向程式化和规范化，教育与训练融为一体，从而培养、训练出大批军事人才。清末民初各军事学堂和军官学校，原本是清廷及北洋政府的军官培训基地，不期然却为国民党的军事教育准备了充足的师资人才。黄埔军校创办时，保定军校实际已于 1922 年停办。黄埔军校以其国民党中央办校的影响力和吸引力，辅之以相应的组织手段，将保定军校及其他军事学堂和军官学校的毕业生，网罗于一校之内，并广泛聘用留学外国军校的学生，兼容并包。这就大大充实、增强了黄埔军校的师资力量，使各科（类）教官应有尽有，各种专门人才济济一堂，阵容蔚为可观。

## 二、富于实践经验

聚集于黄埔岛上的教职人员，许多人不但具备较好的军学造诣，且有领兵阅历或办学经验。校长蒋介石在日本受过军事养成教育，辛亥革命后投身军旅，追随陈其美、孙中山，先后任过团长、参谋长、支队司令、东路讨贼军参谋长和大元帅大本营参谋长，参加过光复上海、杭州与粤军"援闽""回粤""讨贼"诸战役。教练部主任李济深在北京军官学堂（后为陆军大学）毕业后，留校任教五年，之后赴广东，于粤军第一师（师长邓铿）任参谋长。教授部主任王柏龄先后就读于江苏陆军小学、保定军校、日本振武学校和士官学校，毕业后任中华革命军东北军总司令部参谋和混成旅代理旅长，之后赴云南，先后任云南讲武学堂科长、教育长和云南高等军事学校炮兵科长，1923年到广州，任大本营高级参谋。军事总教官何应钦，先后就读于贵州陆军小学、陆军第三中学（武昌）、日本振武学校和士官学校，毕业后任过团长、支队参谋长、混成旅旅长、黔军总司令部参谋长、省会警察厅长，并先后担任过贵州讲武堂校长、贵州骑兵及炮工兵实施学校校长和云南陆军讲武堂教务长。教育长邓演达先后就读于广东陆军小学、广东陆军速成学堂、陆军第三中学和保定陆军军官学校，毕业后应邓铿之邀赴福建漳州，任宪兵司令，继而转任粤军第一师参谋兼独立营营长、团长，兼任西江讲武堂教官。教官刘峙在保定军校毕业后，先后任护国军岑春煊部参谋、驻川滇军连长、援赣军营长、粤军团附、建国粤军总司令部军事参议。林振雄在日本士官学校毕业后，入云南陆军讲武堂，后任粤军第一支队参谋官、粤军第二军副官长。张治中在保定军校毕业后，辗转于安徽安武军、驻粤滇军、援闽粤军、川军和驻粤桂军，担任军职，或从事军事教育，还一度入读过上海大学。钱大钧先后就读于江苏陆军小学堂、陆军第二预备学校（武昌）、保定军官学校和日本士官学校，毕业后曾受聘于保定军校，先后任分队长和炮兵队长，之后南下广东，任粤军第一师参谋。严重先后就读安徽陆军小学、陆军第一预备学校（清河）和保定军官学校，毕业后先在边防军见习，之后加入粤军第一师，任过副营长、团附和营长。叶剑英在云南讲武堂毕业后，曾任广西桂林军官教导团教官，之后在广东任海军陆战队营长、第八旅参谋长、粤军第二师参谋长。管理部卫兵长胡公冕擅长于军事体操，辛亥革命后曾加入蒋介石所在部队，先后任排长和队长，之后是浙江第一师范学校的体育教员。其余方鼎英、陈诚、顾祝同、陈继承等，也分别在国内外的军校毕业之后，在各种军队担任过不同的职务。

军事学本为操作性和实践性很强、知行一体的学科，"纸上谈兵"素为兵家之大忌，只有书本知识而无实际领兵、参战经验，决然当不好军校教官。既受过较系统、完整的军事教育，又有带兵、参战的体察、阅历，有的人还在不同的军校中担任过教职，积累有一定的教学、训练经验，此为黄埔军校教职员的特点之一，这也是黄埔军校的一种整体办学优势。

### 三、多学科并存，异质交错

黄埔军校各教官的学历和社会阅历，还具有多门类和多样化的特点，其出身不限于军事一科，而有相当多的人毕业于人文社会学科，是当时日本、欧美及国内知名院校哲学、法学、经济学、政治学、社会学、文学和艺术等科系的毕业生，甚至曾获得硕士、博士学位（如廖尚果是德国柏林大学法学博士）。他们之中，有的人曾经是北京大学等高校的教授（陈启修等），有的人办过报纸杂志，是《新青年》《中国青年》一类知名期刊的撰稿人或编辑（张申府、高语罕、恽代英等），有的人任过政府官员，有的人从事过党务工作，有的参加过各地区、各类型的社会政治活动。他们大多数称得上是有一定影响力的学者、理论家和社会活动家。还有的人是从苏俄归来的，学习过马克思主义。黄埔军校军事、政治兼容，加大了非军事学科的比重，从而改变了以往各军事学堂和军官学校军事学科一科独大的状况；而在非军事学科之中，也吸收了大批出自不同院校、专攻不同学科和持有不同学术观点及思想信仰的人物，让各路学人同领风骚，同登黄埔军校的讲坛。

黄埔军校既为军官培训基地，而优质军官的养成，不能只靠军事一科的营养，不能搞"单亲繁殖"。军人应具有人文情怀，要认识人生、了解社会，要提升自身的正义与道德情感，就不能缺少人文精神的陶冶。如果没有这种陶冶，只是一味灌输军事技能，当然不可能养成军人健全的思想与人格。以上黄埔军校教官具备的综合素质，为黄埔军校的优质办学和办出本校的特色，奠定了基础。

### 四、苏联教官队伍齐备

此前北洋武备学堂、广东水陆师学堂及保定、云南等军校，也聘请外籍教官，有德国、英国、日本人士来校教洋文、练洋操，教习兵法、兵器、算法、测绘、防御等科目。然而，这些军校的外籍教官的人数、影响及介入教学活动之深，均不如黄埔军校的苏联教官。苏联教官人数多，阵容庞大，据称最多时曾达七八十人，均为苏联政府所派出，而并非个人与校方之受授行为，其背后有苏联的经费、军械援助支撑着。[①]苏联教官的层次较高，素质较好，阅历丰富。鲍罗廷的来历暂且不论，在前后三位首席军事顾问波里亚克、巴甫洛夫和加伦之中，巴甫洛夫和加伦均为战功赫赫的名将。巴甫洛夫通晓

---

① 1924 年 5 月，驻华南苏联顾问 25 人；次年 4 月顾问团 76 人，其中顾问 58 人，技术人员 18 人，几乎都在黄埔军校工作。参见 ［苏］维什尼亚科娃—阿基莫娃著，王驰译：《中国大革命见闻（1925—1927）——苏联驻华顾问团译员的回忆》，中国社会科学出版社，1985 年，第 144—152 页。

多国语言，所率部队纪律严明，英勇善战，被誉为"列宁的士官生"，曾获两枚红旗勋章、一枚布哈金星勋章。加伦曾任苏联远东共和国军事委员会主席、陆军部长、远东军总司令，曾获得两枚十字勋章，其在黄埔所授"大纵深战略"，对黄埔官生影响至深，在东征、北伐时均有实际的运用。回国之后，加伦于1935年授元帅衔，是苏联当时仅有的五位元帅之一。切列潘诺夫1923年毕业于伏龙芝军事学院，以高才生身份奉派来华，是黄埔学生十分亲近的教官，黄埔军校的史料将他的名字写作"蔡尔帕诺夫"或"契班诺夫"，有的学生称他"柴顾问"。切列潘诺夫回国之后任苏联红军旅长，授中将衔。抗日战争时他再次来华。新中国成立之后，还以苏联政府代表团成员的身份访华。别夏斯特洛夫来华之前，是加伦所属部队的炮兵队队长，在黄埔讲授炮兵课，回国后任第一炮兵旅旅长，之后出任苏联炮兵指挥员高级进修学校校长。总之，被派至黄埔的苏联教官，多为军学造诣较深、层次地位较高并指挥过重大战役、战斗的军事家，这是以往军校所聘外籍教官所不能比拟的。毫无疑问，这是黄埔办学成功的重要因素之一。

黄埔军校教官是一个特殊的群体。其中追随蒋介石的那一部分人，不少后来跻身国民党领导集团，掌握了国民党的军队（中央军）、政府和党务的权力，教官团队一变而成为执政团队，在近代中国历史舞台上纵横捭阖，其影响所及，远远超出黄埔军校本身。

# 第四章　黄埔军校学生

## 第一节　前三期学生

1924 年 3 月，黄埔军校开始招生。5 月初新生入学，实行预备教育；6 月 16 日举行开学典礼。军校初名"陆军军官学校"，1925 年东征时称"中国国民党陆军军官学校"，1926 年 3 月改称"中央军事政治学校"。在陆军军官学校阶段，办学共三期。

兹将第一、第二、第三期办学的基本情况（开学、毕业时间，科目设置及毕业人数），列表如下。

### 陆军军官学校三期办学基本情况

| 期别 | 入校<br>（入伍生）<br>时间 | 开学<br>时间 | 设置<br>科目 | 毕业<br>人数 | 毕业<br>时间 |
|------|------|------|------|------|------|
| 第一期 | 1924 年<br>5 月 | 1924 年<br>6 月 16 日 | 步兵 | 650 人 | 1924 年<br>11 月 30 日<br>（毕业典礼<br>1925 年<br>5 月 20 日） |

续上表

| 期别 | 入校（入伍生）时间 | 开学时间 | 设置科目 | 毕业人数 | 毕业时间 |
|------|------|------|------|------|------|
| 第二期 | 1924 年 8 月 | 1924 年 8 月 | 步兵、炮兵、工兵、辎重、宪兵 | 449 人 | 1925 年 9 月 6 日 |
| 第三期 | 1924 年 冬 | 1925 年 7 月 1 日 | 步兵、骑兵 | 1233 人 | 1926 年 1 月 17 日 |

　　第一期学生包括：（1）1924 年 4 月 28 日放榜，正取 350 名，备取 120 名，共 470 名；5 月 5 日、7 日入学，初编为四队。（2）参加下级干部复试的 50 名，有 20 多名未被录用，转为第一期学生。（3）9 月 21 日，四川来粤赴考的学生，录取 22 名。（4）11 月 19 日，大元帅府军政部（部长程潜）陆军讲武堂学生 158 名，编为第六队，归并为第一期。以上共约 680 名。

　　办学期间，商团事变发生（1924 年 8 至 10 月），第一期学生分别参加拱卫大元帅府、广东省署，有的作为孙中山卫队，护卫孙中山北上韶关，有的于 10 月中旬参加平定商团之役。11 月 8 日，举行毕业考试，成绩及格者 456 人，于 11 月 30 日毕业。第六队学生至 1925 年 2 月始行毕业。是年 5 月 20 日东征途中在梅县公署举行毕业典礼，毕业学生总共约 650 人。

　　第二期从 1924 年 8 月开始在上海、广州等地招考，共录取学生 400 余人，分步兵、工兵、炮兵、辎重、宪兵五科。从本期起，有越南、韩国、南洋各地的青年前来报考就读。本期编为六队：（1）1924 年 9 月 1 日，成立第五队（步科），队长陈复；（2）9 月 1 日，成立工兵队，队长王俊；

（3）10 月 24 日，成立炮兵队，队长陈隐冀；（4）11 月 6 日，成立辎重队，队长简作桢；（5）11 月 27 日，成立宪兵队，队长顾祝同（11 月 19 日成立第六队，后归并在第一期）；（6）1925 年 1 月 10 日，成立第七队（步科），队长梁瑞寅。

1925 年 2 月，第二期学生随军校教导团参加东征。平定东江后，在潮州设分校继续修习，6 月回师广州，参加讨伐杨（希闵）刘（震寰）之役。本期学制原定为六个月，然以随军东征之故，延至年余，至 1925 年 8 月 21 日，举行毕业考试，9 月 6 日举行毕业典礼，毕业生共 449 人。

第三期入伍生 1924 年冬陆续入学。入伍生报考条件：中学毕业，身体健康，无不良嗜好。1925 年元旦成立入伍生总队，总队长王懋功，代理总队长张治中，编为三个营。入伍生训练期三个月，期满后方能升学。入伍生第一、二、三营分别于 1925 年 4 月 17 日、5 月 17 日、6 月 14 日入伍期满，于 5 月 22 日、6 月 8 日、6 月 29 日奉命入校，7 月 1 日举行开学典礼，接受正式教育。本期学生编为三个大队和一个骑兵中队。修学期为六个月。

第一次东征期间，第三期入伍生担任广州、虎门之间的护送运输任务。东征军回师广州讨伐杨刘时，入伍生在广州从猎德村渡河，协助作战。1926 年 1 月 17 日举行毕业典礼，毕业生共 1233 人。

关于第三期学生构成的情况，苏联军事顾问切列潘诺夫在《中国国民革命军的北伐——一个驻华军事顾问的札记》一书中提到：本期毕业生共 2500 人，其中江西 115 人，广西 80 人，山西 100 人，江苏 70 人，山东 60 人，福建 55 人，安徽 48 人，湖南 750 人，广东 260 人，四川 200 人，湖北 155 人，陕西 150 人，河南 150 人，浙江 140 人，新疆 4 人，察哈尔 2 人，台湾 15 人，河北 40 人，贵州 23 人，绥远 19

人，东三省 10 人，内蒙古 5 人。[①] 这一组数字，与陆军军官学校第三期"同学录"之记载有较大出入。谨过录于此，以待查考。

1925 年 12 月，黄埔军校设潮州分校。潮州分校第一期毕业生、滇军下级干部训练班毕业生与第三期毕业生同等待遇。

应当说明，黄埔军校各期学生人数，有不同的计算与记载。以上所引数字，并未包括黄埔各期"同学录"中之缺名者，例如第二期萧人鹄、李友邦、聂绀弩，第三期方先觉、黄文杰、康泽等，多项资料说明他们的确入读过黄埔军校，而黄埔"同学录"未录其名。除此之外，与广州本校关系密切的潮州分校，因资料不齐，其学生人数也未被统计在内。

## 第二节　生源、学历、阅历与社会关系

兹就如下几个方面，对陆军军官学校第一期、第二期、第三期学生的情况，略作说明。

### 一、生源

黄埔学生来源很广，覆盖全国各地，还有南洋侨生和来自韩国、越南的学生。筹办之初，筹备委员会所拟之首期招生名额，即明确规定分配给东北三省及热河、察哈尔共 50 名；直、鲁、晋、陕、豫、川、湘、鄂、皖、苏、浙、闽、粤、桂 14 省各 12 名；湘、粤、滇、赣、豫 5 军各 15 名；国民党先烈遗属 20 名。可见，黄埔军校从筹办之日起，即将自己定位为全国性的、国家层面的学校，面向全国各地招生。

---

① 《中国国民革命军的北伐——一个驻华军事顾问的札记》，第 107—108 页。

在南方革命声势感召之下，"到黄埔去！"成为一代有志青年的热切期望，小小黄埔岛，吸引了各方英才。

第一期学生以湖南最多，为195人。其余学生较多的省份，依次是广东（114人）、陕西（75人）、江西（47人）、浙江（45人）、广西（39人）、安徽（29人）。边远地区如甘肃、吉林、内蒙古，也有学生入读，分别为甘肃4人、吉林2人、内蒙古2人。①在第二期学生中，广东最多，为100人，其余依次是湖南（69人）、浙江（68人）、江西（52人）、四川（50人）、湖北（27人）、广西（18人），台湾也有学生入读。在第三期学生中，广东最多，为235人，其余依次是湖南（227人）、浙江（180人）、江苏（106人）、江西（105人）、四川（101人）、湖北（87人），台湾也有学生入读。甚至有韩国、越南学生和南洋侨生入读。

黄埔军校的生源，覆盖除西藏之外的全国各地，并及于海外。较为集中的地域，则为广东、湖南、浙江、江西、陕西、安徽和四川数省。这同孙中山的影响、国民党人的活动和共产党组织开展的工作有关，也是这些地方相对富于革命风气和革命传统所致。这一点，也是造成后来较有影响的黄埔军人、黄埔战将多出于这几个地方的原因之一。

除生源广之外，黄埔学生的家庭出身及经济条件，也是多种多样的。出身于官僚士绅、商人资本家、当地大户、军人家庭、教师家庭者，每期都有一些，而大多数是一般农民或城市平民的子弟。

黄埔学生之中，既有在大城市中出生成长，见多识广者，

① 容鉴光、叶泉宏：《黄埔军校一期研究总成》，台北易风格数位快印有限公司，2003年，第92页。谨按：黄埔军校学制较短，学生流动性大，对学生人数的统计不易确切，出现多种记载与统计。本书未能一一考证。

也有世居于穷乡僻壤而从未出过远门、未见过大世面者；既有国民党烈士子弟，从小就受革命影响者，也有对此全无听闻，但对社会其他方面的情况有深切体察者。凡此种种，不一一列举。生源广泛、充足和学生家庭出身的多样性，有利于黄埔军校取材于各方，择优录取，而所招收的学生亦可以大范围地相互交流、启发、碰撞和激扬，取对方之长，补自身之短，拓宽彼此视野，开阔彼此见闻与胸襟。

**二、入校前受教育程度**

黄埔军校对考生的要求，文化程度规定为："旧制中学毕业及与中学相当程度之学校毕业。"有的人认为黄埔军校门槛低，学生文化程度不高，甚至说只有小学水平。对此，应当全面把握有关的资料，作综合的分析。

就第一期来说，在600多名学生之中，进入黄埔军校之前，有留过学、读过大学者，有高中生、师范生、讲武学校学生，也有小学毕业生乃至未读完小学的学生。故黄埔军校学生入校之前接受教育的程度，呈现出多样性，简单地下一个高或低的结论，殊为不当。

台湾容鉴光、叶泉宏综合相关资料，撰成《黄埔军校一期研究总成》，列出一期学生入军校前接受教育的情况为：大学毕业18人，未毕业4人；大学肄业63人，未肄业6人；专科毕业26人，未毕业6人；专科肄业46人，未肄业4人；师范毕业46人，未毕业2人；高中毕业159人，未毕业9人；高级职校毕业15人；讲武学校生（视同高中生）69人；高中肄业60人，师范肄业3人，具有讲武学校学历11人；初级师范毕业18人；初中毕业15人；小学毕业69人，小学肄业4人。以上，高中毕业以上（包括等同者）共有440人，约占第一期学生总数的68%。容、叶之结论是："学生程度平均高于高中毕业；各讲武学校毕业，并入或考入者，程度亦高，均非传言之'黄埔一期皆小学毕业'。"[1]

　　具体来说，在黄埔一期生中，确有受教育程度较低、读书不多者。如第四队学生杨伯瑶，彝族，出于贵州大定土司之家。杨在学生"详细调查表"中"受过教育"一栏填写"只知中国文字"，属于未正式入学读书者，因"孙大元帅特许"而进入黄埔军校。调查表填写的字迹颇佳，应为他人代笔。第三队学生孙一中，10岁进小学，12岁辍学务农，应未读完小学，因柏文蔚（驻粤皖军总司令，国民党军事委员）的推荐而入军校。第四队学生王鑅，后改名王叔铭，调查表上写的是受过私塾教育及高等小学教育，应只有高小水平，因王乐平（国民党一大代表）的关系而入军校。周振强自己说是"高小毕业"。第四队学生王世和，是蒋介石的亲戚，由蒋氏带来广州，经蒋特许入埔校。陈适（军校管理处副处长）谈及："王世和"三字是"王师傅"的谐音变来的，他可能是厨房的掌勺，应当未读过什么书。同样是因特别关照而入读军校。另一方面，本期学生中却不乏大学毕业生或大学肄业生，如陈以仁（北京大学），王之宇、侯镜如（均河南中州大学），黄彰英（广东大学），耿泽生（上海圣约翰大学），孙元良（北京法政大学），王逸常、俞墉、徐石麟（均上海大学），蔡光举（厦门大学），王公亮（建国大学），曾扩情、刘咏尧（均北京朝阳大学），张其雄（武昌文华大学、上海大学），冷欣（之江大学），朱祥云（上海震旦大学），宋思一（上海大同大学），周惠元（北京师范大学）等。本期多名学生具有国外留学（或勤工俭学）经历，如顾濬（德国）、宣侠

---

　　① 《黄埔军校一期研究总成》，第161页。

父（日本）、刘云（法国）、万少鼎（法国）等。

黄埔军校其余各期学生，学历亦参差不齐。入读黄埔军校之前读过大学的，第二期有吴明（金陵大学，赴法勤工俭学）、罗振声（赴法勤工俭学）、胡秉铎（北京朝阳大学）、周逸群（日本庆应大学）等，第三期有方先觉（上海法政大学）、刘国用（广东大学）、李秉中（北京大学）、郑峻生（郑用之，朝阳大学）等。

总而言之，黄埔军校学生进校之前所受的教育，程度有高有低，学历多种多样，参差不齐，而平均程度在高中以上。这种估量，大体上符合实际。将黄埔学生一律说成是"小学生"，不但对第一期来说说不过去，对其余各期同样不符合实际。当时国内教育风气乍开，有机会上中学、读武校，已十分难得，故以中学程度入校，不能简单论定为"门槛低"。况且，学前学历较低的黄埔生，后来亦有成大气候者，如前面提到的王叔铭（王鑫），虽只读过小学，但后来当上了国民党空军总司令，一级上将；小学未读完的孙一中，后来是中国工农红军第六军军长。

### 三、社会阅历

黄埔军校学生进校之前，多数已经投入社会。有的当过军人、从事过党务活动、担任过公职人员；有的当过教师；有的办过报纸刊物、当过新闻记者；还有的从事过商务活动，甚而有工人和工运工作者。

在第一期学生之中，范汉杰、王驭欧、李靖难、张君嵩、潘佑强、吴斌、李杲等进入黄埔军校之前，已经是职业军人，曾任军职。其中第四队范汉杰曾任粤军第二军副团长、代理团长，1920年任桂军第三路支队长、第六路少将司令，并一度兼任广东三水县县长，入校之前已获少将军衔。第二队吴斌，曾为高雷讨贼军游击支队司令、桂军第五师军需处长。此外，王驭欧为湘军少校，潘佑强为湘军连长，李靖难为川军副官，张君嵩为粤军连长，杨伯瑶为黔军连长；周振强、周品三、张慎阶、侯又生、杨步飞等，曾为孙中山大元帅府卫士；孙一中为驻粤皖军总司令部卫士。

从事过党务工作的人员，最引人注目的是赵志超，为出席国民党第一次全国代表大会的吉林代表，在国民党一大代表的题名录上，可以查到他的姓名。赵志超还是大元帅特任军事委员。[①] 第三队吴乃宪，曾为公职人员，曾任琼东县公安局、工务局局长，广东全省官产清理处科员，广东财政厅科员等职。第六队的谷乐军，曾为湖南长沙市国民党党部筹备员。

本期学生进校前已经是中共党员者，有蒋先云、陈赓、李之龙、张隐韬、杨其纲等，总共 30 多名，其中有数名是共产党早期组织的成员（详情见下文）。

从事教育工作，担任过中学、小学或职业学校教师者，人数更不在少数。如冷欣在调查表中写道：读过杭州之江大学文科，曾任"上海女学教授"；黄珍吾担任过南洋多所华侨学校的教师，并兼任过校长；李之龙、韦日上（韦义光）等曾任中学教师，李之龙教的是英文和数学，黄鳌为职业学校教员；吴乃宪任过琼山县储英学校校长；胡宗南、黄维、桂永清、霍揆彰、李仙洲、蒋孝先、曾扩情、董朗、徐向前、唐澍、顾希平、郭一予等，均任过小学教师。

当过新闻记者的，有王汝任（陕西《明天报》总编辑）、俞墉（《上海快报》编辑）、贺衷寒（《上海时报》记者）、蒋伏

---

① 赵志超在黄埔军校第一期编在何队不详，本期同学通讯录的"补录"有他的名字，其籍贯为吉林省城（今吉林市），通讯处是"吉林省城后新街县立第一女子小学校长骆静仪转"。

生（北京《东方时报》特约通讯员）、韩绍文（《民生周刊》特派员）、张其雄等。

第一期学生赵子俊，工人出身，史料显示他是一名"失业工人"，为中共武汉早期组织的成员。鄢悌当过布店学徒，周启邦当过木工和邮差，夏楚中是矿务局的实习员，杜成志亦当过织巾业学徒，李荣、宣铁吾、宋文彬等均在印刷行业中工作过。此外，张隐韬、蒋先云、赵枬、周启邦等，从事过职工运动。然而，苏联顾问切列潘诺夫却说第一期"几乎没有工人出身的学生"，实有欠斟酌。

据粗略统计，在黄埔军校第一期学生中，进军校之前当过军人者有 160 多人，教师 109 人，新闻记者 18 人，工人或工运工作者 17 人。此后各期，大致情况是：军人出身者逐次减少，而来自学生的比重逐期增加，社会阅历相对简单。具体情况不一一细述。

**四、社会关系**

黄埔军校是国民党所办军官学校，其章程明确规定投考者"须有国民党员介绍"。国民党一大召开时，孙中山动员、布置各地代表为黄埔军校选拔和介绍考生。包括孙中山、廖仲恺、蒋介石、于右任、胡汉民、谭延闿、王乐平、柏文蔚等人在内，都为黄埔军校介绍、推荐过考生。第一期"调查表"填写的经孙中山、廖仲恺介绍的考生，有甘达潮、容保辉、赵子俊、容有略、张森五和杨伯瑶。经于右任推荐的考生，有杜聿明、关麟徵、张耀明、阎揆要、王泰吉、王逸常、朱祥云、董钊等，共达 70 多人。

因上述须经国民党员"介绍"的规定，国民党中央、大元帅府之要员，各地国民党人，孙中山旗下各军长官，都可能将他们的部属、亲属、学生和同乡引进黄埔军校；黄埔军校学生也因之同各地党、政、军方面的人物存在着千丝万缕的联系。诸如，王世和、蒋孝先、蒋国涛、郑坡等，与校长蒋介石有同乡或亲戚的关系；何绍周、王文彦、王慧生等，是总教官何应钦的亲戚；毛宜是毛思诚（蒋介石童年塾师）的儿子；俞济时是俞飞鹏（军需部副主任）的侄子；王叔铭是王乐平（国民党一大代表）的族侄；江震寰是江浩（同盟会会员）的儿子；刘明夏是刘英（大元帅府参议）的儿子；洪君器是张治中（教官）的内弟；顾希平是顾祝同（教官）的堂弟。其余各期，或多或少也找得出这种联系。如第二期学生谢宜渠，是国民党一大代表谢晋的儿子。张灵甫据云持于右任之介绍信投考黄埔军校，盖因张灵甫写字曾得到于右任指点或赏识。这种关系，成为张进入黄埔的一道津梁。国民党烈士子弟有陆汝群、陆汝畴兄弟和叶彧龙等。陆汝畴自云："因先君（陆宠廷）革命被害，故入此校，继续父志。"陆氏兄弟经胡汉民介绍而入读黄埔军校。叶彧龙写道："因为先亲（叶松鳌）为革命而被刺杀，余要入本校，就是来继续父亲未竟之志。"叶彧龙入校介绍人为李济深。

为黄埔军校选拔、引荐学生的，还有当时因实行"党内合作"而加入国民党的中共党员。出席国民党一大的中共党员李大钊、谭平山、于树德、毛泽东、林祖涵、胡公冕、李维汉等，于大会之后在全国各地大力为黄埔军校选拔学生。经李大钊介绍而投考黄埔第一期的，有萧洪、曾扩情、孙元良、陈以仁等13人；第四期李运昌（李芳岐），也是经李大钊介绍而入校的。经于树德介绍的有杨其纲、江震寰等；经谭平山介绍的有洪剑雄等。毛泽东时任国民党中央候补委员和国民党上海执行部组织部秘书，参加黄埔军校在上海地区的招考工作，经他介绍的有蒋先云、张际春、伍文生、赵枬、李汉藩、李焜。为黄埔军校推荐考生的，还有共产党员董必武、何叔衡、李立三、恽代英、杨殷等。共产党员为黄埔军校引进的学生，既有中共党员，也有许多非中共党员。

晚清时期，清室曾仿日本皇室学校设"贵胄学堂"，专收王公大臣子弟，让他们学习和训练军事，其打算或者说目的，是要在皇室人员之中，造就一批军事人才，以期让日后的兵权掌握在这部分人的手里。黄埔军校的考生"须有国民党员介绍"，可能就是这一思路与设计的沿袭，应当看作是让陆军军官学校保持国民党党办学校性质的一项重要措施。

**五、思想意识**

黄埔军校招考的政治条件，包括必须接受三民主义，拥护国民革命，是国民党员或同意加入国民党者。考官于笔试之外，通过口试、面试，观测考生的志趣和人品，了解其思想倾向、政治态度。故思想、政治条件实为能否入读此校的一道重要关卡，而文化水平和身体条件，往往被摆在次要位置。

在第一期"详细调查表"中，设有"何以要求入本校"一栏。各学生所填写的内容，应当是各人的独立思考，表达了考生报考的思想动机。阅读这数百篇"答卷"，可以找到几个共同点：（1）为实现救国的抱负，挽救民族之衰微、民权之旁落、民生之凋敝，尽国民的责任；（2）增进学识，研究三民主义，探讨社会问题；（3）接受军事教育和训练，将自己磨炼成有主义、守纪律的革命军人。而这几点，都可以看作是当时黄埔军校学生带普遍性的政治思想意识，即"救国""革命""爱民"意识。这些，是当时知识青年在遭受外国欺凌、国内军阀压迫和国家日趋衰微的境遇下所产生的正义感、道德情感和社会责任感的表达，与当时国民党宣传的思想意识，互为一致。

## 第三节 "到黄埔去"

陆军军官学校创办后，珠江江中之小岛——长洲岛（黄埔），即成为一方热土。"到黄埔去!"成为各地进步青年的心声。

黄埔军校创办伊始，在如下几个方面，也就是他种学校所不具备的强势，释放出对于青年一代的吸引力，并越来越成为其招生、办学的有利资源。

### 一、"热门"教育

当时国内的教育，以法政学校一类为时新；而时新又适合于一般青年就读，对青年有吸引力的，应当属于军事学校。因时代与环境的关系，军事教育不但被认为是人才培养的迫切需要，亦为社会所看重。对于家庭经济状况一般而又在寻找为社会、国家服务途径的青年而言，军事教育无异于为他们开辟了一条终南捷径。长久以来，军事教育极盛一时的情况并未过去，青年人向往军营、报考军校的热潮亦未减退。故在当时的教育领域中，军官学校无疑可登上"热门"学校排行榜之前列，钟情于此、往来追逐者，经久不绝。当陆军军官学校在广州创办时，国内极具知名度的保定陆军军官学校，自从 1922 年 12 月第九期毕业之后，不再招收正期学生，实际上已经停办。①黄埔军校的创办，正"逢"其时，正好"填补"其空缺，似是专为有志于报考军校者而适时创设。南北各地青年之所以闻风而动，呼朋引类，南下赴考者络绎不

---

① 郑志廷、张秋山等编著：《保定陆军学堂暨军官学校史略》，人民出版社，2005 年，第 264 页。

绝，与这种"热门"学校、"稀缺"学科的吸引力，乃有密切的关系。

## 二、背景强势与资源优势

陆军军官学校创办于国民党改组之时。国民党一大"宣言"的发表，国民党与共产党实现合作，乃是影响中外、改变历史进程的大事。国民党因改组而焕发新机，长期以来组织涣散、颓萎不振的面目，因之改观，在组织上、政治上转入了上升时期。孙中山的威望，也在提升。黄埔军校作为国民党改组的产物，国民党改组的成效，正转化为黄埔军校的办学资源和招生号召力。此外，随着保定军校的停办，保定之"中央"军校性质与格局，业已消失。黄埔军校这所国民党之"党立"军校，亦有取代保定、让自己成为"中央"军校的势头；后来黄埔军校的名称，亦标出了"中央"二字。故黄埔军校实占据了当时国内军事教育的制高点，其背景、地位极具强势，其品牌亮丽之至。至于这所学校所拥有的来自苏联的人、财、物的援助，更非别的学校所能具备。此为黄埔军校自身之凝聚力、吸引力所在。

## 三、灵活的招生手段

黄埔军校招生手段灵活，除公开招考之外，在尚不便公开的地方，采取秘密、半秘密的方式招生，并以广渠道、多措施、不拘一格降人才的手段，在全国及南洋招揽考生。韩国、越南等地青年，亦闻风而至。例如通过国民党一大代表、各界有影响人士在全国各地物色、引荐考生；派"招生委员""学生募集委员""特派员"往各地办理招考；在广州之外的一些地方（上海、开封等）成立招考办事机构，实行分层次筛选等。国民党的某些地方党部及中共的某些地方组织，亦以不同的方式，介入了招生工作。在黄埔第一期学生中，集中了中国社会主义青年团保定、安庆、衡阳和上海这四个地方委员会的"书记""委员长"或"代理委员长"（依次为杨其纲、杨溥泉、赵枏、周启邦），集中各地党、团骨干于一校之内，这绝非出于偶然，而是在招生之中组织渠道开通、组织手段运用的体现。国民党和中共在考察、选拔、推荐和输送考生的过程中，各自运用组织机制、组织渠道、组织手段，发挥组织的作用。这些举措，对黄埔军校顺利招生，吸收人才，起了保证的作用。

### 四、教官的带动和学生互相吸引

黄埔军校的教官、职员，有不少是带着学生来的。如第一期蒋超雄说，他是"随父执季方先生去广州"的。季方为军校初创时的特别官佐。黄埔军校学生对他们同学、同乡的吸引，其事例更不胜枚举。如三期生刘安祺说："我受到徐州中学历史老师孙树成先生的教化和指导，决定南下投考黄埔军校。"[1]孙树成，第一期第二队学生，毕业后任第三期区队长、第四期连长，对刘安祺考入黄埔，起了带动作用。韩国教官杨林致信《独立新闻》主编崔昌植："黄埔军校为我们学生（指韩国学生）入校提供方便"；并一一说明报考黄埔军校应当注意的事项，希望他们预先做好准备。[2]从这封信可以看出，黄埔教官为引进学生，不遗余力，发挥了重要的

---

① 张玉法、陈存恭访问，黄铭明纪录：《刘安祺先生访问纪录》，（台湾）中央研究院近代史研究所编印，1991年，第8页。

② 《独立新闻》1926年10月3日，转引自崔光斗《黄埔军校与韩国独立运动》，《韩国独立运动与华南地区的关系学术研讨会论文集》，第86页。（《独立评论》为在上海的韩国临时政府的机关杂志）

作用。北伐军进至两湖时，湖南湘阴青年陈漫生（步青）收到了他的四叔陈毅安的来信："火速到广东投考黄埔军校。"陈毅安为第四期经理科学生，此时尚未毕业。陈漫生到广州后经考试，编入第六期入伍生队。

## 五、宣传效应

外界对黄埔军校的了解，有通过黄埔办学的成效而得知，亦为多渠道的、不胫而走的宣传所致。孙中山北上，病逝北京时（1925 年 3 月 12 日），各地随之举办各类悼念活动，这对孙中山是一次大规模的宣传，当中包括了对他手创的黄埔军校的事迹宣传。黄埔教官、学生参加平定商团之役，驱逐滇、桂军，两次东征，在实战中释放出巨大的军事能量，更加迅即扩大了黄埔军校的影响，媒体称黄埔"为中国革命前途开一新纪元"。黄埔军校所处的时代，是一个风云变幻的时代，黄埔教官、学生拥有许多参与政治活动、投身革命战争、参与各种社会运动的机会和展现自身价值的场合。黄埔军校是大批杰出人才的成长和集散之地，是一所军事学校，也是一所政治学校，还被孙中山称为"党校"。这些，均为黄埔军校的吸引力、包容性所在，亦其涵盖面、影响力和辐射力所在。各地青年向往黄埔军校，不惧千难万险，跨过千山万水，一心"到黄埔去"，是有其缘由的。

陆军军官学校创办后，于短短数年间，养成了大批军事、政治人才。日后参加东征、北伐、土地革命战争、红军长征、抗日战争、解放战争的著名将领，不少出身于此。黄埔军校教育成效之取得，是多项条件、多种因素、多方努力所致，并非只是某种单一的原因所造成，但也与黄埔军校学生本身所具有的良好素质有着莫大的关系。菁菁者莪，乐育材也。黄埔军校得天下英才而育之，故而能够使其成为一所军事政治名校。

# 第五章　共产党员与党的组织

## 第一节　教职员中的共产党员

黄埔军校开办时，接受苏联经济和物资援助，有苏联教官到军校工作，在任用干部、招考学生等方面，实际上已向中共打开了大门。当时国民党、共产党实行"党内合作"，中共党员参加国民党，兼具国民党党籍，此亦为中共党员到黄埔军校工作和学习提供了现实条件。此外，当时广东之外各地革命形势低落，革命者备受打压，许多人在当地无以立足，不得已北雁南飞，到南方寻找希望。上述种种，让当时尚处于幼年时期、在指导思想上尚未十分强调军事的中国共产党的许多党员有机会通过各种途径，陆续加入黄埔军校，从而成为黄埔军校的教职员或学生。

黄埔军校有共产党员与党的组织，是当时人所共知的事实。[①]

周恩来后来说：1926 年 3 月 "中山舰事件" 时，黄埔军

---

① 1927 年 3 月 1 日，黄埔一期生、中共党员、政治部秘书杨其纲在《黄埔日刊》上刊出《本校之概况》，文中说：黄埔军校 "每期学生不仅有单纯的国民党员，而且有第三国际支部的中国共产党员"。

校有 500 多名中共党员。① 黄埔军校教育长方鼎英说：1927年 4 月广州"清党"时，黄埔军校有 400 多人被捕。而据黄埔同学会组织科 1929 年的统计报告，黄埔军校第一期至第五期的"共党嫌疑者"，共计 1522 人。由于原始资料缺失，有关黄埔军校共产党员和党的组织的历史情况，尚未十分明晰。笔者通过搜寻各种有关资料，至目前为止，查出在黄埔军校前六期工作、学习过，有姓名、事迹可考的中共党员，总共有 780 多人。②

当时中共成立未久，全党党员人数并不多，在短短的两三年内，有数百上千名来自全国各地的党员集中于黄埔军校，这不是偶然的现象。在黄埔建校、建军的过程中，在校内外各项重要事务和历次革命活动中，共产党人的作用与影响，并非微不足道。共产党人与黄埔军校有着客观的历史联系，这一点不论对于中共党史来说，还是对于黄埔军校校史来说，都不可抹杀，不应忽略。

在陆军军官学校第一期教职员中，张申府、茅延桢、金佛庄、郭俊、严凤仪、胡公冕、徐坚、徐成章、周恩来等，在进入军校工作之前，已经加入共产党。张申府是中共北京早期组织成员，参与第一期招生工作，1924 年 5 月 12 日被委任为政治部副主任，并任蒋介石的英文、德文翻译，为最早任职黄埔军校的中共党员。茅延桢、金佛庄均毕业于保定

---

① 周恩来 1943 年 11 月 27 日在中共中央政治局会议的发言，见《毛泽东年谱（一八九三——一九四九）》（上卷），第 159 页。

② 《黄埔同学会第二次全体会员代表大会会议录》（1929 年），广东省立中山图书馆等编：《黄埔军校史料汇编》第二辑第三十五册，第 92 页。关于黄埔军校中共党员与党的组织的情况，见曾庆榴：《共产党人与黄埔军校》增订本，广州出版社，2013 年。

军官学校，茅延桢 1922 年加入中共，金佛庄 1923 年到广州列席中共第三次全国代表大会。茅、金二人，经廖仲恺推荐到黄埔军校工作，分任第一期学生第二队、第三队队长。茅于 1925 年秋赴河南工作时遇难，金翌年底被害于南京。《黄埔日刊》1926 年 12 月 21 日发表文章提及："闻金、茅二队长均系 C. P. 同志。"这两人的中共党员身份，在他们死后不久即已公诸报端。郭俊毕业于保定军校，曹石泉、严凤仪毕业于云南讲武堂，三人分别任区队长或副队长。胡公冕 1921 年加入中共，为出席国民党一大之浙江省代表，任管理部卫兵长。徐成章、徐坚分别毕业于云南讲武堂和南昌军校，任军校特别官佐。上述人员，有多位出身于军校，并从事过军事工作，可以称为中共最早的一批军事干部。周恩来为旅法中共早期组织成员，经张申府介绍入党，1924 年夏由欧洲启程回国，9 月到达广州，初任中共广东区委（亦称两广区委）委员长，兼黄埔军校政治教官，11 月间被任命为黄埔军校政治部主任。①

此外，在黄埔军校工作的共产党员，还有章琰、李侠公、叶剑英等。章琰潜心研究军事问题，在黄埔军校工作时，著有《中国征兵制刍议》《军需独立制概论》等，军校教导团成立后任营代表，1925 年 3 月 13 日阵亡于粤东棉湖。中共

---

① 《一年来政治部之概况》（1925 年）中说："十三年十一月，周恩来先生继任本部主任。"见《黄埔军校史料（1924—1927）》，第 178 页。按：1924 年 12 月 25 日黄埔二期学生吴明致廖仲恺函谓："明（吴明）之经历，周恩来主任、陈延年教官、徐天柄特别官佐、党部干事鲁易均详知之，均必不至于有逸出常轨之活动。"从文中"陈延年教官"一语看，时任中共广东区委书记的陈延年，可能亦担任过黄埔军校教官。吴明函存台北国民党党史馆。

七大时中央组织部所编"烈士英名录"，称章琰为"东征牺牲的第一个共产党员"。李侠公任特别官佐，当时为中共党员。叶剑英任教授部主任，1927 年 7 月加入中共。

继第一期之后，因各种机会和际遇，共产党组织从全国各地，乃至从苏联等国的留学生中，陆续抽调了鲁易、包惠僧、聂荣臻、熊雄、恽代英、萧楚女、熊锐、陈启修、韩麟符、孙炳文等，到黄埔军校工作。据目前掌握的资料，在黄埔军校前六期工作过的中共党员，第一期有 14 人，第二期 25 人，第三期 28 人，第四期 37 人，第五、六期 38 人，总共 142 人（次）。其中有连续任职多期者，有本校毕业留校服务者。①

兹将在黄埔军校各部门工作过的第一、二、三期部分中共党员的简要情况列表说明如下（第四、五、六期有关情况在以后各章分述）。

### 一至三期中共党员教职员信息

| 序号 | 姓名 | 籍贯 | 职务<br>（1924 年 5 月—1925 年 12 月） | 备注 |
|---|---|---|---|---|
| 1 | 周恩来 | 浙江绍兴 | 第一期政治部主任，军法处处长，校史编纂会审查员，第一军政治部主任，第一军第一师党代表 | |
| 2 | 叶剑英 | 广东梅县 | 第一期教授部副主任 | 1924 年 5 月 12 日任命 |

① 本稿所列出的中共党员教职员名单及学生党员名单，有的后来在不同时期，因不同的原因，以不同的形式脱离中共，不一一注明。

续上表

| 序号 | 姓名 | 籍贯 | 职务<br>（1924年5月—1925年12月） | 备注 |
|---|---|---|---|---|
| 3 | 张申府 | 河北献县 | 第一期政治部副主任 | 1924年5月12日任命 |
| 4 | 茅延桢 | 安徽寿县 | 第一期第二队队长，教导团第二营党代表 | |
| 5 | 金佛庄 | 浙江东阳 | 第一期第三队队长，教导第二团第三营长，警卫团少将团长 | |
| 6 | 郭俊 | 湖北陆安 | 第一期第三队第一区队队长 | |
| 7 | 严凤仪 | 广东琼海 | 第一期第四队副队长 | |
| 8 | 胡公冕 | 浙江永嘉 | 第一期管理部卫兵长 | |
| 9 | 徐坚 | 广东琼山 | 第一期特别官佐，校本部编纂员 | |
| 10 | 章琰 | 河北清苑 | 教官，教导团营党代表 | 1925年3月13日阵亡 |
| 11 | 李侠公 | 贵州贵阳 | 第一期特别官佐，第一师政治部主任 | |
| 12 | 徐成章 | 广东琼山 | 第一期特别官佐，大元帅府铁甲车队队长 | |
| 13 | 罗汉 | 湖南浏阳 | "青年军人社"发行股长 | |
| 14 | 曹石泉 | 广东乐会 | 第一期第二队第一区队队长，教导团营长 | 1925年6月23日牺牲 |
| 15 | 毛简青 | 湖南平江 | 政治教官 | |
| 16 | 谭其镜 | 广东罗定 | 第二期政治部指导股指导员，第三期政治部组织科员 | |
| 17 | 邵力子 | 浙江诸暨 | 第二期政治部副主任，第三期政治部主任，军校秘书长，校史编纂会主席 | |
| 18 | 杨其纲 | 河北衡水 | 第二期政治部编纂股主任，第三期政治部宣传科员，校史编纂会编纂员 | |
| 19 | 吴展 | 安徽舒城 | 第二期特别官佐 | |

续上表

| 序号 | 姓名 | 籍贯 | 职务<br>（1924年5月—1925年12月） | 备注 |
|---|---|---|---|---|
| 20 | 周逸群 | 贵州铜仁 | 军校第二届特别区党部执行委员，校史编纂会编纂员 | |
| 21 | 黄鳌 | 湖南临澧 | 第二期政治部秘书股主任 | |
| 22 | 黄第洪 | 湖北英山 | 第二期政治编纂股编纂员，第三期政治部宣传科员 | |
| 23 | 傅维钰 | 湖北英山 | 第二期政治部编纂股编纂员 | |
| 24 | 卢德铭 | 四川宜宾 | 第三期政治部组织科员 | |
| 25 | 鲁纯仁 | 贵州贵阳 | 第三期政治部宣传科长 | |
| 26 | 杨溥泉 | 安徽六安 | 第三期政治部组织科员，教导第一团连党代表 | |
| 27 | 李之龙 | 湖北沔阳 | 第三期入伍生部党代表，海军局政治部主任 | |
| 28 | 陈赓 | 湖南湘乡 | 第三期入伍生连长 | |
| 29 | 范荩 | 江西丰城 | 第三期步队队长、教官 | |
| 30 | 饶来杰 | 江西南昌 | 第三期政治部宣传科员，中共黄埔军校党团成员 | |
| 31 | 包惠僧 | 湖北汉口 | 第二期政治部后方主任，第三团党代表，教导师党代表 | 中共一六代表 |
| 32 | 胡允恭 | 安徽寿县 | 《中国青年军人联合会会刊》主编 | |
| 33 | 卜士畸 | 湖南益阳 | 代理政治部主任 | |
| 34 | 鲁易 | 湖南常德 | 第二期政治部秘书，第三期政治部副主任，校史编纂会编纂员 | |
| 35 | 贺声洋 | 湖南临澧 | 第三期区队长 | |
| 36 | 蒋先云 | 湖南新田 | 教导团营长，军校特别区党部第四届执行委员 | |
| 37 | 聂荣臻 | 四川江津 | 第三期政治部秘书，政治教官 | |
| 38 | 洪剑雄 | 广东澄迈 | 第三期政治部科员，《士兵之友》编辑 | |

续上表

| 序 号 | 姓名 | 籍贯 | 职务<br>（1924 年 5 月—1925 年 12 月） | 备注 |
|---|---|---|---|---|
| 39 | 陈奇涵 | 江西兴国 | 学生队队长，武汉军校党员志愿兵团参谋处处长 | |
| 40 | 邝 鄘 | 湖南耒阳 | 第三期政治部宣传科员 | |
| 41 | 徐向前 | 山西五台 | 第三期入伍生第三队区队长 | |
| 42 | 薛卓中 | 安徽寿县 | 第三期政治部司书 | |
| 43 | 袁炎烈 | 湖南武冈 | 第三期政治部宣传科员 | |
| 44 | 董朗 | 四川简阳 | 第三期入伍生队附，叶挺独立团参谋 | |
| 45 | 黄锦辉 | 广西桂林 | 政治部秘书，第二届特别区党部候补执行委员 | |

　　以上人员，有的是经廖仲恺安排到军校工作的。如曾为中共旅俄支部早期负责人之一的卜士畸（世畸），1924 年 10 月到广州，任鲍罗廷翻译、中国社会主义青年团中央执行委员会特派驻粤委员。1925 年 4 月，廖以军校党代表身份致函蒋介石，"派卜士畸往黄埔陆军军官学校担任政治训练工作"。卜一度代理黄埔军校政治部主任。曾经出席中共一大的包惠僧，初到广州时在国民党中央党部工作。1925 年春周恩来出发东江后，廖仲恺请中共广东区委书记陈延年担任政治部主任，陈延年则"向廖仲恺推荐包惠僧以自代"。廖乃于1925 年 5 月 4 日签发委任令第六号："查党立陆军军官学校政治部主任周恩来因随校本部出发东江，该校政治部主任亟应遴员代理部务，以资整顿。查有该员堪以委任，合行令委，仰该员即便遵照，刻日到差，为党尽力。"① 委任令中说的

--------

　　① 梁尚贤：《廖仲恺与黄埔军校——读中国国民党中央党史馆藏档案之三》，《近代史资料》编辑部编：《近代史资料》总 106 号，中国社会科学出版社，2003 年，第 125 页。

"该员"即包惠僧。

具留学法国、德国、日本、苏俄经历者有鲁易、罗汉、聂荣臻、熊雄、饶来杰等。其中鲁易、罗汉曾赴法勤工俭学，回国后一度到海南从事社会主义青年团的组建工作。在黄埔军校，鲁任政治部秘书、副主任，罗任《青年军人》（后改名《革命军》）发行股长。聂荣臻先后到法国、苏联学习，回国后任黄埔军校政治部秘书。熊雄曾留学于法、德和苏联，1925年秋与聂荣臻等一同回国，经"校长（蒋介石）延揽"（方鼎英语）而到黄埔军校工作，任军校政治部副主任、代主任，经历了第三、四、五、六期，为任职黄埔军校时间最长的中共党员之一。

第三期政治部薛卓中，是因恽代英的关系而进入黄埔军校的。薛卓中又名薛沧海，因多次听恽代英演讲而钦佩、崇敬恽代英，后加入中共，因恽代英介绍而任军校第三期政治部司书。[①]

蒋先云、李之龙、王逸常、周逸群、卢德铭、谭其镜等，为黄埔军校毕业生留校服务者。此外，还有的人在军校教导团、"党军"、国民革命军中担任过工作，如一期曹渊任军校教导团学兵连党代表、连长和营长；许继慎任连长、代理团党代表；刘仇西（畴西）任连党代表；二期麻植任东征军政治部宣传科员等。人数很多，不一一列举。因黄埔军校初时实行"校""军"一体，在军校所属部队服务者应视为是黄埔军校的教职工。

随后，陆续到黄埔军校工作的中共党员，有恽代英、萧

---

① 胡允恭：《忆薛沧海烈士》，《金陵丛谈》，人民出版社，1985年，第99页。

楚女、张秋人、安体诚、欧阳继修、王懋廷、黄克谦、宋云彬、李求实、熊锐、陈启修、于树德、韩麟符、孙炳文等。这些人的情况，详见下文。

## 第二节　前三期学生中的共产党员

陆军军官学校创办时，其招生信息为各地共产党人所关注，党组织于短时间内在全国各地选拔、推荐了大批有志青年踊跃报考军校。报考者包括了不少中共党员和社会主义青年团员。

### 一、第一期

在第一期录取学生中，进校之前（即 1924 年 5 月以前）已经加入中共者，目前所知有 30 多名。他们是：杨其纲（入党时间 1924 年春）、李绍白（1923 年）、刘仇西（1922 年夏）、游步瀛（又名游步仁，1923 年）、王逸常（1923 年 11 月）、蒋先云（1921 年 10 月）、张其雄（1922 年春）、伍文生（1923 年冬）、谭鹿鸣（1923 年）、董仲明（1923 年）、李汉藩（1922 年 4 月）、洪剑雄（1924 年初）、许继慎（1923 年 12 月）、彭干臣（1923 年 12 月）、赵枏（1922 年）、赵子俊（1921 年春，中共武汉早期组织成员）、白海风（1923 年）、张隐韬（1922 年 7 月）、李之龙（1921 年 12 月）、杨溥泉（1923 年 12 月）、陈赓（1922 年）、赵自选（1924 年春）、郭一予（1923 年）、樊崧华（1924 年 3 月）、宣铁吾（1923 年）、周启邦（1923 年）、刘云（1924 年）、荣耀先（1923 年 4 月）、黄再新（1923 年）、文起代（1924 年）、江镇寰（1924 年）、宣侠父（1922 年）、唐际盛（1923 年）。此外，袁仲贤、傅维钰、罗焕荣、郭德昭等，进校前已加入了中国社会主义青年团。

　　第一期陆续有学生加入中共（包括在校学习期间，在军校教导团及东征、北伐期间，即 1927 年夏秋前加入者），目前所知有姓名、事迹可查考者，总共有 80 多名。较为人知者有：傅维钰、唐同德、罗焕荣、王尔琢、徐向前、宋希濂、王泰吉、贺声洋、张际春、唐震、周士第、唐澍、郭德昭、梁锡祜、黄鳌、李奇中、孙树成、曹渊、廖运泽、阎奎耀、韩濬、叶彧龙、梁文琰、谭其镜、孙一中、侯镜如、宋文彬、冷相佑、刘明夏、冯达飞、俞墉、吴展、李光韶、何章杰、胡焕文、左权、李默庵、袁仲贤、刘楚杰、黄雍、蔡升熙、刘立道、陈启科、李隆光、黄锦辉、黄第洪、史书元、徐会之、王之宇、王叔铭（王鑫）、郭安予、刘希程、邹范、刘先临、谢任难、金仁宣、尚士英等。综合有关资料，在目前可认知的第一期学生中，入学前已入中共者 30 多人，入学后陆续入党者 80 多人，总共 120 多人。

　　关于黄埔第一期中共党员人数，史料上出现过若干不同的记述，试加分析如下。陈延年 1925 年 1 月 5 日谓："此校有我们同志 43 人"；[①]苏联顾问切列潘诺夫谓，一期毕业生中的共产党员 39 名；[②]台湾学者李云汉谓，第一期中共党员 41 人。[③]这几个数字，应当是 1924 年底第一期毕业时中共党员人数的反映。上文说及，第一期入学前已加入中共者目前所知 30 多人，在黄埔军校学习期间（1924 年 5 月至乍底）

---

　　① 《陈延年致乔年、若飞、罗觉同志》（1925 年 1 月 5 日），中央档案馆、广东省档案馆编：《广东革命历史文件汇集》甲 2，1982 年，第 10 页。陈延年时任中共广东区委书记。
　　② 《中国国民革命军的北伐——一个驻华军事顾问的札记》，第 107 页。
　　③ 李云汉：《中国国民党史述》，第 496—497 页。

大约吸收了 10 人，两项相加，共应 40 多人，这应当是实际情况（在本人的材料中说明 1924 年 12 月前在黄埔入党者，有周士第、薛文藻等）。上述人数（43 人、39 人、41 人）之所以略有出入，可能是因为统计时间不同。周恩来说，黄埔一期有党团员五六十人，[1] 这应是进埔校之前第一期学生中共产党员与社会主义青年团员的人数之和。查 1925 年 1 月 1 日青年团广东区委组织部报告第一号，文称："黄埔军校组织（团组织）：人数三十一人。"[2] 校内团员 31 名，加上上述中共党员 30 多人，总共为 60 多人，符合"五六十人"的说法。

## 二、第二期

第二期学生中的中共党员，目前可认较知名者，包括黎鸿峰、蔡鸿猷、罗振声、邝鄘、吴明、程俊魁、余洒度、王秉璋、符明昌、陈恭、卢德铭、练国梁、胡秉铎、陈作为、宛旦平、吴道南、蒋友谅、王一飞、张炎元、张堂坤、麻植、古怀、王柏苍、周逸群、李劳工、谢宣渠、吴振民、姚世昌、陈绍秋、谭侃、符南强、李道国、罗英、王禹初、萧素民、张源健、方汝舟、徐远扬、彭礼崇、陈连军；本期同学录缺名者，有萧人鹄、覃异之、廖夬虎、刘光烈等。综合有关资料，第二期学生中有中共党员近 50 人，另有 10 多人待查证。

---

① 周恩来：《关于一九二四至二六年党对国民党的关系》（1943 年春），中共中央文献编辑委员会编：《周恩来选集》（上卷），人民出版社，1980 年，第 116 页。

② 《团粤区委组织报告（第一号）》，《广东革命历史文件汇集》甲 2，第 7 页。

### 三、第三期

第三期学生中共党员，目前可认知者，主要包括王鄂峰、尹伯休、石衡钟、申朝宗、古宜权、朱云卿、朱斌、李乾元、吴光浩、余少杰、周恩渭、周邦采、姜镜堂、胡灿、胡承焯、段子中、范宏亮、唐克、陈永芹、徐康、徐介藩、张荻伯、符节、曹伯球、曹素民、常乾坤、黄克鼎、黄铁民、黄伟斌、斯励、焦启恺、彭哲夫、熊受暄、叶古衣、廖卓然、刘铁超、蒋作舟、蔡晴川、饶春荣、穆世济、郭光彩、周玉冠、车鸣骧、金锡祺、章夷白、段焱华、陈铸新、佘广生、陈采夫、林泽深、王福生、贺维中、谢光亚、李鼎三、郑平、刘之志、陈可超、傅昆言、皮言智、毛嘉谋、乔茂才、蔡乘汶、夏北侯。本期同学录缺名者，有黄文杰、蔡林蒸、曾干廷、陈顺侯、魏定邦、徐鲁侯、罗梦阳等。综合有关资料，在第三期学生中，中共党员有近90人，另20多人有待查证。

第四期、第五期、第六期学生和入伍生中的共产党员的情况，详见后述。

应当说明，在有关的档案、史料中，至目前为止，并未找到在黄埔军校工作、学习的中共党员的原始名单。以上所列人员，仅为有姓名、事迹可以查考者。由于在校时间短、人员流动性大、处于隐蔽的状态等原因，不少教官学生的名字并未记录于"教职员名录"及"同学录"，致使许多人的共产党员身份难以辨认。故上述人数，只是前三期中共党员人数的一部分。

## 第三节　党的组织

黄埔军校内共产党的组织，开始时称中共黄埔直属支部，史料上曾经出现过这一组织的简称为"黄支"。第一期直属支部大约成立于 1924 年 8 月，支部干事会由蒋先云任书记，王逸常任宣传干事，杨其纲任组织干事，许继慎、陈赓任候补干事。① 蒋先云为湖南省立第三师范学校毕业生，曾参加组织、领导安源、水口山的工人运动，是由毛泽东介绍加入共产党，并由毛泽东介绍投考黄埔军校的。

第二期直属支部约于 1924 年 11 月成立，以杨其纲为支部书记，余洒度为组织干事，周逸群为宣传干事，麻植、王逸常为候补干事。杨其纲是黄埔一期毕业生，早年求学于河北保定，经邓中夏介绍加入社会主义青年团，1922 年初任保定社会主义青年团执委，1924 年春加入中共。

除了黄埔军校之外，广州及周边各地，当时还驻有粤军、湘军、滇军、桂军等名目的军队，而各军又有着各自的军校。这些军队和军校，为共产党人留下了开展活动的空间。1924 年夏秋商团事变期间，广州地区还成立了"广东工团军"、"广东农团军"（农民自卫军）等工农武装团体，这也有待于中共广东区委加强统一领导。为加强黄埔军校、各军事组织及各工农武装团体中党的工作，中共广东区委大约于 1924 年底，成立了军事运动委员会（简称"军委"，又称"军事部"），由周恩来任军委书记（亦称军事部长，后由张伯简、熊雄接任书记）。广东区委军委的成员，先后有徐成章、李富春、聂荣臻、恽代英、黄锦辉（秘书）等。此为中国共产党内成立的第一个军委。② 黄埔军校党的工作，直接归中共广东

---

① 中共黄埔军校党组织情况，据王逸常、黄雍、李奇中等的回忆材料。《黄埔军校史料（1924—1927）》，第 114—121 页。

② 目前能见到的有关中共广东区委军事委员会（军事部）的史料不多，一般认为其成立的时间在 1924 年底或 1925 年初。中共中央 1925 年 10 月召开的第二次中央执委会扩大会议决定，"中央之下应有职工运动农民运动及军事运动委员会"。

区委军委领导。

黄埔军校第三期直属支部，约于1925年夏秋成立，以杨其纲为支部书记，曹素民为组织干事，段子中为宣传干事，焦启恺（启铠）为候补干事。曹素民1924年在上海参加工人运动，在黄埔军校入党。段子中1923年加入中共，曾在安源从事工人运动。焦启恺1925年加入共产党，在黄埔军校当选为国民党黄埔军校特别区党部第三届执行委员和财务委员。据聂荣臻回忆：1925年下半年，黄埔军校已成立了一个由鲁易、聂荣臻二人负责的"党团领导小组"，小组之下，设立了几个支部和小组。政治部的中共支部，由聂荣臻负责。

至第四期，中共黄埔直属支部改为中共黄埔特别支部（简称黄埔特支），仍以杨其纲为书记。"中山舰事件"（1926年3月）后，为加强军校中党的工作，中共广东区委决定另设中共黄埔党团，直属于广东区委军委（详见后文）。

综观黄埔军校教职员中的共产党员、学生中的共产党员及军校党组织，可以得出如下几点认识。

一是中共党员人数不少。党员人数在校内的比例颇高，在中国共产党内，亦为重要的组成部分。第一期学生600多人，目前所知中共党员120多人，约占17.6%。前四期学生总数为4971人，黄埔军校（包括在校官生及由本校官生组成的军队）的中共党员500多人①，约占10%。1926年4月，广东全省中共党员为3700多人，黄埔军校的党员人数（按500人计）占全省党员总数的13.5%。至1927年初，全国党员不足6万人，黄埔军校党员按保守估算1000人计，约占1.7%。这

---

① 周恩来1943年11月27日在中共中央政治局会议的发言，见《毛泽东年谱（一八九三——一九四九）》（上卷），第159页。

说明黄埔军校党组织在中共党内的重要性。

二是党员素质较好。首先是文化程度较高。教职员中有不少人曾留学法国、德国、日本和苏俄。除此之外，学生中有留学海外者，如宣侠父、刘云、吴明、周逸群等；有北大等著名院校的教授，如陈启修、于树德、安体诚等，这些人在学术上、理论上均有相当高的造诣；有北京大学、东吴大学、厦门大学、上海大学等院校的学生，如王懋廷、李世璋、伍中豪、鲁纯仁、苏怡、钟友千、苏士杰等为北大学生，王逸常、张其雄、阳翰笙、张庆孚、李元杰等为上海大学学生。恽代英、萧楚女等，为党内前沿理论家。

其次是政治素质比较好。有的参与中共的创建活动，如张申府、周恩来、吴明、唐际盛、赵子俊等，分别为中共北京、巴黎、武汉早期组织成员。包惠僧出席过中共一大，金佛庄列席过中共三大，胡公冕、赵子俊出席过俄国"远东会议"，四期恽雨棠是陈云的入党介绍人。有的人是共产党、青年团各地方组织的创建者，如一期荣耀先为蒙古族的第一位中共党员，杨其纲、赵枏、杨溥泉分别参与创建保定、衡阳、安庆社会主义青年团，李之龙曾为中共汉口地委执行委员。有的参加过国民党改组，胡公冕、于树德、韩麟符、廖乾五是国民党一大代表；高语罕、恽代英、蒋先云、唐际盛出席过国民党二大。

再次是阅历、经验丰富。许多人进校前是各地社会活动的先锋人物，其中有唐山、开滦、正太铁路、京汉铁路、安源煤矿等工人运动的组织者或领导者，有学生运动的活跃分子。如唐际盛为中国劳动组合书记部长江分部成员，张隐韬为中国劳动组合书记部北方分部特派员，周启邦是中国劳动组合书记部上海邮务友谊会委员，赵子俊参加过二七罢工，蒋先云、赵枏参加过安源和水口山罢工，许继慎、杨溥泉、傅维钰、曹渊等是安徽学生运动的活跃分子。还有的从事过军事工作，或思考、钻研过军事问题。如徐成章、茅延桢、金佛庄、郭俊、章琰、曹石泉、徐坚、杨宁等毕业于军校，有军队工作的阅历；鲁易到粤军活动过；吴明则对学习军事、掌握军队的问题，有较为超前的意识，他以中共早期党员的资历，金陵大学肄业、赴法勤工俭学的学历就读于黄埔二期，应是他对这一问题做过思考之后的行动。一句话，他们是当时党内干部的精华所在。

三是党的组织状况比较好。简而言之是组织较为健全，干部得力，支部干事会、党团成员较为精干，活动能力较强，党内的学习、教育也抓得较紧（星期日经常在广州农民运动讲习所组织学习、听报告），表现出有政策、策略水平，能够按实际情况开展活动，审时度势应对各种环境、处理复杂问题。

活动于黄埔军校的中共党员，是在国共合作的条件下，在苏联政府帮助办学、苏联顾问与教官参与校务的情况下，通过军校的招考、聘用渠道而进入黄埔军校的，并非以"安插""打入""潜伏"的手段羼入。他们是一个人数相当多、活动能量较大的群体。他们对黄埔军校的创建和发展，自有其付出、作为与贡献，这当然是不应抹杀的。

## 第四节 作用与影响

共产党人在黄埔军校的作用、影响，约有如下几点。

### 一、充实、加强了黄埔军校

1924 年 1 月 28 日，李大钊在国民党一大针对共产党员为何加入国民党的质疑回答说：我们加入国民党，是"自己在理论上事实上作过详密的研究"，"再四审慎而始加入的"，"不是胡里胡涂混进来的，是想为国民革命运动而有所贡献于本党的"。① 这些话，也可用以解释共产党员加入黄埔军校的动机。接受军事、政治的教育与训练，投身国民革命，并期待对于这一场革命运动"有所贡献"，是共产党员投奔黄埔的初衷。

黄埔军校创办时，考生虽多，但具备新的思想意识者并不多。当时，国民党中央候补执行委员彭素民参加了阅卷，在阅读了第一期考生的300份考卷之后，彭在他的日记中写下了对考生的印象：多数考生知识陈旧，像"社会"这样的常用词语，"能应用其名词者不及百分之十，能略言其一二者不及百分之五，无非拾取二十年前科场试艺之余绪，可见学生总程度之差"。② 彭素民的意思是考生热情有余，而思想准备不足，知识未及更新；具备新的思想观念者不多。共产党员加入黄埔军校，为黄埔军校输入了大批如前面所说的文化、政治素质都比较好，思想意识比较前卫的新进青年，恰好填补了到黄埔军校应考者这一方面的稀缺。这一点，是共产党人在人力资源方面，对黄埔军校建校所作出的一个贡献。

黄埔学生中的中共党员，多数思想活跃，组织能力、活动能力都较强，不少人都可跻身成绩优秀、才华横溢、表现出众之列。如第一期学生蒋先云，"学术两科冠于全校"③，被蒋介石称为"好学生"。蒋先云毕业后留校从事的工作，只记

---

① 《北京代表李大钊意见书》（1924年1月28日），《广东文史资料》第四十二辑，第375—376页。

② 彭素民1924年4月27日日记（手写影印本），孙中山大元帅府纪念馆彭素民先生生平史料展简介第39页，2011年3月。

③ 郑作民：《黄埔血史·蒋公先云传》，卢璐、谢中、蒋美成：《黄埔第一杰蒋先云》，湖南人民出版社，2012年，第305页。

录为"教导团营长""军校特别区党部第四届执行委员"，其实，他还担任过蒋介石的秘书。第一期学生徐石麟凭"政治讨论报告书"，被政治部主任邵元冲评为"成绩最佳"者。第二期学生邝廊，被评为本届优等生第二名，获奖金表一只。李之龙、吴明、陈作为、罗振声、周逸群、黄锦辉、焦启恺、何焜等，被选入国民党黄埔军校特别区党部，担任委员。这些人不但是校内各种活动的中坚人物，也是社会活动的活跃分子。王一飞、游步仁、胡承焯、王备、熊受暄、胡秉铎、饶荣春、段子中、宋云彬、张鸿沉、罗懋其等，是《青年军人》（后改为《革命军》）、《中国军人》、《黄埔潮》、《黄埔日刊》等报刊的主编、编辑或主要撰稿人。赵自选、唐澍、伍文生、王世英、季步高等，被派往各社会团体，充当工农武装的教练。谭其镜、袁策夷、李劳工、吴振民、李运昌等被派赴全省各地，萧人鹄、荣耀先被派赴北方援助革命运动，如此等等。

共产党员进入黄埔军校，不只是在人数上充实了黄埔军校，更主要的，是为黄埔军校注入了新质，将大批有理论素养，又有社会活动经验，富于开拓精神、创新精神的新进青年，引进黄埔军校，从而使军校的人员结构更为多样化，奠定了黄埔新型军校的基础。这些人不仅是课堂、操场上的佼佼者，战场上冲锋陷阵的先锋，而且是校内外政治活动、党务活动和民众运动的中坚人物和活跃分子。

**二、主持军校之政治教育和军队政治工作**

黄埔军校政治部历任主任、副主任和政治主任教官、政治教官，主要由共产党员担任。军校筹创阶段，张申府任副主任，之后周恩来任主任。至第四期，政治部教职人员达80多人，以熊雄为代理主任。政治部向来被认为是黄浦军校最具特色和最有活力的一个部门。

查以往保定、云南等军校的教育，其学科有"精神教育及讲话"等，并要求学生阅读《孝经》《圣谕广训》《修身教科书》之类，可知那些军校虽无政治部之设，但不等于不讲政治。保定军校第二任校长蒋百里，曾明确提出中国的"新军人"，应兼有中国之"游侠"、日本之"武士"、欧洲之"骑士"三种精神，这当然也是讲政治，是按照一定的政治观念塑造军人的灵魂。说到"政治部"，这一设置亦并非源自黄埔军校，1914年中华革命党"总章"已经有设"政治部"的规定。黄埔军校前两任政治部主任戴季陶和邵元冲，也非中共党员。然而，综观相关的历史情况，仍然可以认为政治工作并非国民党人的传统，更不是国民党人的强项。戴季陶、邵元冲虽然一度主持过军校政治部，也不等于说在周恩来接手之前，政治部的工作已经打好了基础、铺好了路子。总之，黄埔军校的政治教育和军队政治工作，并不是在以往传统军校的基础上，也不是在国民党自身的传统中滋长出来的，而是共产党人借鉴苏联红军的经验，并结合中国实际而开拓、发展起来的。

黄埔军校的政治教育和军队政治工作，包含三个层次：一为军校内的政治教育；二为革命军的政治工作；三为战时政治工作。三个层次，实为开创性的、含义丰富的三大跨越，共产党人为全过程的参与者和主持者。具体情况，容后分述。

### 三、深入社会，促进军校教学活动与社会实践相结合

黄埔军校创办于国民革命运动兴起、高涨的时期。1924—1927年的广州，是国民党中央、大元帅府和国民政府所在地，革命精英风云际会，各项革命运动蓬勃展开。在共

产党人的参与下，黄埔军校办学理念新颖，强调学以致用、知行合一，不搞关门办学，不是将学生封闭于黄埔岛上，单向性地传道、授业、解惑，而是让学生深入社会，面对实际，自觉投身于民众革命运动。黄埔军校的共产党员，许多在进校之前就从事过工、农、学生运动，有开展社会活动和群众工作的丰富经验，他们在促进军校教学活动与社会革命运动的结合方面，起了极为重要的作用。

黄埔军校的共产党组织和党员，通过多种渠道，同社会工、农、商、学各界保持密切联系，并以种种形式，对社会革命运动给以支持和援助。广东工团军、农团军的军事教练，农民运动讲习所的军事教官，省港罢工工人纠察队的教练和骨干，多数是黄埔军校的中共党员。被派赴全省各地负责训练农民自卫军、援助农民运动的，多数也是黄埔军校的中共党员。如二期生李劳工、吴振民被派往海丰；四期生李运昌、于以振被派往潮汕，蓝广孚被派往西江，詹宝华被派往顺德等。这些人还没当完学生，就当起了先生。其中李劳工、蔡林蒸（蔡和森之兄）等，在援助工农运动中牺牲。黄埔军校党员自觉、积极参加国民革命运动的实践，不但密切了军校与社会的联系，对军校的教学活动来说，也是一项改革和创新，打开了军校办学的新路子。正是在参与社会政治运动、党务活动和投身工农运动的过程中，黄埔军校学生拥有许多机会与场合，施展自己的才智、爱国热忱和创造精神。黄埔军人的成长，同这一点有密切的关系。共产党内的不少优秀干部，国民党内的许多黄埔名人、名将，当年都亲身参加过援助省港大罢工及支援广东农民运动。他们在联系实际、学用结合的过程中，迈出自己军旅或政治生涯的第一步。

### 四、充当黄埔军校"校军""党军"和国民革命军的骨干

1924 年 11 月，黄埔军校第一期结业，遂以本期毕业生为基础，成立黄埔军校教导团（两个团），此为孙中山、大元帅府以校建军、独立组建军队之发端。1925 年 4 月 6 日，国民党中央第 73 次会议通过《建立党军案》，黄埔军校"校军"乃被正式冠以"党军"之名。同年 8 月，国民政府实行"统一军政"，统编国民革命军，"党军"被编为国民革命军第一军。1926 年 1 月，成立黄埔军校教导师（后称第二十师）。1925 年 8 月前是"校""军"一体，此后虽称"校""军"分立，但实际上仍然由校长统揽"校""军"。

共产党员在黄埔军校所属各部队中，担任重要职务。在军校教导团，严凤仪、金佛庄、宋文彬、曹石泉等任营长，章琰、茅延桢、胡公冕、唐震等任营党代表，郭俊、曹渊、刘畴西、彭干臣、游步仁、张隐韬、李汉藩等任连长或连党代表。第一军组建时，周恩来任第一军副党代表、政治部主任和第一师党代表（第二次东征时任东征军总指挥部总政治部主任），鲁易任第三师党代表，李侠公任第一师政治部主任，金佛庄（第二次东征中任团长）、包惠僧、徐坚、胡公冕、蒋先云、张际春、傅维钰、王逸常任团党代表，许继慎任代理团党代表，唐同德、郭俊等任营长，谭鹿鸣等任副营长。至黄埔军校教导师成立，包惠僧任师党代表，李默庵任团党代表（团长为叶剑英）。黄埔一期生李之龙，1925 年 10 月任海军局政治部主任，授少将衔，次年 1 月任海军局代理局长，授中将衔，是第一期毕业生中升迁最快的一位。

黄埔军校教导团创建之际，大元帅府铁甲车队改组，黄埔军校特别官佐、中共党员徐成章任队长，第一期毕业生周士第任副队长，赵自选任军事教官。1925 年 11 月，第四军

独立团（叶挺独立团）成立。中共党员叶挺任团长，中共党员、黄埔军校教官杨宁，第一期毕业生周士第、曹渊、许继慎、董朗，第二期毕业生卢德铭等，分别担任团参谋长和营、连长。这是中共广东区委独立掌握团级军队的开端。

共产党员不但是军队中的骨干，更重要的是战场上的先锋，为广东战争、北伐战争的胜利，作出不可磨灭的贡献。据有关资料，黄埔军校学生的阵亡牺牲者，第一次东征时16人，讨伐杨刘在猎德渡河作战时6人，沙基惨案时23人，第二次东征时58人。牺牲者之中，有相当多是共产党员，如章琰、曹石泉、谭鹿鸣、唐同德等。在北伐中牺牲的共产党员，有胡焕文、吴兆生、曹渊、张其雄、洪剑雄、赵枏、赵子俊、郭俊、金佛庄、蒋先云等。在此前后牺牲的，还有茅延桢、张隐韬等。目前所能辨认的广州时期780多名中共党员中，至1927年广州四一五"清党"之前，已牺牲了70多人。在近代中国几所军事名校中，最为人所称道的，是保定军校的课堂、云南讲武堂的操场、黄埔军校的战场。这说明，在战争中学习战争，是黄埔军校办学的主要经验所在；战场，是黄埔军校的"特色课堂"。牺牲于战场的中共党员以自己的一腔热血赢来东征、北伐的胜利，也为黄埔军校的成功办学，开辟了道路。

总上，在黄埔军校中，教职员和学生中的共产党员人数众多，能量与影响很大。他们在上述几个方面的付出与作为，均带有建设性和开创性，特别是在思想建校、主义建军方面，具有草创、开拓的意义。

# 第六章　黄埔军校的教育

## 第一节　学科与术科

孙中山为黄埔军校制定的教育方针，是"军事与政治并重，人格与技能训练共进"。黄埔军校的军事教育，有学科、术科两种。《中央陆军军官学校史稿》等资料显示，前三期之学科，主要设：（1）典范令（步兵操典、射击教范、阵中勤务令）；（2）战术学；（3）兵器学；（4）筑城学；（5）交通学；（6）地形学；（7）军制学；（8）马学；（9）经理学；（10）卫生学；（11）军服内服规则；（12）陆军礼节；（13）军语；（14）军队符号；（15）实地测图。其中"战术学""筑城学""兵器学""地形学"四门，称四大教程，为必修课。术科设：（1）制式教练；（2）野外演习；（3）夜间演习；（4）实弹射击；（5）阅兵分列；（6）技术；（7）马术；（8）工作实施等。

### 一、第一期

第一期为单纯步科教育，并未分科。上述学科之"马学""经理学""卫生学"及术科之"技术"未授。在学期间，因发生商团事变，广州形势危急，第一期学生上课、训练之余，要站岗放哨，警卫黄埔；并有 124 人随孙中山北上韶关，一边上课训练，一边担任护卫。

## 二、第二期

第二期实施分科教育，除步科外，有工兵、炮兵、辎重、宪兵，共五科。学生接受一个月的预备教育，然后正式升为军官候补生。

学科：（1）第二期步科教育与第一期大致相同；（2）炮科除典范令、四大教程外，设野战炮兵操典、野战炮兵射击教程、马术教范、驭法教范、野战炮兵筑垒教范、阵中勤务、马学；（3）工科设工兵操练、地形学、射击教范、筑垒教范、架桥教范、筑营教范、通信要范、交通要范、爆破要范、坑道要范、野外勤务、夜间教育；（4）辎重科设辎重操典、辎重勤务、铁道船舶汽车各种输送学、马学、马术教范、应用战术、游泳学、射击教范、测图学；（5）宪兵科设宪兵学、射击教范、一般之军事学、陆军现行惩罚令、陆军警察军制大要、马学、侦探学。

术科：第二期各科训练的项目，主要有马术、操炮、野外演习、工作实施、爆破实施、筑城实施、汽车驾驶、手枪射击等。

1924 年 11 月，第二期之工科、炮科、辎重科迁至广州城内北较场（称省分校）上课。1925 年初，本期学生随军东征，收复潮汕后，留潮州分校上课。后参加回师广州之役，战事结束后，返校继续未完成之课程和训练。

## 三、第三期

第三期开始实施入伍生教育。入伍生期间，学科教育共设 16 门，授课 139 次（每次一小时三十分），共约 208 小时；

术科教育共 338 小时。1925 年 7 月 1 日，入伍生升为正式学生。此后，学科设基本战术、应用战术、兵器学、筑城学、交通学、地形学、军制学等主要课目；术科项目有制式教练、野外演习、射击和技术（器械体操劈刺）、典范令（从学科移为术科）。

第三期办学期间，适逢第一次东征（1925 年 1—4 月）、讨伐杨刘（6 月）、第二次东征（10—11 月），广州发生"沙基惨案"（6 月）和"廖案"（8 月），本期学生除教学、训练之外，要担任警戒，参与实战。6 月中旬，入伍生从赤岗塔、猎德渡过珠江，参加讨伐杨刘之役。

前文已述，黄埔军校的军事教官，部分来自保定军校，部分来自云南讲武堂，他们在教学实践中，对保定军校注重课堂教学、云南讲武堂注重操场训练的传统，均有所借鉴和传承。

而在初时，在军事教育中负有指导责任的，则是苏联顾问和教官。苏联军事顾问波里亚克、切列潘诺夫等组成军校顾问团，常川驻校，主要介入教授、教练二部及军事总教官室。切列潘诺夫说："我们彼此做了这样的分工：沃洛佳·波里亚克担任顾问组长和管教务，他和王茂如（王柏龄）将军直接共事。我和尼古拉从事学员的队列、射击及战术训练，并同何应钦将军保持工作联系。"苏联顾问或参与课程设计和组织教学；或对任课教官、队官作课前辅导；或在讲台上、队列前，亲自为官生讲解和示范。切列潘诺夫说：

> 我们这批顾问是既有实践经验，又有相当理论素养的指挥员。我和沃洛佳是行伍出身，尼古拉则是从武备学校出来，一直升到将军职位的……我们经历过两次战争，并且把所有这一切通过在军事学院的理论进修加以

巩固提高；因此，我们不但善于组织学员的课堂教学，而且能够通过实践讲明一切基本原理。我们竭力促学员在初学阶段最大限度地掌握实际要领。我们希望这些未来的指挥员能够懂得队列训练、一贯精力集中、良好的军风纪、服从命令的重要性，并且自觉准备克服军人可能遇到的各种困难。①

1924 年 10 月起，又一批苏联顾问参加黄埔军校的工作，如舍瓦尔金（战术、射击和队列训练）、别斯恰斯特诺夫（炮兵训练）、雅科夫列夫（工程兵培训）、尼库林（骑兵训练）、科楚别耶夫和德拉特文（军队的联络技术）、苏联顾问团侦察处长楚芭列娃（萨赫诺夫斯卡娅）也在黄埔军校讲课。苏联顾问、教官多方面并深入地介入了黄埔军校的教学活动，因而对黄埔军校的教育，产生了至深的影响。

## 第二节　黄埔军校军事教育的特点

因环境和客观条件的限制，黄埔军校的办学无法按常规进行。上列课程设置，就实际而言，难于一一照章实施，只能因时就势，随情况而变更。

### 一、打破常规，从实战需要出发，改进教学内容

按以往军校的惯例，初级军官的培训，需时三年。保定军校 1912 年的课程表显示，军事学科之"平常课业"，包括

---

① 《中国国民革命军的北伐——一个驻华军事顾问的札记》，第111 页。

战术学、兵器学、筑垒学、地形学、军制学、马学、卫生学、经理学，教习次数735次；"特别课业"，包括工兵作业见习、测图实习、野外战术演习、野外演习及野外筑垒演习、兵器及火药制造见习、炮扛操法、手枪操法、兵棋等，教习次数71次；外国语为425次；典令勤务书为140次。术科包括校内教练、野外教练、马术、劈刺术、体操，学习次数为635次。以上学科、术科的教习次数，总共2006次。① 迫于形势，黄埔军校的军事教学，无法按步骤、照常规进行，而只能缩短学时，压缩课程。此乃受制于客观环境，出于实际需要，不得已而为之。第一期入学未久，蒋介石说："本校是六个月中间，就要把军队和军事学校里的教育教练完成。"② 也就是说，要在半年之内学完三年才能学得完的课程。

为此，苏联顾问会同何应钦、邓演达、王柏龄、严重等共同研究，制订切合上述实际而又符合实战需要的军事教学计划，妥当安排各项课目的教学进度。这不能不打破常规，大量削减课时；不能不大刀阔斧精简、压缩教学内容。按照新编定的教学计划，苏联顾问又参考苏式教材，重新修订典范令及四大教程。教学计划、课目安排的编制，新教材的修订，多为苏联顾问亲力亲为。农民运动讲习所学员到黄埔军校接受为期10天的军训计划，也是苏联顾问斯莫连采夫编写出来的。

蒋介石说，定好的教学计划，也要随时变更。我们学校里以后的教程，因为时局变迁不定，不能照着以前那个课程

---

① 《陆军军官学校教育次数表》（1912年），《保定陆军学堂暨军官学校史略》，第228页。

② 《蒋介石年谱初稿》，第202页。

来教。本来教育是应时代的需要，时代要求怎么样，教育就应怎么样。①

这种打破常规的、看似与速成班或短训班相差无几的教学，在当时的情况下属于不得已而为之，但非马马虎虎，随意减"工"减"料"，而是有目的、看对象地对教学内容加以浓缩。蒋介石说："本校把最紧要的东西教你们，把从前别个学校三年或五年毕业的学科中最紧要的教你们。"②军事是人的活动，是人的情感驱动下的作为，在许多情况下，军事能力是受人的情感、心智影响的，而技术只是其中的一个方面。故黄埔军校一期虽然只读了半年，但学生的潜能素质，加上其他方面的积极因素，补救了其课时之不足，从而使学习质量仍然得到了保证。

第一期学生蒋超雄回忆："全部课程本来需要三年，而第一期是用六个月来完成的。这并非只读六分之一的课程，把其余六分之五弃置不读，而是每一个小时吞下六个小时的功课。这种教学方法，当时国民党党中央是有争议的。有的认为这是食而不化，反而造成时间的浪费。但只学习六个月的黄埔军校一期学生，比之后来学习三年的各期学生，在军事才能上是毫无逊色的。这无以名之，名之曰革命精神。"③

**二、重视操场训练和野外演习**

上引保定军校课程表，军事学科平常课业的教习总次数为 735 次，其中"四大教程"595 次，占学科课程总次数的

---

①　《蒋介石年谱初稿》，第 234 页。
②　《蒋介石年谱初稿》，第 209 页。
③　蒋超雄：《我在黄埔军校学习的回忆》，《广东文史资料》第三十七辑，第 40 页。

80.95%；术科教习总次数 635 次，比学科少 100 次。可见保定军校的军事教育，以学科为主，术科次之；学科之中，又以"四大教程"的教习为主。在黄埔军校，目前所见，有关军事学科如"四大教程"教学、研习情况的史料不多；记载较多的，则是关于操场训练、野外演习的情况。重视操场训练和野外演习，应是黄埔军事教学较为明显的特点。

关于操场训练，内容有队列、枪械、射击、行军警戒等，具体课目有徒手教练、持枪教练、战斗教练以及班排连教练、步哨、军士哨、排哨、连哨，尖兵、前兵搜索侦察，实弹射击、夜间射击、手榴弹投弹、刺枪和超越障碍，还有森林战、山地战、村落战的演练等。训练严格认真，由浅入深，由易到难，注重于实用、技能和效果，使学生通过训练，掌握要领，触类旁通。在训练中，特别是对俄式枪械的性能、使用的讲解，多采取自上而下、逐级负责的教法，首先由苏联顾问预作讲解和示范，然后让总队长教队长、区队长，让队长、区队长教分队长，让分队长教学生，直到人人领会并熟练掌握为止。教学中强调耐心细致，因人施教，互教互学，对后进的学生耐心施教，不搞体罚。

对于军训，校方着重抓了一个"严"字。蒋对第一期学生说："你们现在是要想锻炼成功（为）一个强毅不屈的军人，不先经过一番严厉的训练，怎么可以呢？……世界上最注重个性的军队要数法国，但是欧洲大战的结果，其操典中明明白白说道，在战场上到了极苦至难的时候，如但凭着我们天禀的性质，和我们民族习惯的名誉心、爱国心、自由热、义务观念等等，那决是靠不住的。这就是人类弱点暴露的一个明证，也是从经验下来的一个结果，不是单抱片面理想的人们所能想得到的。……这不是教训我们说，要维持军队精神到冒危犯难、赴汤蹈火的一个地步，就少不了一番严重的训练。"[1]

野外训练，是黄埔军校非常重视、经常组织的项目。野外训练分为"野外作业""实地演练"和"野营演习"三大类，在黄埔军校学生的日记、回忆录和苏联顾问所写的文字材料中，常有相关的记述。入学前曾在开滦煤矿等从事工人运动的第一期学生张隐韬，在黄埔撰有求学"日记"，多次写到"野外作业"和演习的情形。如1924年7月2日："昨夜大雨。今天的功课，已换课表授课，上午四点的学科，下午四点的术科，晚上还有二点的夜间演习。"7月11日："今晨三时起床，是为野外演习。……每人给面包四个，并酱肉一块，盐萝〔卜〕数条。待三时半出操后，天尚漆黑。"7月29日："天热甚！今天我上术科野外战斗时，全衣尽为汗湿。这种热，真不好过。"7月31日："今天我们都实习野外测图，上午八时出校，十一时返校，下午实习四点钟。所测的系'道线法''交会法'两种，虽是很简单的科目，因为人数多，时间长，劳苦得很，但精神到也愉快。"[2]

与黄埔岛隔江相望的珠村，是黄埔军校的训练、演习基地。指挥部设在珠村北帝庙，总教官何应钦坐镇于此，组织、指挥过多次军事演练。

据《蒋介石年谱初稿》：1924年9月10日，"第四队学生在野外研习排战斗教练。开始地为洪福市，人员四一二名，指挥官第四队区队长詹忠言，对抗指挥官第四队副队长严凤

---

[1]　《蒋介石年谱初稿》，第202页。

[2]　《张隐韬烈士日记》，中国革命博物馆党史研究室：《党史研究资料》第7、8、9期，1989年。

仪，各部队长官均莅场参观"①。

1924 年 9 月，孙中山移大本营于韶关，黄埔军校第一期部分学生作为孙的卫队随同出发，其中有徐向前、宋希濂等。宋希濂回忆说：10 月间，孙中山在韶关指令教官文素松、队长陈复选择高地，组织山地攻防演练。第一、第二区队从山麓发起攻击，宋希濂所在的第三区队则在山上挖散兵壕，布置防守。孙中山亲到 800 米高的山顶上，观看这次演习。演习完毕后，孙中山对学生讲话，赞扬学生在演练中表现出来的沉着、勇敢精神。②

"野外训练"和"实地演练"尤为苏联顾问所重视，这亦是他们在教学中的优长所在。据《苏联驻华军事顾问军事部日志》：1924 年 11 月下旬，在黄埔北部地区，即珠江左岸之广九铁路两侧，黄埔军校举行了一次规模较大的实地战术作业训练，蒋介石和军事顾问加伦观看了这次演练。加伦于演练结束后，有针对性地指出：一定要让指挥人员（不只是教学人员）参加演练，这样才可克服种种不足，使军队的训练和养成，达到一个应有的高度。加伦对其顾问团队成员说：经过长期的努力，顾问们的作用已经得到了发挥，今后的训练和养成工作，在很大程度上要落在顾问们的肩上。加伦不忘指出：演习和参加演习的学员们给他留下了"良好的印象"。切列潘诺夫于演练结束后，提出了一篇详细的总结报告，对各参练部门、部队的表现，各种演习动作及相互协调的情况，一一作了分析点评，指出虽存在许多缺点，但亦有

---

① 《蒋介石年谱初稿》，第 233 页。

② 宋希濂：《参加黄埔军校前后》，中国人民政治协商会议全国委员会文史资料研究委员会编：《第一次国共合作时期的黄埔军校》，文史资料出版社，1984 年，第 254 页。

"不少可取"之处，如：会使用地图，会与其他地形对比识别地形的特点，选择阵地及其突破口，选择巡逻哨的侦察路线，下达命令，编制报告，做出各种条令规定的编组，派出警卫和侦察部队，完成地形拍摄和绘图作业，等等。

应当指出，黄埔军校重操场、重野外演习，并不是没有原因的。一些出自日本、保定等军校的教官（王柏龄等），想多安排课堂讲授，他们坚信自己的知识，坚持要以普通的讲授来取代训练和演练。因此，他们与苏联顾问之间总有大大小小、持续不断的争论，两种办学观念，时有碰撞、争执或交锋。这在苏联顾问留下的文字中，有不少记述。只是当时的客观条件显然不利于他们的主张，即不可能安排太多的课堂讲授，这才让操场训练和野外演习显得突出，并使这种教学的绩效得到了体现。

### 三、严格的校纪、军纪教育

黄埔军校的纪律教育，是结合军事教育并作为其组成部分而开展的。1924 年 5 月 25 日，第一期发放枪支，蒋介石专讲了"枪的意义与效用"。其中说道：带枪的人称为军人，其责任是维护人道，保障正义。军人是国民的菁华，自有其尊严，但军人要守军纪，假如违犯军纪，将要受到惩治。后来，蒋还专门就军纪的定义、要素、程序、根源、效力、整肃军纪的方法，以及校风的维护和整饬，作过多次讲演。

军纪、军令、校令是强制性的，用蒋的话说，这是"很严厉的、坚决的、迅捷确实的"强制措施，全校官生必须遵守。军校先后颁布的军法，有《革命军连坐法》《革命军刑事条例》《革命军惩罚条例》等；校令、军令有《整肃本校军纪令》《饬守礼节令》《饬各官长严束所部令》《禁止军士扰民令》《查拿强用废票士兵令》《整理校政训令》《官长除恶习令》《切实整顿本校禁闭令》《饬尽职守令》《恤刑令》《处决叛逃令》《整饬校风令》《重申砭正校风令》《取缔学生病假令》《取缔请假办法令》《戒严时期严禁请假令》《申明军纪令》《制止迁调人员擅自离差训令》《实行门禁令》《重申纪律令》《严防采办军用品营私舞弊令》《重申敬礼令》《为北伐禁止官长学生事假令》《饬师生遵守请示报告程序令》等；校规条例有《考勤规则》《禁闭室规则》《给假规则》《风纪卫兵规则》《会社组织规则》等。

以上，制定并颁布于 1925 年 1 月第一次东征之前的《革命军连坐法》[①]，是蒋最为重视，也是被蒋之部属称为"为法之良，无逾于此"的一项法规。

初时，黄埔军校一些学生，对实施严格的军纪、校纪，感到难以接受，议论颇多，反弹情绪甚为激烈。他们以为黄埔军校既然是一所革命的学校，就应当多来点自由，少搞些"死板""枯燥""形式主义"的东西，以为"军事教育是与普通教育同样的，可以优柔感化的"。因此，他们断言"本校的教育方法是压制性的、形式的，而非精神的"，是"专重形式不重精神的"，认为"本校的处罚是不人道的，并以为赏罚是不必要的"，甚至指责黄埔军校的训练是"帝国主义的训练"。

针对这种"带有反抗的性质"（蒋介石语）的情绪，蒋作过多次讲演，再三强调军校必须实行严明的军纪。蒋说明：教育分为德育、智育、体育和美育，而德育就是训育。在黄埔军校，"政治部是任主义上的训育及智育，教练部是任精

---

① 《蒋介石年谱初稿》，第 293 页。

神上的训育及体育，教授部是任军事上的智育及训育"。军纪属训育，是各项教育得以实行的保证。学生如违反军纪，担任训育的官长要执行惩戒，如不加惩戒，"那就是官长忘了本分，失了组织的能力，是官长首先破坏了军纪"①。蒋指出军事训练就是"严格的、规律性的、带有刺激性的"，如果不明白这一点，就是根本不理解军事训练，也就不能接受军事训练。军校的手段，就是要"先强制，后感化"。

为说明严格的训练并不是什么"帝国主义的训练"，蒋搬出了苏联军校、军队的经验，说俄国"革命最大的成效，固然是在农人、工人能够帮助他们，但他们党员个个肯负责任守纪律，始终努力奋斗，视死如归，实在是他革命成功的最大要素。他们的革命，第一注意纪律；第二明白主义，凡是党员，统统能为主义牺牲；第三是军官学校的青年学生，统统能尽忠他自己的职务，完成他自己的责任，所以能练出良好的革命军，完成俄国的革命事业"②。意思是军事训练一定要严格，这不是只有帝国主义才这样做，社会主义的俄国也是这样做的。蒋说"你们如不相信，可再询问俄国同志，俄国的军纪与训练是怎样的"③。

军纪、校风的养成，不但是教学秩序和教学质量的保证，而且本身寓有军事教育在内。学生从有关法令、命令、校规的理解和执行中，可以领悟和学习到多方面的军事学识；从执勤、管理、维纪纠风等活动中，也可以受到多项军事训练。蒋解释说：军事学不神秘，"因为军事学问，所谓秘密军事及高等军事学，其实皆在日常生活之中，统统是极普通极平

---

① 《蒋介石年谱初稿》，第 203 页。
② 《蒋介石年谱初稿》，第 205 页。
③ 《蒋介石年谱初稿》，第 202 页。

常的事，不过大家不去注意他，就以为很深很难了"[①]。

军事教育寓教于校纪、军纪的养成，此为黄埔军校教育的路径之一。

### 四、以战场为课堂，寓教于战，在战争中学习战争

黄埔军校创办于战争时期，战端多发，战事频繁。各期学生、入伍生都上过战场，亲历过战争，是黄埔军校与别的军校相比之主要区别所在。战争，让黄埔军校遭逢了多重困厄，但也为黄埔军校提供了特殊的、有利于军人养成的办学条件。

实战是黄埔学生的"必修"课程。第一期办学未久，商团事变发生了，本期学生以举行"巷战演习"为名，冒雨开赴城内，参加平定商团之战。此为黄埔学生在校期间的第一次参战。随后，第一期毕业生、第二期学生和第三期入伍生，参加了第一次东征和平定杨（希闵）、刘（震寰）之战；第一期和第二期毕业生、第三期学生和第四期入伍生，参加了第二次东征；再后来，前四期的毕业生、第五期学生和第六期入伍生，参加了北伐战争。总之，黄埔军校学生或在求学期间，或刚刚毕业，就已随本校所属部队（少数随其他友邻部队）参加过多场真枪实弹的战争。参战，是黄埔生黄埔求学的真切经历，是他们在黄埔"必修"的一门课程。

第一期学制虽然只有半年多，但学生参加了平定商团之役、两次东征、回师广州、南征琼崖和北伐之役，其经历已经远不止半年。参与者是同班同学，指挥者多是本校教官，

---

① 《蒋介石年谱初稿》，第 185 页。

这种经历，应是他们黄埔求学经历的一部分，理应看作是他们学习的继续，如同一般学校的"实习期"那样，或者是学制的延长。黄埔军校不同于什么"短训班""速成班"，理由之一在这里。

对于黄埔军校学生来说，实战是知行合一，学以致用。课堂、操场所学，即时在战争中派得上用场。一期生刚在课堂上听讲过"巷战"（1924 年 8 月 19 日），不久举行"巷战演习"（10 月 14 日），接着就真枪实弹打响了"巷战"（10 月 15 日）的枪声。黄埔学生野外测量、演练之地，到平定杨刘之时，一变而成为黄埔军校官生与滇桂军真枪实弹交战的战场。学生们在演练中所学习到的知识都在实际战争中发挥了作用。

更为重要的是，置身于实战之中，学生的心理、情感与对军事求知的欲望，跟平时是不一样的。商团之战行将爆发时，蒋介石说："我们生在这个不幸的中国，时局是不能一定的，所以我们求学的时候和打仗的时候都分不开。现在我们在这里集会，等一会便要去打仗也未可知，所以我们时时刻刻不可把打仗这件事忘记，不要以为求学和打仗是两件事。"① 紧迫的战争气氛，让学生自觉地将求学、打仗连成一体，教官要求学生"平时当作战时看，战时当作平时看"，让学生们大大提升了对军事的紧迫感和求知欲，对教学起了推动、促进的作用。

战场，是黄埔军校的"特色课堂"。第一次东征时，苏联顾问在战火纷飞的淡水城下，亲自为学生示范攻城动作。淡水既克，经过激烈争论，东征军绕过惠州城，疾进海丰、陆

---

① 《蒋介石年谱初稿》，第 234 页。

丰和潮汕。这实际上是课堂所授各种战法（如不能屯兵坚城之下，以老我师之类）的运用，对学生不可能没有启发。棉湖之战中，教导团第一团正面拒敌，第二团及粤军一部侧出援兵，击敌不豫，最终获得大胜。黄埔战术教官顾祝同后来将棉湖之战，比拟为隋末"霍邑之战"，又比拟为1815年英、法两军的"滑铁卢之战"。黄埔学生从亲身经历的战事中，亦会得到有关战略、战术方面的启迪。两次东征途中，在淡水、河婆、梅县、潮州等地，蒋介石、加伦等人于每战之后，多有集队讲话，对参战部队的战场表现作总结讲评；蒋并于征途中撰写了《作战应取之态度》《战斗秘诀》《战斗心理》等文，针对部队作战表现，或提示作战要领，或解读兵法。这就是以战场为课堂，寓教于战，边战边教，在战争中学习战争。第二次东征时，东征军第三师在五华华阳轻敌冒进，交战不久，即全线崩毁，致使校长陷于危急之中。第一期学生陈赓救蒋脱险，即发生于斯时。这样的情节，对学生们也是一次深刻、难忘的实战教育。

黄埔军校对"四大教程"的讲授，远不如保定军校。蒋介石承认"本校'学科'，'术科'，都不比人家高"。[①] 蒋对第二期毕业生说："你们现在所学的军事学，实在说，还没有到陆军中学的程度。"[②] 对第三期毕业生说："你们现在虽然毕业了，而实际程度还比不上陆军中学"，且"'学'、'术'科差得很远"。[③] 讲到军事训练，即使黄埔军校有"帝

---

① 蒋介石：《革命的人生观与本校教育的方针》（1925年1月3日），国民政府军事委员会政治部编印：《黄埔训练集选辑》，第193页。

② 《蒋介石年谱初稿》，第421页。

③ 《蒋介石年谱初稿》，第517页。

国主义的训练"之称，有记录可查的，亦无非摸爬滚打、带病带伤出操、在潮水涌浸的场地上跑步、忍饥挨饿和坐禁闭而已。很显然，黄埔军校的特别之处，不是在课堂上，也不是在操场上，而是在战场上。

战场是真实的，而不再是"虚拟"或"模拟"的。战场上的一赢一输，不再是书本上的研习，也不再是操场上、沙盘上或军棋上的推演。战场要面对的更加不是什么"假想敌"。尽管当时的战争烈度不算大，但人员伤亡、损兵折将，却免不了随时都在发生。营党代表蔡光举、章琰，团长刘尧宸，迅即殒身于两次东征之役；营长曹石泉，瞬间倒在沙基路上。以东征军第三师华阳失利为例，汪精卫在一次讲话中说道：八名连长、八名连党代表、一名团长、一名代理团长及1000多名士兵阵亡。[①] 与战场的严酷、痛苦、血肉横飞、死亡枕藉相比，那些所谓"魔鬼训练"等，也就算不了什么了。

在游泳中学习游泳，才能真正学会游泳。在战争中学习战争，才能真正学会战争。黄埔军校学生的毕业证书，是在战场上领取的。实际上，第一期部分学生的毕业证书，就是在东征途中的梅县（1925 年 5 月 20 日）颁发的。

## 第三节　思想政治教育

在黄埔军校的组织中，除了党代表，还专设政治部，专门从事政治教育与训练。这是黄埔军校不同于以往各种军事学堂、军官学校的主要特点。包括保定军校、云南讲武堂在

---

① 《汪精卫先生政治报告》，《工人之路特号》第 149 期，1925 年 11 月 23 日。

内，虽亦有以灌输某些政治观念为目的之"精神训话"或思想教育，但在学校的组织机构之中，并无"政治部"之设，也未开过名为"政治课"的课程。中国军事教育之有政治部的设置，肇端于黄埔军校。蒋介石说："本校惟一的特点，就是有个政治部，政治部是要使军人了解现在的经济政治与明了主义。"①黄埔军校创立后，孙中山任命汪精卫、胡汉民、邵元冲为政治教官。

黄埔军校第一任政治部主任为戴季陶，戴亦被称为"部长"，他在黄埔讲过零星几课。1924 年 6 月 19 日，也就是开学典礼举行后的第三天，即已弃职离校。继戴而任政治部主任的邵元冲，留学欧美，应召回国，在第一期讲授"各国革命史"，在黄埔军校工作两个月左右（1924 年 6 月至 8 月）。

戴、邵之后，黄埔军校政治部主要由共产党员主持。除上文提及张申府、周恩来分别担任过政治部副主任、主任之外，卜士畸、包惠僧、邵力子（三人时为中共党员）、熊雄，先后担任代主任、主任，鲁易任副主任，聂荣臻任政治部秘书等。

黄埔军校政治教育的宗旨，是通过学习和引导，培植学生正确的政治意识，提高军人的近代思想观念，增强军人对于国家、民族的政治自觉。要达到这一目的，就要通过有计划、有针对性的课程设置和教学安排，采取各种生动活泼、行之有效的形式，落实孙中山以"主义"感召士兵的设想，让"主义建校""思想建军"不只是停留在口号上，而是变成可行、可操作、可转化为军事能量的现实路径。

---

① 蒋介石：《精诚团结共负改造中国之责》（1924 年 9 月 18日），《黄埔训练集选辑》，第 109 页。

黄埔军校所开政治课程，最初只划定为"党义""党史"和"政治经济"三个方面，重点是诠释、讲解三民主义，由教官根据授课时间、学生接受程度及需要，斟酌裁剪讲授内容。其始也简，随意性和因人而异、因时因事发挥的情况较为明显。周恩来到校之后，这些情况逐步改变，政治教育的方向、重点渐趋明确，课程亦有所调整和更新。共产党人在政治教育方面的创新点有二。

第一是逐步确立政治课的独立性，改变讲授内容因人、因时、因事而随意变动的情况，让政治课真正作为一门学科，逐步朝系统性、专业化、学科化的方向发展。任课者从党、政、军各界"名人"，逐步改为在人文社会各学科中学有专长者。

第二是在讲授内容上有更新与改进。蒋介石的"精神训话"，重心是培植军人的"服从"意识、"纪律"意识及同学之间的"亲爱"意识（"精诚团结"）。共产党人在黄埔军校从事的政治教学，不是一般地讲"服从"、讲"纪律"和讲同学"亲爱"，而是通过讲述中国落后挨打的历史、中国贫穷的根源、世界社会主义潮流的兴起等，通过对各种实际社会问题的分析和研讨，致力于提升军人的革命、政治觉悟。与军人但知"服从"、莫问政治的说教相反，周恩来等要求军校学生关心政治，首先要解决为何当兵和为何、为谁打仗的问题，积极参与改造社会、推动社会进步的政治活动。努力养成和提高军人的政治自觉，明确军人、军队的社会责任意识和角色意识，是共产党人在军校政治教育中的主要建树，是他们在这个领域中所坚持的核心价值观。

黄埔军校的政治课教学，逐步明确了以革命思想、政治理论、国际国内政治状况的讲授为重点。所开设的课程或讲题，起初开 8 门，后增至 18 门，之后多达 26 门。思想政治教育以研习三民主义为主，但不限制学生阅读有关社会主义、共产主义和马克思主义的书籍，不禁止在课堂上讲授相关的内容。1925 年 10 月 27 日颁布的《校党代表训令》规定，"关于社会主义、共产主义、马克思主义等书籍，以及表同情于本党或赞成本党政策而极力援助本党之一切出版物，除责成政治部随时购置外，本校学生皆可购阅"[1]。

黄埔军校政治教学内容的调整与更新，在军校教育中，是对旧式军校"精神训话"之类的重要突破或跨越。主义建校，思想建军，在这里迈出了新的一步。

共产党人在黄埔军校开展的思想政治教育，一开始就意识到必须防止"注入式"教学，要求从实际出发，讲求实效，在形式上应生动活泼，不断有所创新，易于为受教育者所接受。

### 一、政治教育常态化

通过设"政治训练班""宣传研究班"，举办"讨论会""讲演会"等形式，军校实现了政治教育常态化。蒋介石说："军校政治部施行政治股实习讨论，规定用开会方式，名曰实习，其性质可为教育之一种，每星期五午后六时至八时行之。"[2]

军校着力营造革命氛围。校门对联最为人知者为"升官发财请往他处，贪生怕死勿入斯门"，横批"革命者来"。校内张贴着各种革命标语，营房悬挂"党纪似铁，军令如山"的大字，举行缅怀、学习先烈的活动，营造特定的革命情境。

黄埔军校在广州办学时，广州为国民政府和国民党中央所在地，是国民革命运动的中心。各地的革命精英纷集于此，工、农、商、学、妇女运动在南方蓬勃展开。军校不搞关门

---

① 《汪党代表训令》，《黄埔军校史料（1924—1927）》，第 78 页。
② 《蒋介石年谱初稿》，第 298 页。

办学，不是将学生封闭在江中之岛，"注入式"、单向性地"传道""授业""解惑"，而是结合实际办学，让学生尽量深入社会，接近市民，参与各界、各项实际运动。身处风云激荡的年代，黄埔学生拥有许多投身实践的机会，可以参与各种政治活动、党务活动和市民运动，有许多能够充分展示自己的才智、激情和展现自身价值的场合。黄埔新一代军人的养成，同这一点有很大的关系。

## 二、教、学互动

为研究和解答课堂所讲授的各种问题，政治部设政治问题"质问箱"，带析疑性质。学生所提问题，涉及政治、军事、经济、外交，青年人的理想、生活以至恋爱等，无所不包，反过来对授课者有所启发与促动。上海《民国日报》报道说，这是一种新的"引起学生之研究与兴趣，使讲义不致偏于注入式"的教学手段。

教学的互动性特别体现于注重校刊、校报的编印。黄埔军校先后出版的期刊、小报有《士兵之友》、《青年军人》（《革命军》）、《中国军人》、《黄埔潮周刊》、《武力与民众》、《黄埔日刊》、《黄埔旬刊》等，此为教官、学生发表言论、讨论问题、交流思想的园地。

黄埔校刊、校报的编辑和撰稿者，许多是本校的在校生或毕业生，如洪剑雄、蒋先云、游步仁、胡秉铎、周逸群、吴明、王一飞、陈作为、饶荣春、熊受暄、叶书（李逸民）等。这是一个颇为活跃的写作群体。军校亦支持学生写作，鼓励自由发表言论，勇于表达思想。如一期生蒋先云（湘耘）发表《对于湘军整理之希望》[1]；二期生陈作为发表《兵工政

---

[1]　《中国军人》第三号，1925年3月12日。

策实施的一个计画》①，洋洋万言，详论"寓兵为工"方方面面的问题。这些作者之所思、所言，并不以课堂授受为限，而是更为主动、视野更为开阔、对他人亦有启迪与影响的教学互动。

### 三、寓教于乐

将教学内容融入文化形态之中，让学生在富有乐趣的文化活动中接受教育，这是黄埔军校一种形象化、趣味性的教学方式。

军校创办之初，政治部遴选学生，编演《还我自由》《黄花岗》《鸦片战争》等话剧，于官兵娱乐之际，传递革命思想，演出的效果很好。军校遂于1925年1月成立"血花剧社"，蒋介石自任社长，主要骨干有李之龙、余洒度、郑峻生等。血花剧社的创作和演出，基于对革命政治的感悟，是国民革命意识形态、价值体系的艺术表现，对观众的精神与心灵，有感染、熏陶、潜移默化的作用。剧社并肩负宣传和动员的职责，传播革命思想于各地城乡，争取民众对革命运动的同情、援助和参与。第二次东征，东征军出师潮梅时，血花剧社随军抵达梅县演出，深受梅邑人士欢迎，尤以学生为最。不少学生受剧情感染，报名从军。②

黄埔军校编印、教唱的歌曲，主要有《陆军学校校歌》《国民革命歌》《革命军行军歌》等。歌曲本为振奋人心、引起共鸣、激发凝聚力与向心力的有效手段。嘹亮雄壮的歌声，让人瞬时豪情焕发。《国民革命歌》曲调本为欧洲儿歌，一经填上革命歌词，儿歌即变为军歌，迅即传唱大江南北。

---

① 《青年军人》第五期，1925年4月15日。
② 《血花剧社再赴潮梅排演》，《广州民国日报》1925年12月9日。

1925 年 4 月，军校政治部组建俱乐部，分政治、经济、美术、戏剧、音乐和体育等组，后又辟置"总理室"、革命博物馆、文化陈列所。其中，总理室模仿苏军之"列宁室"，是其后部队设立"中山室"之开始。革命博物馆与文化陈列所搜集、陈列革命历史及英雄人物的遗物。

上述话剧演出、文娱活动和图片实物展示，具直观性和感染力，让学生于观摩娱乐之际，在情感、思想上受到触动和陶冶，从而收到自我教育的效果。这不同于"注入式"和单向性的说教。寓教于乐，是黄埔思想教育的重要形式，也是对课堂教育、精神训话的配合和补充。

黄埔军校的政治教育，提升了军人的政治信念，明确了军人、军队的社会责任和角色意识，开创了思想建校的新局面，在中国军队中首次创立了旨在坚持、维护军队革命化的政治工作制度。政治部是黄埔军校工作中最出色的部门之一。

黄埔军校的办学，可谓"摸着石头过河"，走一步，看一步，在实践中摸索前进。军校教育长方鼎英说：闻前三期之招生、入伍、升学、毕业分配以至成立军队，都是由不正规走向正规，真如"草鞋没样，边打边象"。① 但这样办学也办出了成效。当时校园朝气蓬勃，大批杰出的军事、政治人才，从黄埔军校源源输出。特别是"黄埔一期"，蔚为优质办学的范例。

---

① 方鼎英：《我在军校的经历》，《第一次国共合作时期的黄埔军校》，第 68—69 页。

# 第七章　治校、治军举措

## 第一节　"精神训话"

　　蒋介石出任陆军军官学校校长，资质有三：一为青年时受过中日军事教育；二为辛亥以来之军旅历练；三为曾赴苏俄考察，对苏俄党、政、军情略有了解。黄埔军校建校初期，蒋的主要精力放在"精神""思想"训导方面。1924 年 4 月 26 日蒋入校视事后，即于 26 日、27 日、28 日及 30 日，对下级干部四次训话。开学后的 8 个月中，先后向学生发表讲话 46 次，讲题包括军人的义务、责任、信仰、纪律与服从、团体生活及军人拿枪的目的等。1924 年 5 月 8 日至次年 9 月 18 日的训话和讲演，收录于《黄埔训练集》的，共有 79 篇。这些"训话"的主要内容，包含了他治校、治军的某些举措。

### 一、树立"革命人生观"

　　1924 年 5 月 8 日，蒋首次对第一期学生训话，主题词为"革命党须明了做人的意义"。蒋说："现在本校长得了两句人生观的断语，就是'生活的目的，是增进我全体人类的生活；生命的意义，是创造我将来继续的生命'。"[①] 意思是把

---

① 　《蒋介石年谱初稿》，第 182 页。

生活和生命的重心，放在"全体"与"将来"，对具有"全局"和"长远"意义的事业，要抱敬畏和服从的情感。为比，要树立自我克制、自觉奉献、勇于舍弃的精神，并以此为道德、正义和荣耀。

蒋说：人生观教育的目的，是"使得各学生，各个人对于人生观和做人的道理能够了解，这是本校第一个方针"。为此，他反复告诫学生：（1）要胸怀大志。军人要有责任心，要认清职务、责任及地位，"要为党做事，为国家做事，为主义做事"。（2）要不畏艰难，顾全大局，讲团结，守纪律。（3）参透生死问题，不可偷生怕死。"军人的本分，是要牺牲自己的一切来救国救民的"。

蒋讲的人生观，核心是生死观，要求学生直面死亡，树立"为主义""为革命"而死的信念。他将人生观教育，归为本源教育，是心灵洗涤，灵魂铸造。强调人生观的确立，与教育有关，得之于师友教诲、先贤启迪。讲人生观，是蒋黄埔精神训话的"得意之笔"。

## 二、以三民主义为中心

蒋说：革命要有一个中心，这个中心，就是孙中山的三民主义。古人说："与其背义而生，则生不如死。"这个"义"字，就是主义之义。他要求学生"绝对服从"三民主义，对三民主义"不准有一毫怀疑"，尤其"不准有别的三义侵犯到这个学校里来"。

蒋说："我们中国军人还有一种最大的毛病，就是只知道盲从官长，不知国家是什么，主义是什么。真正的革命军人，是要以信仰主义、服从纪律为职责。倘与我们主义不相符，或是犯了纪律，那就是我们的敌人，我们就应该反对他，攻击他"，"十三年来，中国的军人被袁世凯辈弄坏了，他们专用金钱来收买军人，军人变为他们个人的利器，专供他们做家狗"①。1925 年 4 月 14 日，蒋对第三期入伍生说：军纪的根源是三民主义，军纪即以三民主义为中心……愿为三民主义而奋斗，愿为三民主义而牺牲。②

当时，基于某种需要，蒋在讲三民主义时，也提到共产主义，还将三民主义、共产主义联系起来，说三民主义的民生主义"是通向共产主义的第一步"，或者说"三民主义包括一切社会主义"。1925 年 12 月 5 日，蒋为第三期"同学录"撰序，写了以下一段话：

> 吾为三民主义而死，亦即为共产主义而死也。吾愿与党内死者诸同志，同穴安眠于地下，吾愿本党后死诸同志不分畛域，不生裂痕，终始生死，本我亲爱精诚之校训，团结精神，继续我先死者之事业，以完成我国民革命之责任，直接以实行我总理之三民主义，即间接以实行国际之共产主义也。三民主义之成功，与共产主义之发展，实相为用而不相悖者也。……未有不诚而能实行三民主义者也，亦未有不诚而能实行共产主义者也，未有不以诚对三民主义者，而能以诚对共产主义者也，亦未有对共产主义以诚，而对三民主义不诚者也。③

这篇文章还说："中正为三民主义之信徒，然而对于共产主义者之同志，敢自信为诚实之一人，尤望诸同志开诚相见，本我校训，不负我总理之所期。"

---

① 《蒋介石年谱初稿》，第 205 页。
② 《蒋介石年谱初稿》，第 345 页。
③ 《蒋介石年谱初稿》，第 468—470 页。

蒋说：以三民主义为中心，就要提高"党"的地位。"学校是由党所产生的，有此党斯有此校"，黄埔军校"就是我们党的学校"。"党"与学校是一体的，但"党"比学校更重要，因此，学校要听命于"党"，服从"党"的主张。学校创办的目的"不单是使学生有了军事学识，能做军官就算了事的，还有一个主要目的，是要使学生都明白党员的责任，担负同志的义务……做一个正正当当的革命党党员"。

蒋还说，以三民主义为中心，就不应以官长为中心，不应搞偶像崇拜和个人盲从，不要将学生变成某人的"利器"或"家狗"。以三民主义为中心，也不能以地域为中心，要打破地域观念。直系、皖系、奉系，就是"以同乡为中心"，导致国家四分五裂，军阀派系林立。地域观念如不打破，"只有扰乱国家，祸害人民，（革命）决没有成功的希望"。在黄埔军校内，不准成立"同乡会"。他还强调：精神的团结，更要以主义为中心。"所谓志同道合者，决不是一时之权利可以苟合的，乃是以主义为中心，大家向这中心的目标去做，生死与共，安危相同，也就是万众一命，不成不休，不死不休之意"。

### 三、"亲民""爱民"

黄埔军校创办时，广州及其周边地区，聚集多种因不同的际遇而投奔于孙中山旗下的军队。本为良莠不齐、自成派系的队伍，历来难以相安，军令难以统一。尤为严重的是，各军以饷源为借口，干涉地方政务，包揽用人、行政之权，蚕食行政、教育经费，防地迹类分封，形同割据。孙中山、廖仲恺每痛心于军队不法、军人乱政，常提出要改革军政、改良军队。在1924年11月发布的"北上宣言"中，孙中山提出："第一步使武力与国民相结合，第二步使武力为国民之武力"。

黄埔军校建立后，蒋十分重视争取国民信任，挽回军队声誉，重塑军人、军队形象。在训话、讲演中，多次大讲"仁民爱物"，致力于"亲民""爱民"教育。

1924 年 5 月 15 日，蒋在第一期学生将去"周览"长洲岛时发表训话，主旨为"仁民爱物"。蒋说：你们出去的时候，有两件要紧的事须要留心：第一是爱护百姓；第二是爱惜物质。要知道这二件事，是军队的命脉，皆足以致我们军队的死命。以后你对于百姓，无论男女老幼，须要亲爱小心，不可稍有轻侮的举动。对于物质，无论一草一木，须要珍惜，不可稍有暴弃的行为。蒋介石还强调仁民、爱物要出自真心，真正以百姓为衣食父母，从校内的事做起，从身边小事做起。亲爱百姓，可以从亲爱校内的伕役做起，珍惜物质，可以从珍惜校内的物质做起。5 月 25 日军校发枪，蒋发言说："政府的枪是由兵工厂制造出来的，兵工厂的经费是向百姓收捐收租得来的，捐与租就是百姓的血汗，所以是枪就是百姓的汗血制造出来的。……枪的目的，是保护百姓与国家的，不是杀害百姓败坏国家的。……你们拿了这枝枪，就要时时刻刻关心百姓及工匠的劳苦。"[①] 5 月 28 日军校发饷，蒋讲"饷"的含义："这个饷直接是从政府和党部发给我们，间接是从百姓身上拿来的。百姓的钱，是他们劳动得来的，所以我们的饷，就是百姓的血汗，我们所吃这饷，就同吸百姓的汗血一样。……人民因为要挽救他们的生命和权利，所以给我们的饷，我们要争回人民的生命和权利，所以我们有这个资格去吃他们的饷。"蒋强调说："我们无论在学校在军队里面，对于衣服饮食应该节俭，应该要保存，就是一粒米，一

①　《蒋介石年谱初稿》，第 194 页。

滴水，一颗弹，一件衣，也要体察来源艰辛，不可漫不加意。"①

1925 年 3 月 7 日，军校颁布《禁止军士扰民令》："近闻各团队有强买货物、强用废票、扰害农作、擅拔甘蔗萝卜等事，而以各处勤务兵、落伍病兵与辎重队伕役尤为不规无状，若不严行查究，则纪律扫地殆尽，所谓革命军救国救民者，不将变为害国害民之军队乎！仰各该官长上体总理训练本军之至意，下念民生之痛苦，同心协力，维持军纪，保持本军之威信，不愧为实行三民主义、有纪律、有精神、不要钱、不要命、不怕冻、不怕热、不怕饿、不怕渴、不怕痛、不怕苦之革命军。"② 军校并颁布《整肃本校军纪令》《查拿强用废票士兵令》《整饬校风令》《重申砭正校风令》《申明军纪令》《严防采办军用品营私舞弊令》等校令、军令，强调必须严肃纪律，改善军校、军队与民众的关系。

## 第二节　"连坐法"的颁布

蒋介石校事繁忙，军务倥偬，但不忘研读兵书，留心前人治军之法。他的训话和讲演，多次讲到岳飞、戚继光、胡林翼和曾国藩，对这些人的带兵、治军之法都关注过，并借鉴取法过。

当时蒋考虑最多的，是军纪问题。在多次训话中，讲到必须整肃军纪，分述军纪的定义、要素、程序、根源和效力，还提出整肃军纪的方法、措施。他希图在教学、训练的过程中，借鉴前人带兵之术，创造出一套管理军队的办法。

---

① 《蒋介石年谱初稿》，第 198—199 页。
② 《蒋介石年谱初稿》，第 319 页。

第一期学生即将毕业时，蒋在一次讲演中说：

> 从前我们中国治军严厉的，还有一条很重要的纪律，就是关于逃跑的事。比方现在一个师长在前方打死了，旅长退回来的时候不把师长的尸首拿回来，这个旅长就要枪毙。旅长、团长打死了，也是同样。要这样，大家才不敢轻易退却，大家才能敬重保护上官，与上官同死生。……现在的军队却不然，只要一排人打死一两个人，就恐慌起来，不敢抵抗，这是大家没有看得明白。我们一个同志被敌人打死了，我们应该想一想，他是为什么给敌人打死的，同时我们还要把同志被打死的原因告诉兵士，使大家能够同仇敌忾，前仆后继。[1]

这次讲话，重点是治军必严，并涉及战场责任的问题。

1924年12月25日，蒋对军校教导团士兵训话。此日为云南起义推翻袁世凯帝制的纪念日，蒋讲到岳飞抗击金兵的历史：

> 从前岳飞是最会带兵的，他的军队叫做岳家军，当时金兵就是岳飞的敌军，有句话称赞他的军队说："撼山易撼岳家军难"。岳家军不容易动摇，因为他的兵士都是一条心的，前仆后继，至死不退，这样如何撼得动呢？[2]

蒋还讲到关云长和颜良，称关公是"有忠心，有勇气，有胆量的"，而颜良"士兵虽多，然而都是人各一心，活活地

---

[1] 《蒋介石年谱初稿》，第266页。
[2] 《蒋介石年谱初稿》，第276页。

让他的主将杀死"。

正是在这次讲演中，受历史上"治军严厉"纪律的触发，受"撼山易，撼岳家军难"军内团结的启迪，蒋讲到了如何防止部队战时临阵退却的问题。他给出的方案是："上官没有命令，一班人同退，就枪毙班长，一排人同退，就枪毙排长"。依此逐级类推，只杀少数临战退逃者，而管束整个部队。这篇讲演，首次出现"连坐"二字，他说："有了这条连坐的军法……是一定不会打败仗的。"①

同月 28 日，蒋对第一期学生讲戚继光练兵之法，称戚氏练兵成效显著的五条分别是编制使军队成有节制之师、连坐法、赏罚公正、号令分明、兵器精良等。蒋明确对连坐法表示赞赏，说连坐法在戚继光的练兵成效中，占十分之一。

就这样，蒋介石经过几番思索，一部新的军法逐渐明晰，逐步成形。1925 年 1 月 6 日，《革命军连坐法》制定完帙。据《蒋介石年谱初稿》，连坐法的内容如下：

第一条，本军以遵循先总理遗嘱、完成国民革命、实行三民主义为目的，各官兵应具牺牲精神，与敌交战时，无论如何危险，不得临阵退却。

第二条，本连坐法即适用于战时临阵退却之各官兵。

第三条，连坐法之规定如左：一、班长同全班退则杀班长；二、排长同全排退则杀排长；三、连长同全连退则杀连长；四、营长同全营退则杀营长；五、团长同全团退则杀团长；六、师长同全师退则杀师长；七、军长亦如之；八、军长不退，而全军官兵皆退，以致军长阵亡，则杀军长所属之师长；九、师长不退，而全师官

---

① 　《蒋介石年谱初稿》，第 276 页。

兵皆退，以致师长阵亡，则杀师长所属之团长；十、团长不退，而全团官兵皆退，以致团长阵亡，则杀团长所属之营长；十一、营长不退，而全营官兵皆退，以致营长阵亡，则杀营长所属之连长；十二、连长不退，而全连官兵皆退，以致连长阵亡，则杀连长所属之排长；十三、排长不退，而全排皆退，以致排长阵亡，则杀排长所属之班长；十四、班长不退，而全班皆退，以致班长阵亡，则杀全班兵卒。

第四条，各级党代表亦适用本连坐法。

第五条，本连坐法自公布日施行。

连坐法，主旨在于明确和加大战场责任，将一个"杀"字，高高悬诸各级官长和士兵头顶上，以吓阻临阵退却者；且以"捆绑"的手段，牵制全体，欲使军队上下一致，荣辱一体，同生共死。在蒋及其门人看来，这一连坐法亦是蒋军校治理的"得意之笔"。

连坐法颁布于1925年第一次东征前夕。第一次东征时，黄埔军校教导团编为右路军，开赴前线。2月14日，教导团发起淡水攻城之战，次日攻克淡水城。战事进行时，教导团第二团第七连连长孙良临战而逃。16日，蒋在驻地讲评此战之得失时说道：

> 第二团第七连连长孙良，他一个人一直退到龙冈，这样的行为简直是革命军的败类，所以我已照连坐法定了孙良的死罪。以后大家要留心，切不可象孙良这样退后就跑。[1]

---

[1]　《蒋介石年谱初稿》，第309页。

# 第三节　效法曾、胡、左

蒋介石崇尚晚清中兴名臣曾国藩，称曾国藩、胡林翼、左宗棠"盖已足为吾人之师资矣"。在读了他们的书后，蒋"不禁而叹胡润之之才略见识，与左季高之志气节操，高出一世"，"曾氏标榜道德，力体躬行，以为一世倡，其结果竟能变易风俗，挽回颓靡"。蒋认为清廷之中兴与太平天国的失败"必有所本"，"盖非人才消长之故，而实德业隆替之征也"。蒋之道德情感，遂由心仪太平天国，转而叹服曾、胡、左。

蒋介石取法、借鉴曾、胡、左，主要体现于两件事。

## 一、印发《军士爱民歌》

1924 年 12 月 14 日，即与制定、颁布连坐法同一时段，蒋下令印发《军士爱民歌》。咸丰八年（1858），即曾国藩在江西南昌建立湘军大营之时，曾国藩编写了《爱民歌》，采用民间歌谣的形式，在军队中进行爱民教育。

黄埔军校印发的《军士爱民歌》，在曾国藩《爱民歌》的基础上加以改编，内容为：

> 三军个个仔细听，行军先要爱百姓，贼匪害了百姓们，全靠官兵来救生。百姓被贼吃了苦，全靠官兵来作主。第一扎营不要懒，莫去人家取门板。莫拆民房搬砖石，莫踏禾田坏田产。莫打民间鸭和鸡，莫借民间锅和碗。莫派民夫来挖壕，莫到民家去打馆。筑墙莫拦街前路，砍柴莫砍坟上树。挑水莫挑有鱼塘，凡事却要让一步。第二行路要端详，夜夜总要支帐房。莫进城市占店铺，莫向乡民借村庄。人有小事莫喧哗，人不躲路莫挤

他。无钱莫扯路边菜，无钱莫吃便宜茶。更有一句紧要书，切莫掳人当长夫。一人被掳挑担去，一家号哭不安居。娘哭子来眼也肿，妻哭夫来泪也枯。从中地保又讹钱，分派各团并各部。有夫派夫无派钱，牵了骡马又牵猪。鸡飞狗走都吓倒，塘里吓死几条鱼。第三号令要严明，兵勇不许乱出门。走出门来就学坏，总之百姓来受害。或走大家讹钱文，或走小家调妇人。邀些地痞做伙计，买些烧酒同喝醉。逢着百姓就要打，遇着店家就发气。可怜百姓打出血，吃了大亏不敢说，生怕老总不自在，还要出钱去赔罪。要得百姓稍安静，先要兵勇听号令，陆军不许乱出营，水军不许岸上行。在家皆是做良民，出来当兵也是人。

对照曾国藩原作，黄埔军校印发的《军士爱民歌》缺录如下部分：

官兵贼匪本不同，官兵是人贼是禽。官兵不抢贼匪抢，官兵不淫贼匪淫。若是官兵也淫抢，便同贼匪一条心。官兵贼匪不分明，到处得出丑名声。百姓听得就心酸，上司听得皱眉尖。上司不肯发粮饷，百姓不肯卖米盐。爱民之军处处喜，扰民官兵处处嫌。我的军士跟我早，多年在外名声好。如今百姓更穷困，愿我军士听教训。军士与民如一家，千记不可欺负他。日日齐唱爱民歌，天和地和人又和。[1]

---

[1] 邓文仪：《黄埔训练的特色》，《黄埔军校六十年》，台北实践出版社，1985年，第451—452页。

曾国藩歌词中的"贼匪"，指的是太平军，"官兵"指的是清军。蒋介石照搬照抄曾的词句，表明他对曾氏注意修好军民关系、争取民心之作为的认同，也说明他对曾的带兵、治军之法，欲有所取法和借鉴。军民关系遭破坏，军队形象受损害，往往因"小事"而起。曾国藩《爱民歌》之着重点，在于反复告诫军人应循规蹈矩，不要在看似细小的事情上行差踏错。曾国藩领兵多年，深知门板、砖石、禾田、鸡鸣、碗锅等，虽属于细微小节，但对百姓的影响，则不可低估。在这些看似小事的问题上，对军士的管束如不到位，一定闹出大事。行军扎营中出乱子、惹事端的，往往就是这些鸡零狗碎的小事。故一叮三嘱，三番四复，编成歌册，要部属"熟唱"并牢记。看来，蒋介石是赞同曾的经验之谈的，认为仁民爱物，应体现于小事，治军要从小事抓起。

**二、编辑《增补曾胡治兵语录》**

1924 年 10 月，蒋介石在蔡锷 1911 年纂辑的《曾胡治兵语录》十二章的基础上，选择曾国藩、胡林翼"治心"之语，兼采左宗棠，增加"治心"一章，辑成《增补曾胡治兵语录》，印发全校，人手一册。

曾、胡之治兵，基本办法是以"良心血性"选将，悉心"陶冶"将才，以礼治军，恩威并用。中心内容是："用恩莫如仁，用威莫如礼。"仁即"欲立立人，欲达达人"，恩即"待勇弁如待子弟"，"以仁存心，以礼存心"，目的是使勇弁"知恩"和"知威"。蒋介石之效法曾、胡、左氏，主旨应在"以礼治军"四字。蒋为这本语录所增补的"治心"一章，强调的是"治心为治兵之本，治兵须先治心"。

蒋为《增补曾胡治兵语录》撰序，要点为：(1)"太平天国之战争，为十九世纪东方第一之大战"，"而其政治组织与经济设施，则尤足称焉"。（2）"曾氏标榜道德，力体躬行，以为一世倡，其结果竟能变易风俗，挽回颓靡。……而其苦心毅力，自立立人，自达达人之道，盖已足为吾人之师资矣。"（3）"而治心即为治兵之本，吾故择曾、胡治心之语之切者，另列一目，兼采左季高之言，可以为后世法者。"（4）"曾、胡、左氏之言，皆经世阅历之言，且皆余所欲言而未能言者也。其意切，其言简，不惟治兵者之至宝，实为治心治国者之良规。愿本校同志人各一编，则将来治军治国均有所本矣！"①

蒋规定《增补曾胡治兵语录》为黄埔生必读书。蒋说："军人最要紧的是精神，现在你们将要出去教人了，最要紧的几种书籍，如增补曾胡治兵语录，本校日课问答，革命军刑事条例，新兵精神教育问答等书，都时时要看。"②

以上，可见蒋介石办黄埔军校，在许多方面，步曾、胡、左氏之遗踪，是以他们的经验为取向的。

## 第四节 "以俄为师"

黄埔军校是在孙中山"以俄为师"的思想指引下创办起来的，从筹创之日起，即有苏联顾问、教官的积极介入，并有俄援等方面的支助。蒋介石1923年访俄数月，直接感知苏联"党""军"的优点和长处。蒋在黄埔军校尤其是初创时期的讲话，明确主张向俄学习，体现了"以俄为师"的办校、建军意向。

---

① 《蒋介石年谱初稿》，第256—257页。
② 《蒋介石年谱初稿》，第421页。

### 一、 俄党注意争取民心

蒋说："论理，我们做革命运动要比俄国容易，然而在事实上适得其反，这是什么缘故呢？ 就是因为俄国共产党的党员，无论什么艰苦的事，他们都愿去做，而我们国民党党员不能如此。俄国共产党党员只愿为国家为群众谋幸福，却不单为自己谋幸福，权利便让给人家，义务却拿归自己，从前反对他们党的，现在不单是不反对，不单是赞成，而且想要加入他的党，都不能够了。"[①] 又说："当一九二一年俄国煤荒的时候，他们不论军官兵卒，凡是党员，统统去砍柴来供给老百姓的柴火，这个样子，才能使得百姓佩服他们党员，使得百姓都能尊重他们的党。否则，俄国的党员如果同我们中国一个样子，他们的成功，决不会这样容易的。"[②] 蒋认为，比较之下，俄国共产党在得民心方面，优于国民党，国民党应当向俄学习。

### 二、 俄革命成功是天时、地利、人和综合作用的结果

1924 年 9 月，蒋对第一期学生讲中俄革命成败之异致：俄国有严寒时节，每年只有半年可以打仗，这种气候对革命有利；俄国的地理环境，也"最适宜革命"。但俄国革命的成功，还有一个要素是"人和"。所谓"人和"，蒋归结为苏俄实行"劳农制度"。因为欧战使兵民所受的痛苦到极点，"而劳动阶级受贵族和地主的压迫，亦已到极点"，劳农制度的实行，争取了民众的同情、各国劳动党的支持，以至敌军兵士倒戈。由此，蒋得出结论："俄国革命所以成功，固然因为

---

① 　《蒋介石年谱初稿》，第 209—210 页。
② 　蒋介石：《服从命令与军人的人格》（1924 年 6 月 9 日），《黄埔训练集选辑》，第 67—68 页。

他们革命党组织得完好，宣传工作做得巧妙和党员能尽责任……事实上他们成功，还是在天时、地利、人和三者凑合起来的"。①

在对第三期入伍生的一次讲演中，蒋说："我们的国民党究竟为甚么不能成功，俄国共产党为甚么能成功，而且他们在列宁未死之前就可以成功，我们总理死了之后还是不成功。……这就是我们的党员不遵守党的纪律，不服从党的命令"，"俄国共产党重在纪律，组织又严密，他们的党员服从党的命令，遵守党的纪律，丝毫不能自由的。他们为甚么甘愿牺牲个人的自由呢？因为他们明白主义，都有决心，牺牲各个人的自由，来求全他国家的自由，所以他们成功就那么快"。②

### 三、 俄国党员守纪律、服从命令

蒋介石说："当我到俄国研究的时候，见着赤卫军那样能守纪律，不骚扰人民，完全为人民做工夫，和人民很亲爱，人民也和他和好团结，这样的军队，有甚么打不胜的仗。所以我回国之后，就决定了，真要使军队能为人民求自由幸福打仗，能为党实行三民主义打仗，非用俄国赤卫军这种编制不可。"③蒋特别注意到，俄国党员和士兵除守纪律、服从命令外，还有一种权力，就是"监督上官"的权力。他说，"从前我未曾到过俄国以前，以为俄国同志对于列宁这样信仰，恐怕对于他的主义会发生危险，后来到俄国一看，才知道列宁实在可以受党员的信仰，同时也知道他的同志对于他

---

① 《蒋介石年谱初稿》，第238—239页。
② 《蒋介石年谱初稿》，第339—340页。
③ 《蒋介石年谱初稿》，第414页。

的思想行动，监督也是很厉害的，就令他要发生帝制思想也不可能。因为俄国共产党一般的党员和他的人民都是很明了主义，他们共产党的基础是很巩固的"①。在这里，蒋对下级"监督上官"的做法表示欣赏和赞同。

### 四、 向苏俄学习，并非"耻辱"

蒋经常说要尊重苏俄顾问，多向苏俄顾问、教官学习，虚心听取建议和主张。蒋当时最为看重的是俄人办事不"拘泥陈腐的习惯"。总顾问巴甫洛夫告诉他说，俄军战术完全不照德国和法国，是"一种特别的战术原则"。蒋由此意识到，中国革命军不能胜利，"就是拘泥各国战术原则的结果"。他很欣赏巴甫洛夫此言，说："这是我对高和罗夫将军最佩服的地方。"②

当时有种论调认为，国民党不应受苏俄"指挥"。蒋不以为然，说："因为现在中国问题，几乎就是世界问题。若不具世界眼光，闭了门来革命，不联合世界革命党，不以（与）世界上以平等待我之民族共同奋斗，那么，革命成功的路径，恰同南辕北辙，决无成功的希望。"又说："我可老实说，只要他革命先进国的苏俄，诚心诚意来帮助我们民族的独立和平等，来指导我们中国的革命，我们世界革命的中国革命党员，只要为求我们民族独立和平等之故，亦并不是什么耻辱。"③

总之，1925 年底之前，在黄埔军校和革命军中，蒋致力于宣传苏俄、推广苏俄的经验。正因为这样，在办校、建军中，蒋亦加大了"党""主义"与"政治"的分量。1925 年

---

① 《蒋介石年谱初稿》，第 267 页。
② 《蒋介石年谱初稿》，第 223 页。高和罗夫即巴甫洛夫。
③ 《蒋介石年谱初稿》，第 472—473 页。

10月30日，蒋颁布"勖官生研究政治令"："党军所以异于其他军队者，全在将士一致对于主义有信仰之热诚，有实行之决心，而主义之能深入人心，则由平日受政治训练，于世界国家民族诸问题，有切实之了解。深知本党三民主义为中国之唯一生路，故不恤牺牲一切，以期主义之实现，此实党军之特殊精神。所以能摧坚破敌，所向无前，莫非此特殊精神之鼓荡，故舍主义则无所谓党军，舍政治训练何从知有主义。""为此切实诰诫，以后入伍诸生，每日须有一定时间受政治训练，各队官长毋得藉端阻挠。不宁惟是，各队官长自身亦当随时留心研究政治问题，以为学识之修养，否则寝假忘却党军之意义，而与其他一切骄兵悍将无异矣。"① 这是蒋走俄国人之路，以苏俄经验治校、治军的表现。

以上，蒋介石治校、治军的言行，有学习孙中山的成分；有取法前人，追踪岳飞、戚继光，借鉴曾国藩、胡林翼、左宗棠"治兵""治心"的影子；亦有对苏联建党、建军经验的学习和运用。身为校长，蒋介石初期对黄埔军校的治理，称得上巨细躬亲，不遗余力。

---

① 　《蒋介石年谱初稿》，第448—449页。

第二部分
黄埔建军

# 第八章　以黄埔官生为骨干建军

## 第一节　黄埔军校校属部队的产生

### 一、黄埔军校教导团

1924 年 7 月，黄埔军校开始在上海、浙江等地招募兵员，以编练附属于本校的作战部队，亦为军校毕业生之实习建立基地。8 月 11 日，蒋介石呈函政治委员会"请决定革命军募练计划"，内容包括：预定募练干部三营，以为整顿现有各军及以后新练各军干部之用；此外预备步兵三团，炮兵、工兵各一营；步兵每团步枪约计 2304 杆至 2340 杆，机关枪 6 杆，编员 3569 名（含夫役与输卒）；所需费用，每月 22 万余元，总共需 272 万余元。① 是时，大元帅大本营处境艰难，不但财政奇绌，而且枪械严重不足。8 月中旬，黄埔军校奉令扣压广东商团的一船枪械；10 月 7 日，苏联运送武器的轮船"沃罗夫斯基号"到达虎门，船上载有 8000 支带刺刀的俄式步枪、子弹 400 万发等。这两件事，使缺枪少械的难题获得解决。

---

① 《蒋介石年谱初稿》，第 225—226 页。

"沃罗夫斯基号"到达第二天，即 10 月 8 日，孙中山手谕，力主改革新兵编制，其中谓，"我更要今日之军人舍去其故习而服从我之制度，斯将来乃能服从我之命令，听从我之指挥也"①。

10 月 11 日，孙中山又致函蒋介石："新到之武器，当用以练一支决死之革命军。"②

对建立黄埔军校教导团，孙中山最初提出要以本校学生为骨干，士兵从广东工团军、农团军及革命信念坚定者中招募。蒋又令陈果夫在上海法租界设立征募机关，主持招募和接送事宜。新兵招募之地区，蒋指定为浙江台州、绍兴、丽水、金华暨奉化，以及江苏、安徽两省。许多穷乡僻壤的男儿，被分批送到广州。

据苏联驻粤军事顾问团史料，当教导团开始酝酿筹划时，苏联顾问鲍罗廷表示：建立有三个营的教导团，作为新型的或改编的军队的计划是完全适时和恰当的；教导团应有俄顾问参与指挥，由俄教官参与训练；这个团应以适当的方式精选军官和士兵，即黄埔军校毕业的青年士官，经过政治训练之后，使之成为各军的楷模；这个团要定期向军队输送训练良好的士官。鲍罗廷还认为，苏联援助的枪械可以建成两个团。

1924 年 9 月 3 日，蒋指派军校总教官何应钦，"筹备教导团，组织及训练采用苏俄新制"。9 月 19 日，军校招考教导团学兵，录取 73 名，其中 68 名为湘军司令部选送，多曾充军官者。从投考本校之考生中，又挑录 27 名。10 月 3 日

---

① 《蒋介石年谱初稿》，第 241 页。
② 《蒋介石年谱初稿》，第 248 页。

蒋任命沈应时为教导团第一营营长，两日之后，第一营即在虎门开始训练。12日，蒋任命何应钦为教导团团长、军校教练部代理主任，陈继承为教导团第二营营长。18日，派王懋功、戴任、陆福廷赴沪，参与"招募北兵"，额定为5000人。11月11日，任命王俊为教导团第三营营长。11月20日，黄埔军校教导团成立，带学兵的性质，自排至团采取"三三制"。何应钦辞去军校总教官及教练部代理主任职，专任教导团团长。

教导团采用党代表制，团、营、连设党代表。12月18日，蒋呈请任命王登云为团党代表；30日，呈请任命胡公冕、茅延桢、蔡光举分别为教导团第一、二、三营党代表。

1924年12月2日，军校组织教导团第二团，军校原教导团遂改称为教导第一团。蒋任命王柏龄兼第二团团长，顾祝同兼第二团第一营营长，林鼎祺为第二营营长。17日，任命罗为雄、陈焯为教导第二团团附，杨天樑为该团独立营营长。26日，教导第二团正式成立，次日任命张静愚为该团党代表，金佛庄为该团第三营营长。1925年1月13日，任命王俊为教导第二团团附，严凤仪为第二团第三营营长。22日，任命罗为雄为暂编独立营营长，朱棠为教导团第二团参谋长。2月3日，分别任命胡公冕、季方、郑洞国为教导第二团第一、二、三营党代表。4日任命唐震为独立营党代表。

黄埔军校教导团组建时，正值军校第一期毕业之时。故教导团之组建与第一期毕业生之分发见习，实际同步而行。上述营党代表之中，有的是第一期毕业生。教导团排长、连长及连党代表，主要由第一期毕业生担任。

后几经变动、调整，至1925年2月第一次东征时，黄埔军校教导团的组织系统，大致情况如下。

校　　长　蒋介石
党代表　廖仲恺
参谋长　钱大钧（后王柏龄）
政治部主任　周恩来（1925 年 4 月 1 日兼军校军法处长）
参谋处长　陈　焯
副官处长　王文翰
军需处长　周骏彦
教导团第一团　团　　长　何应钦
　　　　　　　党代表　缪　斌（原王登云）
　　　　　　　参谋长　刘秉粹
　　　第一营　营　　长　蒋鼎文（初为沈应时）
　　　　　　　党代表　章　琰
　　　第二营　营　　长　刘　峙
　　　　　　　党代表　茅延桢
　　　第三营　营　　长　严凤仪（后为王俊）
　　　　　　　党代表　蔡光举
　　　侦探队　队　　长　孙常钧
　　　特务队　队　　长　张本清
　　　辎重队　队　　长　邓振铨
　　　学兵连　连　　长　曹石泉
　　　　　　　党代表　曹　渊
教导团第二团　团　　长　王柏龄（沈应时继，钱大钧代）
　　　　　　　党代表　张静愚
　　　　　　　参谋长　郭大荣（后顾祝同）
　　　第一营　营　　长　顾祝同
　　　　　　　党代表　胡公冕
　　　第二营　营　　长　林鼎祺（后刘尧宸、宋文彬）
　　　　　　　党代表　季　方
　　　第三营　营　　长　金佛庄
　　　　　　　党代表　郑洞国
　　　独立营　营　　长　杨天樗
　　　　　　　党代表　唐　震
　　　特务连　连　　长　楼景樾
　　　辎重队　队　　长　沈　良

在黄埔军校的史料上，军校教导团的两个团，被称为黄埔军校"校军"，此为黄埔建军的开端。

## 二、"党军"

1924 年 11 月 11 日，孙中山于离粤北上之前，颁布了"令新军改称党军，任蒋中正为军事秘书"的命令。[①]孙中山思想指引明确，强调以党建军、以党领军，指明新组建的军队，必须姓"党"。

第一次东征告捷之际，国民党中央执行委员会于 1925 年 4 月 6 日举行第 73 次会议，通过廖仲恺所提《建立党军案》：以黄埔军校教导第一团、第二团为基础，成立"党军"第一旅，委教导第一团团长何应钦兼充"党军"旅长，沈应时为第二团团长，全旅仍归黄埔军校校长蒋介石节制。13 日，国民党中央任廖仲恺为"党军"党代表。21 日，黄埔军校开始组建教导团第三团，由钱大钧兼任团长；次日委蔡熙盛为该团中校团附，沈良为少校团附，王俊为第一营营长，郭俊为第二营营长；24 日委文素松为第三营营长。国民党中央执行委员会第 79 次会议，议决任蒋介石为"党军"司令官。

"党军"，顾名思义是党化之军。清末民初以来，经过大大小小、连续不断的社会与政治动荡，中国军队日益走上了地方化、私人化的道路。晚清之湘军、淮军是以地方命名之军，其后的直系、皖系、奉系之军，以至粤、湘、滇、桂、川、陕等军，莫不是地方化而实质上是私人化之军，即为军阀掌控的军队。国民党"党军"的诞生，意味着军队将从地方化、私人化走向党化，从而让军队接受革命党、革命政府的监督与指挥。故从"私军"到"党军"，以历史的眼光看，

---

① 　《蒋介石年谱初稿》，第 263 页。

是中国军队的一种进步。

5 月 18 日，黄埔军校官兵集合于梅县东较场，听蒋介石讲演"党军与党的关系"。蒋说："现在我们教导团的军队，已算是党军了……党是什么？就是志同道合的人集合在一处，同向一个目标去奋斗。"[①]应当说明，此时的黄埔军校教导团虽已命名为"党军"，但仍然是黄埔军校的校属部队，教导团的名称亦同时使用，黄埔军校的体制，仍然是"校""军"一体，蒋介石既是军校校长，亦是"党军"首长。

1925 年 6 月，党军回师广州，平定杨、刘，党军第一旅扩编为党军第一师。

### 三、与黄埔军校有关的军队或军事机关

当黄埔军校组建教导团时，在廖仲恺、苏联顾问的策划及黄埔军校相关人员的参与之下，在广州还改组成立了若干支军队或军事机关。

### （一）大元帅大本营（大元帅府）铁甲车队

大元帅府早有筹建铁甲车队之议。驻穗之苏联顾问列米（乌格尔，又译李糜）为飞行员出身，"专长"铁甲车战术。1924 年 8 月 3 日，经鲍罗廷提议，决定由列米负责组建铁甲车队。9 月 4 日，孙中山致函蒋介石，对铁甲车队的组建表示关注，说"此事关于党务、军事之进行，甚为要着"[②]。铁甲车队的队长，初为卢振柳。

11 月 18 日，即黄埔军校教导团第一团组建时，廖仲恺与

---

① 《蒋介石年谱初稿》，第 356—357 页。
② 孙中山：《致蒋中正函》（1924 年 9 月 4 日），广东省社会科学院历史研究所、中国社会科学院近代史研究所中华民国史研究室、中山大学历史系孙中山研究室合编：《孙中山全集》（第十一卷），中华书局，1986 年，第 11 页。

加伦商谈为黄埔教导团选派党代表问题，加伦即提议在黄埔一期毕业生中，选拔 5 人到铁甲车队。20 日，加伦、列米、胡汉民经过商谈，决定对铁甲车队实行"改组"。12 月 1 日晚，廖仲恺与加伦谈话，加伦告知说："有 12 名黄埔军校毕业的军官"被派往铁甲车队，目的是让黄埔训练的新型军队来加强铁甲车队。① 正是经过了这几次谈话之后，铁甲车队出现重大的人事变动，原队长卢振柳改任大元帅府卫士队队长。

经过改组后的大元帅府铁甲车队，由中共党员徐成章（黄埔军校特别官佐）任队长，廖乾五任党代表，周士第（一期学生）任副队长，赵自选（一期学生）任军事教官，曹汝谦任政治教官，全队 100 多人，队部设在广州市大沙头。

周士第后来说明：铁甲车队的"改组"，其实是中共广东区委在取得孙中山、廖仲恺和加伦支持的前提下，由区委军事部长、黄埔军校政治部主任周恩来具体筹划进行的。在上述加伦与廖仲恺、胡汉民的几次谈话中，加伦所表达的，显然是中共广东区委的意愿。徐成章、周士第、赵自选来自黄埔军校，廖乾五、曹汝谦分别来自陕西和山西，均为中共党员。铁甲车队的队员，亦多是中共广东区委从各地挑选的。铁甲车队成立了直属于中共广东区委的党小组。广东区委并且打算，要把这铁甲车队作为"培养训练我们的干部" 的阵地。② 这一举动，无疑应看作是中共广东区委独立掌握武装的最初尝试。

**（二）广州航空学校**

1924 年 7 月 26 日，孙中山接见鲍罗廷、梅利尼科夫等人，"表明他急切建立空军"。此时任大元帅府航空局局长的

---

① 　《加伦在中国（1924—1927）》，第 73、80、84 页。
② 　周士第：《周士第回忆录》，人民出版社，1979 年，第 2 页。

陈友仁，被俄顾问评价为"显然是一个精通航空事业的人"。孙中山和陈友仁一样"把建立空军的希望全部寄托在梅利尼科夫身上"。8月1日，"陈友仁完全委托梅利尼科夫负责整顿机场和机场的设施"。

上引加伦与廖仲恺、胡汉民的谈话，除涉及铁甲车队的改组之外，也多次谈到空军的问题。11月18日，加伦向廖仲恺提议从黄埔第一期毕业生中选拔5人去航空学校，廖同意，并说军校中有一名学生曾经在法国受过五年飞行训练，决定派他到空军去。12月1日，加伦对廖仲恺说："必须派遣至少5名军官到空军去，以便挤走那些不合格的人员，把空军掌握在自己手中。遗憾的是，往空军只派了一名曾在法国受过飞行训练的人。"① 廖仲恺说：已同15名拟分配担任政治工作的学员谈话，有8人表示愿意去空军。

廖仲恺在上述谈话中提到的"曾在法国受过五年飞行训练"的学生，为黄埔第一期学生刘云。刘云，湖南宜章人，中共党员，曾赴法国勤工俭学。他在"学生详细调查表"中"专门技能或特长"一栏填"航空术"，在"经过履历"一栏中写"法国飞机学校毕业"。黄埔一期生万少鼎，湖南湘阴人，亦曾赴法国勤工俭学。万少鼎在"调查表"中写道："曾在法国方登布鲁公学肄业"，后在法国入"飞机专门学校"。刘云、万少鼎进入黄埔军校之后，被选派至广州航空学校，刘云并代表航校参加中国青年军人联合会。广州航空学校第一期学员除上述刘、万二人外，还有王镳（王叔铭）、冯洵（冯达飞）、郭一宇、李杲（李岳阳）、王翱（王凤仪）、袁涤清、唐铎等。郭一宇后来说："廖党代表认为我尚勇敢，

---

① 《加伦在中国（1924—1927）》，第84页。

就批准了我上航空学校学习。"郭被派往航校，还因为他学过德文。广州航校第二期 1925 年 7 月开学，有学员 42 名，其中有常乾坤、徐介藩、李乾元、黎鸿锋、金震一、徐经济、龙文光等。① 在史料上，广州航校又称为"军用飞机学校"。

### （三）"飞机队""飞机工厂"和"飞机掩护队"

"飞机掩护队"是飞机及机场的保安部队。加伦、廖仲恺所谈论的旨在"挤走那些不合格的人员，把空军掌握在自己手中"的空军"改组"，包括对"飞机队""飞机工厂"和"飞机掩护队"的改造和掌控。1925 年 4 月 16 日，廖仲恺致函蒋介石：

> 迳启者：查航空学校及飞机队、飞机工厂和飞机掩护队，俱为军事重要机关或部队，应设党代表以资擘画。查有贵校见习官刘云、郭一宇、赵自选等堪以委任。除令委刘云为航空学校及飞机队党代表、郭一宇为飞机工厂党代表、赵自选为飞机掩护队党代表外，相应函请贵校长查照，希通饬所属一体知照，至纫公谊。
>
> 　此致
> 陆军军官学校校长蒋
>
> 　　　　　　　　　各军党代表廖仲恺②

周士第的回忆录写道：1925 年三四月间改造飞机掩护队时，经大元帅府及航空局同意，周士第一度兼任飞机掩护队

---

① 孔君史：《最早学航空的共产党人》，《中国空军》1988 年第 1 期。

② 梁尚贤：《廖仲恺与黄埔军校——读中国国民党中央党史馆藏档案之三》，《近代史资料》总 106 号，第 121 页。又见《蒋介石年谱初稿》第 346 页。文中"郭一宇"又作"郭一予"。

队长，与赵自选一同参与相关的工作。①

以上铁甲车队、广州航校及相关军事机关的改组或改造，是在孙中山、廖仲恺、加伦的策划和主持之下，有黄埔教官、学生参与的活动，理应视为黄埔建军的组成部分之一。虽属草创，却亦有不同寻常的意义。铁甲车队后扩展为国民革命军第四军独立团（叶挺独立团），是中共运用当时的条件独立掌握军队的尝试。广州航空学校走出了中国早期的一批飞行员，这与国民党、共产党空军诞生的历史，都有割不断的关联。黄埔军校办学条件不足，但其军事教学却有"航空"这样的前沿学科，研究中国军校和军事的历史，对这一点，不应忽略。

从"校军"到"党军"，黄埔军校迈出了以本校教官和毕业生为骨干而创建新型军队的步伐。实际上，这是中国国民党改组之后，孙中山及大元帅府独立组建军队的发端。黄埔军校教导团，是为国民革命军之发轫。

## 第二节　党代表、政治部和党部

国民党以党建军、由党掌握军队的体制，形象地说是"三驾马车"，即"党代表制""政治部制"和"党部制"。三种机制，统一运作于党领导军队的总架构中，此为中国军队前所未有的制度。

### 一、党代表

黄埔军校创建时，有国民党驻军校代表之设置。1924年

---

① 《周士第回忆录》，第23页。

5 月 1 日，即第一期学生入学之前，廖仲恺上中国国民党中央执行委员会呈：

> 请指派陆军军官学校中国国民党代表，并恳核准由中央执行委员会颁发印章一颗，篆文如下：
>
> 驻陆军军官学校中国国民党代表之印
>
> 廖仲恺谨呈
>
> 中华民国十三年五月一日①

孙中山在廖的呈文上批："派廖仲恺为代表"。5 月 9 日，孙中山颁布命令："特派廖仲恺为驻陆军军官学校中国国民党代表"。此为黄埔军校党代表制度之设立及廖仲恺出任军校首任党代表的由来。这也是中国国民党军队党代表制度的起源。

向军队派党代表，是从苏联学来的办法。十月革命时，旧俄军队在历史变动的大潮流中，处于大分化、大动荡之中。为应付革命后出现的困难局面，牢牢掌控军队，苏维埃乃向俄军派出党代表。这一办法后来逐步演变、定型为由党（布尔什维克）来掌管、领导军队的制度。这对新生苏维埃政权的巩固，无疑发挥了无可替代的作用。

黄埔军校党代表，与校长并列。由总理（孙中山）、党代表、校长组成的军校"校本部"，为军校最高决策机关。

驻穗苏联顾问斯他委诺夫在黄埔军校作过《俄国红军党代表制度》的讲演，其中说道：

---

① 梁尚贤：《廖仲恺与黄埔军校——读中国国民党中央党史馆藏档案之三》，《近代史资料》总 106 号，第 107 页。

> 最初红军中党代表之权力很大，不啻为政府之代表。无论对于军官或士兵，可完全自由处置，因此苏俄情形才得一天天改好，巩固存在，发展到现在。[1]

对"党""军"关系做过长期摸索的孙中山，对苏联这种党管军队的管理体制，十分看好。孙中山在一次有苏联顾问出席的军事委员会议上宣称，国民党"将遵循和仿效俄国的经验"。蒋介石也说："我们老实说，我们军队的制度实在从俄国共产党红军仿照过来的。"[2]

党代表制之核心，是在军校、军队中树立党的观念，向军人灌输党的意识，最终由党掌握军队，将军队纳入中国国民党可监督、管治的轨道。孙中山在黄埔军校开学典礼的演讲，重在检讨以往"党""军"分离的弊端，宣示建校目的，就在于建立一支国民党掌握的军队。蒋介石亦于此时大力向教官和学生灌输"党存与存，党亡与亡"的思想意识，说明蒋尽管对苏联援华的用意有所怀疑，但对苏联军队中突出党的地位、强调党的作用、明确党管军队的做法与制度，初时是认同的、向往的。在蒋介石看来，党与军队应是生死与共的命运统一体，而在这个统一体中，党又是军队的灵魂。

黄埔军校创办后，党代表仅设于军校一级。廖仲恺出任军校党代表，初时的工作，除讲课、训话、组建党部之外，大量的精力，用于为军校筹措费用及人事安排，而制度建设

---

① 斯他委诺夫讲演，黄锦辉笔记：《俄国红军党代表制度》，《中国军人》第七期，1925 年 10 月 10 日。

② 《蒋介石年谱初稿》，第 460 页。

尚未提上日程。党代表制是随着军校各项工作的展开才逐步健全和扩展的。至黄埔军校教导团筹建时，乃决定将党代表的设置，从黄埔军校扩展至校属军队。

1924 年 8 月 2 日，鲍罗廷在谈论建立教导团的草案及预算时，就说到军校新编练的团须设置"党代表"。10 月末，加伦来穗，代替不久前在东江逝世的巴甫洛夫，担任华南军事团总顾问。11 月 18 日，廖仲恺与加伦商谈，廖提出将在黄埔新建的教导团中，设立"党代表制"。廖说：已经选定 50 至 60 名刚毕业的学员，这些人可以胜任党代表之职。现在，已经为该团任命了 16 名党代表，即 12 名连党代表、3 名营党代表、1 名团党代表。廖仲恺的这一套党代表配备计划，得到加伦赞同。[①] 11 月 30 日，"教导团采用党代表制。各级党代表由廖党代表遴选教官、学生中之富有政治学识者，呈请中央任命之，除实施政治训练外，凡军队一举一动，一兴一废，均须受其节制，以示党化云"。[②] 教导团成立及第一次东征时出任连党代表的，有张际春、彭干臣、游步仁、赵枬、刘仇西、李奇中、郑洞国、谭其镜、张隐韬、曹渊、蒋超雄等，均为第一期毕业生。

1924 年 11 月 11 日，孙中山于北上前夕，在决定"新军改称党军"的同时，颁布命令，"所有党军及各军官学校讲武堂，以廖仲恺为党代表"。[③]

---

① 《加伦在中国（1924—1927）》，第 73 页。

② 《蒋介石年谱初稿》，第 268 页。

③ 《孙中山全集》（第十一卷），第 304 页。按：1924 年 12 月 25 日，二期生吴明致函廖仲恺，请准往肇庆见粤军陈铭枢，建议陈的部队"采用党代表制并设政治部、党部，以训练其部曲"。廖仲恺认为吴明所请"不无见地"，即致函陈铭枢，介绍吴明往晤。吴、廖函存台北国民党党史馆。

　　由上可知，随着黄埔军校教导团的组建，"党代表制"已从黄埔军校推广至校属部队各团、营、连；并从黄埔军校一校，推广至"所有党军及各军官学校讲武堂"，具体包括：大元帅大本营铁甲车队、广州"空军"、广州航校、飞机掩护队、飞机工厂及在广州的滇军干部学校、桂军军官学校、湘军讲武堂等。

　　12月12日，蒋介石发表训话，"党代表负了党里托付的大责任"。这是蒋第一次就党代表问题发表言论。16日，蒋对第一期学生演讲："中国军队党代表制度是第一次施行，本校长对此制度志在必行，常以为宁可无军队，不可无党代表"。蒋并称，党代表制是"救济中国军队的唯一制度"。① 蒋并对团、营、连党代表的日常事务，作了具体说明。包括：实施政治教育，使官兵了解党的主义，恪守党纪和军纪，凝聚团体精神，提高战斗能力；关心士兵生活，接近并感化士兵；监督部队事务；负责军队党务。

　　1925年5月23日，国民党中央执行委员会决定：（1）在军校及军队中，所有一切命令，均由党代表副署，由校长或应管官长执行。军中党的决议，其执行须遵照此程序。（2）所有一切军校及军队中之法令规则，经党代表副署者完全有效。② 可见，党代表是党的象征，在军校和军队中，立于很高地位，并被赋予很高的权威：在军校负监察本校行政、指导党务、主持政治训练之责；在军队中代表党参与对部队的管理，掌握部队的政治方向。

---

　　① 《蒋介石年谱初稿》，第274—275页。
　　② 荣孟源主编：《中国国民党历次代表大会及中央全会资料》，光明日报出版社，1985年，第87页。

### 党军最初党代表系统图

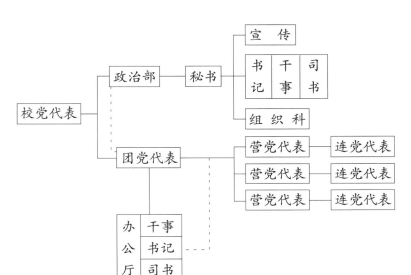

## 二、政治部

黄埔军校和军队中的政治部，是协助党代表工作的机构，对党代表负责，具体从事党务、组织、宣传等项工作。廖仲恺说："政治部就是党代表的参谋部，政治部主任是党代表的参谋长，政治部主任有权行使党代表的职权。"党代表与政治部的关系，应为孙中山所说的"权"与"能"的关系，"权在党代表，事在政治部"。

政治部规定任务："（甲）工作的分配：1.本部担任对内训练工作，特别区党部担任对外宣传工作；2.于必要时，本部得与特别区党部合作。（乙）对于士兵的训练：1.将平时训练材料改为战时训练材料，由编纂股编纂小册子；2.通报参谋处，请供给战事必要消息，使训练工作适合于战事的要求。（丙）对于学生政治训练：1.除壁报及壁报特号外，发党报及小册子；2.前方发出报纸，须由本部检查盖章，方准管理部派发；3.请中央送上海《民国日报》及《广州民国日报》各一百份，给本部分发前方。"①

据《本校之概况》："政治部是负担政治教育及在学生与人民群众中发展国民革命的意识之唯一机关。政治部对党及党代表负责，党代表命令并指导政治部，务使严重的军队纪律在正确的政治认识和指导之下，以巩固战斗力之基础，使部队成为严密的组织。"②《政治部服务细则》规定：政治部的主要任务，第一是"对于全校官佐、员生、士兵、伕工负有政治训练或指导之责，使其具正确的政治知识，增进革命精神，自觉的遵守革命纪律……完成国民革命之历史使命"。第二是"对外负责宣传、组织及政治指导之责，务使人民确知革命军为被压迫民众谋利益而奋斗……而收军事进行上得人民帮助之实效"。③

第二次东征时，政治部制定《战时政治宣传大纲》：对本军是解释作战意义和战争形势，鼓舞士气，奖励战功，维护军纪，活跃部队，追悼烈士，慰劳伤兵；对敌军是揭露军阀罪行，比较两军队区别，激发士兵的民族感、爱国心，优待俘虏；对民众是宣传政府政策、法令，解释东征意义和革命军纪律，以密切军民关系。

可见，黄埔军校政治部的工作对象，包括了校内和校外，即包括本校官生员工、军队官兵，还有社会民众。黄埔军校

---

① 《蒋介石年谱初稿》，第 300 页。
② 杨其纲：《本校之概况》，《黄埔日刊》1927 年 3 月 1 日。
③ 《政治部服务细则》，《中央军事政治学校法规全部》，1927 年 5 月。

教导团组建后，军校政治部工作，已走出军校大门，进入了军营和面向社会。

### 三、党部

黄埔军校规定，所有学生必须加入国民党。党代表廖仲恺重视在军校组建国民党组织。在廖的指导下，军校开学后即着手组建"区分部"和军校"特别区党部"。1924 年 7 月 3 日，选举第一区分部陈复、第二区分部李之龙、第三区分部金佛庄、第四区分部严凤仪、第五区分部蒋介石为黄埔军校特别区党部第一届执行委员，蒋兼监察委员。

蒋介石说："党部成立以后，军纪范围，并没有缩小，并且在军纪之上，再加一层党纪。这个党纪，在学校里，是辅助军纪之不足的，是比军纪更要厉害的。"蒋并强调："中国的军队如果不能受党的指挥，不能以党的主义为中心，那是无论什么军队，不能利国福民，只能害国殃民的。"①

1925 年 1 月，黄埔军校选举产生第二届特别区党部，以吴明、陈作为、罗振声、周逸群、蒋介石为执行委员，王柏苍（伯苍）、成恭（陈恭）、黄锦辉为候补执行委员。

第三期入伍生进校后，廖仲恺于 3 月 18 日致函陈赓（第一期毕业生）等：

> 迳启者：现查黄埔军官学校入伍生已有千人，士兵亦有五百余人，全是本党同志，亟应从速组织党部，以便开始进行党的训练工作。兹特派执事等为组织员，希

---

① 《蒋介石年谱初稿》，第 218 页。

依照该校特别区党部第二届学生组织法，分别组织小组，所有各小组仍由该校特别区党部直接指挥。自接到公函后即由陈赓同志立即召集各组织员会议，推定组织员主席，讨论进行组织事务，限于一星期内将黄埔、北较场二处组织完竣，仍将组织情形具报为盼。

此致

陈赓、俞墉、黄鳌、杨溥泉、黄仲明、吴明、许继盛、李侠公、张治中、张元祜、李汉藩、曾干廷、陈作为各同志

廖仲恺①

这封信表明，随着军校工作的进展，在本校新生和士兵中组建党部和党小组的问题，摆上了廖的日程，并已有具体的部署。

黄埔军校教导团组建后，在军队之中，开始建党。连及连以上的部队，设各级党部，党部之下设小组。东征期间，蒋介石致函周恩来，强调"然党部之组织，不论战时平时，皆应进行"，要求于休战期间，赶紧把各团党部组织起来。军中基层党小组每周召集会议，围绕"组员报告之批评、党纲及党义之解释"展开讨论。这种党小组会，亦为蒋所关注，要求认真开好，"使士兵开小组会议时，完全自由发表其意见，报告其痛苦，官长不得怀恨报复"。

在军校、军队中建立党部，旨在将军人纳于国民党的组织系统之中，进而让党的信仰、主义扎根于军队之中，让党

---

① 梁尚贤：《廖仲恺与黄埔军校——读中国国民党中央党史馆藏档案之三》，《近代史资料》总106号，第110—111页。文中"黄仲明"疑为"董仲明"，"许继盛"应为"许继慎"。

的意志在军队中得以贯彻落实，是为以党建军的基础性工作。在廖仲恺指导之下，经过努力，国民党的各级组织不但在军校，而且在军队之中，逐步建立和发展了起来。这为国民党掌管军校和军队，打下了基础。

以上，党代表、政治部和党部，是目标一致、互为依托、各具能效的党管军队的统一体。党代表凭借党赋予的地位和权威作用于部队，掌握部队的政治方向；政治部通过教育及各种政治活动来巩固、发展、壮大部队，对党管军队起保证作用；党部则为党代表、政治部工作的开展，奠定组织的基础。这"三驾马车"，即三种机制所形成的合力，不但将推动部队自身的良性壮大发展，更为重要的，是将军队和军事将领置于党的监督之下，形成党对军队的约束和制衡。

苏俄军队之设党代表，初时是针对"不可靠"的旧俄军人而来的。孙中山深察中国军队的内情，对军队必须施以监督、约束或制衡，有深切的认识，故对向军队派党代表这一套办法，极为赞赏。其实，对有枪在手的人而言，无论是"旧军"或是"新军"，无论其道德评价如何，亦无论其标榜"革命"与否，都是应当监督、约束、制衡的。对军队实行监督、约束和制衡，是黄埔建军的创新意义之根本所在。而这种监督、约束、制衡能否成功有效实施、能否长久坚持，是国民党、国民政府、黄埔军校面临的重大考验。

## 第三节　军队政治工作

黄埔军校教导团成立之前，军校政治部工作的重心，主要在军校之内，以学生为主要对象，以主义、理论的传授和课堂教习为主。黄埔军校教导团组建后，军校政治部的工作，遂从军校的政治教育，往军队政治工作的方向拓展。

军队政治工作的目标，是提高官兵的思想觉悟，巩固、壮大部队，提高部队的政治素质和作战能力。除坚持政治教育之外，须采取各种切实有效的形式和措施，开展旨在提升政治觉悟、振奋革命精神、提高作战能力的思想工作。显然，这是一个更为新颖的课题，更加宽广的领域。

校军组建之初面对的主要问题，是如何加强对官兵的教育，增强部队的纪律观念，清除旧军队的习气与影响，改善官兵关系和上下级关系等。针对这些问题，1924 年 12 月，周恩来任主任的黄埔军校政治部，提议并经校方同意，开设了政治训练班，以训练主要从第一期毕业生中挑选的、即将派往教导团任职的见习军官及见习党代表；设宣传研究班，以培养宣传人才。对各级党代表所实施的政治训练，旨在"使一般官兵莫不了解党之主义，革命环境，恪守党纪军纪，以期凝集团体精神，提高战斗力"。[①]可见军校政治部的工作，已开始转向了军队。

第一次东征（1925 年初）开始后，刚刚组建不久的黄埔军校教导团，即已进入了战时状态。军队的政治工作，进而又发展成为战时政治工作。这时，黄埔军校政治部的工作范围，又从军校内、教导团内，进一步扩展至战区，担负处理军政关系、军民关系、友军关系之责任，目的是使党、政、军、民齐心协力争取战争的胜利。这当然更是全新的工作。

1925 年 2 月初，东征军攻克东莞县城。2 月 6 日，东莞商务分会召开欢迎东征军大会。蒋介石在大会上说：我军系真正的革命军，以革害国、害民贼之命为目的。本校军队有党代表、政治部，专管与人民有关系之事。蒋特意对周恩来

---

① 《蒋介石年谱初稿》，第 272 页。

的身份、职责作了介绍："现政治部主任周先生在此，列位有意见发表者，可与周先生接洽"。蒋介石并且明确说，"兴利除弊，乃政治部之责任"。

就这样，军校政治部主任周恩来，走上了处理军民关系、军队与地方关系的前台。

周恩来随即发表演说。大意谓：革命数十年尚未成功，原因是多数军队系前清遗留而来，不知人民痛苦，不知政治意义。如欲使中国和平，须有真正之革命军，须有为人民所用之军队。孙中山先生因此特设党的军官学校，于军事教育之外，授以政治教育，告以中国如何受列强压迫、军阀压迫，以及农工商各界之痛苦，告以解除压迫与痛苦之途径。要使每个军官、每个士兵均能了解此理，此为党立军官学校设立之目的。

周恩来说："今者人民痛苦极矣，不受土匪之害，则受反革命军之骚扰。工无工作，农无耕地，商人停止贸易。此次军校出发，是为人民解除痛苦而来，但全恃本校军队，力量太少，若无人民援助，仍不足负重大责任。故本校极希望东莞人民通力合作，以促革命成功。"[1]

周恩来1925年2月6日在东莞商务分会欢迎东征军大会上发表演说，就军队政治工作而言，可以称得上是一个历史性的场景。这是黄埔军校政治工作走出校门、走出军营，在社会民众面前的第一次"亮相"。

第一次东征期间，国民党中央和廖仲恺赋予黄埔军校政治部的主要工作，是在东征军占领地区建立党的地方组织。这既是争取人民援助并参与革命战争的一项举措，也是巩固

---

① 以上见《东莞各界对黄埔革命军之信仰》，原载上海《民国日报》1925年2月18日，转引自《黄埔军校史料（1924—1927）》，第249—250页。

东征军之占领区，推广革命运动的基础性工作。为此，周恩来被国民党中央任命为东江各地党务组织主任。

2月18日，国民党中央执行委员会致函周恩来："查克复各区域，亟应组织党部，以期扩充，而资联络。兹派黄埔陆军军官学校政治部主任周恩来，为东江各地党务组织主任。军官学校各团营连排之党代表为组织员。在我军克复各地，依照本党第一次全国代表大会议决总章，从区分部着手组织。"国民党中央执行委员会并通函各军总司令，转饬各部队长官，"对于本会所派各党务组织主任及组织员，及所组织各级党部，一律妥为保护"。① 军校政治部于是派出人员，在东征军收复之地，组建国民党地方党部。

2月下旬，黄埔第二期学生、军校特别区党部第二届执行委员王柏苍等，奉周恩来之命，到惠阳县平山墟筹建国民党党部。2月27日，王柏苍、温耀致函廖仲恺，报告筹建党部计划：

> 仲恺先生钧鉴，敬启者：伯苍等奉组织东江党部主任周恩来先生命来平山组织党部，已于本月二十四日到此。窃查此地为惠阳县属第六区，窃意欲将此地定名为惠阳县第六区区党部筹备处。至进行办法，第一步与各界交换意见；第二步召集各界开一筹备会议，推举筹备人员，使其自动的组织，苍等立于指挥监督地位；第三步发给总章、调查表、志愿书、党证；第四步开成立大会，讨论章程（由苍起草），选举职员，未知可否，请速示知。

---

① 《派周恩来为东江党务主任》，《建国粤军月刊》第3期，转引自陈汉初主编，广东省汕头市社会科学联合会编：《周恩来在潮汕》，中央文献出版社，2004年，第167页。

3月7日，廖仲恺答复王柏苍、温耀："来函备悉。所拟组织平山墟党部进行办法尚属妥善，希即从速进行，俾得早观厥成。"廖并批给了组建党部所需资料及款项。①

此后，东征军相继克复海丰、陆丰、潮汕、兴梅。东江各县的国民党地方党部，多是黄埔军校政治部派员筹备组建起来的。据黄埔军校政治部、特别区党部的有关资料，第一次东征时随军从事政治工作和地方党务工作的，有王逸常、洪剑雄、李之龙、陈烈、周逸群、黄锦辉、陈恭、吴明、陈作为、罗振声、罗汉、王柏苍、吴振民等。

除从事地方建党之外，第一次东征时，黄埔军校政治部在东征军占领区还兼负了若干地方行政工作。至第二次东征时，政治部拟定《政治设施方案》，针对东江地区吏治腐败，提出实行禁绝烟（鸦片）赌、轻徭薄赋、整顿财政、澄清吏治。主持东征军总政治部工作的周恩来，被国民政府任命为东江各属行政委员，担任东江惠（州）、潮（汕）、（兴）梅行政长官，所辖治区域，在当年为25个县。故黄埔军校之政治工作，与地方建党、建政，均有一定的联系。

黄埔军校的政治思想教育和军队政治工作，在两次东征中，释放出极大的军事能量。黄埔军校教导团锐不可当，进展迅速，大破敌军。周恩来后来总结说："这是由于新成立的两个团，是新的革命军队，是有着革命的三民主义作政治工作基础的军队。政治力量超过了敌人，提高了战斗力，保障了军队本身及军队与人民的团结。"②

---

① 《王伯苍、温耀致廖仲恺函》（1925年2月27日）、《廖仲恺复王伯苍、温耀函稿》（1925年3月7日），引自梁尚贤：《廖仲恺与黄埔军校——读中国国民党中央党史馆藏档案之三》，《近代史资料》总106号，第109—110页。

② 周恩来：《抗战军队的政治工作》（1938年1月10日），《周恩来选集》（上卷），第93页。

## 第四节　国民革命军第一军的建立

1925 年 6 月，东征军回师广州，于同月中旬取得讨伐滇、桂军的胜利。6 月 14 日，军校任命郭大荣、茅延桢、惠东升分别为教导团第四团第一、二、三营营长；贾伯涛、鄮悌、李定安、张慎阶、曾扩情、杨溥泉、项福川、杜成志、凌光亚为第一至九连连长；刘尧宸为第四团团长，团部设在长洲上庄曾家祠。[①]与此同时，决定将党军第一旅升编为第一师，任命何应钦为师长。

不久，黄埔军校开始组建教导团第五团，以蒋鼎文为代理团长，团部设在鱼珠蒲氏宗祠。

6 月 15 日，国民党中央执行委员会议决：（1）国民党中央执行委员会为最高机关；（2）改组大元帅府为国民政府；（3）"建国军"和"党军"改编为国民革命军；（4）整顿军政、财政。7 月 1 日，国民政府成立，汪精卫任主席。7 月 3 日，国民政府军事委员会成立，汪精卫为主席，汪精卫、胡汉民、伍朝枢、廖仲恺、朱培德、谭延闿、许崇智、蒋介石为委员。7 月 5 日，军事委员会批准军队正规化方案，决定统一军令，对在粤各军实施整治。

7 月 7 日，蒋介石向军事委员会建议"革命六大计划"。当中指出"革除军队积弊"，谓十数年来，西南各种"革命"军队其实"积弊"多端，"一切武力机关几何曾操于革命党人之手？军规军制更视北洋为不及"。文中说：

---

①　《广州民国日报》1925 年 6 月 19 日。

故西南军队名为革命军，实则内容腐败，甚于旧式；组织编制，虽名目时见更张，然考其实际，兵无实额，枪非实数，队伍零落，系统紊乱，升降不均，赏罚无则。参谋无作战之备，经理无可稽之册。有言称军者，其额数或仅百人，或尚不及百人，贻人以无兵司令之讥；有自称司令者，聚土匪以成军，劫民枪以为械，招摇过市，倘其声势动人，定有收编之望；有专以兼并队伍为事者，苟有可以利用之机［机］，便极其挑拨能事，使人自相残杀，我便从中渔利。以如斯之人，有如斯军队，其心目中几曾有革命意义？ 一切权利，咸为个人，军队为个人而设，事功为个人而图，虚报军额，吞没军饷，强劫税收，庇赌包烟，通盗运私，干涉民政，霸占机关。流弊所及，甚至一官之设，亦必须征其同意，一税之收，亦必须交其经手。财权武力兼于一身，骄奢专横，相因而至。军官之富者，多积资在万数以上，而兵士则穷至衣不蔽体。至其为害地方，更触处皆是。人民畏兵更于畏匪，狡黠者宁为匪以抗兵，谨厚者非远离乡里，即死于沟壑。祸害之烈，死亡之惨，有心人所为长叹息，亦即先大元帅所痛心疾首，成其致病而死之由也。

孙中山曾斥责过滇、桂军，"戴着我的帽子，糟蹋我的家乡！"蒋明确说：新成立的军事委员会的职责，不但要涤除旧秽，而且要"根据旧秽之症结所在，从而改建新猷。务使杨、刘倒后，不复再有杨、刘继起之可能，更不复再有杨、刘继起之可能环境"。①

---

①　《蒋介石年谱初稿》，第387—388页。

7月8日，黄埔军校"党军"奉命扩大为国民革命军第一军，蒋介石任军长，廖仲恺任党代表。

为整治军队，统一军令，国民党中央、国民政府决定统一军队名称，一律称作国民革命军。在7月26日的军事委员会会议上，蒋介石就统一军队名称的问题发表演说，谓统一军政必自统一名称始，"在军事委员会曾拟有三种名称：（一）国民军，（二）革命军，（三）国民革命军。其要义不外指明我们国民党召集优秀国民所组织的军队，是以革命为主旨，所以国民革命军乃为最切合的名称"。蒋并且说，旧日大元帅大本营所辖以"建国军"命名的地方军，如湘军、滇军、桂军、粤军等，其名称应统一取消。①

与此同时，军事委员会决定：黄埔军校实行"校""军"分立，国民革命军第一军须从黄埔军校中分离出来。

8月1日，国民政府颁发统一军权和统一军队名称的命令。这一天，建国粤军总司令许崇智发表通电："遵照国民党中央执行委员会统一军政计划，即日解除建国粤军总司令职务，将所有军队交由国民政府军事委员会统率。"8月4日，许崇智、谭延闿、朱培德、程潜联衔发出"解除总司令职"通电。②此外，国民党中央和国民政府又决定收回各军政治工作干部的培训权，任命陈公博为国民政府政治训练部主任，负责集中培训并向各军派出政治工作干部，以统一国民革命军政治工作体制。陈公博于8月5日宣布就职。③

---

① 《蒋介石年谱初稿》，第398页。

② 《许谭朱程解除总司令职之通电》，《广州民国日报》1925年8月6日。

③ 《政治训练部主任陈公博就职通电》，《广州民国日报》1925年8月10日。

然而，正当国民政府对军队的各项整顿全面进行时，黄埔军校党代表、国民革命军党代表廖仲恺，突于8月20日，遭凶徒刺杀身亡。

整军的步伐，并没有因"廖案"的突发而延缓、停顿。在鲍罗廷介入下，汪精卫、蒋介石互相援手，借助于广州当时波诡云谲的形势，将查办"廖案"与军队的整治、改编并轨进行。汪、蒋以"涉嫌"本案为辞，排斥了国民党中央政治委员会主席胡汉民、军事委员会委员许崇智，随之，迅雷不及掩耳地对粤系军队实施第一波打击，于8月25日逮捕了粤军将领梁鸿楷、梁士锋、张国桢、杨锦龙等，出兵解散梁鸿楷部粤军。张国桢、杨锦龙稍后被枪杀。（"廖案"详情见第十章）做完这一系列动作之后，军事委员会即于8月26日议决："党军改为第一军，统辖第一、二两师，蒋中正任军长；建国湘军改为第二军，谭延闿任军长；建国滇军改为第三军，朱培德任军长；建国粤军改为第四军，李济深任军长；福军改为第五军，李福林任军长。"其余如赣、鄂、豫、陕各小部军队，则仍其旧。[①] 以李济深为军长的第四军，是由被整肃的梁鸿楷建国粤军第一军改编的。

廖仲恺死后的军队整顿及国民革命军统编，遂完全为汪、蒋所掌控。

此时，黄埔军校第二期学生毕业。为加强军校、军队的工作，蒋介石于9月8日下达"分发见习令"。分发的方向，包括政治工作、军队职务、机关枪班、通信队和第一师工兵连。蒋指示："其政治工作细部，按照学校、军队、海军党代表、纠察队官长、国民政府政治训练部，由代理政治部主

---

① 　《蒋介石年谱初稿》，第410页。

任周恩来核派。军队职务，按照师部第一、二、三、四、五团，除第五团已先行派遣 9 名、宪兵营 5 名外，由第一师长何应钦核派。"① 这样，第二期毕业生从黄埔军校输出，充实于军校、军队各部门。

廖仲恺被刺后，汪精卫于 9 月 14 日接任黄埔军校党代表及各军党代表，于 10 月 2 日宣布就职。

9 月中旬，鲍、汪、蒋决定胡汉民"出洋"，实际上是让他离开广东，投畀万里之外的俄国；接着又于 9 月 20 日对粤系军队实施第二波打击：粤军总司令许崇智所辖郑润琦、许济、莫雄等部，分别在虎门、莞城、石龙等地，被包围缴械；许崇智、许济被逐离粤境，送往上海。同一天，蒋介石着手组编第一军第三师，呈请任命谭曙卿代理第三师师长，并将郑润琦、许济、莫雄各部，分别改编为第三师第七、八、九团。任命谭曙卿兼第七团团长；陆瑞荣为第三师副师长兼第八团团长，并指挥补充团；卫立煌为第九团团长。并令第七团集中于新塘，第八团集中于石牌，第九团集中于石滩，补充团开赴深圳和宝安，分别加以改组。② 蒋指示第三师"暂归"第一军军长指挥。至此，第一军已拥有三个师。

稍后，汪、蒋又策划拘禁了刚刚远道来粤的川军将领熊克武，出兵驱逐了熊克武部川军。

许崇智被逐、第三师组编第二天（9 月 23 日），《广州民国日报》登出《旧军新化的问题》一文，说："现在军队最不良的习惯就是'属人而不属国'，比方这一营兵是阿甲带领的，那么这营兵便说是甲的军，而把国家的军的观念，完

---

① 《蒋介石年谱初稿》，第 420 页。
② 《蒋介石年谱初稿》，第 428 页。

全抛之脑后，这是做成个人势力的原因，只要阿甲发令，便什么都可以干，这与武力与国民结合的原意去得远了，补救这个毛病的办法，最终是实行设党代表。那时无论什么军的号令都操之党代表的手里，而不操之于军官的手里。"[①]这时强调党代表的作用，显然是为汪精卫出任黄埔军校党代表及各军党代表造势。

9月19日，周恩来被任命为第一军政治部主任。黄埔军校"校""军"分立后，周恩来主要从事军队方面的工作，但仍然以中共广东区委军委负责人的身份，主管中共在黄埔军校党组织的工作，同黄埔军校仍有多种联系。[②]是月28日，国民党中央执行委员会任命周恩来为第一军第一师党代表，贺衷寒为第一团党代表，金佛庄为第二团党代表，包惠僧为第三团党代表，徐坚为第二师第四团党代表，严凤仪为第五团党代表，蒋先云为第三师第七团党代表，张际春为第八团党代表，王逸常为第九团党代表。[③]此外，任命王懋功为第二师师长，缪斌为第二师党代表，鲁易为第三师党代表。国民革命军第一军干部的配备，基本就绪。

经过多次的调整、变动，至第二次东征时，国民革命军第一军的组织系统，大致情况如下。

---

① 曙风：《旧军新化的问题》，《广州民国日报》1925年9月23日。

② 《委定各军政治部主任》（《广州民国日报》1925年9月19日）：第一军周恩来，第二军李富春，第三军黄实（10月20日为朱克靖），第四军陈孚木，第五军（暂缺，12月8日为雷剑敖），第六军罗汉，副主任吴明，攻鄂军讲武堂林祖涵，湘军讲武堂谢晋，警卫军陈雁声，海军李之龙。并谓"均定为少将级"。

③ 《蒋介石年谱初稿》，第431页。

军　长　蒋介石

**党代表**　汪精卫

**政治部主任**　周恩来

**第一师**　师　长　何应钦

　　　　　　党代表　周恩来

　　**第一团**　团　长　沈应时

　　　　　　　党代表　贺衷寒

　　**第二团**　团　长　刘　峙

　　　　　　　党代表　金佛庄

　　**第三团**　团　长　钱大钧

　　　　　　　党代表　包惠僧

**第二师**　师　长　王懋功

　　　　　党代表　缪　斌

　　**第四团**　团　长　刘尧宸

　　　　　　　党代表　徐　坚

　　**第五团**　团　长　蒋鼎文

　　　　　　　党代表　严凤仪

　　**第六团**　团　长　惠东升（后编）

**第三师**　师　长　谭曙卿

　　　　　党代表　鲁　易

　　**第七团**　团　长　谭曙卿

　　　　　　　党代表　蒋先云

　　**第八团**　团　长　陆瑞荣

　　　　　　　党代表　张际春

　　**第九团**　团　长　卫立煌

　　　　　　　党代表　傅维钰

　　**第一补充团**　团　长　周保山

　　　　　　　　党代表

黄埔军校史料显示，当国民革命军第一军组建，黄埔实行"校""军"分立之际，黄埔军校重新组建校属部队。据《蒋介石年谱初稿》：1925 年 10 月 4 日，"呈请任命李杲（李杲）为军校教导第一团团长"；10 月 6 日，"呈请任命吴奂为教导第二团中校团附，并代行组织第二团，沈振亚为该团参谋长"；10 月 9 日，"呈请任命胡宗陈为教导第三团团附，陈宪章、张寄尘、万梦麟为该团第一、二、三营营长"。可见军校原教导团编为第一军后，黄埔军校很快重建教导团，至 1926 年 1 月，已建立黄埔军校教导师。

1925 年 11 月，在国民革命军第四军内，建立由中共广东区委直接掌握的第三十四团，由中共党员叶挺任团长，最初由周士第（一期）、许继慎（一期）、杨宁（教官）分别任第一、二、三营营长，董朗（一期）任团参谋长。原大元帅府铁甲车队并入此团。中共广东区委在第三十四团建立中共支部。1926 年春，第三十四团改名为第四军独立团（叶挺独立团）。此为中共广东区委独立掌握军队的尝试。

国民革命军第一军组建后，军队更换名称，而党管军队的性质未变。汪精卫说："我们看国民政府委员会组织法第一条，和军事委员会组织法第一条，便可知道国民政府军事委员会是在国民党的指导监督下而成立的。事实上，国民政府是国民党的政治部，军事委员会是国民党的军事部，所以无论什么军队或军校，总是国民党的。"[1] 汪强调的是，党高于一切。国民革命军依然实行党代表、政治部、党部的党管军队体制。

---

① 汪精卫：《黄埔军官学校成立典礼训话》（1926 年 3 月 1日），少侯编：《汪精卫文选》，上海仿古书店，1936 年，第 190 页。

以上，从"校军"到"党军"，再到国民革命军，为黄埔建军进程的三阶段。当时，国民党改组让这个党焕发出一定活力，为以党建军提供了条件；黄埔军校办校的成效，为之准备了一批干部；不仅如此，国民党当时还有一次除旧布新的机遇。黄埔建军，可谓条件具备，机遇难逢。前后不足一年，国民党独立建军的愿望，得以实现。

然而，由于国民党的复杂性，其改组不彻底，加上种种原因，未真正形成党管军队的基础与实力。稍后，在建军、整军及其他机会中得以迅速扩张势力的蒋介石，即以手中的军事实力，来与他的党争、政争对手展开博弈。故军队"党化"的开始，也就是"党军"异化的开始。军队之中以种种名义和手段抵制和反对党代表制，即反对党管军队新制度的势力和人物，逐步浮现，并越来越活跃。其代表人物，就是蒋介石。随后（1926 至 1927 年），国民党内"党权""政权""军权"的较量（表现为"中山舰事件""迁都之争""迎汪运动"等）的结果，是"军权"战胜"党权"，同时也战胜"政权"，形成了蒋介石军事集团"以军制党""以军制政"的局面。

# 第九章　黄埔军校与广东战争

## 第一节　平定商团之乱

广东商团创建于辛亥时期，初为商人自卫武装，后与入粤之滇、桂军对立，对大元帅府亦怀戒心，彼此存在一种紧张关系。1924 年 5 月，商团决定组建联防总部，以广州汇丰银行买办陈廉伯为总长，佛山商会会长、商团团长陈恭受为副总长。全省 10 个分团，总共 4000 多人。当年 8 月至 10 月间，因大元帅府扣压了商团从国外购进的枪械，引起商团的激烈反抗，并很快演变成一场暴乱。史称"扣械潮"，亦称"商团之乱"。

开学不到两个月的黄埔军校，遇上了这一事件。

据黄埔军校一期生张隐韬的日记记载：8 月 11 日，"至晚间忽有匪警，说是有船载的兵来劫学校。又说是在虎门过来一船，满载军械将运往沙面。本校晚上即将第一队之一区队及四队之一区队，调往黄埔东岸炮台处，对之放枪。并鸣大炮三声，将该船也未打上。防守一夜，究不知是怎样办理解决？并实在是一段什么事情？"[①] 这段日记所记，是商团械轮从虎门开进当夜为黄埔军校察觉的情形。

---

① 见《张隐韬烈士日记》1924 年 8 月 11 日部分。按：这里记的应是 8 月 10 日发生的事情。

《蒋介石年谱初稿》对商团事件的起因，记录如下：

初杨、刘军队之在粤也，假揭革命旗帜，暴敛横征，商民不堪其苦，迁怒于政府。商团会长陈廉伯〔广东英商汇丰银行买办〕，因受陈炯明暨英帝国香港政府〔英酋深嫉政府与苏俄亲善〕煽惑，密组中国反动党，托言商民自卫，向香港德商顺全隆洋行购定大批枪械〔九千余杆〕，于本月四日蒙领军政部护照一张，越四日，即以哈辅轮悬哪喊旗装运入口。大元帅得港探报，立派蒋司令办理此事。是晚，公（指蒋介石——引者）奉手令，率同大本营副官邓彦华乘江固舰赴沙角弋绰。①

装载商团枪械的"哈佛轮"（即哈辅轮），被蒋介石派出的"永丰""江固"二舰监押至黄埔，停泊于校门之外。处置商团枪械的任务，即由本校教官学生负责。对扣舰并搬运枪械的过程，张隐韬8月12日日记，有具体记述：

昨夜发生之私运枪械事，已经成为事实了。其他的谈论，都是谣啄。此事之发觉，预有人密报大本营，大元帅来一电，命扣留该船，并命省城来一军船来帮助一切。……及至夜间，派多数学生，荷枪实弹，协同要塞司令部，在东岸防守，见该船来时，即命停驶，不听，乃开枪开炮。该船乃反转往东而逃，本校特拍一电至虎门，命其截住该轮。乃于今日正午解该船至黄埔。因恐

---

① 《蒋介石年谱初稿》，第225页。本书着重叙述黄埔军校官生参与平定商团的活动，对商团事变的起因及激化等问题，未展开叙述。

该船不受搜索，乃派二队为警戒，不得已时即开枪轰击之。直至晚七时许乃开始搬运该军火。

大雨骤作，我亦正值警戒之际，水深数寸，行动时皮鞋为水浸入，枪亦湿。本校乃命三四队学生脱去军衣，戴上雨笠搬运，至十二时乃止。因为船上军火未搬完，学校的军火亦须防御不虞，故我们在下午一时出外警戒，直至天将明的四时半方回校睡觉。闻该军火约一千二百箱，枪数目还不知清楚。——我在夜间警戒时，那种暴烈的风雨，要说是辛苦得很，但我认为国民党得这大批军火，诚是前途的幸事，高兴得很，故毫亦不觉苦！

又，夜晚用的口令，是"得威必胜"四字，也表示国民党得这批军火而欢出意外的意思。①

这篇日记说第二队负责警戒，第三、四队冒雨搬运。第三队学生有陈赓、关麟徵、张耀明、杜聿明、廖运泽、孙元良、侯镜如、黄杰等；第四队有蒋超雄、胡宗南、容有略、冷欣、杨伯瑶、范汉杰等。这些日后广为人知的人物，在这个风雨交加的夜晚，应当都登上了"哈佛轮"，参加了抢运行动。张隐韬估计，船上有"步枪四千五百余支，手机关百架许，盒子炮五百余支，轻机关数架，并其他枪械共九千余支，子弹三百万发，价洋八九百万元"。

这艘"哈佛轮"，打乱了黄埔一期的课程表。此后，教官不可能按部就班地教，学生也不可能循序渐进地学，一切的教学、训练活动，都与解决商团事变联系在一起了。蒋介石告诫学生说："我们时时刻刻不可把打仗这件事忘记，不要

---

① 见《张隐韬烈士日记》1924年8月12日部分。

以为求学和打仗是两件事。"①

黄埔一期官生在平息商团事变中的活动，主要有如下几个方面。

### 一、参与保卫帅府和省长公署，守卫黄埔岛

枪械被扣后，商团即聚众包围大元帅府，呼喊"械存与存，械亡与亡"的口号，要求无条件全部发还被扣枪械。8月20日，商团移其总部至佛山，谋以全省商团联合之势，对抗帅府。罢市于22日从佛山开始，迅速蔓延至九江、陈村、顺德等多个城镇。25日，商团总部又迁回广州，意在煽动广州全市总罢市。

当商团包围帅府及省长公署时，黄埔军校"徇廖党代表电请，派军校教官文素松率领第三、四队学生，前往省城维持治安，镇谣言"②。张隐韬的日记写道："他们（商团）闻此项军火被扣，乃率千余商团军包围大本营及省长公署，大元帅向之演说扣留之理由，他们仍不稍听。本校乃派第三、四队学生去省城大本营保护，于（12日）下午出发。"

存放于黄埔岛上的被扣枪械，等于一座随时都会爆炸的火药库。当时觊觎这批枪械，欲行劫夺者，当不止于商团而已。黄埔军校于是宣布长洲全岛戒严，并派第一、二队学生严守。张隐韬为第二队学生，他记录当时执行任务经过说："下午一时派出警戒，我与三四人为步哨，位于东南岸之山上。不时大雨骤至，直到九时返校时雨犹未止。此地随地有匪，我们位置之地，与各地步哨接的太远，真是危险的很；人数又少，每人发五发子弹。"

---

① 《蒋介石年谱初稿》，第234页。
② 《蒋介石年谱初稿》，第229页。

## 二、加紧战备演练

为应对日益恶化的事态，黄埔军校调整了课程，取消了原定的行军训练等，服从战备需要，急用先学。首先是提前讲授"筑城学"，并在环黄埔岛各山头上，着手修筑战壕。这既是"筑城学"一科的实习，更是守卫黄埔岛的一项紧急举措。

接着，黄埔军校开始学习"巷战"。蒋介石于 8 月 19 日亲自讲解，下午即令学生开赴城内，实行"巷战"演练。张隐韬日记记载："上午校长说话，并讲'巷战'。"此时，商团之乱愈演愈烈，为此，大元帅府对商团总长陈廉伯严下通缉令，并布置军队，以观音山（越秀山）为阵地，监视商团总部所在地——西关。蒋介石在讲话中表示，如果商团"一有举动"，即强行攻打西关。[①]

张隐韬接着写道："我们去（即开进城内），也是为的备战，全副武装，充分子弹，而实习'巷战'者也。下午一时出发，三时船至省城。住于省长公署内，食住亦甚安心。"第二天，军校学生列队巡行西关，对商团实行武装示威。

## 三、护卫孙中山到韶关

商团枪械被扣后，英国驻穗公使向大元帅府提出"抗议"，公开支持商团和陈廉伯。英国并派兵舰数艘游弋于白鹅潭，耀武扬威。孙中山说，英国的压迫、东江陈军的反攻、"客军"（滇、桂军）的贪横，这三条足以制我于死地。迫不得已，孙于 9 月 12 日以北伐为由，将大本营移往韶关。《蒋介石年谱初稿》写道："大元帅亲率警卫队、飞机队、赣军

---

① 见《张隐韬烈士日记》1924 年 8 月 19 日部分：西关"约五六十万人，广州商业之中心地也"，如果西关商团"一有举动，则以炮轰之，而牺牲此西关人民"。

全部〔方本仁部〕、湘军〔谭延闿部〕、滇军〔朱培德部〕、豫军〔樊钟秀部〕各一部〔惟杨、刘等部不受调遣〕出发，指挥北伐军事。公派军校教官文素松率第一队学生随驾护卫。"①

作为孙中山卫队，第一队乘坐铁甲车开赴韶关，第一队中有徐向前、宋希濂、邓文仪、曾扩情、周振强、王泰吉等人。随着孙中山的转移，第一队的课堂和操场，也转移到了粤北。至10月上旬，派赴韶关的学生，才调回广州。

### 四、参加西关之战

孙中山离开广州前后，处置过部分扣械，并下达过将扣械分给各校、各军的命令。当时，滇军范石生、廖行超以"调解"为名，向帅府施加压力；胡汉民、汪精卫、许崇智、李福林等，则分别与商团交涉，讨论交换条件。孙中山为各种势力所包围，左右为难，举棋不定，朝令夕改。他甚至决定放弃广州，于10月9日致函蒋介石说："然我来韶之始，便有宁弃广州为破釜沉舟之北伐，今兄已觉得广州有如此危险，望即舍去黄埔一孤岛，将所有枪弹并学生一齐速来韶关，为北伐之孤注。"蒋介石却立意坚守广州，答复孙中山说："叛军与奸商联成一气，其势益凶，埔校危在旦夕。中决死守孤岛，以待先生早日回师来援，必不愿放弃根据重地，致吾党永无立足之地也。"②

这时，胡汉民、许崇智、李福林与商团达成了妥协条件，要点是商团交付20万元，帅府发还枪械，数目在5000支以上。孙中山同意了这一条件，于10月9日下午5时半，"下令发还扣械"。第二天，蒋介石致电孙中山："商团枪械昨夜

---

① 《蒋介石年谱初稿》，第233页。
② 《蒋介石年谱初稿》，第243—244页。

移交李登同（福林）转交各户，子弹待其交足二十万元再发。"

10月10日为双十节，广州发生了"双十惨案"。《蒋介石年谱初稿》记载此事起因说："军校学生暨广州市各界，在市举行大巡行，过西濠口，商团乃与寻衅。商团运回发还枪械，在河岸起卸，巡行队经其地，团员疑将劫之，放枪击毙工团军数名，事遂决裂。"[1] 随之，西关等处遍贴打倒孙政府等标语。

孙中山认为：商团"叛迹显露，万难再事姑息。生死关头，惟有当机立断"[2]，遂成立并授权"革命委员会"全力应付非常之变，并令北伐部队全部南返广州，令蒋介石统一指挥警卫军、工团军、农民自卫军、飞机队、铁甲车队、兵工厂卫队、陆军讲武学校、滇军干部学校，蒋介石并派为"革命委员会全权委员"。14日，孙中山下令解散商团。

10月14日黄昏，黄埔军校第一期第二队和第四队，奉令进城参加"巷战演练"，乘火轮逆江而上，在天字码头登岸，涉水进入广州城区。第二队学生李奇中说，是茅延祯带着二队去的。

第四队学生蒋超雄后来回忆说：

> 在下午七时左右，在广州东堤军校办事处码头登陆。时正大雨如倾，永汉路积水二三寸。这两个学生队军容严肃，气势高昂，虽行军于大雨积水之中，步伐整齐、行阵不乱，无人低头缩颈或东张西望，真是一往无前，傍若无人。永汉路两旁商店里的人都在门内观看，莫不喷

---

① 《蒋介石年谱初稿》，第246页。

② 孙中山：《致胡汉民等电》（1924年10月10日），《孙中山全集》（第十一卷），第167页。

啧称美。象这样的队伍，在广州是前所未见。①

直到深夜"巷战演练"开始时，蒋介石才口头宣布，军校学生今日的真正任务，是参加攻打商团。这一夜，蒋介石督率黄埔军校学生，"并协同湘军〔由韶关调回者约三千人〕及张〔民达〕、吴〔铁城〕、李〔福林〕各部，分向西关，西瓜园、太平门、普济桥迎击"。15 日凌晨，与滇、桂军等各部包围西关，破栅门而入，巷战良久。至日晡，西关商团总部乃被攻破。②

商团事变，无异于为黄埔学生提供了一个学习战争的特殊课堂。

## 第二节　首次东征

1922 年六一六兵变后，孙中山、陈炯明关系破裂。孙于次年重建大元帅府，陈则驻兵东江。后有人以孙、陈"合之则双美，离之则两伤"，试图撮合二人关系。陈炯明却表示：不"盲从"孙中山，"不能闭起眼睛瞑索以行"，"惟有沉机待变，再谋赤手以搏龙蛇，以雪此耻，如斯而已"③。

1925 年春初，大本营发起讨伐陈军的东征之役。1 月 30 日，以杨希闵为总司令的"东征联军"，决定分三路出兵东江：杨希闵部滇军任中路，刘震寰部桂军任左路，许崇智部

---

① 蒋超雄：《我在黄埔军校学习的回忆》，《广东文史资料》第三十七辑，第 41 页。
② 《蒋介石年谱初稿》，第 250 页。
③ 《陈炯明答吴敬恒书》（1924 年 5 月 13 日），转见《孙文与陈炯明史事编年》，第 815 页，2003 年。

粤军任右路。黄埔军校学生被编入右路。《蒋介石年谱初稿》谓，"徇军校全体学生参战要求，令加入右翼"。可知是军校学生主动要求参加东征。出发东江者，有军校教导团两个团，第二期学生步兵队、炮兵队、工兵队、辎重队，第三期入伍生第一营，共约3000人。加入东征右路军的，还有大本营铁甲车队。

本次东征中，黄埔军校经历的战事，主要如下。

## 一、淡水之战

2月1日，黄埔军校开始东征。蒋介石、加伦、周恩来等随军出发，迅速占领了东莞城和石龙。随即以铁甲车队为先导，沿广九铁路南进，于2月7日占领常平，10日占领平湖，11日占领深圳，控制了铁路全线。

教导团宿营深圳龙岗时，营党代表蔡光举给他的同学写信说：

剑飞二哥：

　　军行十二日，不见一敌人，时时谓要接火，天天安然睡觉，现已抵距淡水四十里之龙岗矣。你好否？入伍生程度如何？听说听教否？我正望你勤攻书典，印证事实，以备将来用之不穷。吾危矣！常欲用功，而一刻未能用功，将堕落侪辈之后也！哥其何以勉我哉？行矣！……又站队矣，夜梦……醒时一条毡子遮遮半身，不觉冷清清也！手肃，祗颂党劳！不尽。

制弟光举

认曲畏友：

　　邂逅共砚十月有余，责善规箴，面斥无忌，不可谓不相知矣。赋征以来连两星周，他无所苦，惟以不见敌

人，发弹无的为恨！入伍生后起之秀，定有人杰，望物
色之！春风泛桃李花，确切可爱，恨未与君同赏也。匆
肃，即问精进？

制弟蔡光举

十四年二月十三日①

蔡光举，贵州遵义人，黄埔一期生，时任校军第一团第
三营党代表。蔡阵前惦记同学，想到还要"用功"学习，以
未能与朋友"同赏"桃李花为憾事。当然他更渴望参战，以
"发弹无的为恨"。

14 日，黄埔军校教导团与粤军各部先后进至淡水城下。
此时，陈军一部据城而守，另一部从惠州移兵来援。为此，黄
埔军校教导团、粤军第二师和第七旅，发起淡水攻城之战。粤
军第二师（师长张民达、参谋长叶剑英）被布置于淡水城西北
面；粤军第七旅（旅长许济）被布置于城之东北面；黄埔教导
团被布置于城之东南面。是晚，黄埔军校颁布命令："本校长
党代表不忍我将士兵卒久暴荒野，爰特挑选奋勇队，誓于最短
期攻破淡水。仰尔等将士务体此心，抱定为党为国牺牲之决
心，奋勇迈进，可进不可退，则蕞尔淡水，不足平焉。"②校
军组织攻城"奋勇队"，即敢死队，其任务是冒死冲锋抢城。

李奇中回忆：教导团两个团共挑选奋勇队队员 105 名。
其中包括营党代表蔡光举，连党代表冷欣、刘畴西、彭干臣、
张际春、游步仁、李奇中、张隐韬、李汉藩、郑洞国（另说

---

① 《蔡光举同志遗书二通》，《青年军人》第二期，1925 年。

② 《挑选奋勇队攻克淡水城令》（1925 年 2 月 14 日），陈以沛、
邹志红、赵丽屏合编：《黄埔军校史料（续篇）》，广东人民出版社，
1994 年，第 15 页。

还有李安定、赵栩）。①

15 日拂晓，攻城开始。官兵奋勇异常，第一团于 7 时半即逼至小南门及东门城脚。守军发射猛烈，攻城队多被流弹击中。第一营第三连的旗手，首先登上城头，挥舞旗帜。各官兵乘势推进，或缘炮孔钻进城内，或搭成人梯，攀缘直上。不到两小时，淡水城即被攻破。②

淡水之战中，奋勇队官长、营党代表蔡光举负重伤，日后不治而逝。第一营排长叶彧龙、刁步云、江世麟阵亡。是为黄埔校军的初次参战。蒋先云在所撰《由前敌归来》中说：这是我们革命军第一次对敌，第一次为实行主义而奋斗，"革命军自有革命军的特色！"③

淡水既克，东征军绕过惠州东进。从 2 月 24 日起，黄埔校军从平山向白云市、稔山、梅陇前进。在当地农民配合下，于 27 日占领海丰（陈炯明家乡）。彭湃领导的海丰农民协会于是恢复。黄埔学生李劳工，被任命为军校后方办事处主任，吴振民任政治部特派员。3 月 16 日，海丰农民自卫军和农军训练所成立，李劳工、吴振民分别任大队长和教官，黄埔学生卢德铭、宛旦平、陈烈、詹赓陶等，任农民自卫军教练。

**二、棉湖之战**

3 月 7 日，东征军占领汕头。因滇、桂军消极观战，遂

---

① 李奇中：《统一广东革命根据地的战争》，中国人民政治协商会议全国委员会文史资料研究委员会编：《文史资料选辑》第二辑，中华书局，1960 年，第 27 页。
② 王俊：《教导团第一团淡水之战》，广东黄埔陆军军官学校特别区党部革命军社编辑发行：《革命军》第六、七期合刊，1925 年 5 月 30 日。
③ 蒋先云：《由前敌归来》，《中国军人》第二号，1925 年 3 月 2 日。

巡于增城至博罗之间，陈军总指挥林虎得以纠集所部，从紫金、五华包抄而来，企图一举打败孤军入汕的东征军。棉湖之战，由此开始。

棉湖之战为东征关键性的一战。为打败林军，蒋介石令粤军第一旅、警卫旅（刚从后方开到）占领河田，以拊林军之背；校军第一团（团长何应钦）、第二团（团长钱大钧）和粤军第七旅（旅长许济）从揭阳、普宁回师，迎击林军。

3月13日晨，校军第一团在棉湖与林军八九千人激战。由于地图不确，通讯不灵，左（钱团）、右（许旅）两翼未能如期加入战斗。第一团单独迎战林军，自朝至暮，苦战竟日。战斗最激烈处上午在曾塘村：第一团第一营被林军包围，伤亡数十人，被缴枪数十支。第二营逐连、逐排加入战斗，但因人数太少而未能扭转战局。后出动团部官兵，也无法退敌。第三营欲从侧翼策应，但因敌占地广阔，反为林所包围，并与第一、二营失去联络。林军几次冲到团指挥所附近，几乎将指挥所打垮。

当时，林军一股冲到了离指挥所仅200米处。炮兵连长陈诚以山炮直接射击林军，连发三炮，打退了林军最具威胁的一次进攻。陈诚"三炮"，后传为美谈。

战局至危时，教导团学兵连及时加入战斗。据《革命军第一次东征实战记》记述：学兵连"时而冲锋陷阵，时而白刃相接，时而绕敌侧击，斩杀无算，屡摧强敌，颇能得到战斗胜利。……使敌不能逞其包围之伎俩，第二营无左（后）顾之忧，左翼有盘石之固。应战三小时之久，卒能支持，达到与敌对峙之局势，而使敌人不得越雷池一步者，未始非该连官兵之勇敢与曹连长指挥之巧妙也"。[1] 学兵连连长曹石泉

---

① 刘秉粹编：《革命军第一次东征实战记》，（台湾）文海出版社，1981年，第264页。

为一期区队长，党代表曹渊、副连长唐同德均为一期生。学兵连对稳定棉湖战局，发挥了重要作用。

其时，党代表廖仲恺到东江慰劳革命军，此日亲到棉湖火线，激励官兵作战。

当日下午，战事中心转到和顺村。林军总预备队又包围了第一团第一营和第三营，第一团伤亡惨重。第三营党代表章琰、副营长杨厚卿、八连连长胡仕勋、九连连长余海滨阵亡，七连连长郭俊受重伤。全营9名排长7死1伤，385名士兵仅剩下111名。[①]第一团顽强坚守阵地，至下午2时，第七旅从右翼，第二团从左翼先后赶到。各部共同出击，终于将林军打败。林军乃向五华、兴宁退去。

通观棉湖一战，可知正面拒敌起了主要作用。只因第一团在正面挡住林军巨大攻势，之后侧出援兵（第二团、第七旅），击敌不豫，才最终扭转不利，以少胜多。参与此战的黄埔战术教官顾祝同，后来将棉湖之战比作隋末"霍邑之战"：李渊父子与隋将宋老生战于霍邑，宋倾全力击李渊，渊军稍却，建成堕马。而李世民率兵自右后方攻宋，隋军大败。顾祝同又将此战比作1815年的"滑铁卢之战"：法、英两军激战于滑铁卢，英军正面遭受重大压力，难于支持之际，普鲁士军从右侧背出击，法军大败，拿破仑被俘。

棉湖之战发生于孙中山逝世后第二日。假如这一天黄埔校军教导团被打败了，世上可能再没有"黄埔"二字。《蒋介石年谱初稿》谓："棉湖一役，以教导第一团千余之众御万余精悍之敌，其危实甚，万一惨败，不惟总理手创之党军

---

① 王俊：《棉湖大捷五十年之回忆》，中共惠州市委统战部、中共惠州市委党史办公室编：《东征史料选编》，广东人民出版社，1992年，第908页。

尽歼，广州革命策源地亦不可保。此战适当总理逝世之翌日，盖在天之灵有以默相其成也。"[1]

黄埔教官、学生对这一仗的记忆，可谓铭心刻骨。亲历棉湖一战的何应钦在此后的数十年间，每到3月13日，经常要搞点纪念活动。何应钦说：本党之绝续，在此一战；国民革命军之始基，于焉奠立。

棉湖之战后，廖仲恺作《我们的光彩要照耀大地》的讲演，说："我们军队，现在现出光彩来了！"

亲历棉湖之战的苏联顾问加伦说："昨天棉湖一战的成绩，不独在中国所少见，即在世界上亦少有的。"

### 三、五华、兴宁之战

棉湖之战后，黄埔校军和粤军第一师第一旅（陈铭枢）、警卫旅（欧阳驹）奔袭五华和兴宁。鉴于林虎"收缩五华，固守兴宁"的战略，校军决定迂回袭击，间道袭击五华。3月17日下午，教导第一团强行军120余里，于翌日晚直薄五华城下。当时，林军主力已开往兴宁，五华守将王得庆未作积极防备。是夜，蒋介石"即令何团长率队潜伏郭外，取包围之势。城中有一伪（敌）连长出巡哨，获之，用以为向导，混充运弹队，赚开南门，一拥而入。敌惊溃，纷纷夺东北门出，向兴宁及赣边奔窜，禽〔擒〕逆湘军王得庆部、林逆行营官长数名，夺械弹辎重无算"。这一不正攻兴宁而先从间道袭取华城的打法，蒋自认为是一着妙棋，自我评价甚高，亲笔在他的年谱中加了一句"生平战略得意之一也"。又说"公窃自诩为神"。[2]

有趣的是，黄埔校军在这一仗中所付出的，仅仅是伤了

---

① 《蒋介石年谱初稿》，第322页。
② 《蒋介石年谱初稿》，第325页。

彭干臣（一期生、连党代表）的一个小指头。彭干臣笑道：
"革命诚艰巨，吾指何足惜？留得头颅在，可为党效力。"①

3 月 19 日，教导第二团和粤军第一旅转攻兴宁城。敌据
城固守，拼死决战。粤军第一旅于 3 月 20 日上午首先打退了
神岗山之敌，接着与敌激战于南济桥，运用正面吸引、侧面
包抄的战术，将城外之敌驱入城内。下午，东征军各部冒雨
拔城。教导第二团在新丰街占据楼房，瞰制城内，猛攻西门。
当南门之敌被迫转向西门时，第三营第九连乘隙攻入南门。
林虎军弃城而逃。东征军俘敌千余，缴枪两千。兴宁城遂克。

五华、兴宁酣战之际，粤军第二师（师长张民达）出潮
安、丰顺。兴宁既克，第二师由韩江北上，占领大埔、梅县、
蕉岭。黄埔校军则向平远追击。林军向闽边、赣省退去。东
征之役，至此结束。

## 第三节　回师广州

滇、桂军 1923 年初进入广东，多行不义，粤人深受其祸
害。孙中山曾制定严厉的"军律"，欲对乱法之军予以制裁，
但收效不大。东征未捷，孙中山于 1925 年 3 月 12 日病逝于
北京。这时，本来拒绝与孙合作的滇系唐继尧，却于 13 日通
电就任所谓"副元帅"职，声言将率兵十万，入主粤政。杨
希闵表示"拥唐入粤"；刘震寰则亲赴云南，促唐出兵。杨、
刘从韶关等地召回部队，布置于广州及近郊，声言"以武力
贯彻主张"。作为东征后方的广州，随即陷入恐慌之中。

东江战事结束后，廖仲恺于 4 月 27 日到达汕头市，与许

---

① 魏文伯、刘鼎：《革命先烈彭干臣》，《人民日报》1985 年 1 月
30 日。

崇智、朱培德、蒋介石及加伦等"密定大计"，决定东征军回师广州，讨伐杨、刘。5月13日，廖再到汕头召集会议，刚从北京南下的汪精卫，也经香港来汕头，参加筹划整个策略。21日，东征军各部从潮州、梅县等地启程，班师返穗，经海丰、平山、淡水，于6月6日到达广九铁路樟木头一带。

在广州，为便于指导和统一行动，于事前组成了讨伐滇、桂军的"三方委员会"，参与者为廖仲恺、谭平山与陈延年、加伦。① 中共广东区委还特别成立了统筹讨伐行动的"革命委员会"，由罗亦农负责。②

5月17日，国民党黄埔军校特别区党部邀各军校、部队、广东大学之党部或党团，共商对付时局办法。黄埔军校特别区党部常委周逸群（二期）任主席，谭平山、廖仲恺、戴季陶到会讲话。会议认为，目前是国民党的生死关头，全体党员应加强团结，共同对敌。会议并推举吴明（二期）负责起草《各特别区党部及党团重要宣言》。③ 当日下午，中国青年军人联合会召开第一次全体职员联席会议，在穗各军校、各兵舰、大元帅府卫士队和铁甲车队代表出席，以王一飞（二期）为主席，出席者有汪精卫、鲍罗廷、张太雷、傅大

① 卡尔图诺娃《加伦在中国（1924—1927）》记："为便于开展工作、统一行动和进行指导，恢复了在讨伐陈炯明之前即已成立的谭平山（中共中央委员）、陈（中共广东区委书记）以及总顾问和廖仲恺组成的'三方委员会'。"（第185页）按：文中的"陈"指中共广东区委书记陈延年，"总顾问"应为加伦，"三方委员会"可能是指国民党、共产党、苏联顾问三方。

② 《团广州地委宣传部报告（第十六号）》（1925年6月19日）："CP曾组织革命委员会，特别办理此事"。《广东青年运动历史资料》（一），第454页。

③ 《广州市特别区党部及党团联欢会记》，《革命军》第六、七期合刊，1925年。

庆、陈东（陈延年）等。汪、鲍就时局问题发表了讲话；李汉藩（一期）、胡承焯（三期）提出了应对事变的建议。会议通过"本会所有会员无论在何时何地均一致行动攻守同盟"的决议。① 当日上、下午两次会议之后，滇军干部学校及桂军军官学校的部分教官和学生，脱离了杨、刘阵营。

6 月 4 日，滇军占领省长公署、粤军总部、财政部和公安局。5 日，杨希闵发表"通电"谓："今蒋中正、廖仲恺、谭平山等利用俄人，互相勾结，代彼宣传，以少数党人专制国家，直视革命为彼辈包办事业"，"希闵等断不容彼辈播共产流毒于社会，我军因此喋血疆场，亦所不恤"。② 大本营乃于当日令免杨、刘本兼各职，改由朱培德任滇军总司令。

在廖仲恺及中共广东区委的策划、领导下，粤汉、广九、广三铁路于 7 日早上同时宣布罢工。所有火车头能开走的一律开走，不能开走的全部拆除，铁路运输遂告中断。杨希闵以 10 万元重赏到香港雇人开车，但无一人应征。③ 滇、桂军因之受到极为沉重的打击。

6 月 9 日，由潮、梅回师的东征军抵达广州近郊，遂部署总攻省城。是时，西江粤军兼程驰至，北江谭延闿、朱培德、程潜各率部南下。11 日拂晓，各部会同进攻省城，北线部队一一突破滇、桂军设置于龙眼洞、瘦狗岭、白云山等处防线；南线部队强渡珠江，进攻广州市区。黄埔军校的东征

---

① 《中国青年军人联合会第一次全体职员联席会纪录》，《中国军人》第六号，1925 年 8 月 17 日。

② 中国社会科学院近代史研究所中华民国史组编：《中华民国史资料丛稿：大事记》（第十一辑），中华书局，1978 年，第 97 页。

③ 罗大明：《大革命时期广东工运情况的回忆》，中共广州市委党史资料征集研究委员会办公室编：《广州大革命时期回忆录选编》，广东人民出版社，1986 年，第 227 页。

部队及留校教官、学生、入伍生，分头参与作战。具体的部
署为："留校学生一部，协同海军，由鱼珠向石牌车站威胁
敌之侧背，并施炮击。校部暨党军第一旅及第三团之一部，
向龙眼洞；入伍生队三营，由赤江（岗）塔、猎德渡河向东
山应援。"[①]猎德渡河时，黄埔军校6名教官、学生阵亡，他
们是：王声聪、李志、雷学诗、陈剑飞、吴俊杰、朱方盛。

鱼珠、沙河一带，本来是黄埔军校练兵、野营之地。在教
官指导下，学生们对这些地方的山体、河流及各标志物作过测
量，制有图表，对地形、地物及相互之间的距离了如指掌。因
此，炮兵发炮的命中率很高，学生打起仗来，势如破竹。在激
战中，滇军师长赵成梁被击毙，桂军师长陈天泰（陈天太）被
俘。杨希闵、刘震寰化装经沙面登上外轮，潜往香港。

继回师之役后，省港大罢工于6月19日爆发。23日，
党军第一师师长何应钦率两个营及军校入伍生，参加省港各
界的集会和示威游行。游行队伍当日遭沙面租界英、法军警
扫射，被打死52人，重伤170余人，是为"沙基惨案"。党
军第一团第三营营长曹石泉身受重伤，不治而逝。入伍生部
第七连少尉排长文起代和三期入伍生郭光彩、徐仁江、刘著
禄、王海洲等23人，在"沙基惨案"中中弹身亡。

## 第四节　第二次东征

驱逐杨、刘之后，国民政府、国民革命军次第成立。在
东征军撤离潮、梅后，被逐出东江的陈炯明军，根据许崇智
（代表省方）与陈炯明方面的协议，重据东江。全省仍被割

---

① 《蒋介石年谱初稿》，第374页。

据，广州政局依旧动荡不安。国民党及国民政府因之决定再举东征和南征，以扫除东江陈军及南路邓本殷军，统一广东全省。

经过统编的国民革命军第一军、第四军和第六军（尚未编成，仍用"攻鄂军"名义），组成为东征军第一、第二、第三纵队，何应钦、李济深、程潜分任纵队长。蒋介石任东征军总指挥，周恩来任东征军总政治部主任。是时，党代表制已由黄埔军校推向各军：在第一军，周恩来任政治部主任（后任第一军副党代表）和第一师党代表，缪斌任第二师党代表，鲁易任第三师党代表，贺衷寒、金佛庄、包惠僧、徐坚、严凤仪、蒋先云、张际春、王逸常、傅维钰、胡公冕等，任各团党代表；在第四军，罗汉任政治部主任；第六军组成后，林伯渠任党代表和政治部主任。东征军总政治部组织有237人的政治宣传队，并动员3000多名省港罢工工人从事运输、救护及后勤工作。苏联顾问罗加觉夫、切列潘诺夫等随军东征。

1925年10月1日，第二次东征正式开始。

## 一、惠州攻城之役

蒋介石10月6日从广州出发，11日于惠州城外飞鹅岭，部署强攻惠城，决定第一纵队为攻城军，由第二师第四团担任主攻，重点攻击北门。蒋并令何应钦组织攻城先锋队，第二师第四团选200名，第三师每团各选150名，队员每名犒赏30元，最先登城者得头等奖100元。[①] 13日上午，攻城军以炮火轰击城门、堞楼等。黄埔一期毕业生、航空学校党代

---

①　《蒋介石年谱初稿》，第438页。

表兼教务主任刘云，驾驶飞机，向惠城投放炸弹和宣传品。这可能是国民革命军飞行员驾机投入作战的第一次。下午，攻城先锋队挟梯爬城。守军凭借惠城三面环水、城高而坚之有利地势，顽强抵抗，城上工事未被摧毁。东征攻城军冲锋多次未能成功，蒙受极大的伤亡。

时将入暮，何应钦对第四团团长刘尧宸说："若不于此时登城，则无登城之机会矣！"严令刘率所部迅速前进，限于本日内破城。①刘尧宸于是躬挟竹梯冲锋，但受拦阻于钉满铁钉的横木。城上机枪扫射，弹如雨下。刘中弹而亡，四团官兵伤亡过半。至夜，守军将装有汽油、棉花的罐子点着抛出，城下一片大火。攻城队始终无法逼近墙根，只好收兵。

攻城受挫，东征军一度决定罢兵另谋。②而担任主攻的第四团表示"仍愿加入"攻城，蒋很高兴，说"该团不因伤亡多而馁士气，真不愧为革命军矣"。③总指挥部遂部署继续攻城，决定仍由第四团主攻北门，而调第八团协助；由第七团及第一补充团攻西门。

14日下午，东征军野炮、山炮猛轰北门。攻城先锋队乘机将竹梯移至城墙，10人一队，手持红旗，冒险攀登城墙。铁血余生撰《惠州战役日记》记述14日强攻城池的情形说：

---

① 宋希濂：《大革命时期统一广东的斗争》，中国人民政治协商会议全国委员会文史资料研究委员会编：《文史资料选辑》第七十七辑，文史资料出版社，1981年，第108页。

② 政治宣传队第三支队：《本部政治工作报告》第二号（1925年10月15日）。文中谓：10月14日下午，第三纵队队长程潜"由飞鹅岭总指挥部返欧村，调各部赴飞鹅岭接防。因第一军恐惠城急切难下，拟改变计划，进攻海陆丰，而以第三纵队任攻城之责"。

③ 《蒋介石年谱初稿》，第440页。

（10 月 14 日）午后二时，再用快炮，向北门及其左右之侧防机关，每间五分钟发放一炮，掩护第二次之冲锋队前进，越一小时，敌之城基炮台及城楼，着弹无数，城北炮台大半被毁，陈军已无所依据，渐形难支；我冲锋队遂搬运竹梯，蜂拥而前；此时陈军仍死力抵拒；冲锋队复迫暂停。东征军以其侧防机关极其隐约，炮兵不容易将其毁坏，乃调山炮一连至距北门城楼约五百米达外之房屋内，占领阵地，专射击敌之侧防机关，后竟命中；将其侧防完全毁坏；此时冲锋队复勇往向前，已近城脚，同时飞鹅岭西南一带步枪机关枪，均对准快放；至四时，北门一带敌阵地过半毁坏，冲锋队及第四团机关枪队，十人一队，手持红旗，冒险登城，并手掷榴弹，尽毁城上掩护物，杨坤如知大势已去，不能再行抵抗，乃纷纷弃械，由水东门面县城方面溃散而去，四时二十分，青天白日旗已飘摇于北门城上矣。①

可见在惠州攻城作战中，炮兵发挥了极重要作用。上次东征时在棉湖连发三炮退敌的陈诚，此时已升为炮兵第二营少校营长。调山炮攻打北门者，应是这位陈诚。经过激烈搏斗，东征军终于攻破惠城。率先登上城头的，是第四团第一营第三连的连长陈明仁（一期）。接着，第七团和第一补充团，也攻破了西门。

黄埔军校惠州城下阵亡者，除团长刘尧宸、副营长谭鹿鸣（一期），还有耿泽生、徐廷魁、张忠熙、但德芳、彭继

---

① 铁血余生：《惠州战役日记》，《中国军人》第八期，1925 年11 月 20 日。

儒、金鸣章、刘铭、陈作云、叶振南、王嵩、周德保等。营党代表蒋先云，营长杜从戎、冷欣，以及詹忠言、曾扩情等受伤。军校于城克后在惠州召开大会，陈明仁从连长升为第三营营长。刘尧宸被追赠为陆军中将。

## 二、海丰阻击战

10月17日，何应钦、周恩来率第一师从惠州出发追敌，于20日到达赤石。22日，以一部进攻宋公岭、羊蹄岭，以主力进攻东都岭，一举打败陈军，乘胜占领梅陇。是日下午，在海丰农民自卫军策应下，第一师进入海丰城。23日，何、周留下第三团驻守海丰，率领第一、二团向公平墟攻击前进，即于当日下午4时占领公平墟。

然而，当何应钦、周恩来率主力离开海丰后，陈军谢文炳部却于24日凌晨，回戈偷袭海丰城。留驻海丰城，以钱大钧为团长、包惠僧为党代表的第三团，实际上只有五个连的兵力（因一部已开赴汕尾）。凌晨3时许，陈军来势凶猛，第三团奋力抗御，但由于力量悬殊，寡不敌众，逐渐不支。第三团第二营营长唐同德负重伤，当晚不治而逝。团长钱大钧见形势不利，主张向后撤退。团党代表包惠僧指出：后退没有出路，只能死里求生！于是集中兵力，攻下城东的公路桥，将桥东、桥西之敌截成两段，先打败桥西之敌。桥东之敌狼狈遁逃。第三团追至赤岸河边，俘敌200余人，缴枪300余支，并于10月26日乘胜占领了陆丰。① 蒋介石在《第三期同学录序》中说："海丰之役，以三百之众，而战四千之暴逆。

---

① 《在揭阳电告战情》（1925年11月3日），上海《申报》1925年11月10日，转引自《周恩来在潮汕》，第59页。

唐子同德、张子志超等死焉!"唐同德是黄埔一期生，张志超是二期生。

### 三、华阳、河婆之战

惠州之战后，蒋介石随第三师（谭曙卿）东进，经三多祝、田心墟、禾多布，于 10 月 26 日到达紫金龙窝墟。27日，第三师在五华县华阳附近，与陈军林虎部 10000 多人遭遇。《蒋介石年谱初稿》写道："初公闻逆敌筑垒塘胡，疑为后卫掩护退却，料其部队必窜向兴宁，故未注重其抵抗线。第三师之败，盖由于此。"可见第三师对敌情判断有误。双方交战不久，第三师全线崩毁。蒋说："是役每为敌乘，不能实施整个方案。"①

当第三师仓皇败溃时，蒋介石令总指挥部护卫陈赓向谭曙卿传达坚决抵抗、不准退却的命令，但谭无法挽回败局。蒋眼见大势已去，对陈赓说，"我唯有自杀以成仁"。陈赓予以劝阻，指挥警卫连阻挡敌军，并亲自背负蒋迅速转移，脱离险境。②当夜，陈赓携蒋函，与何应钦、周恩来所率第一师取得了联络。

这一晚，蒋自羊高出发，在当地"土人"的引导下，经流坑、秋溪，转移至岩前。蒋感慨说："凡至忧患之时，见舆情啁向，聊堪自慰；廿七之夕，如无土人前导，其有幸耶？"③

何应钦师占领公平墟后，25 日进至河田，26 日占领了河

---

① 《蒋介石年谱初稿》，第 447、452 页。
② 宋希濂：《大革命时期统一广东的斗争》，《文史资料选辑》第七十七辑，第 111 页。
③ 《蒋介石年谱初稿》，第 452 页。

婆。而林虎军 27 日华阳得手后，趁势南下，会合陈军洪兆麟部，转攻何应钦师。29 日上午，第一师第二团与敌激战于河婆，敌败退罗经坝。次日，何应钦留第一团于河婆，第二、三团向罗经坝追击。行至横江，与敌激战，敌不支而退。

当何应钦、周恩来率师追敌于罗经坝时，第二纵队（李济深）赶至。两个纵队前后夹击，敌败走安流、双头。蒋介石又策动第三师前往助战。敌军在双头一带，被四面包围，大部被歼。是役俘敌 4000 余人，缴枪 4000 余支。

30 日，留在河婆的第一师第一团，也打败了敌军的进攻。

以上，10 月 27 日至 30 日发生于华阳、河婆、横江、罗经坝、安流、双头各地之战，前后历时 4 天，不但扭转谭曙卿第三师华阳败势，最终反而以灵活、大包围的战法，打败了林虎、洪兆麟的主力。蒋对这一战役的评价是"出奇致胜，转危为安"①。

蒋介石在《第三期同学录序》中说，"河婆之役，以一团之众，而敌三师之强寇。横江之战，林逆主力悉数来犯，谋以三面包围我军者，反为我所各个击破。惜乎，陈子厚、王步忠、侯吉文、范涛诸子，皆亡于是役。华阳一战，以三千初集之卒，而攻一万五千背城借一困守死斗之顽敌，殉难死者，自周团长保生，党代表姚世昌、周玉冠、车鸣骧诸子以下一百二十五员名，卒能转败为胜，扶危为安。呜呼，可谓荣而哀矣。"②

---

① 《蒋介石年谱初稿》，第 447 页。
② 《蒋介石年谱初稿》，第 467 页。

### 四、占领潮汕

何应钦、周恩来率第一师取胜河婆之后，于 11 月 1 日向鲤湖进发，2 日进占普宁，3 日进驻揭阳。4 日，何应钦率部进攻潮州。下午，周恩来率东征军总政治部，先行进驻汕头。

此次东征中，政治工作在战区普遍开展，途中散发宣传品 200 多万份；政治宣传队第一支队沿途召开联欢大会 61 次，对民众演讲 878 次，对友军演讲 61 次。① 黄埔二期生、东征军政治部科员麻植致信其父母说："征途中我军甚爱护人民，秋毫无犯，所以人民对我军感情甚好。"麻植致信其兄说："此次我军东征，所过地方秋毫无犯，人民均壶浆以迎。"② 蒋介石也肯定军队政治工作的成绩："比次行师，各军中有党代表政治人员，则官兵咸有顾忌。演讲使明主义，乃能勇敢摧敌，经行一地，开军民联欢会，宣言标语，播扬革命宗旨，故民众原（愿）与合作。有连夜舂谷、宰豕、拔蔬相饷，沿途设坐备茶以供，此得力于宣传及严肃军纪，不拉伕与购物公道之效果也。"③ 政治工作在军队和战区的普遍展开，不仅提升了部队本身的政治素质与战斗力，而且切实与战争的动员结合进行，赢得了民众的同情与支持，并使革命思想得以迅速、广泛传播。军事

---

① 张其雄：《东征时期政治工作概略》，《军事政治月刊》第二期，1926 年 2 月。

② 麻植家书（1925 年 11 月），复印件，存中共广东省委党史研究室。

③ 《蒋介石年谱初稿》，第 459—460 页。

行动之后，更有民气的张扬与民众运动的勃兴。故周恩来率总政治部进入汕头市时，全城震动，市民欢迎场面盛大。"抵步时，码头欢迎者数万人，沿途各巷路为之塞。此盛大之欢迎，实我政府及我军将士为主义奋斗之所致。"①

11月5日，何应钦率师进入潮安。6日，蒋介石率东征军总指挥部由揭阳乘舰，于午后1时到达汕头市。

11月中旬，何应钦、谭曙卿、程潜三路入闽，分别在永定、平和等地同陈炯明军残部作战。陈军除小部进入江西外，大部溃灭。

## 第五节　黄埔势力之崛起

平定商团、两次东征、讨伐杨刘及南征诸役，是当时南方革命营垒组织的几次重大军事行动。孙中山南下护法以来，曾三次设政于广州，但四受掣肘，被形容为"无可靠之兵，无可管之政"，"号令不出师府一步"。通过上述行动，革命阵营扫除了各种敌对、猾法之军，从而摆脱了长期受困的局面。

史料显示，在上述军事行动中，黄埔军校官生的表现并非完全正面。在军纪、战场表现、内部团结和协调军事政治关系等方面，尚有不足之处。虽然如此，但是革命战争确实让黄埔军校经受了淬炼。两次东征，确为黄埔军校做大做强之时。

通过参加上述军事行动，黄埔军校办校、建军的成效，在战争实践中得以展现。黄埔势力，迅速崛起。

---

①　周恩来：《克复汕头后的捷报》，《中华民国国民政府公报》第十四号，转引自《周恩来在潮汕》，第61页。

## 一、军校实力壮大

黄埔军校初创时，缺枪少械，实力与影响都不大。一名滇军军长曾经对蒋介石说："你在黄埔办什么鸟学校，你那几根'吹火筒'，我只派一个营就完全可以缴你的械。"首次东征时，黄埔军校最初仅被安排为预备队，说明未被看好。陈军中有人说：咄！何物学生军，不过是小孩子胡闹把戏而已。经过第一次东征，以一期毕业生为骨干编成的两个教导团，扩编为一个军（第二师未满编）；再经过第二次东征，不仅迅速补足了第一军未满编的部分，而且于11月下旬通过缴械、改编，将粤军的另一部（张和、余鹰扬等，刚参加过第二次东征）编为独立第二师，冯轶裴任师长，分别以薛岳、涂思宗、周址为该师第一、二、三团团长。与此同时，黄埔军校还重新组建校属部队，很快编成军校教导团的三个团，并于1926年1月4日将教导团的三个团，编为黄埔军校教导师，王柏龄任师长，包惠僧任党代表，刘峙任副师长兼参谋长。该师第一团团长王文翰；第二团团长叶剑英，团党代表李默庵（一期生）；第三团团长李杲。①教导师的第一团，最初驻虎门，第二团驻广州北较场（后移驻东莞），第三团驻广州西村。

由于前面各章说过的原因，在历次实战中，黄埔军校造就的各种军事势力（"校军""党军""国民革命军第一军"等）所释放的军事能量，让各界刮目相看，视为奇观。报端评论："军队因为受了主义的训练，明确了解他们的战争是为他们自己及他们的家族亲戚，而且知道他们全军伙都是属

--------

① 《教导师组织之内容》，《广州民国日报》1926年1月25日。

于一个主义之下的同志，所以真有如管子所云：'死丧相恤，祸福相忧，居处相乐，行作相和，哭泣相哀，是故夜战其声相闻，足以无乱；昼战其目相见，足以相识，欢欣足以相死；是故以守则固，以战则胜。'"① 黄埔军校此时的军事实力，已足于震慑一方。

至1926年初，黄埔军校已经毕业三期学生。第一期第六队于1925年5月20日在东征途中的梅县颁发毕业证书；第二期于9月6日举行毕业式；第三期于1926年1月17日举行毕业典礼，毕业生1200多名，随即分派至各队、各部处见习。蒋介石说："第三期同学的责任很大，因为这期学生不毕业，军队、学校的官长就无法补充，亦就无法整顿。"② 可见黄埔发展迅速，各处需人孔急。东征军收复潮汕后，黄埔军校于1925年11月12日恢复创设于第一次东征时之潮州分校，以新组编部队之下级干部为学员，同时在潮、梅各属招考新生，学员和学生总共800余人。潮州分校的建立，为黄埔军校创设分校的开始。

**二、蒋的地位、影响提升**

第一次东征时，大本营指定的东征联军总司令，是滇军总司令杨希闵；东征右路军的总指挥，由粤军总司令许崇智兼。据云，蒋介石与张民达（许部第二师师长）都想当右路总指挥，各不相让，许是在这一难题无法解决的情况下，临

---

① 恽代英为张秋人《广州的青年革命军》一文写的按语，《中国青年》第74期，1925年4月11日。

② 《蒋介石年谱初稿》，第515页。

时决定自任总指挥。① 蒋在行军途中（1925 年 2 月 10 日）作诗谓："亲率三千子弟兵，鸥鸨未靖此东征。"可知初时他所能指挥的，只是本校教导团"三千"多人。蒋此时谈不上位高权重，不服、不听于蒋者，大有人在。蒋的地位和影响，是在东征中逐步得到提高的。

第一次东征淡水初战后，蒋驰电北京，告捷于重病中的孙中山。汪精卫回电："逐句禀告总理，不胜欢慰。"这为蒋加了具有关键意义的一分。教导团推进至普宁、揭阳时，粤军第一师第一旅（陈铭枢）、警卫旅（欧阳驹）等部从后方开至，参加东征。这些部队，归蒋节制和指挥。蒋的年谱此时出现对新到陈铭枢、欧阳驹部发号施令的"令"字（"令其袭击敌背"）。这样，蒋遂能在棉湖战场上统一调动何应钦、钱大钧两个团及陈铭枢、欧阳驹、许济的部队，共同打败林虎之军。艰难赢得棉湖之战后，廖仲恺说："我们军队，现在现出光彩来了！"加伦说，这一成绩"不独在中国所少见，即在世界上亦少有的"。蒋对他们的高度赞扬全盘收下，说：加伦将军、廖党代表说"如此奋勇的军队媲美欧战，在世界上是很少的，我们教导第一团能得如此的褒奖，本校长亦与有荣幸"②。因棉湖之捷，蒋收获了许多声誉。

之后，蒋被任命为"党军司令官"，率师回戈广州。8 月12 日，国民政府军事委员会致函蒋谓："贵委员（指蒋——引者）忠勇成性，学识超群，昔年总理蒙尘，曾以一身当困难，迩来驰驱杀贼，尤能百战建奇功，政府倚若长城。党军

---

① 莫雄：《第一次东征亲历记》，中国人民政治协商会议广东省委员会文史资料研究委员会编：《广东文史资料》第十二辑，广东人民出版社，1964 年，第 15 页。
② 《蒋介石年谱初稿》，第 323 页。

奉为泰斗。"①"廖案"发生后，蒋任"特委"成员，跻身于国民党的最高决策机关。至第二次东征时，蒋为"总指挥"。东征军进入汕头，蒋的告捷电报传至广州时，国民政府主席汪精卫、谭延闿、伍朝枢、邓泽如、古应芬、宋子文等6人联名发出贺电，文曰：

> 接诵捷报，欣慰奚如。我兄以十月六日自广州启节，至十一月六日而税驾汕头，屈指行师恰盈一月，群贼就歼，东江大定，破惠州之天险，覆逆敌之穴巢，及在罗经坝出奇制胜，使群贼敛手受擒，无能漏网，尤为此次战役中最有特色之事。我兄建此伟功，承总理未竟之志，成广东统一之局，树国民革命之声威，凡属同志，莫不钦感。东征功成，省中大计诸待商榷，凯旋有日，尚祈示知，是所祷企。②

### 三、军校政治工作发挥了重大的作用

两次东征时，军校的政治工作进入战时状态。与校内政治教育和军队平时政治工作相比，战时政治工作不同之处，是随军而动，深入战区进行，紧密围绕战事的进展而展开。要面向战区民众，协调友军，面对敌军，并须担负地方建党（国民党）、建政（建立地方政权）之职责。战时政治工作是与革命战争的动员、组织相结合，以战事为重心，以赢得和巩固战争的胜利为目的之工作，是军队政治工作在战争期间的实施和运

---

① 《蒋介石年谱初稿》，第404—405页。
② 《蒋介石年谱初稿》，第457页。

用。黄埔军校战时政治工作的实践，走出了军校办学和军队建设的极具历史意义的一步。

1925 年 11 月 21 日，国民政府任命周恩来为东江各属行政委员。①职责为管辖惠、潮、梅三属 25 县地方行政。周就职后，公布《东江各属行政委员公署组织大纲》，任命行政公署职员、汕头市市长和各县县长。1926 年 2 月 22 日至 3 月 3 日，周在汕头主持召开"东江各属行政会议"，召集各县县长、教育局局长、农工商学妇女团体代表共 124 人，讨论交通、建设、商务、生产、治安、警政、农工、教育等事项，收到提案及计划书 297 件、报告书及调查表 254 件，通过议案 93 项。这次会议，被称为"人民实行参与革命政治之第一步"及"政府与人民合作之先声"。②实际上，这是黄埔军校政治工作的继续或伸延。

**四、黄埔精神的弘扬**

两次东征中，经过战火的洗礼，黄埔军校哺育并弘扬了黄埔军校的一种"特殊"精神——黄埔精神。

黄埔军校政治教官安体诚撰有《什么是黄埔精神？》一文，曰：

　　一个团体，一种组织，只要他能继续存在而成为一种势力，必定具有也必定形成一种特殊精神；能使它的

---

① 中共中央文献研究室编：《周恩来年谱（一八九八——一九四九)》，中央文献出版社、人民出版社，1989 年，第 83 页。
② 《东江各属行政会议纪略》（1926 年 3 月），《东征史料选编》，第 742—749 页。

正当精神得到充分的发扬与光大。这种团体必定能完成其使命而创造出无限之价值的。……它（黄埔军校）在中国已形成一种势力，已成为中国革命工作上很有关系的一个组织了。这其中有它的特殊精神存在，已是本校和留意本校的人人都能感到而且都承认的了。它的精神，有以名之，名之曰"黄埔精神"！①

联系当年的实际情况，黄埔精神之主要特征，具体来说是三点：一是爱国、爱民的精神；二是精诚团结的精神；三是勇敢无畏（勇于牺牲）的精神。军人对于国家、社会负有特别的责任担当，黄埔精神，实际上是黄埔军人对履行这种责任担当的付出及其行为的准则。

黄埔精神是与黄埔军人的核心价值观即革命人生观联系在一起的。革命不仅基于对历史、社会、政治层面的理解，也基于对道德、人格、精神的追求。在革命者的心目中，革命不免有暴力、流血与牺牲，同时亦蕴涵着社会人文关怀，寄寓着对被侵掠、被奴役、被压迫者的同情和关爱。因此，对于有志于革命的黄埔军人来说，提高革命觉悟，增强革命意识，是他们人生历练的必修课；将革命作为信仰，自觉磨炼革命意志，并体现于日常行动之中，是为人格健全的标志；为革命而牺牲，则是道德之极致、人格之至善、精神境界的至高无上。黄埔精神的形成，是黄埔军人革命人生观经过校园煦育（政治思想教育）与战场历练之后的一次提升，质言之，亦是军人血性与尚武精神的提升。

---

① 体诚：《什么是黄埔精神?》，《黄埔日刊》1926 年 9 月 23 日。

安体诚指出，黄埔精神并不是自然而然形成的，而是"受历史与环境的支配"，同时是"各分子之人为的努力"的结果。换句话说，是黄埔教官、学生在建校、建军过程中，特别是在参与平定商团、东征讨陈、南征讨邓、讨伐杨刘的实战中，共同培育并弘扬起来的。淡水之战，黄埔精神初露锋芒；棉湖大捷，黄埔精神大放异彩；惠州攻城之役，是黄埔精神的进一步弘扬。这说明政治思想教育与战场历练，使黄埔军人的灵魂与血性得以提升。黄埔精神的形成，确为黄埔全校官生"人为的努力"的结果。

黄埔精神一经形成，即成为全校教官、学生共有的精神家园，这是对军人的日常行为，特别是对他们的战场表现能够起到支配、激励和规范作用的精神因素所在。坚守和发扬黄埔精神，可转化为物质力量，释放出军事能量。黄埔精神这一概念，被普遍认同，广泛接受，不胫而走。

黄埔精神的形成，让黄埔军校更具活力，这是黄埔军校一笔无形资产。

# 第十章　孙中山、廖仲恺之死对国民党和黄埔军校的影响

## 第一节　孙中山逝世与国民党的分化

国共两党的"党内合作"，时称"跨党"。跨党的发明权，属于共产国际使者马林。马林促使共产国际作出相关的决定，促使中共高层干部加入国民党，也促使中共三大作出全体加入国民党的决定。马林1923年秋离开中国，继他而来的苏联政府代表鲍罗廷，是实现"跨党"的推手。鲍参与起草国民党一大宣言，促成国民党一大的召开，将"跨党"从马林的构想，变成现实。

"跨党"虽出于马林、鲍罗廷的推动，却是孙中山的决策。孙欢迎共产党人与他合作，但在合作形式上，明确给出一个选择：只赞成"党内合作"，"容纳共产分子"，而不赞成党外联合。孙一锤定音，为处理国共关系，定下了调子。

中共领导人陈独秀，一开始不同意党内合作。后基于现实状况和孙中山的态度，服从共产国际的决定。在党内合作问题上，中共变反对为接受，思想转弯，态度转变，调整、更新了政策策略。

很显然，共产国际（苏联）、孙中山、中共之间，对于同

国民党实行"党内合作"的问题，虽然各有各的考量，出发点、侧重点各有不同，但三者之间均已取得一致意见，即都同意共产党员加入国民党。这个问题，对中共来说，有无奈、被动的一面，要么不与国民党合作，要合作，只能这样，别无第三种选择。

"党内合作"的问题，在国民党内，遭到部分人强烈抵制和反对。国民党一大前，"跨党"的步子尚未迈开，阻力即已产生。在国民党一大，反对派在会内会外，活动频繁。继戴季陶而任黄埔军校政治部主任的邵元冲，在他的日记中，将加入国民党的中共党员谭平山（国民党中央常委、组织部部长）称为"鼠党谭平山"，对中共大事污名化。"指控""检举"共产党之风，在各地蔓延。两党关系，十分紧张。

1924年6月18日，即黄埔军校开学盛典后的第二天，国民党中央监察委员张继、邓泽如、谢持，联名提出《弹劾共产党案》，声称维护"党统"，反对"党中有党"，主张国共两党"分作两起""分道扬镳"。[①] 目的是要改变国民党一大的路线和有关的决策。此为"六一八弹劾案"。为此，国民党中央于1924年8月15日至23日在广州召开一届二次全体会议，通过决议，颁发"有关容纳共产分子之训令"，决定坚持党内合作。

总的看来，孙中山生前对反对国民党改组，反对国共合作，在两党之间挑动事端之分子，多采取"训斥"的态度。孙在8月会议上说：李大钊加入本党，系张继介绍；当时张继明知李大钊为共产党员，反以介绍，及今日何以反对？张继遂引咎辞去监察委员之职。然而，问题并没有得到解决，引发矛盾的因素并未消除。

---

① 张继、谢持、邓泽如：《弹劾共产党案》（1924年6月18日），中共中央党校中共党史教研室编：《中国国民党史文献选编》，1987年，第32页。

1925 年 3 月 12 日，当黄埔军校教导团征战东江时，中国国民党总理、黄埔军校总理孙中山，病逝于北京。

这无疑是一宗大事，是一宗对国民党、对国共关系、对黄埔军校都有至深影响的大事。因孙撒手人世，国民党内围绕着是否坚持改组、坚持国共合作等问题，出现了大分化与重新组合。历史的列车，由此开进事故多发的路段与时段。

黄埔军校政治部首任主任、国民党理论家戴季陶，原来是拥护、支持孙中山的党内合作决策的。戴曾明确反对"六一八弹劾案"，因而被弹劾案的提案人张继骂为"共产党的走狗"，戴反骂张是"北洋军阀的走卒"，双方争执激烈。戴并因此愤然辞职，离开广州。

据《邵元冲日记》：

> （1924 年 6 月 18 日）十时顷季陶来，谈国民党与共产党之异同，谓其中条件，多无所区别，故不宜有界限存于其间。其说甚辩，谈到十二时半始去。
>
> （6 月 19 日）七时半至中央执行委员会，讨论政府对农民之宣言，又讨论及共产党党员之在本党内有党团之活动等举动，由监察委员会委员邓泽如、张继、谢持等提出弹劾案。讨论良久，各方间有争论，建议待下次再加讨论，十二时后始散。抵寓已一时顷，知季陶于今日下午猝行，赴港归沪，殊为诧骇，弃置一切职务及学校课程而不顾，其神经病之深，极为可虞。此事实难解决，为之悃悃不已。[1]

---

[1] 王仰清、许映湖标注：《邵元冲日记》，上海人民出版社，1990 年，第 20—21 页。邵元冲时任国民党中央候补执行委员、黄埔军校政治教官，稍后接戴季陶任军校政治部主任。

黄埔军校史料记载："第一任的政治部主任便是戴季陶先生。他接事不久，因为和张继、谢持为争持共产党员加入中国国民党事起冲突，愤然离了黄埔军校到上海去了。"①

然而，孙中山死后不久，戴季陶很快就变身、换脸，从"党内合作"的支持者，变成坚决的反对者。戴陆续发表《三民主义之哲学的基础》《国民革命与中国国民党》等文，基本观点，是国民党要发挥其固有的独占性、排他性、统一性和支配性，以"纯洁"三民主义、"净化"国民党。究其用心，是对加入国民党的共产党员要予以清除。台湾学者李云汉认为：《国民革命与中国国民党》一书是"三民主义者对共产主义者的警告，也是忠实的国民党员为维护国民党之独立与生存起而反共的宣言。此书一出，从上海到广州，反共的视线开始集中，反共的势力开始形成，各地孙文主义学会的成立及反共运动的酝酿，莫不深受戴氏反共理论的影响"②。显然，"戴季陶主义"为国民党内各种否定、反对"党内合作"的人物，提供了"理论"的武装。

孙中山逝世后，国民党内反对改组、反对国共合作的势力更为膨胀，活动更为频繁。因种种原因与人事联系，黄埔军校亦被波及，并成为这一势力在广州活动的据点。1925年夏，黄埔军校部分教官、学生发起成立"中山主义研究社"，与左翼军人团体"中国青年军人联合会"（"青军会"）相抗衡，专事挑拨离间的活动，对青军会成员见面必争，相遇必打，甚至拔枪相向。中山主义研究社后改称"孙文三义学会"，是一个能量甚大的右翼军人团体，其组织、活动与影响

---

① 《一年来政治部之概况》，《黄埔潮》第二十四期，1925年，转引自《黄埔军校史料（1924—1927）》，第178页。

② 李云汉：《从容共到清党》，（台湾）及人书店，1987年，第408页。

所及，越出了黄埔军校范围（黄埔两"会"之争详见下文）。同孙文主义学会相类似的，还有广东大学的"士的党"，其名称来自他们的名言——"高举'士的'（stick，手杖），从广东大学打遍广州，打遍全国"。因孙中山谢世，这一类团体肆无忌惮，将反共、分裂的"暗潮"亮在光天化日之下，将以往的"检举""弹劾"，升级为公开的打斗。

伴随着"戴季陶主义"的出现，并由于"廖案"发生后广州政局的剧烈动荡（详见下文），国民党内一批"元老"及上层人物，组成了一个公开向坚持改组方向、坚持国共合作的广州国民党中央说"不"，实质是向加入国民党的共产党人说"不"的政治反对派——西山会议派。最初列名于西山会议的人员中，有 10 名国民党第一届中央执行委员、2 名候补中央执行委员、3 名中央监察委员。在国民党第一届中央执行委员会的委员、候补委员中，这时仍然留在广州革命营垒之中的，为数已经不多。[①]西山会议派越过广州国民党中央，在北京开会，决定排俄、分共，停止广州国民党中央党部职权，另行组织"中央执行委员会"，另设"中央党部"于上海。随之，他们在上海召开所谓"国民党第二次全国代表大会"（1926 年 3 月）。两个"中央党部"、两个"全国代表大会"崭然对立。西山会议派将国民党内在改组、国共合作等问题上的分歧，将孙中山逝世后国民党最高权力继承问题上的纷争，演变成为公开的组织分裂，试图以此为突破口，根本改变国民党的政治方向。

---

① 据汪精卫《关于中央执行委员人数之重要谈话》（《广州民国日报》1925 年 12 月 9 日），反对西山会议派的中央执行委员包括：汪精卫、谭延闿、谭平山、林祖涵、李大钊、于树德、于右任、恩克巴图、王法勤、丁惟汾、胡汉民等。

## 第二节　廖仲恺被戕

1925 年 8 月 20 日，国民党中央执行委员会委员、中央政治委员会委员、黄埔军校党代表廖仲恺，被刺杀于国民党中央党部大门的台阶前面。

从当时的政治状况分析，廖之被谋杀，其暗中策划、指使者，应是反对国共合作、破坏省港罢工及反对汪派掌权这几种势力所为。事发时，廖的卫兵将凶手陈顺击伤，现场拾获陈顺使用的大号曲尺手枪，并从他的身上搜出襟章、枪照及一纸数字名单。陈顺送医院后处于半昏迷状态（24 日死亡），断续说出梁博、黄福芝、苏汉雄、朱卓文等人名。据此，广州市公安局当日传梅光培（粤军南路司令）到局讯问，并拘捕为陈顺填发枪照的郭敏卿（南路司令部参谋）和梁博（广州市公安局侦缉）。

案发当日，国民党中央执行委员会、国民政府军事委员会举行联席会议，在鲍罗廷参与、支持下，成立由汪精卫、许崇智、蒋介石组成的"廖案特别委员会"，"授以政治、军事、警察全权"，[①]以应付非常之局势。

8 月 23 日，粤军第三军军长李福林向廖案特别委员会检举胡毅生（胡汉民堂弟）、朱卓文、魏邦平、林直勉等，称 8 月初在文华堂亲眼看见、亲耳听见他们"口口声声说非杀廖仲恺不可"。李福林并举报"大塘会议"有关内情：当年 7 月间，粤军李福林、魏邦平（总部高等顾问）、梁鸿楷（建国粤军第一军军长）、梁士锋（旅长）、张国桢（第五师师长）、杨

---

①　《蒋介石年谱初稿》，第 408 页。

锦龙（旅长）等，在广州河南大塘（李福林家乡）策划"反共倾覆政府"，"拟首先推翻许崇智、蒋介石，重组政府"。①廖案特别委员会遂下令拘捕胡毅生、朱卓文、林直勉、魏邦平。蒋介石并派兵逮捕了张国桢和杨锦龙。

在鲍罗廷的主使之下，许崇智于8月25日以开会为名，诱捕了梁鸿楷、梁士锋、招桂章（总部舰务处长）等。接着，蒋介石出动兵力，分别解散梁鸿楷、杨锦龙、梁士锋在广州及西江的部队。同日，蒋又派兵包围胡汉民的住宅，搜捕胡毅生，并将胡汉民移于黄埔军校内，等于软禁。

9月19日，蒋介石派兵包围许崇智住宅，并派陈铭枢"护送"许崇智登轮赴沪。第二天，又派兵前往东莞的虎门、莞城、石龙一带，分别包围粤军郑润琦（第三师师长）、莫雄（第三旅旅长）所率的部队，解散部队，追缴枪械。②鲍、汪、蒋并于9月间宣布"胡汉民出洋"，还将林森、邹鲁等一批政治异己人物"请"出了广东。

胡汉民、汪精卫、许崇智、蒋介石，同是国民党内高层干部。"廖案"侦查期间，汪、蒋掌控了查案的主动权，而胡因其堂弟"涉案"、许因"姑息不肖军队"，致使胡、许及其所部，一变而成了被侦查、被处置的对象。上述"廖案"侦缉的过程，是追捕疑凶、逮捕张梁、打击郑莫、整肃许部粤军交叉进行，排胡与逐许双管齐下的过程。广州政坛，瞬息万变，玄机莫测，令人眼花缭乱。

---

① 林祥：《梁鸿楷等大塘会议倾覆政府事泄被扣案》，广东省政协学习和文史资料委员会编：《广东文史资料存稿选编》（第二卷），广东人民出版社，2005年，第574页。林祥当时任许崇智卫士连长，稍后为宪兵营长。

② 《政局变动之原原本本》，《广州民国日报》1925年9月24日。

在此期间，汪精卫、蒋介石指派罗翼群（潮梅军军长）等组织"军事法庭"，对梁鸿楷、张国桢、梁士锋、杨锦龙等人进行审判。蒋授意罗翼群，令梁鸿楷等交钱"报效政府"，然后宣布"从宽"处理。结果，梁鸿楷在"报效"了一笔金钱后获得了释放。[1] 张国桢、梁士锋、杨锦龙则被枪杀。[2] 为审判林直勉，当局还成立了以朱培德为审判长的"特别法庭"。林直勉不承认参加杀廖，后被囚禁于虎门炮台。[3]

为审判"廖案"嫌犯，国民政府特令设"廖案特别法庭"：检察委员会以朱培德、李福林、岳森、吴铁城、甘乃光、陈树人、陈公博、周恩来、陈孚木为委员，朱培德任主席委员；审判委员会以李章达、杨匏安、谭桂萼、林祖涵、王懋功、沈应时、卢兴原为委员，卢兴原为主席委员。1926年1月14日，陈公博代表检察委员会在国民党二大报告"廖案"检察经过，宣布"人犯"名单。其中"主要的"是朱卓文、苏汉雄、吴培、冯灿、陈细、梁博、郭敏卿、黄垚；而有"间接关系"的是梅光培、林直勉。[4] 随后，检察委员会提出"廖案之公判请求书"，请法庭审判梁博、郭敏卿、梅光培、林星。[5] 特别法庭从1月25日起，在卢兴原主持下于庭

---

①　罗翼群：《记孙中山南下护法后十年间粤局之演变（1917—1926）》，《从辛亥革命到国民革命——孙中山文史资料精编》，第242页。

②　《谋叛人犯之判决》，《广州民国日报》1925年10月12日。

③　林祥：《梁鸿楷等大塘会议倾覆政府事泄被扣案》，《广东文史资料存稿选编》（第二卷），第580页。

④　陈公博：《报告廖案检察经过》（1926年1月14日），中国第二历史档案馆编：《中华民国史档案资料汇编》（第四辑），江苏古籍出版社，1986年，第280—284页。

⑤　《廖案之公判请求书》，《广州民国日报》1926年3月5日。

审理此案，至 2 月 12 日共进行 7 次审讯，传梁、郭、梅、林到庭，并听取了 10 多名证人的证词。[①]

6 月 2 日，陈公博代表检察委员会宣读"论告"书，分别列出梁博、郭敏卿、梅光培、林星的涉案情节及应处之罪。"论告"书并指出，已潜逃的朱卓文和黄福芝，均为"廖案主谋正凶"。[②] 7 月 13 日，审判委员会主席卢兴原宣判：梅光培、郭敏卿送总司令部军法审理；梁博处死刑；林星处有期徒刑三年。判决主文如下：

一、梅光培决定主文：梅光培组织军队，放弃责任，致令参谋长郭敏卿，任用凶匪陈顺为军事委员，因而杀人之所为，应移送总司令部酌予处分。

二、郭敏卿决定主文：郭敏卿擅委凶匪陈顺为军事委员，因而组织暗杀团体，刺死廖前部长仲恺，含有政治作用之所为，应移送总司令部军法处审理。

三、梁博判决主文：梁博共同杀人之所为，处死刑，褫夺公权全部二十年。

四、林星判决主文：林星帮助杀人之所为，减处三等有期徒刑三年，未决期内羁押日数，准以二日抵徒刑一日，褫夺其入军籍之资格五年。[③]

---

① 廖案第一至第七次审讯详情，分见《广州民国日报》1926 年 3 月 2 日至 16 日。

② 《廖案昨日论告详情》，《广州民国日报》1926 年 6 月 3 日。

③ 《中华民国史事纪要（初稿）》（1926 年 1 月至 7 月），1975 年，第 546 页。

8月初，梁博被枪决。[1] 郭敏卿被中央政治会议"议决"死刑。[2] 总司令部军法处通过"军法会审"，决定将梅光培释放。[3]

8月23日，国民党中央政治会议第10次会议议决，悬赏三万元，缉拿朱卓文。朱卓文，又名式武，香山人，曾任大元帅府航空局局长、香山县县长、广东审计局局长。潜逃一年后，朱发表《致海内外同志书》，称廖仲恺"乃竟丧心病狂，献媚共党。始而鬻身，继而卖党，终且卖国。攘窃党部最高权位，制造阶级战斗，凡我同志，谁不欲得而甘心"。[4] 说明其有害廖之意。多年之后，朱与《中山日报》编辑谈话，说出一段内情：

> 维时余等一般老同志，在广州南堤有一俱乐部，名曰"南堤小憩"，余偬居其间。大家对此赤焰甚为切齿，酒酣耳热之际，骂座不已。后来诸人为抽薪止沸计，决议铣其渠魁。习知俄顾问鲍罗廷、加伦与汪精卫、廖仲恺等，每日必集东山百子路鲍公馆会议，乃密遣死士伺机以炸弹机枪击之，务使群凶同归于尽。下手前一日，余诚赴义诸死士，当熟勘地形，以利进退。讵此辈血气

---

① 《廖案特别法庭呈报结束》（《广州民国日报》1926年8月4日）中有"并将梁博提出枪决"一语。8月11日又有"梁博已于日前正法"的信息。

② 《中央政治会议议决案：郭敏卿死刑》，《广州民国日报》1926年8月25日。

③ 《梅光培启事》，《广州民国日报》1926年9月18日。

④ 《中华民国史事纪要（初稿）》（1925年7月至12月），1975年，第246页。

之俦，于东山茶寮中，竟将此谋泄闻于卫戍部某侦缉员，某急上闻。时吴铁城任卫戍司令（按：吴系公安局长，非卫戍司令）闻讯大惊，即以电话向余诘询，严责顾全大局，切勿使伊为难，反复以公私情谊相劝止。余以事既如此，知不可为，遂亦作罢。……一星期后，某日余方午睡，陈瑞同志匆匆自外归来，言杀廖事，神色自若。余知事非寻常，必有大患。即探囊出港纸二百元与之，促其离穗。世人所谓朱某杀廖，如是而已。①

朱卓文后来化名朱元鼎，出任中山县土地、建设局长。1935 年 5 月因组织"大同救国军"而在中山被捕，被陈济棠下令枪决。

涉嫌"廖案"的胡毅生，脱逃后发表《告内外同志书》，申明自己与"廖案"无关。陈公博在国民党二大所作报告称胡毅生是"无聊政客"，魏邦平是"失意军人"，并未将胡、魏列入"廖案人犯"名单。②

总上，"廖案"发生后，国民政府先后组织军事法庭、特别法庭、廖案特别法庭、军法会审，对涉案者作了审判。然而全案显而未侦破，内幕尚未揭开，主要责任人也未绳之以法。

---

① 《中华民国史事纪要（初稿）》（1925 年 7 月至 12 月），第 246—247 页。
② 胡毅生抗战时任国民政府委员，1957 年病逝于台湾。魏邦平 1935 年 9 月逝世，翌年广东省政府将魏的故乡命名为"邦平乡"。

## 第三节　"廖案"后的汪蒋秉政

"廖案"发生后，广州政坛进入汪蒋秉政阶段。在鲍罗廷介入之下，汪蒋二人利用恐怖事件突发后波谲云诡的形势，以铁的手腕，共同演出一场政治与军事的博弈。广州政局因之动荡，乱象百出，大小"地震"频频发生。

### 一、"请"胡汉民出局

孙中山逝世后，国民党内有可能接孙之班的，一是胡汉民，一是汪精卫。二人资历、地位相当。胡于孙北上后任代理大元帅（"代帅"），留守广州；汪随孙中山北上。孙中山死后，胡的"代帅"地位受到了挑战。1925 年 4 月底和 5 月中旬，廖仲恺、许崇智、蒋介石、朱培德、加伦避开胡汉民，在东征前线的汕头，召开过两次秘密会议。这两次会议除密筹讨伐杨、刘外，实际上是筹划改变政府体制，调整国民党权力架构，决定谁为最高领导人的会议。5 月 8 日，从北京返至香港的汪精卫，特意绕道往潮州，同蒋介石"倾谈"。10日，汪、蒋二人又在汕头再次"长谈"。据《蒋介石年谱初稿》：汪在谈话中告诉蒋，"总理病瞀中，犹以微息呼介石，绵惙不已"。蒋听说后"咽呜良久"，并"感其（汪——引者）亲爱也"。① 也就是说，两人拉近了距离。此为汪、蒋结盟的开始。13 日，汪在汕头参加廖、许、朱、蒋等的第二次秘密会议。在胡、汪的第一轮权力角逐中，蒋明显站在拥汪的一边。7 月初广州国民政府成立时，汪担任国民政府主席，成为广州政坛的一号人物。蒋显然在其中起了推动作用。

---

① 　《蒋介石年谱初稿》，第 352 页。

然而，从胡的"代帅"制变成汪的"主席"制，却难于在短时间内成为定局。这是因为，汪派这次排胡出局，算不上是符合程序的操作，明显遭到了胡派的抵制。而胡的政治影响，更非易于消除。汪实在也不是"最高"的合格人选，他力有未逮，需要扶持，需要支撑，因此，他必须加大拉蒋的力度。"廖案"发生当天（8 月 20 日）成立的汪、许、蒋三人"特别委员会"，将此时仍然是中央政治委员会主席的胡汉民排除在外，而将并非国民党中央执行委员和国民政府委员的蒋介石拉了进来，这就是向蒋、也是向各界释出的政治风向。汪存心借"廖案"进一步排去胡汉民，急于与蒋加紧结盟，让他的笔杆子与蒋的枪杆子联姻，这一心态与意愿，昭然于世人之耳目。

总之，胡汉民此前因帅府改组而失去"代帅"地位，现又因"涉案"而再次遭到排斥。当汪、蒋派兵包围胡汉民住宅时，胡毅生逃走，胡汉民被蒋"转移"至黄埔，等于被软禁。胡汉民说：这是"以莫须有三字置我于死地"。[①]9 月 15 日，汪在国民党中央党部第 108 次会议上说："胡毅生此次谋杀廖仲恺同志举动，汉民同志事前毫不知道，何能代为负责？"但同时又宣布"请"胡出洋，实际上是让他离开广东。

当胡去国之日，有记者问汪："君与汉民同患难共死生二十余年，近日得毋稍有芥蒂？"汪答云："君曾读《孟子》否？'桃应问曰：舜为天子，皋陶为士，瞽瞍杀人，则如之何？孟子曰：执之而已矣。'瞽瞍且然，何况于象？吾辈书呆，即未闻近世革命党人律身行己之义，何至不读《孟子》。若因此而有所芥蒂于心，死何面目见总理乎？"[②]《孟子》的

① 木庵：《再纪廖案兴狱之经过》，《申报》1925 年 9 月 9 日。
② 《汪精卫先生之重要谈话》，《广州民国日报》1925 年 9 月 26 日。

这段话，汪在黄埔军校党代表就职演讲（10月2日）中，再次引用过。① 汪是借题发挥，强调不可投鼠忌器，以私害公，表明"请"胡离境，没商量之余地。汪排挤胡汉民后，国民党的权力架构，才从胡的"代帅"制，转为汪、蒋合作的体制。

### 二、驱逐许崇智，整肃粤军

许崇智是国民党中央候补监察委员、国民政府常务委员、军事委员会委员、广东省务会议主席、中央政治委员会委员，为军界资深人物，并且是"廖案特别委员会"成员。然而"廖案"后不过几天，许就遇上了麻烦，从办案者变成被查办者，屡屡遭受打击。这虽然与李福林的"检举"有关，但更为主要的因素在于蒋的身上，是蒋在鲍、汪的导演、支持之下对许的频频出手。

许、蒋二人本来是老搭档，许是粤军总司令，蒋为参谋长。但读蒋的史料可知，蒋对许早有满腹的怨恨，并怀取代之心。上述李福林的"检举"，授蒋予可乘之机。随之，蒋"未曾商准许总司令"而逮捕了许部师长张国桢。② "未曾商准"四个字，说明汪、许、蒋三人"特委"刚成立就被撕裂了。这个"特委"并不是一个同心协力的共同体。

在接下来逼使许崇智对梁鸿楷等人采取行动的过程中，鲍罗廷的"顾问"作用，发挥到了极致。鲍罗廷的报告说：初时许曾明确表示"拒绝执行"，即不同意抓捕梁鸿楷。无论鲍使出什么"计谋和策略"，许都不为所动，"都拿他没办

---

① 汪精卫：《在陆军军官学校就党代表职演讲辞》（1925年10月2日），《汪精卫文选》，第206页。

② 《政局变动之原原本本》（《广州民国日报》1925年9月24日）谓："廿五夕复由蒋介石派军拘捕张国桢，惟当拘捕之前，则未曾商准许总司令。"

法"。最后，鲍放言要严处甚至要逮捕胡汉民，进一步向许示威和加压，这才突破了许的防线。[①] 迫不得已，许以开会为名，拘捕了梁鸿楷、梁士锋等。接着，蒋出动兵力，分别解散了梁在广州及西江的部队。

9月19日，汪、蒋对许崇智实施了第二轮的打击。蒋出动军队，宣布广州全市戒严，并包围了许的住宅。蒋随之给许送去一封信，劝许"暂离粤境"，字句严如斧钺，逼许立即去职。[②] 许遂打电话向汪精卫求助。汪即给许回了一封信，据《广州民国日报》报道：

> 又当党军在省议会一带戒严，许曾以电话致汪精卫先生，询以何故如此？汪即回函，大意谓：余虽一书生，但敢信非威力所能屈。余决不因在卫戍司令武力之下，但妄赞同蒋氏此项措施，实为认定此事非如此解决不可。又谓：余敢信介石对公事虽毫不假借不讲感情，但决非全不讲感情之人。为先生计，为大局计，亦莫善于暂行赴沪，一任介石将一切难题，及感情上不能解决之难题解决后，即请先生回等语。[③]

可见，汪、蒋二人是沆瀣一气，软硬兼施，逼许就范。汪精卫并对媒体发表谈话，明确支持蒋介石，态度决然地说"余当同负责任！"并说："余于军事，无尺寸之劳，然党内

---

① 关于鲍罗廷逼使许崇智拘捕梁鸿楷的情况，见《鲍罗廷在联共（布）中央政治局使团会议上的报告》（1926年2月15日和17日），中共中央党史研究室第一研究部编：《共产国际、联共（布）与中国革命档案资料丛书》3，北京图书馆出版社，1998年，第112页。

② 《蒋介石年谱初稿》，第425—428页。

③ 《政局变动之原原本本》，《广州民国日报》1925年9月24日。

或党外，若因此事有不谅于介石者，余愿分其谤也。"① 在鲍、汪、蒋的轮番作业之下，许只好卸职，登轮赴沪。第二天，蒋又派兵到东莞各地，包围了许之粤军郑润琦、莫雄所部，追缴郑、莫二部之枪械。

当以上各项动作完成后，汪、蒋在报上发布的消息，称许之去职是因"所部迭次谋叛，上无以对党对政府，下无以自解，异常愤慨。且患有脑病，因是剧发，故有赴沪养疴之意"。似乎许不是被蒋的枪杆子赶走，而是他心有羞愧，健康欠佳，自动开差似的。

当许崇智跌落于不可自拔的泥沼时，广东的另一名乒人李福林，却是时来运转，顺水顺风。李福林本是土匪出身，李的"福军"残民以逞，一以贯之，粤人妇孺皆知。周恩来（伍豪）当时所撰的文章说：（在广州的军队）"以滇军为最骄横"，李福林军"次之"。② 然而，上述李福林在关键时刻的表现，却让鲍罗廷对他另眼相看，让鲍在权衡处置许崇智、李福林时，作出了直截了当的选择：去许留李。鲍说："我的观点是可以尽快除掉许崇智而不是李福林。"鲍甚至说：尽管李福林"曾经当过土匪"，"尽管他洗劫过老百姓，但老百姓对他怀有好感"。这当然只是为黜许扬李而编造出来的天方夜谭。在俄人的内部讲话（对布勃诺夫使团报告）中，鲍罗廷不加掩饰、直截了当："需要玩弄权术，需要随机应变，需要利用一个反对另一个。"③ 是故，在查办"廖案"的过程

---

① 《汪精卫先生之重要谈话》，《广州民国日报》1925 年 9 月 26 日。

② 伍豪：《最近二月广州政象之概观》，《向导》第 92 期，1924 年 11 月 19 日。

③ 《鲍罗廷在联共（布）中央政治局使团会议上的报告》（1926 年 2 月 15 日和 17 日），《共产国际、联共（布）与中国革命档案资料丛书》3，第 109、135 页。

中，在国民政府发起的"整军""统一军政"运动中，本来是国民党中央、国民政府领导集团成员的许崇智，连遭厄运，本人被"除掉"，部属一个个被整肃，甚至被枪毙。而土匪出身的李福林，却丝毫未被触动，李的福军一变而成为国民革命军第五军，李亦由福军军长变成第五军军长。不久之后，李福林还补充为国民党中央政治委员会委员。当有人对罢黜许崇智提出质疑时，鲍的回答是六个字："先镇压，后改革。"① 鲍罗廷强势左右着事态的走向。

### 三、驱逐川军，囚禁熊克武

川军将领熊克武参加过广州黄花岗起义，为国民党第一届中央执行委员。1925 年秋，熊率川军（约 3 万人）入粤，驻扎于粤北之连县、阳山数县。安顿甫定，熊应汪精卫、蒋介石电邀，率少数随员于 9 月 25 日到达广州，设川军总司令部驻穗办事处。10 月 3 日，蒋介石以宴客为名，诱熊克武至寓所，将熊及其军长余际唐、师长喻培棣等拘捕。

《蒋介石年谱初稿》有如下记述：

> 克武穷蹙，率部来粤就食。政府以其为本党同志，让防济款，抚辑甚至。及朱培德由张识万〔陈逆代表〕处得其通逆状，转相告语，俱各骇然。（10 月 3 日）上午，公乃诱熊、余至寓，一并拘留。②

朱培德（国民革命军第三军军长）在张识万处搜出的陈

---

① 《鲍罗廷在联共（布）中央政治局使团会议上的报告》（1926年 2 月 15 日和 17 日），《共产国际、联共（布）与中国革命档案资料丛书》3，第 116 页。

② 《蒋介石年谱初稿》，第 434 页。

炯明致熊克武信，写于 1925 年 9 月 20 日，其中有"希密派妥员赴港，面达机宜，同策进展"等语，熊于是被指为"通逆"，立马从座上之客，变成阶下之囚。① 国民党中央第 112 次常会决定停止熊的中央执委之职，并开除其党籍。汪、蒋还派兵击破川军于连县和阳山，入粤川军遂被逐出粤境。

"熊案"因搜获陈炯明致熊的信函而引发，而熊本人的态度如何，却没有其本人的说明。熊部流亡入粤，饥军就食，脚跟还没站稳，怎么就会"谋危"政府呢？包惠僧的回忆文章说：熊部"流亡入粤，有枪无弹，疲惫不堪，饥军就食，没有战斗力量，也没有政治目的，熊克武、汤子模把部队停留在北江，赤手空拳到广州，到处拜客，不疑有变，就糊里糊涂地被捕了"。② 包惠僧当时任黄埔军校教导团党代表。在包看来，"熊案"另有隐情。

曾任黄埔军校政治部主任、时在上海的邵元冲，在报上看到熊克武被捕的消息后，于 10 月 6 日在他的日记中写道："今日报载介石又拘熊锦帆（克武），谓为得陈炯明致熊函，愿与之合作云云。此说若信，实不足为熊罪，因尚未得熊本人复陈之函，即无从定其是否同意，或则竟为陈炯明倾陷离间之计，乃主事者步调错乱至是，惜哉！惜哉！"③

据有关史料：川军入粤业经国民政府同意，汪、蒋要求川军参加第二次东征，熊亦已经答应，并准备出动 7 个团，到东江协同作战。熊氏来穗，还是出于汪、蒋之邀请。然而，转眼之间，汪、蒋不由分说抓人动武，逮捕了一位国民党第一届中央执行委员（孙中山的老朋友），驱赶了一支数万人

① 《广州民国日报》1925 年 10 月 5 日。
② 包惠僧：《包惠僧回忆录》，人民出版社，1983 年，第 186—187 页。
③ 《邵元冲日记》，第 201 页。

的、跋涉千里到南方投奔革命的军队。汪、蒋对自己的所作所为，自我评价甚高。汪说："当日之处置，岂惟不可少，且不能缓。倘稍瞻顾徘徊，则今日广东，已为敌人根据地。弟牺牲为主义具夙心，不惟不求谅于世人，有时且不求谅于知己也。"① 蒋说："一弹未发，而平此大难，人以我手段辣，而不知行事贵在速决。"② 熊克武被捕后，拒不承认汪、蒋加给他的罪名，两年后被释放。

"熊案"属于"廖案"后紧张氛围中触发的事件，未免授人以杯弓蛇影、草木皆兵、防卫过当之讥议。从实际后果而言，又可将此归类为汪、蒋继驱逐胡汉民、许崇智后又一起博弈或角逐。饱尝牢狱之灾的熊克武，脱离拘禁后投向了反蒋阵营。蒋无异于给自己新添了一位铁杆反对派。

鲍罗廷 1926 年 2 月 15 日和 17 日在北京对联共（布）中央政治局使团（布勃诺夫使团）的报告中说，"我们只希望在中国建立一个诚实的政府"。③ 然而，"廖案"后开始的在鲍介入下的汪、蒋联手秉政，实际上是以政治、军事博弈为宗旨，其中的许多运作，出于"需要玩弄权术"指导思想的指引，显然经不起"诚实"二字的考问。一个个被"请"出、被踢出局者，多半是数十年来同一战壕的战友，有许多人还是国民党第一届中央执行委员会的成员。这样，离去者日多，离心力日强，同盟者日感不安，分裂活动越演越烈。在国民党的历史上，这是党内分化激烈、社会被严重撕裂的一个时

---

① 汪精卫：《复北京朱芾煌电》，中国科学院历史研究所第三所南京史料整理处选辑：《中国现代政治史资料汇编》（第一辑）。

② 《蒋介石年谱初稿》，第 434 页。

③ 《鲍罗廷在联共（布）中央政治局使团会议上的报告》（1926年 2 月 15 日和 17 日），《共产国际、联共（布）与中国革命档案资料丛书》3，第 120—121 页。

段。从管治的实效看，汪、蒋之联手运作，得分实在不多。对 1924 年改组方向的偏离，这个党的政治质变与组织分裂，在这一时段，其实已经打开缺口。

## 第四节 孙、廖之死对黄埔军校的影响

孙中山、廖仲恺之死，让历史走进了一个极为敏感的、躁动不安的时段，不仅将中国国民党置于有多种走向、多种发展可能性的岔路口上，也让孙中山手创的黄埔军校，同样面临着何去何从的问题。

孙中山是国民党改组的掌舵人，国民党方针、政策的决策者。不仅"党内合作"出于孙的"乾纲独断"，黄埔军校办学的方针、方向及许多重大问题，也出于他的运筹策划。孙中山的三民主义，是国民党的灵魂。然而，在孙中山生前，对孙作出的决策，已经有不少人起而抵制和反对；对孙的"主义"，也掺杂有各种各样不同的解释。前面说过，因孙中山逝世，国民党迅速分化，特别是其中唯权是猎、唯利是争的人物，在反共分裂的道路上，滑得很远。值得注意的是，孙中山逝世不久，原来反对孙中山，转而大举孙的旗帜，树孙为偶像，以孙的"忠实信徒""正统继承人"自居者，不乏其人。黄埔军校首任政治部主任戴季陶，就是抢抓孙文主义解释权的第一人。包括西山会议派在内，都争着扮演"拥孙"的角色。其中一些人的用意，显然是以孙反孙，打着孙中山的旗号，反对孙中山的革命思想与决策主张，也就是反对国民党改组，反对国共合作，抹黑共产党，对共产党污名化。这样，在后孙中山时代，国民党往何处去，成为疑问。在没有孙中山的日子里，孙手创的黄埔军校能否禀承他办校的初衷，坚持国共合作，坚持走思想建校、政治建军的道路，

也成为疑问。

从廖仲恺来说，廖拥护国民党改组，是集爱国情怀、治理才干与刚毅意志于一身的杰出人物。对于黄埔军校，廖仲恺之死，其损失亦是难于弥补的。

廖仲恺是黄埔军校党代表，被称为军校"慈母"。黄埔军校之筹办、招生、经费筹措、干部配备、教学训练直至"校军""党军"的组建，无一不是廖苦心孤诣、惨淡经营、亲力亲为，无一不浸透着廖的汗水与心血。军校官佐学生《祭廖党代表文》谓：廖仲恺"追随吾党孙总理二十余年，久为吾党之中坚人物。此次本党改组，先生之策划独多……谂知吾党革命之所以屡次失败，皆由于党员并无武力，而假借于他人，故奔走不遑，寝食俱废，以赞助总理创办斯校，成立党军"。第一师师长何应钦、党代表周恩来撰文，称廖是"我党军之慈母"，"党军艰难缔造以有今日，廖党代表生育长养、维护将扶之力，实居大半"。①

更为重要的是，廖仲恺身为国民党驻黄埔军校之党代表，代表党掌握着军校、军队的政治方向，是党的尊严、意志在军校、军队中的体现。孙中山为黄埔军校配备干部，选择廖仲恺任党代表，蒋介石任校长，即所谓"廖蒋配"，是基于对廖、蒋二人的考察权衡的考虑。廖仲恺与蒋介石当然是思想、个性各不相同的两类人，而廖的资历、地位、能力、人脉以及他在各方面的凝聚力、影响力，均有超出蒋的因素。从实际效果看，"廖蒋配"是黄埔军校得以在艰难中筹创、发展的一个重要的原因。

廖仲恺被戕，突然离世，黄埔军校的"廖蒋配"即被打

---

① 《革命军》第八期，1925 年 8 月 31 日。

破。廖仲恺对蒋的影响、制衡因素不再存在。天平失衡，大厦倾仄，处在这一历史关头，黄埔军校何去何从？特别是孙中山制定的党代表制度，即由党掌握军队的制度，能否坚持？又让谁来担任党代表，代表党来掌握军校和军队？这自然成为万众瞩目的问题。

因孙中山、廖仲恺之死，中国国民党和黄埔军校的充满变数的"新时代"，迈出了"新"的一步。未来，前途莫测。

# 第十一章　黄埔两"会"之争

## 第一节　左、右两翼的分化

国民党改组与黄埔军校的筹创，几乎是同步进行的。黄埔军校创办后，国共两党的许多活跃人物从四面八方汇集于长洲岛上，近距离接触，同室而居，同窗共砚，在同一个操场上训练，一同参加各种政治活动和社会活动，并在同一条战壕中并肩作战。长洲岛算得上是国共两党干部接触的"密集地带"，是两党关系的"前沿地带"或"动感地带"。从教官、职员到学生，对思想、理论和政治问题的反应都十分敏锐。校内有"精诚团结"的一面，也有尖锐、激烈的冲突和斗争。

大体说来，埔校初创时，校园相对平静，气氛较为宽松。正如第一期学生韩濬（入校后加入中共）的回忆所说："黄埔军校第一期学生中基本上没有党派之争。第二期开始萌芽，第三期比较激化。"① 第一次东征时，在淡水城下，中共党员蒋先云奉校长之命去救护负重伤的营党代表蔡光举，蔡说：

---

① 韩濬：《两年黄埔军校生活见闻》，《广东文史资料》第三十七辑，第95页。

"先云！赶快为我医治，逆贼正待我们痛杀！"[1] 此即黄埔同学团结作战的现场实景之一。及后，随着国共关系的复杂化，特别是孙中山逝世之后，国民党内排斥共产党、分裂两党合作的活动不断发生，事态不断升级，影响到黄埔军校，教官、职员、学生的分化遂越来越明显，逐步分化为左、右两翼，从意识形态、政治观点的分歧，演变成两大政治派别的崭然对垒。

在黄埔第一期，共产党员为数不少，军校初创时，同学之间相处较为正常。中共党员之初露锋芒，引人注目，可能是从军校国民党第一届党部组建之时开始的。1924 年 6 月间，军校开学典礼之后，军校特别区党部筹备成立，党代表廖仲恺专门到军校讲述党部组织法和选举办法。对于这件事，有的共产党员并不热心，如来自河北、曾在北方的煤矿和铁路参加过工人运动的张隐韬，就认为他们到黄埔军校来的目的是学习，而不是来参加什么活动。因为有从事社会活动的经历，张隐韬被推举出来参与某项相关的事务，但他本人却表示不乐于参加，因此被人指为"消极"。虽然如此，但本期的共产党员之中，却有不少人介入了这样的活动。7 月 3 日，经过选举，选出了陈复、李之龙、金佛庄、严凤仪、蒋介石为军校特别区党部第一届执行委员，蒋介石兼任监察委员。选举结果宣布后，蒋介石说："当选的各位都是确实能办事的，结果算是很好，本校长也非常欣慰。"[2] 7 月 6 日召开全校国民党党员大会，宣布校特别区党部成立。被蒋介石称为"选得很好"的几个人中，李之龙、金佛庄、严凤仪三位是共产党员。中共党员在国民党军校特别区党部执行委员中占据

---

① 蒋先云：《从前敌归来》，《中国军人》第二号，1925 年 3 月 2 日。

② 《蒋介石年谱初稿》，第 211 页。

了多数，这可能是这一群体在黄埔军校崭露头角、让人刮目相看的开始。

被选为党部执委的李之龙，原是武汉早期共产党组织的成员，1924 年初已是中共汉口地委的成员，但是他与国民党人也有些因缘。据李之龙自述，他的叔父李国良 1922 年被湖北督军萧耀南杀害，李之龙本人"二七惨案幸得脱险，潜赴上海，求见汪精卫先生。蒙介绍来粤，见廖仲恺先生、胡展堂先生，即在广东支部宣誓再行加入国民党"①。李之龙以这样的家庭背景到国民党内工作，当然是较为顺当的。他之当选，也可能是中共内部安排、运作的结果。然而，李之龙当时对这桩事，起码是不够清醒的，当选之后竟拿出新任"委员"的架势，训斥他的同学张隐韬、赵枏等。据张隐韬日记，1924 年 7 月 18 日，李训斥张、赵说："只在你说你是民党（国民党）员，我就有管你们的权力！"对此，张感到"极愤恨"，说李之龙是"乳毛未干，一步登天"，拿出"狗委员的架子"吓人。②党内同志（张隐韬、赵枏均为中共党员）对李的作态观感尚如此，其他人又会怎么看？这是可想而知的。

黄埔军校创办之初，还发生过一件轰动性的事件——"宣侠父事件"。这件事也与国民党党部的选举有关。宣侠父曾留学日本，回国后加入共产党，入读黄埔军校时已 25 岁。国民党军校特别区党部成立后，8 月初各队选举党小组长。宣侠父被他所在的第二队选为党小组长。蒋介石很重视这种党小组长的作用，于 8 月 2 日晚专门对学生作过一次讲话，说"既有组长，一定要组长负责，和官长一齐办事，才能办得

---

① 《李之龙脱离共产党声明》，《广州民国日报》1926 年 5 月 15日。

② 见《张隐韬烈士日记》1924 年 7 月 18 日部分。

好"。但蒋又要求党小组长每周必须向校长报告工作。宣侠父于是给蒋戴上了一顶"党、校不分，乱用威权"的帽子，毫不客气地向蒋发动了一次挑战。

据《张隐韬烈士日记》，1924 年 8 月 22 日，"同志宣侠父，今日开除。其原因为党中之组织上他为小组组长。但学校的校长令组织对学校也负每星期报告之责。他以为校长是党校不分，乱用威权，集第二区分部组长开了个会，议决均不须报告，并在党部政治部提出质问与弹劾。校长知此大怒，遂告各组长如不进行报告者，即从严处罚"。张隐韬接着写道："我也劝他，何必生这样的气，我们只有我们的目的"①。宣侠父遂被关进了禁闭室。蒋责令他写悔过书，宣不写，卒被开除出校。宣侠父独立不移，却付出了被推出埔校大门的代价。

至第二期时，学生中的共产党员，不乏社会阅历较为丰富、文化程度颇高、组织能力较强的分子。如吴明是中共早期组织的成员，曾留法勤工俭学；周逸群曾留学日本；胡秉铎是北京朝阳大学毕业生；罗振声曾留法勤工俭学，与周恩来一同回国；而李劳工是广东省总农会执行委员（1923 年），农运领袖彭湃的重要助手。入校未久，在本期中共党员学生筹划下，"火星社"成立了。这是一个政治观点极为鲜明的左翼军人团体。

据黄雍《黄埔学生的政治组织及其演变》，"火星社"大约成立于 1924 年底，是"由一部分共产党同学和一些同情党的同学效法列宁在 1900 年创办《火星报》的意义"而组织起来的，意在以此"作为共产党的外围组织，来推行党的政策，扩大党的影响，并为吸收党员作些准备工作"。黄雍认为这

---

① 见《张隐韬烈士日记》1924 年 8 月 22 日部分。

"是黄埔左派学生中最初出现的进步政治组织"，并且"是当时黄埔军校内唯一的革命组织"。①黄雍，湖南平江人，1922年入读陆军讲武学校，黄埔一期生，当时是中共党员，毕业后被派往东莞、宝安援助农民运动，担任过省港罢工工人纠察队教练和广州农民运动讲习所军事教官。国共合作破裂后任中共东江、琼崖特派员。黄雍是中共在黄埔军校的活动情况的重要知情者，他所写的火星社的组成情况，言人所未言，值得重视。

按黄雍所述，火星社的成员主要是学生，在第二期有60多人，第三期有30多人，包括周逸群、李劳工、王柏苍、吴明、萧人鹄、吴振民、陈恭、陈作为、谢宣渠等。入学黄埔之前，这些人活跃于全国各地，经风沐雨，见多识广，经验老到。这些人一经聚合、组织起来，其能量当然不可小觑。

火星社在黄埔军校的活动中最有影响的一次，亦与党部选举相关。1925年1月第一次东征开始前，国民党黄埔军校特别区党部第一届执委任期已满，即将换届。筹备选举之时，火星社做了串连策划，"运用自己的组织力量展开了竞选运动，结果按照自己预定的计划获得完全胜利"。选举的结果，不免让全校为之震惊。

关于此次换届选举的情况，《蒋介石年谱初稿》有如下叙述：1925年1月14日，"军校特别区党部开全体党员大会，选举第三届（应是第二届——引者）执行委员。公（指蒋介石——引者）及吴明、陈作为、罗振声、周逸群五人当选

① 黄雍：《黄埔学生的政治组织及其演变》，中国人民政治协商会议全国委员会文史资料研究委员会编：《文史资料选辑》第十一辑，中华书局，1961年，第3页。以下引述黄雍关于火星社的史料，均出自此文。

为执行委员，并议决军需部财政监督委员会组织法"。① 而据黄
雍所述：在本次选举中，"蒋介石仅得 60 票，没有当选，后
来由党代表廖仲恺推荐，才得当了监察委员"。假如黄雍所言
属实，那么年谱中蒋"当选"的话，则是有点可疑的。当天除
吴明、陈作为、罗振声、周逸群当选为执行委员外，王柏苍、
成恭（陈恭）、黄锦辉当选为候补执行委员。② 以上吴明、陈作
为、罗振声、周逸群、王柏苍、陈恭、黄锦辉，均为中共党员。

黄埔军校特别区党部第二届执行委员会组成后，于 1925
年 2 月 1 日创刊《青年军人》（第六期后改名为《革命军》）。
廖仲恺任"青年军人社"社长；蒋介石任编辑部长；吴明任
编辑股长，吴玠、刘光烈任股员；陈作为任经理部长；陈恭
任事务股长，胡秉铎、王德清任股员；罗汉任发行股长，卢
德铭、麻植任股员。以上吴玠、刘光烈、胡秉铎、罗汉、卢
德铭、麻植数人，均是共产党员。③

当国民党改组时，孙中山曾说国民党"组织未备"；廖仲
恺也说国民党"无精密组织"，"目下除少数干部，并无党
员"。④ 另有许多人直言国民党组织松散，机构不健全，散沙
一团，党不成党。1923 年秋，鲍罗廷到穗，孙中山鉴于"鲍
君办党极有经验"，乃在广州铺开了一场有共产党员积极、踊

---

① 　《蒋介石年谱初稿》，第 295 页。

② 　《本校第一至第四届特别党部委员名录》，《黄埔军校史料
（1924—1927）》，第 520 页。

③ 　吴玠在埔校经张其雄介绍加入中共；胡秉铎曾任《贵州青年》
编辑，1924 年入党；刘光烈在埔校入党，后为黄麻起义领导人之一；
罗汉曾赴法勤工俭学，经吴明介绍入党；卢德铭 1924 年在埔校入党，
后加入叶挺独立团；麻植在埔校入党。

④ 　廖仲恺：《在中央干部会议第十次会议上的报告》（1923 年
12 月 9 日），《廖仲恺集》（增订本），第 139 页。

跃参加的国民党改组的"试验"。结果，不仅在短时间内吸收了大量的党员，并且自下而上地组建起党的"区分部""区党部"，初步形成了一套国民党的组织系统。这让孙中山感到欣喜，也让他对共产党人的组织能力有所认知。可能正是这样，让人也产生了国民党人搞"组织"并不在行，反而是共产党员擅长于此的感觉。国民党一大所产生的中央机构，由共产党员谭平山任中央组织部部长，杨匏安任组织部秘书，应当不是偶然的。久而久之，也可能让人（包括让共产党员自己）产生了共产党善于搞"组织"，有"组织"的专长与优势，甚至应当掌握国民党"组织"的感觉。问题就出在这一点上。这应当是让那些持门户之见的"纯粹"的国民党人感到最不爽也最不安的心结所在。因为中共党员兼具双重党籍，某些"纯粹"党员并不认同"双重"党籍党员的国民党身份，也不认同"双重"党籍党员为国民党所做的一切，包括发展党员、整顿组织、健全机构、扩大影响等等。"纯粹"党员总是觉得"双重"党籍党员在这些方面做得越是努力，越有成绩，就越是想"占据"国民党或"篡夺"国民党，而不管共产党人的真实想法是不是这样。上述黄埔军校的两次党部选举，当选者多为中共党员（"双重"党籍党员），而且由此衍生出了诸多授人以柄的风波，涉及了至为敏感的"组织"问题。当选者或者以为这是"胜利"，殊不知这却是自我设套，最终套着了自己。①

"组织"，是具有排他性能的一种机制。共产党人加入国民党，致力于建立、健全国民党的"组织"，而国民党的"组织"一旦建立、健全起来，共产党员反而置诸被"组织"排

---

① 黄埔军校特别区党部第三届选举时，中共再没有组织这一类的"竞选"。1925 年 9 月黄埔军校第二期毕业，火星社随之解散。

斥的地位。事情的发展，就是这样。

## 第二节　中国青年军人联合会

中国青年军人联合会（简称"青军会"）发轫于 1924 年秋商团事变时，筹备会产生于 1925 年 1 月 25 日，而成立大会召开于是年 2 月 1 日。有关青军会筹备会成立，蒋介石的年谱写道："青年军人社成立，为鲍罗廷等发起，军人跨共产党者咸入之。"[①] 蒋的意思是青军会是鲍罗廷和中共一手策划的。虽然后来的事态已表明青军会确为以中共党员为骨干的黄埔左翼军人团体，但是当这个团体筹备、成立时，并非就是鲍罗廷或中共党员背着国民党、未得到国民党领导人许可而另搞一套；而这个组织的成员，也并非只有那些"跨党"的黄埔军人。

中国青年军人联合会从"青年军人代表会"演变而来。据周逸群《总理逝世后之中国青年军人运动》谓："黄浦军校创立未久，商团扣械案发生，革命政府确实能够指挥的军队，仅仅就是军校几百学生（当时新旧学生不上千人），若是单靠这几百学生，一方面要守黄埔数千军械，一方面又要解散商团，这不是比做梦还要可笑吗？所以蒋校长与廖党代表很能体贴总理的意旨，命黄埔学生与各军发生关系，组织一个青年军人代表会，以当联合办事的机关，当时加入的有黄埔军校，滇军干部学校，粤军讲武堂，军政部讲武堂，警卫

---

① 按：黄埔史料上之"青年军人社"，即上文所说国民党黄埔军校特别区党部主办的刊物《青年军人》的编辑出版机构，蒋是该社的"编辑部长"，故不存在所谓鲍罗廷发起的问题。蒋"年谱"所说的"青年军人社"，显然就是指中国青年军人联合会。

军讲武堂，桂军军校，大元帅府卫士队，飞机掩护队，航空学校，铁甲车队及永丰（现改称中山）、舞凤、飞鹰、福安四舰。这个组织是以团体为单位，即每个团体派出代表二人成立青年军人代表会，设会址于中央党部，每周开代表会一次，由各代表轮流主席。"①这个"青年军人代表会"就是中国青年军人联合会的前身。青军会发表的《本会组织缘起》明确指出：由于"代表会"这种形式有缺点，于是决定将"代表会"改为"联合会"。②

由此可知，青军会是黄埔军人按照廖仲恺、蒋介石的意愿成立起来的。当青军会成立时，廖仲恺、胡汉民、邹鲁等国民党领导人参加了成立大会，分别在大会上发表了支持的演说。廖仲恺说，中国青年军人联合会的成立大会是"中国革命史上之一重要记载"。汪精卫后来出席过青军会的会议，亦是该组织的支持者。廖仲恺、蒋介石、谭延闿、陈嘉佑及国民党中央党部，均为青军会捐过款。据青军会第10次会议纪录，常务委员王一飞报告经费收支情况："蒋介石每月捐二百元，谭组（祖）庵一百元，陈嘉祐（嘉佑）五十元。中央党部后改为一百五十元。"③而青军会的成员，也不只是一些"跨党"的军人，起初被推选出来负责组织青军会筹备会的蒋先云、曾扩情、贺衷寒、何畏能④四人当中，曾扩情、

---

① 周逸群：《总理逝世后之中国青年军人运动》，《中国军人》第九期，1926 年 3 月。

② 《本会组织缘起》，《中国军人》创刊号，1925 年 2 月 20 日。

③ 《中国青年军人联合会第十次大会纪录》（1925 年 6 月 30 日），《中国军人》第六号，1925 年 8 月 17 日。

④ 何畏能为大元帅府铁甲车队队员，后来担任过中共广东省委交通主任、陈村市委书记。

贺衷寒并非中共党员。贺衷寒入读黄埔军校之前,曾经加入过中国社会主义青年团,其本人在军校的"详细调查表"上写道:"民十代表武汉社会主义青年团列席远东民族及少年共产党两会议。"① 有关的史料显示,贺衷寒当年因"不服从中国代表团团长张国焘的领导,回国后被开除团籍"。虽然贺衷寒在青军会成立不久之后即已退出,并充当了孙文主义学会的中坚分子,但当青军会成立时,他是与蒋先云等人站在一起的。在《中国军人》创刊号上,贺发表了《青年军人与军阀》的文章,署名"衷寒"。

中国青年军人联合会成立时,各单位的出席代表如下:

陆军军官学校:李之龙 蒋先云 贺衷寒 曾扩情

北较场陆军军官分校:吴明 萧人鹄 王一飞 李劳工

滇军干部学校:高煊 林绍伯 卢洪基 张建侯

粤军讲武堂:廖俊一 吴超璟 欧震

桂军军官学校:温镇球 袁炎烈

铁甲车队:何畏能 李迪珩

福安军舰:牛荫桐 刘联陞

飞鹰军舰:杨锦棠 吴鸿钧

舞凤军舰(特别组):陈光裕

军用飞机学校(特别组):刘云

---

① 陆军军官学校编:《陆军军官学校学生详细调查表》(民国十三年七月),(台湾)文海出版社有限公司印行,1990年,第46页。

中国青年军人联合会中央执行委员会委员如下：

常务委员：蒋先云
秘书：贺衷寒
编辑委员：王一飞
宣传委员：高煊
组织委员：廖俊一
候补中央执行委员：袁焱（炎）烈　欧震　何畏能
　　　　　　杨锦棠①

以上出席成立大会的代表及由大会产生的中央执行委员、候补执行委员，有的也不是共产党员。总之，青军会在成立之初，联络了多所军校及多个军事单位，联系了众多的军人，是力图按照在国民党的旗帜下革命青年军人大联合的形象来塑造自己的。

中国青年军人联合会发展迅速，成员遍布于广州各军校、各军舰，而且派人到北方各军队、各军舰征求会员，建立通信关系，并计划成立"东北组织部""西北组织部""中原组织部""长江组织部"和"西南组织部"。成立两个月后，会员据谓发展到2000多人。

中国青年军人联合会创办了两个期刊。一为《中国军人》，创刊于1925年2月20日，前后共出版9期。创刊号"编辑启事"谓，"本刊以团结革命军人，拥护革命政府，宣传革命精神为主旨"。以蒋先云、王一飞为主笔，主要撰稿者有蒋先云、萧人鹄、吴明、唐澍、周逸群、李汉藩、陈恭、胡秉铎、李侠公、包惠僧、曾干廷、饶荣春等等。二为《中

---

① 《中国军人》创刊号，1925年2月20日。

国青年军人联合会周刊》，由胡允恭（曾就读于上海大学）任主笔，主要撰稿人有李汉藩、蒋先云、胡秉铎、周逸群、严凤仪、熊受暄等，共出版 28 期。青军会出版之《中国军人》《中国青年军人联合会周刊》，特别区党部出版之《青年军人》（《革命军》），以及稍后出现的《黄埔潮》《武力与民众》《黄埔日刊》等，均为左翼色彩明显的出版物。黄埔军校可谓报刊林立，这表明黄埔教官、学生不仅能武，而且能文。会抓笔杆子是黄埔左翼军人的优势。

　　与中国青年军人联合会相关的，还有文艺演出团体血花剧社。黄埔学生李之龙、教官鲁易等，本为活跃分子。李、鲁二人在进入黄埔军校前，曾在 1924 年的广州新年游艺晚会上登台演出，他们合作献给观众的是北腔双簧，演出效果不错，"观者颇为感动"。此事被记载在中国社会主义青年团广东区委的历史文件上。① 李之龙、鲁易是黄埔军校的活跃人物，他们在广州的首次"亮相"，是在新年晚会的表演舞台之上，在广州革命文化史上，这可能是值得注意的一件事。一期生将毕业时，为欢迎苏联水兵，军校舞台又推出了一台节目。1925 年的元旦，黄埔军校师生连续编排、上演了《还我自由》《黄花岗》《鸦片战争前后》等话剧。寓教于乐，不仅富有教育意义，而且给全校官生、给教导团官兵们带来许多乐趣。1925 年 1 月 18 日，血花剧社正式成立，直属于黄埔军校政治部。"血花"者，"革命之血，主义之花"之谓也。

　　血花剧社最初的台柱子，就是李之龙这些人。李等不仅

---

　　①　《团粤区委报告（第十二号）》（1924 年 2 月 17 日），《广东青年运动历史资料》（一），第 201 页。

能写本子、能导演，而且能登台演出。① 广州"新学生"剧社成员，曾与曾国钧、区夏民（两人在 1927 年广州起义时遇难）同台演出的吴铁若，曾观看过李的表演。吴铁若回忆草本写道：新学生剧社在中山大学礼堂演出，有血花剧社参加，"李之龙也来演出。他演的是双簧《搽粉》，是一出笑剧。我们演的是独幕剧"②。除李之龙外，血花剧社的活跃人物还有余洒度（二期生、中共黄埔二期支部组织干事）。蒋介石很看好血花剧社，视为他亲自领导的团体。余洒度因此见重于蒋，后来成立"黄埔同学会"时，被蒋特指为宣传科长。

应当指出，血花剧社虽有许多中共党员参加并充当骨干，但不能认为这个剧社就是被"中共分子利用"、以"渗透"为目的的团体。剧社有各方面人物的支持和共同参与，有大量的观众与广泛的影响，称之为李之龙"把持"的中共外围组织，实际上也是一种偏见。

血花剧社将自己定位为"艺术革命化的宣传团体"，赋自身予宣传革命、提高社会艺术的使命。他们认为：艺术与人生的关系，就是艺术批评人生、领导人生、创造人生；献身于艺术的人和献身于社会革命的人，同样都是革命的；革命的艺术是新的艺术，是站在十字街头、奉献给人民群众的艺术。难得的是，经过一段时间的频繁演出之后，他们有了愈

---

① 据李芝骥、李芝鹏：《李之龙烈士传略》，中共广东省委党史研究委员会办公室、广东省档案馆编：《中山舰事件》，1981 年，第 30页。李之龙自编话剧剧本，对楚剧的改革也用过很大功夫。所编剧本《此恨何时灭》（鸦片战争故事）、《国魂兮归来》（义和团故事）、《革命军来了》（东江战役故事）三种被保存了下来。

② 吴铁若回忆草本（未刊稿），1964 年 7 月。

来愈明确的艺术追求，要求提高艺术水准，增强艺术感染力。他们说：血花剧社是随着新的艺术的使命而产生的，也要使革命的艺术，开一个新纪元。① 血花剧社的演出安排得满满的，有时在校本部大礼堂，有时在露天广场。在军校的演出，观看者不仅有本校官、生、士兵，还有大批的市民。

中国青年军人联合会为跨校、跨军和跨军种的公开团体，从成立宗旨及初期活动来看，其初时的"党派"色彩并不十分明朗，如果掌握得好，是有可能发展为"革命旗帜下的军人之公有组织"的。然而，为什么青军会后来会成为黄埔左、右两翼分野的焦点呢？这是由于在后来的发展进程中，有越来越多的中共党员加入青军会，并成为青军会的骨干分子和基本成员，而青军会的许多成员又陆续被吸收到共产党中，使中共党员在青军会中所占的比重越来越大。在该会的刊物《中国军人》《中国青年军人联合会周刊》写文章的，又多数是中共党员；而并非"跨党"分子的贺衷寒、曾扩情等人，不久又退出了青军会，另起炉灶，别树一帜，成立了孙文主义学会，与青军会对着干。就这样，随着黄埔军人左、右两翼的分野越来越大，中国青年军人联合会也从大联合性质的组织，变成了色彩越来越红的组织。

## 第三节　孙文主义学会

如前所述，当中国青年军人联合会筹备成立时，参与者有蒋先云、贺衷寒、曾扩情、何畏能等，组成之后，由蒋先

---

① 《血花剧社之近况》，《黄埔日刊》1926年12月14日。

云任常务执行委员，贺衷寒任秘书。及后，贺衷寒等脱离了青军会，成立孙文主义学会（简称"孙会"）。从此，黄埔长洲岛上出现了青军会、孙会两大组织的双峰峙立。两"会"的纠纷愈演愈烈，从笔舌之争，发展到拔枪相见，在国民革命营垒中，种下了深深的危机。

按照孙会的发起人之一冷欣（一期）的说法，因青军会的活动日益发展等原因，从1924年底开始，黄埔军校即有人开始酝酿成立与之抗衡的组织。初拟取名"中山主义研究社"，并拟与甘乃光发起的孙文主义研究社联合，但未能成功，遂决定单独组织。第一次东征途中，在部分教官学生中交换过意见，并在梅县召开了筹备会议，参加者有30多人。[①]此时的名称是"中山主义学会"。1925年6月3日，《广州民国日报》发表了《中山主义学会宣言》。[②]至于孙会的正式成立，则在1925年12月底。

孙会的成立，同当时国共关系的复杂化，是联系在一起的。

先是，黄埔军校开学典礼后两天，国民党中央监察委员张继、邓泽如、谢持提出《弹劾共产党案》（"六一八弹劾案"）。国民党中央执行委员会为此于1924年8月召开一届二中全会，审议、讨论此案。会议期间，张继、谢持到黄埔军校串连，特别是谢持，以四川同乡的关系，对埔校川籍学生

---

① 中华民国史事纪要编辑委员会编：《中华民国史事纪要（初稿）》（1925年1月至6月），1975年，第470页。按：梅县会议召开于1925年4月24日，《蒋介石年谱初稿》以是日为孙文主义学会成立的日子。当孙会筹备时，冷欣为军校教导团第一团第四连党代表。

② 《中山主义学会宣言》，《广州民国日报》1925年6月3日。

做过"煽动"的工作。[①]国民党内反对与共产党合作的种种势力，无疑是黄埔右翼的后盾。他们的活动，对埔校右翼的形成，起了催发的作用。至"戴季陶主义"出台后，戴更成为右翼军人的精神领袖。到了西山会议派在上海、北京等地酝酿、组合时，埔校右翼军人更在国民党上层及各地、各界的反共势力中，多方寻求同情、支持、配合的力量。

孙文主义学会的名称，最初可能不是在黄埔军校，而是在黄埔之外首先使用的。据马超俊述：

> （孙中山逝世后）我与孙哲生（孙科）研究办法，认为防止共产党思想，首应着重于青年思想，乃决定联络各大学学生，创立孙文主义学会。当时参加者有北京大学学生李大超、钟汝中、傅汝霖、陈兆彬、曾焦熙、袁世斌、姜绍谟、王昆仑，东南大学学生邓光如、刘恺钟、杨克天、任西萍、高岳生、宋述樵，上海商科大学学生王漱芳等，均一时之高才。此时黄埔军官学校学生冷欣、贺衷寒、潘佑强、杜心如、杨行之（应是杨引之——引者），与同济大学萧淑宇等皆来沪响应。大家推举我与刘芦隐、郎醉心、何世桢、黄季陆为筹备委员，孙哲生为会长，负责对外一切名义；我为总干事，主持一切计划策动。在学理方面，阐扬三民主义之真谛，辟斥无产阶级之理论。戴季陶所主编《孙文主义之哲学之基础》即为该会最初之刊物。[②]

---

① 曾扩情：《谢持来校煽动反共》，《黄埔军校史料（1924—1927）》，第340页；黄雍：《黄埔学生内部斗争的起因与发展》，《黄埔军校史料（1924—1927）》，第341—343页。另，张隐韬日记也有张继向黄埔学生宣传反共的记述。
② 《马超俊、傅秉常口述自传》，第60—62页。

从马超俊所述，可知孙文主义学会并非发轫于广州，但其酝酿与筹备，与黄埔军校的中山主义学会几乎同步而行。黄埔右翼军人"皆来沪响应"，这应是中山主义学会的名称后来之所以弃而不用，而改称孙文主义学会的由来。

从青军会中退出而充当孙会中坚的贺衷寒，是一位很有些来历的人物。贺衷寒，湖南岳阳人，毕业于武汉旅鄂湖南中学，肄业于上海外国语学校。曾到苏俄出席远东会议，回国后先后在湖北、湖南办"人民通讯社""平民通讯社"，还兼任过《大汉报》的特约记者。出席中共一大、建党前后在武汉活动、了解贺衷寒的来历的军校政治部代理主任包惠僧，在他的回忆录中说：贺在参加远东会议时因故被开除团籍，从苏俄回国后，"他在武汉、长沙办过通讯社，因为他没有能力没有信誉，走到流落的边缘，才去投考黄埔军校"，"贺衷寒到黄埔军校以后，到处钻门路，他先希望钻到共产党或是青年团里，碰了壁之后，他就尽量地装出是一个反共的志士，经常奔走于胡汉民、汪精卫、蒋介石、廖仲恺之门。他常叫嚣说'青年国民党员组织起来'"。①

包惠僧所说贺衷寒在黄埔军校"碰了壁"，具体的情节，是指贺衷寒曾经"冒充青年团员"，而被李之龙揭破。②

这件事称得上源远根深，值得挖一挖"老底"，从头说起。贺衷寒初入黄埔军校时，对自己曾经加入过社会主义青年团的经历并不隐讳。他在陆军军官学校学生详细调查表中填写道："民十代表武汉社会主义青年团列席远东民族及少

---

①　《包惠僧回忆录》，第 153 页。

②　《包惠僧回忆录》，第 153 页。

年共产党两会议。"① 而通观入读黄埔军校之前加入共产党、青年团的那批黄埔一期生，均未曾在军校的调查表中说明自己的共产党员、青年团员身份，"调查表"也没有提出这样的要求。例如共产党员赵子俊，同样来自武汉，同样参加过远东会议，但就没有在调查表中填写这样的经历。贺衷寒说自己曾代表武汉社会主义青年团出席过远东会议，但却不说明他已经被除名，这起码表明他对参加过社会主义青年团、出席过远东会议的经历，是很在乎的，或者说是唯恐他人不知的。

1926 年 2 月，鲍罗廷在北京向联共（布）中央政治局使团（布勃诺夫使团）作报告时讲到：孙文主义学会的"最主要的领导人同我一起从广州来到这里，现住在北京等护照，要去俄国留学。原来这个同志曾八次提交加入共产党的申请，八次遭拒绝。当我想知道为什么不接收他入党时，老实说，我并没有从共产党那里得到令人满意的答复。这是个错误。如果让他加入共产党，他会对这个学会产生另一种影响。然而他却被拒之门外"。② 鲍罗廷这里所说到的"八次"提出加入共产党申请的人，不是别人，应是贺衷寒。当时（1926 年初）贺衷寒在广州遇到了"麻烦"，要赴苏联留学。鲍的这段话更加说明：包惠僧所说的贺衷寒到黄埔军校后"希望钻到共产党或是青年团里"，并非无中生有、面壁虚构。那么，贺衷寒"冒充"过青年团员，也不是不可能的。

---

① 《陆军军官学校学生详细调查表》（民国十三年七月），第 46 页。

② 《鲍罗廷在联共（布）中央政治局使团会议上的报告》（1926年 2 月 15 日和 17 日），《共产国际、联共（布）与中国革命档案资料丛书》3，第 140 页。

贺衷寒过去的确参加过武汉社会主义青年团，他赴俄出席远东会议，持的是董必武签字的介绍信。[①] 而李之龙也参加过武汉社会主义青年团。1922 年 5 月中国社会主义青年团第一次全国代表大会在广州召开时，武汉社会主义青年团派出的代表，最初就是李之龙。[②] 故贺、李二人，同出于武汉董必武之门下，早已互相认识，互相知根知底。贺之根底被李之龙"揭破"，实在不足为奇。

黄埔军校的共产党组织拒绝贺衷寒入党对不对？如果像鲍罗廷所说当时满足了他的入党要求，他是不是就会在黄埔"产生另一种影响"呢？这是很难假设的。问题是，贺在共产党里找不到出路，他就要另外走出一条路来。偌大一座长洲岛，像贺衷寒这样的人，应当不是个别的。

至于孙文主义学会的发起人，蒋介石指为陈诚；[③] 王柏龄则指为贺衷寒、潘佑强，王柏龄并且隐然表明王柏龄自己就是这个组织的幕后指导者。[④] 孙会最早的成员以黄埔军校一、二期学生为主，也有一些教官，并有黄埔军校以外的军人或非军人参加。主要有陈诚、王柏龄、刘峙、林振雄、缪斌、徐桴、周惠元、贺衷寒、潘佑强、惠东升、王惠生、顾祝同、

---

① 中共"一大"会址纪念馆、上海革命历史博物馆筹备处编：《上海革命史资料与研究》（第 7 辑），上海古籍出版社，2007 年，第 824 页。

② 1922 年 4 月 9 日中国社会主义青年团武汉地方大会致团临时中央报告说："五五广州大会（指 1922 年 5 月 5 日在广州召开的团第一次全国代表大会）共推李之龙出席。"赵朴：《中国社会主义青年团第一次全国代表大会及其前后的若干问题》，共青团中央青运史研究室编：《中国社会主义青年团创建问题论文集》，1984 年，第 34 页。

③ 《苏俄在中国——中国与俄共三十年经历纪要》第 37 页记："于是陈诚等乃发起孙文主义学会，以对抗青年军人联合会。"

④ 王柏龄：《孙文主义学会的成立》，《黄埔军校史料（1924—1927）》，第 338 页。

倪弼、桂永清、邓文仪、萧赞育、孙元良、谢廷献、谢纯庵、杨引之、陈绍平、史宏熹、杨耀唐、谢振邦、葛武棨、刘仪珍、冷欣、伍翔、曾扩情、丰悌、胡靖安、胡宗南、王文翰、张叔同、陈肇英等。孙会出版有刊物《国民革命》《青白花》，还成立了一个与血花剧社相对立的青白剧社。

孙文主义学会对外宣称以"研究"孙文学说为宗旨，以"学术团体"的面貌出现。或许由于这一点，廖仲恺对孙会的成立，表示过支持。据谓李之龙等曾向廖进言，请廖不要支持孙会，而廖未纳其言。[①] 蒋介石当然更是孙会的支持者。前文说过，廖、蒋、汪对青军会早已给予过支持。因此，后来当青军会、孙会纠纷迭起时，两者都强调他们是得到了汪、蒋、廖的支持。孙会尚未组成时，周恩来同贺衷寒谈过话，劝贺停止组织，不要另立山头，以免遗祸于将来。贺充耳不闻。[②] 就这样，孙会终于组成，并一步步做大。

## 第四节　风波迭起，"调"而不和

黄埔军校两翼的纷争，1925 年起日趋表面化。孙中山逝世后，潜在矛盾浮现，"暗潮"翻成大浪。1925 年 4 月，青军会出版的《中国军人》第四号刊登署名"侠公"的《从唯物史观所见之中山先生死的问题》。"侠公"即李侠公（亦作"李公侠"），军校特别官佐，由鲁易、周逸群介绍加入中共。孙中山逝世，举国哀伤，这是个非常敏感的时刻。李侠公的

---

① 《包惠僧回忆录》，第 153 页。《黄埔军校之成立及其初期发展》，第 280 页。

② 《黄埔军校之成立及其初期发展》，第 280 页。

"唯物"之论和另一篇讲社会主义的文章，惹出一场风波，即李侠公所谓"孙文主义学会分子大肆咆哮"。①

1925年4月24日，经过一番策划与串连，黄埔军校教导团第一团党代表缪斌、第四连党代表冷欣等人，在东征途中的梅县，召开中山主义学会筹备会议，由缪斌主持开会。台湾出版的资料描述说：当时有青军会的成员签名参加，却被"故意"通知迟二小时到会，但是他们仍然及时赶到。

> 由李之龙先进入会场，拿起开会用之材料直喊"缪斌"而不称主席，指责孙文主义学会违反联俄容共政策，要大家负责可能产生不良后果。有人指责他不守秩序，李之龙便说："你不要我说话，我就走！"正好周恩来走进来，会场有人控诉李之龙不守会议规则，以下犯上，请周恩来以党纪处罚他，周答道："请大家不要动感情！"表示一定处理，却让李之龙溜走，为了避免刺激，周恩来乃将李之龙从前方调回广州。②

以上所引，是关于"梅县事件"较为详细的一则记述。这场纠纷，肇端于会议召集者"故意"通知青军会人员迟到，而李之龙的表现亦未免简单粗暴。青军会后来宣布自动解散时（1926年4月），在公开发表的《上蒋校长书》中，对"梅县事件"有所涉及，明确说："况梅县之事责，在李之龙之粗浮。"

1925年5月1日，广州市举行五一劳动节纪念活动。留

---

① 李公侠：《在黄埔军校所看到的两派斗争》，《广东文史资料》第三十七辑，第23页。

② 《黄埔军校之成立及其初期发展》，第300—301页。

守黄埔军校的政治部职员李汉藩、陈作为，要求军校列队参加全市的游行，遭管理处代理处长林振雄反对，双方遂发生激烈的争吵。对这一件事，蒋介石在东征途中写了封信，对李汉藩、陈作为作了严厉的指责。据《蒋介石年谱初稿》：5月11日，蒋"致李汉藩、陈作为二生函〔政治部职员〕，痛斥其侮辱林处长之非〔稿佚〕。因广州市举行五一劳动节巡行，代理管理处长林振雄，不令军校勤务工人参加，李、陈目为反革命也"。① 读包惠僧的回忆录，则知事情并不那么简单，除了李、陈"侮林"之外，还有另外一个情节。包惠僧说：双方"由相骂到相打，最后林振雄发了牛脾气，拿出手枪向李汉藩开了一枪，虽然没有打中，也闹出乱子来了"。李、陈等将林捆绑起来，将他关进禁闭室。口舌之争，导致拔枪相见，无疑是一宗严重的事件。

林振雄开枪事件，并非只是包惠僧的一家之言，在国民党中央的会议记录中可以查到讨论、处分林的有关记录。据《国民党第九十四次会议纪》：到会者胡汉民、邹鲁、汪精卫、廖仲恺、邓泽如、林森、谭平山、何香凝、林祖涵、甘乃光、陈公博等，主席胡汉民，书记陈公博。中央监察委员会提出，黄埔军校"管理处长林振雄犯罪，应略宽宥，由党部予以定期停止党权处分，关于刑事部分，予以定期惩役，并将本兼各职撤革，归案办理"。会议决议："林振雄应予以停止党权六个月，撤革本兼各职。"② 可见，"林振雄事件"已提上国

---

① 《蒋介石年谱初稿》，第353页。

② 《国民党第九十四次会议纪》，《广州民国日报》1925年7月23日。此外，李汉藩被国民党中央派为特派员，到驻韶关的湘军中从事政治训练，后参加南征。陈作为调任湘军第六团党代表，当年10月在作战中被敌俘虏，救出后因伤势过重逝世。

民党中央常务会议，定性为"犯罪"，写进了会议记录。虽然受到"宽宥"，但也被撤销了本兼各职，林振雄为他的行为付出了代价。

黄埔军校党代表廖仲恺，对东征期间发生的"林振雄事件"——军校后院起火事件，极为震惊，极其重视。廖特意提出请中共广东区委书记陈延年，到黄埔军校任政治部主任（此时周恩来在东征前方），以加强对黄埔军校校内的政治工作。据包惠僧说，陈延年则向廖转荐包惠僧以自代。[①] 虽然包惠僧的名字并未显现于黄埔军校教职员名录，但包确实在黄埔军校担任过这一职务。此即包惠僧移任黄埔军校政治部主任（称后方主任）之由来也。

枪击事件，看来还不止一宗。李侠公的文章提到：当"西南革命同志会"（由周逸群等人发起）在广州大佛寺召开成立大会时，孙会侦知这个组织与青军会关系密切，乃由王惠生（一期三队，贵州贵定人）等闯进会场，乱喊口号。在一片喧闹声中，王惠生向大会主持者周逸群和李侠公开枪（未击中），旋被制服。[②] 胡允恭的回忆录提到：在一次争吵中，也发生了孙会分子向胡沉着（胡承焯，三期生）开枪（未击中）的事件。[③]

1925 年夏秋，戴季陶陆续发表《国民革命与中国国民党》等文，"戴季陶主义"至是形成。青军会起而批驳，校内的气氛十分紧张。这时，黄埔军校贴出了一幅漫画，画的是戴季陶将孙中山背进孔庙，让孙中山接受世人拜祭，分食

---

① 《包惠僧回忆录》，第 156—157 页。

② 李公侠：《在黄埔军校所看到的两派斗争》，《广东文史资料》第三十七辑，第 24 页。

③ 胡允恭：《关于黄埔军校和中山舰事件》，《金陵丛谈》，第 35 页。

供桌上的冷猪头。漫画对戴季陶的形象批判，被孙会认为是攻击、丑化孙中山，群情鼎沸。

在第二次东征时，李侠公担任国民革命军第一军第一师政治部主任。东征途次，李向中共广东区委军委写报告，分析"全师官兵的思想动态"。信函丢失（有一种说法是被人偷出），落到了孙会手中，遂被炒作为共产党员搞"破坏"，全文被影印了出来，大量散发，并寄给上海的报纸刊登。这一场纠纷，一直闹到了蒋介石面前。《蒋介石年谱初稿》写道：1925年12月3日，"下午，有学生十余人，同第一师政治部主任李公侠，争来诉状。公侠报告：'共产势张，四围都非同志。'意在激成本党党员互相仇恨，怂公监视。公以〈政治人员带兵官不能干涉，惟云当严办了事〉近日非共产与共产之讧，愈演愈烈，公谓此足使本校本军内部分裂，党祸急矣，〈可奈何!〉"①

李侠公到底在信中写了些什么？在桂崇基《中国国民党与中国共产党》一书中，可以读到原文：

> 君佛（伟）：我已随一师到达石滩三日，尚未填具报告者，以四周都非同志，而又同居一室，政治部虽自成一处，亦以杂有外人，遂使我无有机会填具报告……军官方面，如何师长对政治工作，颇能认识其必要与价值，故我们工作，向无妨碍，可以暗中畅行，借机会宣传我们主义。侠公十月四日午后二时。②

以上引文，"君佛（伟）"者，军委也。文中被省略的内

---

① 《蒋介石年谱初稿》，第465页。
② 转引自《黄埔军校之成立及其初期发展》，第302页。

容，为原引者所略。从现在读到的文句看，可视为"问题"者，主要是"四周都非同志"，意思是说周围的人都不是同志。孙会据此认为，李侠公只认共产党员为同志，而不认国民党员为同志。

李侠公信函丢失事件，让双方关系再度紧张。鲍罗廷在稍后（1926年2月）向布勒诺夫使团作报告时，讲到了这件事："有位共产党人给军队写信，对共产党人称同志，而对国民党人不称同志，结果这封信就被用来说明，共产党人只认为自己的人是同志，而不认为国民党人是同志。"这件事让鲍罗廷颇为纠结与困惑，感到难以拿捏。他说："如果共产党人继续处于这种状态，即对他们所做的每件小事，所犯的每个错误，都进行挑剔，那么这就会使他们的工作变得非常困难。"[1]为此，鲍罗廷甚至提出，要将共产党员全部从军队中撤出来。他还归纳出"共产党人应彻底离开军队"的三条理由。因为这一点，鲍罗廷与苏联驻华南军事顾问团团长古比雪夫（季山嘉）、副团长拉兹贡（奥尔金），"发生了原则性的意见分歧"。[2]

鲍罗廷从军队中全部撤出共产党员的主张，并没有付诸实施，而丢失信函的主角、第一师政治部主任李侠公，则从此离开了黄埔军校和第一军。李侠公向蒋介石提出辞呈，随即公开以共产党员的身份任事于中共广东区委军委。1927年2月，李侠公赴苏联学习，回国后于1930年10月在上海被捕。出狱之后，与中共脱离关系。抗战时期出任文化工作委

---

① 《鲍罗廷在联共（布）中央政治局使团会议上的报告》（1926年2月15日和17日），《共产国际、联共（布）与中国革命档案资料丛书》3，第138—139页。

② 《古比雪夫给叶戈罗夫的信》（1926年1月13日）、《古比雪夫和拉兹贡给中共中央执行委员会的信》（1926年1月13日），《共产国际、联共（布）与中国革命档案资料丛书》3，第16、18页。

员会副主任（主任郭沫若）。中华人民共和国成立后任政务院参事、西南军政委员会委员、贵州省政治法律委员会副主任、贵州省民政厅厅长、民革贵州省委主任委员、政协贵州省委副主席等，还当选为第二、三、四届全国人大代表。1994年2月7日病逝于贵阳。

李侠公事件之后，1925年12月8日，蒋介石在潮州召集政治部职员与各级党代表会议，"讨论本党团结办法"。①共产党员、《中国青年军人联合会周刊》编辑胡允恭，以记者身份参加了会议。胡的回忆录专门写了潮州会议，认为研究黄埔军校的历史，不可忽略潮州会议及其影响。

据胡允恭记述：蒋事前未透露会议内容，而孙会骨干却有备而来。蒋刚讲完开场白，倪弼（一期区队长）抢先发言，引述戴季陶"共信不立，互信不生"等语，说明一个人只能有一种信仰，进而推论两党"不容易精诚团结"，主张将共产党变成"在野党"，实际主张排共。贺衷寒等接着发言："今天的天下是我们国民党打下来的，军队也是我们国民党创立的。说共产党是客人吧真有点不象，要说他们是主人则更不象。我们国共毕竟是两个政党，迟早总是要分开，迟分不如早分，因为早分早主动。"②刘子清在台湾发表的文章，也指出贺衷寒发言的中心内容，是"不如提早各走各的路"。③参会的中共党员，除周恩来外，有蒋先云、许继慎、曹渊等等。蒋先云说：大敌当前，现在还不是讨论分离的时候。"目前

---

① 《蒋介石年谱初稿》，第470页。
② 胡允恭：《关于黄埔军校和中山舰事件》，《金陵丛谈》，第30页。
③ 转引自《黄埔军校之成立及其初期发展》，第281页。

两党虽有些矛盾和磨擦，但是不是可以消解呢？"① 许继慎、曹渊等以事实说明共产党员忠诚于国民革命，甚至有的人已献身于东征之役。这些对共产党人的攻击没有事实根据。

在这次会议上，蒋介石提出两项解决办法：一是"校内准共产党员活动，〈凡有一切动作〉均应公开"；二是"总理准共产党员跨国民党，而未准国民党员跨共产党，然亦未明言其不准，本校党员如有愿加入于共产党者，须向特别党部声明并请准"。② 蒋还要求周恩来交出在军校、军队中的共产党员名单。两项办法及要中共交名单，均针对共产党。蒋这样做，显然出于对共产党和左翼势力发展的恐惧，欲对共产党人的活动施加实质性的限制和控制。蒋的"调"和，其倾向不言而喻。调和，实际"调"而不和。

胡允恭于是写道："潮州会议实际上是'中山舰事件'的先导。'履霜坚冰至'。当时大多数共产党员都判断这次会议以后还会有其他恶果。"③

---

① 胡允恭：《关于黄埔军校和中山舰事件》，《金陵丛谈》，第31页。

② 《蒋介石年谱初稿》，第470—471页。

③ 胡允恭：《关于黄埔军校和中山舰事件》，《金陵丛谈》，第32页。

# 第三部分

# 黄埔军校的改组

# 第十二章　陆军军官学校改组为中央军事政治学校

## 第一节　国民党二大与军校改组

1926 年 1 月，中国国民党第二次全国代表大会在广州召开。此时，反击西山会议派的声浪甚高，东征、南征节节胜利，两广行将实现统一，南方革命形势持续高涨。国民党二大面临的问题，其实是在党内矛盾日益尖锐，分裂活动越发严重的情况下，通过召开代表大会，解决孙中山、廖仲恺逝世后国民党最高权力的更替问题，对党的方向、道路作出抉择。

出席大会的代表共 278 人，其中共产党员和国民党左派代表 168 人，占半数以上。① 以汪精卫、谭延闿、邓泽如、丁惟汾、谭平山、经亨颐（后宋庆龄）、恩克巴图为主席团成员，吴玉章为秘书长。1 月 4 日，林祖涵作关于大会筹备工

---

① 参加这次大会的中共党员主要是：谭平山、于树德、林祖涵、毛泽东、韩麟符、张国焘、于方舟、邓颖超、恽代英、侯绍裘、杨匏公、向忠发、刘伯垂、董必武、杨章甫、包惠僧、谢晋、叶挺、杨匏安、吴玉章、李富春、宣中华、苏兆征、刘尔崧、邓恩铭、高语罕、蒋先云、朱克靖、夏曦、缪伯英、易礼容、唐际盛、邵力子等。

作的报告，谭平山作关于代表资格审查情况报告，吴玉章作大会秘书处组织经过报告，汪精卫作《接受总理遗嘱经过》报告。6日汪精卫作《政治报告》，蒋介石作《军事报告》；7日谭平山作《党务总报告》；8日毛泽东作《宣传报告》。

大会期间，共产党员于树德作"关于北方政治状况总报告"，刘尔崧作"工人运动报告"，邓颖超（代何香凝）作"妇女运动报告"。董必武、吴玉章、刘伯垂、夏曦、宣中华、韩麟符、侯绍裘分别作关于湖北、四川、汉口、湖南、浙江、内蒙古、江苏的党务报告；高语罕、许苏魂分别作关于旅欧、缅甸的党务报告；杨匏安作关于"廖案"侦缉情况报告。此外，包惠僧、侯绍裘、董必武、邓颖超、吴玉章、张国焘、黄平、许苏魂、黄学增、杨匏安参加"党务报告"审查委员会；黄平、刘尔崧、刘伯垂、蒋先云、廖划平、张国焘、高语罕参加"工人运动报告"审查委员会；黄学增、易礼容、丁君羊参加"农民运动报告"审查委员会；邓颖超参加"妇女运动报告"审查委员会；邵力子、毛泽东、朱季恂参加"宣传报告"审查委员会；侯绍裘、夏曦参加"青年运动报告"审查委员会；杨章甫参加"商民运动报告"审查委员会。

大会通过《中国国民党第二次全国代表大会宣言》，重申反帝、反封建的国民革命纲领。"宣言"的起草者，为汪精卫、邵力子、高语罕。

大会通过《弹劾西山会议决议案》，分别处分了西山会议派的肇事者，并对戴季陶"未得中央执行委员会许可，即以个人名义发布《国民革命与中国国民党》一书，以致发生不良影响，惹起党内纠纷"的行为，提出严重警告。针对一些国民党人因共产党员"跨党"而产生的疑虑，张国焘、高语罕、毛泽东、恽代英等发言重申中共同国民党实行"党内合作"的本意，坦然说明共产党从国民党中吸收党员的真实情况。① 毛泽东在回应共产党组织为何不公开的原因时说：
"如果怕声明自己是共产主义者，也决不是真正共产党员了，
但是共产党在中国还算是一个秘密组织，与俄国共产党执政
可以公开活动，情形不同。在中国共产党一日未能取得法律
地位，是不能不秘密的。"②

国民党二大召开之前（1925 年 12 月 25 日），蒋介石在东
江发表《忠告海内外各党部同志书》，③批驳西山会议派，公开
表明他与汪、与广州国民党中央和国民政府站在同一立场上。

大会选举汪精卫、胡汉民、蒋介石等 36 人为国民党中央
执行委员，其中谭平山、林祖涵、李大钊、于树德、吴玉章、
杨匏安、恽代英、朱季恂为共产党员；在 24 名候补中央执行
委员中，毛泽东、许苏魂、夏曦、韩麟符、董必武、邓颖超、
詹大悲为共产党员；12 名中央监察委员中，高语罕为共产党
员；8 名候补中央监察委员中，江浩、邓懋修、谢晋为共产
党员。1 月 22 日，国民党召开二届一中全会，推举汪精卫、
蒋介石、谭平山、林祖涵、胡汉民、陈公博、甘乃光、谭延
闿、杨匏安为中央常务委员。

总的看来，经过这次大会，国民党自 1925 年春孙中山逝
世以来因最高领导人缺位而出现的波动，初步告一段落。汪
精卫的国民政府主席、国民政府军事委员会主席的地位得以

---

① 国共合作以来，有的人对共产党从国民党中吸收党员的问题不
断提出质疑。事实上，共产党引导许多工人、农民和学生加入国民党，
这些人至少占国民党员总数的 30%，而在共产党员中只有 3%的党员来
自国民党。

② 《中国国民党第二次全国代表大会会议记录》第 24 号（1 月
18 日），中国第二历史档案馆编：《中国国民党第一、二次全国代表大
会会议史料》（上），江苏古籍出版社，1986 年，第 384 页。

③ 《蒋介石年谱初稿》，第 484—486 页。

暂时稳定。国民党中央常委宣称采取"集体负责制"，不设主席，汪实际掌握国民党的最高权力。

然而，应当指出，国民党二大不但是在复杂的形势下，而且是在各种政治原因的左右之下召开的。大会召开前，中共中央和共产国际代表已"准备向新右派（戴季陶）作出让步"。受命到广州指导中共党团的张国焘，贯彻退让方针，否定了中共广东区委此前制定的在大会选举中"少选中派，多选左派，使左派占绝对的优势"①的计划。这样，虽然中共党员和左派在大会代表中占多数，虽然南方革命形势持续高涨，但从国民革命的立场看，大会并未完全实现挫败右派、消除隐患、巩固革命统一战线的目的。更有甚者，因权力分配、人事关系等因素的颉颃，汪精卫、蒋介石这二位手握重权者之间，开始产生疑忌（详见下文），汪蒋关系出现裂痕。国民党、国民政府面临的危机，依然存在。

国民党二大期间，汪精卫以国民政府军事委员会主席、国民革命军总党代表、黄埔军校党代表的身份作出的一项重大举措，是对黄埔军校实行改组，将陆军军官学校改名为国民革命军中央军事政治学校（第一次东征时，蒋介石为突显军校的党派属性，发布布告时已使用"中国国民党陆军军官学校"的名称）。

廖仲恺死后，汪精卫于1925年10月初出任黄埔军校党代表，同时任国民革命军总党代表。就任这一职务两个月后，汪即开始酝酿改组军校。国民党二大期间，汪正式提出了相关的提议。据《蒋介石年谱初稿》（1926年1月12日）："汪主席提议：'国民革命军事、政治教育，有统一之必要，

---

① 周恩来：《关于一九二四至二六年党对国民党的关系》，《周恩来选集》（上卷），第119页。

宜合并军校暨各军所立学校，改组为中央军事政治学校，分军官班、军官预备班、入伍生班，仍以埔校为校舍。'"国民政府军事委员会遂于 1926 年 1 月 12 日通过议决：陆军军官学校改组为中央军事政治学校。①

1 月 19 日，国民政府军事委员会任命蒋介石为中央军事政治学校校长。28 日，蒋出席并主持中央军事政治学校筹备会议。2 月 1 日，军事委员会任命蒋介石、邓演达、严重、邵力子、熊雄、陈公博、冯宝森为军校改组筹备委员，并发布《国民革命军中央军事政治学校组织大纲》（简称《组织大纲》），计划如下：

1. 以现在最好的军事学校之一做基础，组织这统一的中央军事政治学校。

2. 整理及合并其他一切的军事学校。

3. 利用以前各军事学校里最好的将校和教授——军事的政治的——充当这统一的学校教职员。

4. 利用以前各军事学校里的一切设备，以完成这学校的设备。

5. 以批准发给各军官学校的款项总数为基础、立一切实的预算。

《组织大纲》同时规定："各军军官学校均不准再招新生"，"各校所到的新生，概由中央军事政治学校处理之"，对于"现在各校两月以上的学生，仍许其在各该校肄业，完成其课程，毕业后送各该校所属的军，充作排长"。②

---

① 《蒋介石年谱初稿》，第 515 页。
② 《国民革命军中央军事政治学校组织大纲》，引自《黄埔军校史料（1924—1927）》，第 135—138 页。

3月1日，中央军事政治学校举行成立典礼，蒋介石任校长，汪精卫任党代表。4月中旬后增设副校长，由第四军军长李济深兼之。以蒋、汪、李三人组织校本部，内设总务、人事、军法三科及秘书处；下设教授部、训练部、政治部、经理部、入伍生部、高级班、管理处、军械处、军医处、编辑处、兵器研究处。蒋介石、汪精卫及各部处主任于是日就职。

3月8日，中央军事政治学校举行开学典礼。是日并为第四期开课之日。中央军事政治学校乃正式成立，直隶于国民政府军事委员会。这样，黄埔军校遂由国民党"党立"之军校，改为国民政府所办的军校。

黄埔军校的改组，主要出自汪的提议。汪给出的理由，是要打破各军自设军校的状况，以期实现军校的统一。汪在3月1日的典礼上说，广州除黄埔军校之外，还有湘军讲武堂，有第二、第三、第四、第五、第六军（攻鄂军）各军自设的军官学校。"政府为打破地方主义，为集中人材起见，不能不统一军事学校"，汪并说：统一军校的问题，去年（1925年）12月就决定了。"当时本校的名称拟叫做统一军事政治学校。后来因为国民党向来用中央二字的名义，才改为国民革命军中央军事政治学校"。①

至此，黄埔军校在广州办学的历史，进入了一个新的阶段。

---

① 汪精卫：《黄埔军官学校成立典礼训话》（1926年3月1日），《汪精卫文选》，第191页。

## 第二节　第四期教官与学生

黄埔军校在广州办学，第一阶段为陆军军官学校阶段，第二阶段为中央军事政治学校阶段。第二阶段军校办学仍处上升之势，招生规模扩大，教学训练地点增设。军校之各部、处，依然人来人往，忙忙碌碌。

### 一、教职员

黄埔军校改组的《组织大纲》提出："选拔最有经验的将校和教授，集中于这学校，以期军官们得到最好而且一致的军事政治知识。"又提出："利用以前各军事学校里最好的将校和教授——军事的、政治的——充当这统一的学校教职员。"因办学规模扩大，组织机构逐步健全，因而引进的专门人才较多，教职员队伍不断充实，主要有下述部分：

### （一）各部、处主管

主要是方鼎英、邓演达、何应钦、邵力子、严重、李铎、吴思豫、孔庆睿（编译处处长）、姚琮（校长办公厅主任）、戴任（军械处处长）等。以上，方鼎英先后毕业于保定军校及日本多所军校，1925 年 8 月任军校入伍生部长，次年 4 月后任教育长兼入伍生部长、兵器研究处处长，后为代校长。邓演达于陆军军官学校建校初任教练部副主任、学生总队长，1925 年在德国、苏联学习，1926 年初在国民党二大当选为候补中央执行委员，1 月 8 日任军校教育长，主持军校工作，旋任军校改组筹备委员。何应钦为第一期军事总教官，1926 年 1 月 20 日继蒋介石任第一军军长，4 月兼中央军事政治学校教育长。邵力子为上海早期共产党组织成员，上海《民国日报》主笔，1925 年秋任黄埔军校政治部主任、校长办公厅秘书长，军校改组后仍为政治部主任。严重毕业于保定军校，为陆军军官学校第一、二、三期总队长，术科主任，1926 年 5 月任中央军事政治学校教授部主任。李铎先后毕业于北洋陆军讲武堂、日本陆军士官学校，1926 年 6 月任中央军事政治学校教授部主任。吴思豫先后毕业于浙江武备学堂、日本振武学校、日本陆军士官学校，1926 年夏到广州，任中央军事政治学校训练部主任。

### （二）苏联教官

政治顾问鲍罗廷、军事总顾问加伦、步兵顾问兼顾问长白礼别列夫、顾问长切列潘诺夫、政治顾问喀拉觉夫（罗加觉夫）、炮兵顾问嘉里列、工兵顾问互林等等。其中鲍罗廷 1926 年 2 月曾离粤北上，4 月底返回广州。加伦 1925 年 7 月离粤（1926 年 5 月返穗），由季山嘉（古比雪夫）任军事总顾问。此外，奥尔坚（奥尔金、拉兹贡）为季山嘉的政治助手，曾参与制定黄埔军校的大纲和条例。

### （三）各级教官和队长

有张治中、帅崇兴、范荩、杨树松（杨澍松）、张与仁、萧友松、侯连瀛、赵锷、黄香蕃、朱棠、朱芾、敖正邦、杨宁、林庆培等。其中张治中毕业于保定军校，为埔校三期入伍生总队副总队长、代理总队长，军校改组后任步兵第一团团长。萧友松为步兵第一团团长，张与仁为步兵第二团团长，杨树松为工科大队长。帅崇兴毕业于云南讲武堂、日本陆军士官学校，为埔校学科主任教官。赵锷为兵器主任教官，黄香蕃为地形主任教官，侯连瀛为射击主任教官，杨榆椿为机关枪主任教官，朱芾为经理科主任教官，朱棠、敖正邦为战术教官。林庆培毕业于广东大学，任音乐教官，为《黄埔军校校歌》谱曲者。范荩为步科营长、校特别党部代表，杨宁为技术助教。此外，孙树成、韩濬、肖乾、张慎阶、陈赓、顾濬、关麟徵等黄埔军校第一期毕业生，分别在步兵团各连任连长。

### （四）政治教官

第四期政治部在册教职员，主要有熊雄、甘乃光、于树德、恽代英、陈启修、陈其瑗、安体诚、廖划平、张荣福、汤澄波、李合林、张秋人、罗霞天、潘怀素、王懋廷、杨道腴、梁鼎铭等。其中熊雄曾赴法、德勤工俭学，留学苏联东方大学、红军军事学校，1925 年秋来粤，任东征军总政治部秘书长和第一军政治部秘书，次年 1 月起任埔校政治部副主任，军校改组时为改组筹备委员，主持政治部工作。甘乃光、于树德、恽代英为国民党中央执行委员，甘乃光任埔校政治讲师，于树德任埔校政治教官，恽代英任埔校政治主任教官。陈启修曾为北京大学教授，1925 年到广州，任埔校政治讲师。安体诚曾任北京大学教授，任埔校政治教官和《黄埔日刊》主编。张秋人曾为上海大学英文教员，1926 年 3 月到广州任《政治周报》编辑、埔校政治教官。王懋廷毕业于北京大学，曾参加北大马克思主义学说研究会，任法文组翻译，1925 年秋到广州，任埔校政治教官。梁鼎铭毕业于南洋测绘学校，任埔校《革命画报》主编。此外，胡公冕任政治科大队长，陈奇涵任队长，蒋作舟、曹伯球、刘轶超等任区队长。以上熊雄、于树德、恽代英、陈启修、安体诚、廖划平、李合林、张秋人、王懋廷、胡公冕、陈奇涵、蒋作舟、曹伯球、刘轶超等为共产党员。

据"中央军事政治学校第四期教职员通讯录"，第四期各部、处教职员总共 890 多人，可见包容之广，教学队伍阵容之强大。

### 二、学生

黄埔军校改组时，正值第三期毕业、第四期入学之时。

第三期毕业典礼于 1926 年 1 月 17 日举行。第四期的招生工作，则从 1925 年 7 月开始，由埔校派员至开封、汉口两地，并委托北京、上海各地，办理入伍生的招考事宜。

当年 11 月 1 日，中共中央局发出"通告第六十二号"，将黄埔军校招考入伍生的信息通告全党，指示各地共产党、共青团组织迅速派人报考。文曰：

> 广州黄埔军校正拟招收三千名入伍生，望各地速速多选工作不甚重要之同学，少校同学及民校左派同学，自备川资和旅费，前往广州投考，以免该校为反动派所据。此事关系甚大，各地万勿忽视。投考者须一律携带民校介绍证书，本校及少校同学均须由各地委直接另给介绍书于本校广东区委（粤华路，省署东，杨家祠，杨匏庵转）。程度须在高小以上，在名额未满以前本校及少校同学，均可望不至落选。[①]

以上引文中的"本校"，指共产党，"少校"指共青团，"民校"指国民党；"杨匏庵"即杨匏安，中共党员，时任国民党中央组织部秘书。此前，各地共产党组织虽曾为黄埔军校选派过考生，但中共中央局为此而专门发出通告，乃前所未有。尽管"通告"将选派范围限制在共产党内"工作不甚重要"的人员，但对各地发动党员、团员和进步青年投考黄埔军校，则起了推动作用。

至 1925 年底，各地来粤应试者，共达 7 批之多。此为

---

① 《中国共产党通告第六十二号》，《黄埔军校史料（1924—1927）》，第 70 页。

黄埔军校扩大招生的开始。1926 年 3 月初，入伍生教育结束，举行升学考试。合格而升为正式学生者，占全部入伍生的三分之二。升学者及合并其他军校考取的学生，编为步兵军官团、步兵军官预备团，还有炮兵科、工兵科、经理科、政治科四科。其中步兵科 1700 余人，炮兵科 140 余人，工兵科 148 人，政治科 444 人，经理科 216 人，总共 2650 余人。① 第四期学生人数，比第三期（1233 人）增加了一倍多。

同前三期学生一样，黄埔军校第四期的学生，来源地区很广，政治、文化素质较高，各方面的条件比较好。

生源：据《中央军事政治学校第四期学生毕业纪念册》，本期毕业生共 2826 人，其中湖南 934 人，广东 260 人，四川 201 人，湖北 167 人，浙江 150 人，陕西 149 人，江西 141 人，河南 140 人，山西 107 人。还有数量不等的来自江苏、云南、山东、直隶、广西、安徽、贵州、福建、奉天、热河、甘肃、蒙古、吉林、察哈尔、台湾的学生，另有韩国学生 23 人。②

年龄：20 岁以下者 727 人，20 至 25 岁者 1840 人，25 至 30 岁者 213 人。

家庭状况：农民 1344 人，工人 233 人，商民 195 人，学

---

① 第四期学生人数有不同记载，此处可能为入学初人数。据第四期毕业生纪念册所载毕业人数：步兵科 1704（参加毕业考试 1651），炮兵科 141（参加毕业考试 130），工兵科 143（参加毕业考试 130），经理科 216（参加毕业考试 192），政治科 144（参加毕业考试 144），合计 2247。

② 伯休编：《中央军事政治学校第四期学生毕业纪念册》，中央军事政治学校，1926 年。据崔凤春《广州起义与韩国独立运动》，黄埔四期韩国学生有 30 多人。又，第四期应有越南学生，如洪水（朱谔臣），四期同学录记其籍贯为广东台山县平岗墟，而实际为越南人。

界233人，"无产"457人，"小产"1703人，"中产"358人。

学历：受过专门学校（农、工、商各类职业学校）教育者462人，有大学学历者172人，受过中学教育的2046人，小学教育的76人。[①]

由上可知，第四期学生多来自湖南、广东等革命运动较为活跃的地区，受过革命风潮的影响；社会下、中层出身的学生占大多数，有接受爱国、革命思想的基础；入读军校前受教育程度比较高，中学生、专科生和大学生比较多。伍中豪、苏士杰、钟友千、张灵甫（均北京大学）、彭士量（湖南私立明德大学）、谢晋元（广东大学预科）等有大学学历。从日后的发展看，第四期毕业生中的革命、抗日志士多，成才率颇高，这与本期学生基础较好是有关系的。

因中共中央局对招生工作的重视，故本期学生之中，中共党员、共青团员和进步青年甚多。据"黄埔同学会"组织科1929年的一份报告：黄埔四期"共党嫌疑者"639人，共产党员150人。粗略统计，目前在本期同学录中有姓名可查的共产党员（包括进校前后及埔校毕业后入党者），主要有叶镛、李德芳、张舫、郑宝钟、刘志丹、蓝广孚、阎普润、杨新民、王展程、缪芸人、李鸣珂、伍中豪、李谦、刘玉衡、林彪、王全善、马存汉、高山子、王世英、饶绘峰、詹宝华、郭化若（郭俊英）、陈毅安、范树德、吴奚如（吴善珍）、李文林、贝介夫、周恩寿、萧韶、王侃予、霍步青、萧以佐、裴古怀、霍锟镛、钟友千、刘道盛、夏尺冰、苏士杰、钟赤心、陆更夫、张有余、张光梅、裴树藩、裴树凯、霍栗如、曾钟圣（曾中生）、席树声、纪秀川、鲁平阶、穆世济、李逸

---

① 以上学生人数据《中央军事政治学校第四期学生毕业纪念册》，可能统计时间不同及界定范围不一致等，这些数据互有差别，难以一一查证。

民（叶书）、叶德生、杨若涛、邓烈权、赵一帆、于以振、李运昌、胡陈杰、王襄、袁国平（袁裕）、于鲲、廖朴、林铎、叶守诚、康明惠、黄让三、周议三、洪水（朱谔臣）、何焜、姚成武、李联珍等，共 170 多人。此外，在本期同学录中缺名的朱恺、季步高、赵尚志、段德昌、唐天际、李天柱、倪志亮、金孚光、萧克、曹广化、李鸣岐、郭子明、刘琦松、张东皖、李明铨、方之中、曾希圣、舒玉章、石仲伟、王备、靖任秋、刘锡九、刘满溪、李实行、黄刚、万仁、郭启予等，有资料指出他们曾入读中央军事政治学校四期，均为共产党员，这部分人有 30 多人，另约 50 人的情况有待考证。○

教育长方鼎英指出：第四期学生的不足之处，是"程度参差不齐"，因为本期学生是各省考试及由各军校招考合并而来的，各地、各校掌握的尺度不同，学生入校以前未经"严格之选验"，亦未经过完全的入伍生教育。②

## 第三节　"政治科"之创设

### 一、政治科的组织与职责

黄埔军校前三期，未有政治科之设。从第四期开始，基于培养军队政治干部的需要，乃在步兵、炮兵、工兵、经理各科之外，增设政治科，计划招生 500 人（约占本期学生总数五分之一），等于在军校之内，设置了一个二级学院——政

---

① 详见曾庆榴：《共产党人与黄埔军校》，广州出版社，2013年，第 286 页。

② 方鼎英：《一年来的中央军事政治学校》，《黄埔潮周刊》第二十四、二十五期合刊，1927 年 1 月 7 日。

治学院。此举改变黄埔军校单纯军事学校的性质，实为军校改组之重大举措。政治部代主任熊雄说：黄埔军校改组后，已经由"单纯的军事学校"，变成"政治军事并重"的学校。[①]

政治科由中央军事政治学校政治部主办。埔校政治部，1924 年 11 月起由周恩来任主任；第一次东征时，包惠僧代理军校后方政治部主任。1925 年秋"校""军"分立，由汪精卫、邵力子分任军校政治部正、副主任。因汪精卫任各军总党代表和埔校党代表，不能兼顾政治部的工作，乃由邵力子、鲁易分任埔校政治部正、副主任，1925 年秋从苏联回国的聂荣臻，任政治部秘书。第二次东征时，政治部副主任鲁易调任第一军第三师党代表，遂由熊雄任政治部副主任（从1926 年 1 月起），实际主持政治部的工作。熊雄过去有长期从事军队工作的经历和经验，又有留学法国、德国和苏联的经历，军事、政治兼通。熊在黄埔军校，历经了第三、第四、第五、第六（入伍生）各期，历时一年四个月，为实际主持黄埔军校政治教育时间最长的共产党人。

军校政治部根据本校组织条例，制定本部"服务细则"，明确规定政治部主任、副主任，政治主任教官，政治教官的权责。其中政治主任教官的权责为"受主任及副主任之指挥，督同各教官负有实施政治教育全部之权"[②]。军校政治主任教官初为高语罕（国民党二大宣言起草人之一、国民党二届中央监察委员，1926 年 1 月到校）。中山舰事件后，高语罕离开广州，政治主任教官一职由恽代英担任（1926 年 5 月起）。恽代英此前在武汉、泸州、成都、宣城、上海等地任教，他

---

① 熊雄：《我对于本校"三一"纪念的希望》，《黄埔日刊》1927 年 3 月 1 日。

② 《政治部服务细则》，《黄埔军校史料（1924—1927）》，第185 页。

的不少学生，先后进了黄埔军校。1925 年 4 月，恽在《中国青年》发文，赞扬黄埔军校"为中国革命前途开一新纪元"①，并发表许多鼓励青年投考黄埔、从事军事运动的书信。未到黄埔，他的影响已及于黄埔。恽为共产党内著名的政论家、宣传家，能言善文，在国民党二大当选为中央执行委员。政治主任教官是一班政治教官的"班长"，是政治课教学活动的具体策划者和执行者，又是军校政治讲坛的主讲者。恽代英任军校政治主任教官，可谓一榫一卯，适得其人。他后来有黄埔军校"革命灵魂"之称，乃是实至名归。

黄埔军校改组后，组织机构扩大，教职员增加。政治部下设总务（分设财务、事务两股）、宣传（分设编纂、发行、指导三股）、党务（分设组织、调查统计两股）三科，设编译委员会、政治指导委员会（1926 年 8 月），还有俱乐部、图书馆、书报流通所等。出版《黄埔日刊》，将其作为政治部主要的言论机关。政治部第四期在册的教职员共有 80 多名，比第三期（30 名）增加 50 多名。除上文已经提及者外，在政治部工作的，尚有杨其纲、邝鄘、饶来杰、李求实、萧楚女、毛泽覃（毛覃）、宛希先、姚成武、尹伯休、胡灿、白明善、陈述善、王尚德、欧阳继修（阳翰笙）、雷经天、李世璋等。以上，饶来杰曾赴法、俄留学，1925 年秋到中共广东区委工作，中山舰事件后奉广东区委之命，到黄埔军校负责党的组织（党团）工作，公开身份为图书室管理员。毛泽覃于 1925 年秋随毛泽东到广州，任黄埔军校政治部科员。阳翰笙曾任中共上海大学支部书记，于 1926 年 3 月到广州，任军校政治

---

① 《中国青年》第 74 期，1925 年 4 月 11 日。转引自中国人民大学中国革命史教研室编：《第一次国内革命战争时期的统一战线》，高等教育出版社，1957 年，第 101 页。

部秘书、入伍生部政治部秘书和政治教官。熊雄说：黄埔军校政治部的工作人员，"皆来自国内外各著名大学"。[①] 上述人员，多为共产党员。聂荣臻、熊雄、恽代英、萧楚女等大批共产党员到政治科工作，体现了中共广东区委对军校政治科的增设，不但起了策划、推动作用，而且派出了干部，起了担纲、组织的作用。

黄埔军校《政治部服务细则》规定：政治部"专司本校一切政治工作"。除主管宣传、党务工作，指导本校国民党特别区党部之外，最主要的一项，是主办本校的政治科，主持政治科的教学与训练。1926年5月，本校步兵军官团和步兵军官预备团改称步兵第一团和步兵第二团，炮兵、工兵、经理、政治各科的学生，分别编为各科大队。政治科大队由胡公冕任大队长，下设三队，分别由陈奇涵、刘先临、詹觉民任队长。政治科的学生，许多是共产党员。例如后来著名的工农红军将领曾中生（无产阶级军事家）、八路军将领李运昌、新四军将领袁国平等，都是第四期政治科的学生。

## 二、政治科的影响

因政治科之设，政治教育在军校教育中的地位得到提高，具体表现为政治教学的目的、方针更为明确，学科建设得到加强，讲授、训练课目逐渐充实完善，教学、训练逐步规范。

### （一）政治教育的目的

中央军事政治学校所拟《政治教育大纲草案》，对军校政治教育的目的作出10项规定，主要内容为：（1）使学生明确自身的责任，明了武力必须与民众相结合，将来要致力于

---

① 《熊雄主任接待世界旅行家福赖奇女士来校参观》，《黄埔日刊》1927年3月17日。

军队的改造，担负将各种军队提高到国民革命军的水平标准的责任。（2）了解军队政治工作的重要性，了解本党的学说与主张，树立为主义而作战的精神。（3）了解孙中山的三民主义、国民党全国代表大会宣言和中央执行委员会决议案的精神，以正确的态度对待工农运动。（4）了解中国国民革命的性质、任务，认识中国革命与世界革命的关系。（5）学习各种与革命运动相关的社会科学知识，克服错误观念、意识的影响，树立正确的人生观。（6）了解国内外的政治、经济状况。（7）了解革命运动发生的原因、革命胜利的基础和条件。（8）明确革命纪律的极端重要性。（9）了解必须有军事知识，而且身体强健，才能在军队中为革命工作。（10）明确政治工作应注意的事项，认清军队政治工作的重要性和困难。以上10项，重点在于明确军队政治工作的方向与目标；明确军校政治教育的目的，就是培养合格的军队政治干部。这与黄埔军校思想建校、政治建军的初衷是一致的。

**（二）课程设置**

"政治教育大纲"所列政治课程：（1）中国国民党史；（2）三民主义；（3）帝国主义侵略中国史；（4）中国近代史；（5）帝国主义；（6）社会进化史；（7）社会学科概论；（8）社会问题；（9）社会主义；（10）政治学；（11）经济学；（12）经济思想史；（13）各国宪法比较；（14）军队政治工作；（15）党的组织问题；（16）中国经济政治状况；（17）世界政治经济状况；（18）政治经济地理。①

政治训练班②"训练纲要"课程：（1）帝国主义的解剖；

---

①　《政治教育各科内容提要》，《黄埔军校史料（1924—1927）》，第192—198页。

②　政治训练班：1926年初由第三期留下的学生编成，又称"政治补习班"。任务为"加紧教育，预备校中下级干部，对外工作"。

（2）中国民族革命问题；（3）社会发展史；（4）帝国主义侵略史；（5）中国近代民族革命史；（6）各国政党史略；（7）三民主义。

每周为官长举行两次特别讲演，主要讲题：《国民政府之组织及其工作》《国民革命运动之过去与现在》《中国革命战争略史》《广州工人运动之实况》《法律与革命》《肃清吏治问题》《最近世界经济状况》《广东的农民运动之经过》等，请各界名流或本校政治教官主讲。

对士兵训练工伕教育课程：（1）三民主义浅说；（2）本党政策；（3）国民革命概论；（4）帝国主义浅说；（5）不平等条约；（6）中国政治经济状况；（7）农民运动；（8）工人运动；（9）失业问题。

由上可知，黄埔军校的政治理论及思想教育的课程设置，兼顾了学科的系统性、现实针对性和不同对象的层次性。在当时来说，这是站位颇高、针对性实用性较强的一套政治教育课程。

### （三）教学方针

政治科开办后，黄埔军校逐步明确地提出了两个"打成一片"的教学方针：（1）军事与政治打成一片；（2）理论与实际打成一片。熊雄说："本校改组后，教育方针的总原则，就是军事与政治打成一片。"[①] 又说："在思想上必须贯通理论与实际"，"必须理论与实际打成一片"；[②] "政治工作的原则，是理论与实际打成一片"[③]。军事与政治打成一片，

---

① 熊雄：《一年来本校之政治工作》，《黄埔日刊》1927 年 1 月 1 日。

② 熊雄：《告第五期诸同学》，《黄埔日刊》1926 年 11 月 17 日。

③ 《熊副主任对于赴武昌政治科学生最后之训话》，《黄埔日刊》1926 年 12 月 3 日。

是军校教育方针的"总原则"，以此统筹全校各科军事、政治的教学内容。步兵、炮兵、工兵、经理各科，以十分之七的时间学习军事，十分之三的时间学习政治；政治科则反是，十分之七时间学习政治，十分之三时间学习军事。这样的安排，是让学生兼学军事与政治，以期使步兵、炮兵、二兵、经理各科学生懂政治，使政治科学生懂军事，从而成为文武双全、全面发展的革命军人。方鼎英说："军事教育，固须处处毋忘政治教育，而政治教育，尤须处处顾虑军事教育，本校方能名副其实。"① 理论与实际打成一片，主要对政治理论学习和思想教育而言，尤其是对政治科的教学活动而言的。列宁说："没有革命的理论，就不会有革命的运动。"② 讲授革命理论，既要讲清基本原理，又要联系中国革命的实际，这体现了埔校政治教育在不断总结经验中得到新的发展。理论与实际打成一片，是"理论联系实际"最早而又形象的一种说法。

报刊是黄埔军校政治教育的重要阵地。军校改组后，报刊工作进一步加强，主要体现为《黄埔日刊》的创办。此为埔校政治部的重要言论机关，是一份发行量很大的铅印小报，其影响远远越出了黄埔军校。此外，还有入伍生政治部主办的《先声旬刊》（后名《民众的武力》），黄埔同学会主办的《黄埔潮周刊》，等等。

黄埔军校之设政治科，加强并提升了军校的政治教育。前文说过，共产党人在黄埔军校从事的政治工作，包括军校政治教育、军队政治工作和战时政治工作三个层次。政治教

---

① 方鼎英：《一年来的中央军事政治学校》，《黄埔潮周刊》第二十四、二十五期合刊，1927 年 1 月 7 日。
② 《怎么办》，《列宁选集》（第一卷），人民出版社，1995 年，第 343 页。

育是思想建校、政治建军的基础，是开展军队政治工作和战时政治工作的前提。总观黄埔军校的教育，政治教育是强项，这是共产党人对黄埔军校的贡献，也是黄埔军校能在短时间内办得虎虎生威的内在原因。

## 第四节　军事教学与训练

黄埔军校第四期办学时，全校毕业及未毕业学生共数千人，比第一期规模扩大了7倍多。校方遂在长洲岛的旧营盘、水雷局、曾家祠、蝴蝶岗等处大兴土木，新建房舍200余间；同时，在广州市内之北较场、燕塘，东莞虎门及深圳等地，分设教学、训练区。

黄埔军校第三期始招收入伍生，但未设入伍生部。从第四期开始，鉴于入伍生人数较多，来自全国各地，且有韩国、越南的学生，为加强相关的工作，乃设入伍生部，专司入伍生的教育与训练，先后成立了三个团，由方鼎英任部长。

黄埔军校制定《入伍生军事教育要则》，指出入伍生教育的目的，是增强学生的素质，谋教育程度之整齐统一，规范入校条件、资格。入伍生教育在军事上授以士兵及下级干部的基本训练，政治上实施党的基本知识及一般政治常识的教育，并授以普通学科知识，以补习中学阶段教育之不足。入伍生教育时间，初定6个月，分三个阶段进行。然而第四期入伍生分批入学时，正值第二次东征，黄埔军校任务繁重。故入伍生入校伊始，即分别派赴各地，执行驻守惠州、卫戍广州、警戒江门等项任务。勤务特多，未有安宁授课机会，仅在第二次东征基本结束之后，才在官山墟（番禺属地）附近设营训练。方鼎英因之指出：第四期"未经完全的入伍生训练"。

第四期入伍生升学后，接着招收第五期入伍生。第四期入伍生未升学者占三分之一，陆续考试录取者占三分之二。从 1926 年 2 月起，第五期入伍生开始分阶段训练。

第四期学生的军事学教育，内容大略如下：

军事学课目：（1）战术学：用兵之要，战斗种别，兵种性能，队形运动战斗，阵中勤务，一般战斗原则及要塞战术。（2）军制学：中国军制沿革，国民革命军建制，国内各军队编制之异同。（3）兵器学：兵器之构造、性能、效力、用法及保存。（4）筑城学：对地形构造、交通设备的判断，工兵作业原则，野战工事与永久工事，阵地防御，攻防作业，要塞素质。（5）交通学：与军事有重要关系的交通情况，交通设施破坏的方法。（6）地形学：地形见解，地形的军事价值，地图利用，测图实施。（7）经理学：平时经理，战时经理，统计学，军事统计方法与效用。（8）卫生学：军队体力养成，平时、战时保健，军队卫生概要。（9）马学：军马概要，军马处置与保育。

训练课目：阵中勤务、典范令、服务提要、技术和马术。

演习课目：测图演习、战术实施、野营演习。①

第四期学生修学时间共有 8 个多月（1926 年 3 至 10 月），军事教学与训练大致经历了三个阶段。

第一阶段：3 月至 5 月。步兵军官团（后改称第一步兵团）及炮兵、工兵、经理、政治各科于 3 月 1 日开办，步兵军官预备团（后改称第二步兵团）亦同时入校（有 3 个月预备期）。本期办学之初，仅设训练部，未设教授部。方鼎英说："教授训练之事，仅设训练部司之，战术各教程，多未

---

①　《第四期学生军事学教育》，《黄埔军校史料（1924—1927）》，第 149—153 页。

采用仅在讲堂或野外口受（授），不无缺点。"教授部主任李铎也说："尔时仅设一训练部，凡教授及训育之事皆属之，且战术不用教程，仅在讲堂或野外口授，各学生多未能彻底了解，故复采用教程，以致各学生进展略为迟滞，而教授与训练两事，未能截然划分，亦其一原因也。"①可见虽有计划，但初时因客观条件所限，教学、训练未能按计划实施，讲授带有随意性。

第二阶段：5月至9月。从5月开始，校方因事实之要求与多数人之意见，乃将训练部划分为教授、训练两部：凡关于教授事宜，概属于教授部；关于训练事宜，概属于训练部，使之各司其责，并按照教学计划进行。战术各课，亦一律使用教程。教学活动，渐入正轨。

然而，北伐战争即将开始。7月间因组织北伐军总司令部，大批教职员从军校抽走，致使教学岗位出现空缺。遴选补充，大费周章，教学活动大受影响，压缩或取消课程的情况时有发生。军事训练亦有不少困难和障碍，训练部主任吴思豫说："综计授学时期，军官团政治队迁驻填防沙河，而率领各队之官长，蓬转靡定，兴师北伐，迁调更多。各队枪械，既不一致，又形缺乏。教授困难，炮兵更甚，且马匹太少，致习炮者不能乘御驮载，材料未充，致习工者不能架桥渡涉，诸凡动作，难以实施，此则关于时势，关于人事，关于材器，而影响于训练，不能得美满之结果，是为训练方面之困难情形也。"②

---

① 李铎：《教授部之教育情形》，《黄埔潮周刊》第二十四、二十五期合刊，1927年1月7日。

② 吴思豫：《教授部之教育情形》，《黄埔潮周刊》第二十四、二十五期合刊，1927年1月7日。

　　第三阶段：9月至10月。9月初，两个步兵团与经理、炮兵、工兵、政治各科同时开赴燕塘、北较场一带，举行全体学生的战术实施及野营演习。野营演习前召开筹备会议，由教授部主任李铎主持，决定每连设教官二人、裁判官数人，并由政治部派员事先向演习地点民众散发传单，以示军民合作。野营演习从9月15日开始，学生8营分为8区：第一区在青龙岗，第二区在三宝墟，第三区在胡椒冈，第四区在黄金塘，第五区在安平市，第六区在黄花岗，第七区在玉屏冈，第八区在佛岭寺。演习课目为前卫遭遇战。至9月21日，野营演习结束，"成绩甚佳"。①

　　对这次战术实施及野营演习，李铎讲评说："虽因室内授课之时间太少，致不能将各种原则尽施之于应用，然其进步，实与日俱增。且在酷暑之中，奔驰野外，授者受者，两无倦容。可知教育之道，能引起一种兴味，则凡所谓劳苦，所谓困难，皆不足以怠其心志矣。"②

　　第四期学生教育，至10月全部结束。

　　总的来说，黄埔军校第四期的教学与训练，是在临近战争（东征、北伐）的环境下进行的，在此期间还受到各种因素（中山舰事件等）的影响，办学资源未足，困难、障碍甚多，外部、内部均不安宁。然而，当时处于革命高涨时期，教官、学生精神旺盛，"党义大彰，人材竞进"③，故能因时

---

　　①　《第四期学生野外演习决议二则》《第四期学生实弹射击》，《黄埔军校史料（1924—1927）》，第158—159页。
　　②　李铎：《教授部之教育情形》，《黄埔潮周刊》第二十四、二十五期合刊，1927年1月7日。
　　③　李铎：《教授部之教育情形》，《黄埔潮周刊》第二十四、二十五期合刊，1927年1月7日。

就势，因陋就简，坚持不懈，在艰难中前行。

1926 年 10 月 4 日，黄埔军校第四期举行毕业典礼。当时统计，毕业生 2247 人，其中留校者 407 人，派赴前方者 1151 人，其余分别派往第一军、第三军、第四军、第五军、第二十师等。政治科派往北伐军总司令部及各部队者，有 220 多人。① 此后活跃于中国政治、军事舞台的著名人物，中共方面的王世英、王侃予、吴奚如、李文林、李天柱、李逸民、李运昌、刘志丹、陈毅安、伍中豪、陆更夫、何焜、林彪、周恩寿、郭化若、曾中生、霍锟镛、洪水、赵尚志、唐天际、倪志亮、曹广化、袁国平、段德昌等；国民党方面的官惠民、罗列、张灵甫、高吉人、高魁元、彭士量、潘朔端、潘裕昆、杨杰、唐生明、谢晋元等，均为中央军事政治学校第四期的入伍生、毕业生或肄业生。他们之中，有的是各时期人民军队杰出的领导者，有的成为著名军事家或军事理论家，有的投身抗日战争和世界反法西斯战场，各有不同的贡献。

---

① 《中央军事政治学校第四期学生毕业纪念册》，1926 年 12 月。

# 第十三章　军校政治环境的变化

## 第一节　蒋介石政治态度之变

1926 年春初，国民党二大召开，黄埔军校改组，潮流似在高涨，但"兴盛"之中，却有变数。

首先是蒋介石的实力与政治态度，发生着变化。

### 一、蒋介石初期政治态度

黄埔军校创建初期至两次东征期间，校长蒋介石对共产党、对苏联的态度，较为积极而明朗。

### （一）对共产党员

蒋对军校学生中的共产党员，对军校教职员及在教导团、"党军"和革命军各部工作的共产党员，起初并未区别对待，其中不少人还得到重用，被委以重任。共产党员、第一期学生蒋先云、李之龙等，被蒋视为"最得意的学生"。[①] 1925 年 9 月，经过蒋的"呈请"，中央执行委员会任命周恩来为第一军政治部主任（东征军总指挥部总政治部主任）、第一师党代

---

① 蒋介石曾说："李之龙到底是我的好学生，懂得校长的心意。"引自李奇中：《黄埔精神永存》，《广东文史资料》第三十七辑，第 60 页。

表，授少将军衔；被任为师党代表的共产党员，还有鲁易；先后任团党代表的共产党员有金佛庄、包惠僧、徐坚、严凤仪、蒋先云、张际春、王逸常、傅维钰、许继慎（代理第七团党代表）、郭俊等；任海军局政治部主任的李之龙，是第一期学生中提升最快的一位。苏联顾问加伦说：

> 蒋介石与军校中的中共干部关系也不错，同政治部主任周恩来（中共的负责干部）的关系甚至可谓亲密无间。他不仅在政治问题上，而且在行政事务问题上都经常求助于政治部主任，两人之间的关系非同一般。他对共产党人不仅持宽容态度，而且很看重他们的精明能干。他对共产党出身的军官态度也很好，逐步委以重任，特别是在东征以后。他不阻挠中共通过军校中的国民党部、俱乐部和政治部开展广泛的政治工作。[1]

1925年秋，广州市面出现"反共产"的声音，蒋为此发表演说："我们要晓得，'反共产'这句口号，是帝国主义用来中伤我们的。如果我们也跟着唱'反共产'的口号，这不是中了帝国主义的毒计么？……总理容纳共产党加入本党，是要团结革命分子，如果我们反对这个主张，就是要拆散革命团体，岂不是革命党罪人？"[2] 1925年11月，周恩来任东江各属行政委员，1926年2月任第一军副党代表。李之龙亦继海军局长斯米诺夫离职之后（1926年初）任海军局代理局长。

---

① 加伦：《广东战事随笔》，[俄罗斯] 阿纳斯塔西娅·卡尔图诺娃编，张丽译：《来到东方：加伦与中国革命史料新编》，广东人民出版社，2017年，第118页。
② 李勇、张仲田编：《蒋介石年谱》，中共党史出版社，1995年，第97页。

**（二）对联俄**

孙中山逝世后，蒋介石说："总理死了，还有鲍顾问领导我们，总理的精神不死！"① 1925 年 12 月 11 日，蒋在汕头东征军总指挥部设宴招待苏联顾问及有关人员，公开在演说中批驳"中国革命党受俄国人的指挥"的论调，其中说："因为现在中国问题，几乎就是世界问题，若不具世界眼光，闭了门来革命，不联合世界革命党，不以世界上以平等待我之民族共同奋斗，那么，革命成功的路径，恰同南辕北辙，决无成功的希望。"又说："我可老实说，只要他革命先进国的苏俄，诚心诚意来帮助我们民族的独立和平等，来指导我们中国的革命，我们世界革命的中国革命党员，只要为求我们民族独立和平等之故，亦并不是什么耻辱。"②

**（三）对党代表制度**

黄埔军校创建后，基于赴苏联考察的认识，蒋十分重视在军校、军队中创设党代表制度，明确说这是"救济中国军队的唯一制度"，"本校长对此制度志在必行，常以为宁可无军队，不可无党代表"。③ 还说："军队里设党代表的这个制度，在中国是由我一个人提出来的。"蒋此后经常讲的一句话，是"党存与存，党亡与亡"，将"党"的位置摆得很高，将"党"认作是军队的灵魂。

1925 年 12 月 5 日，蒋介石为黄埔军校"第三期同学录"撰序。文中写了如下几段话，颇引人注目：

此一级未绝之命派〔脉〕所遗者何？是乃总理一线

① 《包惠僧回忆录》，第 171 页。
② 《蒋介石年谱初稿》，第 472—473 页。
③ 《蒋介石年谱初稿》，第 274—275 页。

相传之国民党内共产与非共产二者凝集而成之血统也。吾人至今，悔不问明当时先烈之死者为共产乎，抑为非共产而三民乎。中正兹预言以答后吾死者之问曰：吾敢率国民党内共产与非共产诸同志，集合于国民党青天白日之旗下，以实行吾总理革命主义而死也。吾愿死于青天白日之旗下，吾为国民革命而死，吾为三民主义而死，亦即为共产主义而死也。

直接以实行我总理之三民主义，即间接以实行国际之共产主义也。三民主义之成功，与共产主义之发展，实相为用而不相悖也。

吾辈死者，但知中国革命与国际革命，不能分而为二，则三民主义与共产主义，岂有纷争之必要，而徒使吾辈死者痛哭于九泉乎？吾愿未亡诸同志，由定静安虑以臻于格致诚正，而求得革命之真理。

中正为三民主义之信徒，然而对于共产主义者之同志，敢自信为诚实之一人，尤望诸同志开诚相见，本我校训，不负我总理之所期，则幸矣。[1]

蒋介石所撰第三期同学录序，与稍后（12 月 25 日）蒋撰写的《忠告海内外各党部同志书》一样，是针对西山会议派和孙文主义学会而来的。在反对派另树一帜、公开搞分裂的严重关头，蒋公开表明他与广州国民党中央和国民政府站

---

[1]　《蒋介石年谱初稿》第 468、470 页。

在同一条战壕上，客观上宣示了他要坚持国民党改组的方向，维护三大政策。序文中的这几段话，后来已经作了删改，但原文俱在。蒋此时的基本政治立场、政治态度，照见无遗，也掩盖不了。

总而言之，在陆军军官学校这一时段，蒋主要是以"左派"的面目出现的。苏联顾问曾经说：蒋介石是一位"忠实可靠"的将军，是"国民党优秀将领"。[①] 后来的事态已经表明，这种情况不会长久。在一定的形势、政治气候和利害驱动下，总有一天，蒋会褪去其"左"的色彩，站到相反的位置上去。

### 二、蒋介石政治转向的原因

蒋的政治转向的原因，约有如下几点：

### （一）从蒋的本性、本质看

蒋一贯以来给人的印象，是性格阴沉、猜忌心重，以个人为重心，唯我独"革"，自喻为政治正确的化身。在意识形态方面，蒋并无固定的、一以贯之的主张；在人事方面，他只推崇已经死去的陈其美（陈英士）一人，包括孙中山、廖仲恺在内，都不是蒋真心敬重的人物。读蒋的史料（"日记"等），可以读出其中之味。蒋自称是王阳明的信徒，是一位力行者，而实际上却是一名以个人为重心、刚愎自用的实用主义者。这注定蒋在政治上不可能一条道路走到底。

蒋一向以个人为重心，然而开始时他并未进入权力的中心，羽翼未丰，力有未逮，政治上不及胡（汉民）、汪（精卫），军事上不及许（崇智）、谭（延闿）、程（潜）、朱

---

① 加伦：《广东战事随笔》，《来到东方：加伦与中国革命史料新编》，第66、117页。

（培德）。这就是在一段时间之内，在若干政治问题上，蒋表现得较为现实的原因所在。对苏联顾问，蒋无非是看中他们背后的援助而已；对共产党员、左翼军人和工农运动，蒋的基本方略，是加于利用，以扩充一己实力；至于孙文主义学会，在那个团体之中，尽是些蒋的追随者，蒋实际上是袒护他们的，对他们一时的"漫骂"与"压制"，是望着高炉发愣——恨铁不成钢。这无一不是出于以我为重心的实用主义的考量。一旦情况发生了非其所愿的变化，一旦共产党和工农运动超出了他所能利用和限制的范围，一旦他的实力得到了扩张，他必然会在政治上调整策略。

**（二）从国民党的复杂性看**

前文说过，孙中山创办黄埔军校，目的是要缔造一支听命于国民党、服从国民党指挥的军队。这里的前提条件，是必须改组、振兴国民党，在国民党内部建立起真正能制约、管理军队的一套制度，并造就出大批能承担这一使命的干部来。国民党过去没有管治军队的成功路径，有的只是"文官远军"的传统。党内的文人集团（胡汉民、汪精卫、廖仲恺、戴季陶等）对军事甚为隔膜，没有在军人集团中树立真正的权威，未起过领导的作用。当 1924 年国民党改组时，文人集团在党的中央执行委员会中，居于核心地位。军人集团中的蒋介石，没有进入中央执行委员会，甚至未当上候补中央执行委员。中国过去有"文官治军"的模式，或谓"文主武从"。天津《大公报》发表《文武主从论》的社评，就认为孙中山是想恢复"文主武从"的传统。[①] 其实，孙中山是受了苏联以党治军经验的启迪，他之所以提高文人集团在党内的地

---

① 《文武主从论》，天津《大公报》1927 年 6 月 20 日。

位，用意在于提升"党权"，最终的目的，是实行"党权"对"军权"的制约，期以将军队纳入听命于党的轨道。

然而在国民党内，"党权"制约"军权"的机制，并未真正构建起来。这与国民党改组不彻底是关联着的。加伦说："1924 年 1 月 20 日召开的国民党第一次全国代表大会虽然使国民党发生了深刻变化，但该党仍然没有成为一个完全统一的政党，还是一个党员成分复杂的混合体。其中既有极右派的买办资产阶级和贵族地主分子（绅士）的代表，又有中派的中小资产阶级的代表。其次，还有代表广大工农群众利益的左派即共产党人。此外，尚有一批早年追随孙中山的人，他们虽然在国民党一大后没有再加入国民党，但仍然以国民党自居，形成所谓'国民党党外元老派'。"[1] 与军队的迅速发展扩张相比较，国民党自身的改组、改造十分滞后，革新的力度不大，每前进一步，步履维艰，碍难重重。这是此后党、军关系陷入复杂化的内在原因。

孙中山、廖仲恺逝世后，在国民党内，"党权"更加弱化，政治更为疲软，党对军队的监督、引领作用更加无从发挥，"军权"盛于"党权"之势已经形成。"党权"矮化，或曰"党权"离位，表明党在军队中的政治掌控作用的弱化，党对军队监督功能的缺失。这显然为蒋的"军权"扩张，提供了机会。

**（三）蒋已拥有相当的实力**

蒋之实力，主要做强于两次东征之时。此外，国民政府之"统一军政"，也为蒋的军事扩张提供了可乘之机。国民政府对军队的整顿，本有积极的意义，因为军制的混乱及军人之乱法乱政，是当时社会的恶疾。整治军队，将军队纳入可控的轨

---

① 加伦：《广东战事随笔》，《来到东方：加伦与中国革命史料新编》，第 255 页。

道，是国民政府成立后的当务之急。在国民党中央、国民政府的统筹之下，许崇智、谭延闿、朱培德、程潜集体通电解除各军"总司令"之职，统归军权于国民政府；[①] 随之，组编统一的国民革命军。整军，本来可望有序进行。然而，那次整军并不得法，基本上沿用以军制军、以军统军的老套路，而未能将军队纳入法治的轨道，未真正建立由国民党、国民政府掌控军队的机制，也没形成可以制约军队的外在势力。"廖案"后，汪精卫、蒋介石趁机造势，驱胡逐许，整肃粤军，搞垮川军，其结果是利见于蒋，让蒋的部队独家做强、做大。"党军"遂逐步异化，反过来成为掣肘国民党、国民政府的势力。

1925 年 12 月 30 日，蒋介石从汕头回到广州，次日抵达黄埔军校。由东征前线归来的蒋介石，随着军事实力的扩张，已经从一校之长，变身为手握重兵、呼风唤雨、说一不二的铁腕军人。联系当时的种种态势分析，蒋之由汕返穗，可以看作是他的政治转向的拐点。

## 第二节　黄埔两"会"态势之变

1925 年底，黄埔军校及第一军中两"会"（中国青年军人联合会与孙文主义学会）之纷争，越来越激烈，左、右两翼军人势均力敌，双方都没有罢兵休战之意。

本年夏秋，东征军回师广州后，中国青年军人联合会于 6 月 30 日召开会员代表大会。原执行委员王一飞[②]、周逸群、

---

① 《许谭朱程解除总司令职之通电》，《广州民国日报》1925 年 8 月 6 日。

② 王一飞 1925 年 9 月被派为"北上外交代表团"的革命军人代表，任代表团内的中共党团书记。1927 年被派赴苏联。

吴明因事辞职，"梅县事件"的露面人物李之龙，当选为常务执行委员；谢崇坚为财务委员，黄锦辉为编辑委员，杨子杰为组织委员，曹汝谦为宣传委员；以刘联升、冯汉民、刘云、李汉藩、陈歼仇为候补执行委员。① 及后，正当两"会"冲突不断升级时，黄埔军校第四期入伍生（升学后编入政治大队第二队）夏尺冰，于12月公开向青军会提出了入会申请。夏的申请书被刊登了出来，文曰（摘要）：

　　频年来，国民革命声势澎湃，工农觉悟，加以诸同志努力，国民革命成功，就在目前了！……这都是青年军人的责任！尺冰观于中国的政治情形，例如奉浙战争，表面上是军阀的冲突，实际上是帝国主义者在中国互相间的冲突。在帝国主义军阀重压之下的中国青年，此时没有多读书的必要了！应大家来干革命工作。尺冰毅然从军，愿意牺牲个人一切权利，来做革命工作。佢在这青天白日旗帜之下的国民党，居然有派别之分。我青年军人，就要有一种特别能力，鉴别派别之是非，彻底革命。贵会足以指导青年军人归于正轨，不致转入旋涡。我邀集多数同志愿意加入贵会，指导我们做一个真正革命军人，以遂所志。……夏尺冰上于黄埔。②

夏尺冰此信，日期署"12月6日"，此为蒋介石召集"潮州会议"前两天。夏于此时公开申请加入青军会，可谓态

①　《中国青年军人联合会第十次大会纪录》（1925年6月30日），《中国军人》第六号，1925年8月17日。
②　夏尺冰：《申请加入青军会的信》，《中国青年军人联合会周刊》第14期（1925年12月6日），引自《黄埔军校史料（续篇）》，第292—293页。

度明朗，旗帜鲜明，表态于至关键的时刻。这也是青军会一种迎刃而上的姿态。夏尺冰，湖南宁乡人，据《湖南古今人物辞典》，夏尺冰于 1925 年加入中国共产党。①

在此前后，西山会议派正加紧与各方联络，国民党内在对苏、对共问题上的分歧，已演变为组织分裂。黄埔右翼军人积极与之呼应。据黄埔军校第二任政治部主任、与西山会议派关系密切的人物邵元冲的日记：

（1925 年）10 月 29 日，"午前八时顷，潘佑强（剑一，湘人，黄埔第一期第三队）来访，言新自粤归，军校同学盼余归粤甚殷。又言校中教职员及学生千余人，组织孙文主义学会，团结纯粹党员，并携来该学会一公函，请余任指导员，辞甚恳挚，余允于数星期后启行"。

10 月 31 日，"复孙文主义学会长函"。晚东南大学、金陵大学学生来，"谈组织南京孙文主义学会及南京市党部事"。

12 月 13 日，"晚桂崇基来，谈广州孙文主义学会同人盼余归极殷"。

12 月 18 日，"晚改孙文主义学会学生某君之拥护第四次全体会议文字，惟词义多支离处，为大略改正一二"。②

可见，广州孙文主义学会与西山会议派、上海孙文主义

---

① 夏尺冰后历任中共湖南宁乡县委书记、湘东南特委书记，1931 年 4 月被捕，6 月被杀害于长沙。何叔衡说"尺冰不是庸庸碌碌地老死在病床上，而是为革命牺牲在马路上"。谢觉哉日记（1945 年 1 月 9 日）写道："尺冰同志是一位很前进的青年，牺牲的前几月到上海，与我谈湘赣边的土地革命，很有兴趣与把握。尺冰同志死时很勇敢。"

② 《邵元冲日记》，第 205、206、219、221 页。

学会联系紧密。另一方面，黄埔右翼军人又看准国民党第二次全国代表大会将在广州举行的时机，准备大干一场。12月27日，孙会召开有200人参加的"预备会议"。据共青团广州地委当时向团中央提交的一份"政治报告"：（孙会）决定于12月29日正式举行孙文主义学会成立大会，并拟出四项决议案：（1）凡国民党员不准加入其他政党；（2）跨党党员应无被选举权；（3）凡国民党员不能宣传其他主义及政党；（4）以学会的名义，将以上三项议案提交国民党二大，要求大会接受。[①] 此外，他们企图将孙文主义学会发展或为全国性的、与国民党平起平坐的组织，还准备组织一次大规模的武装示威。汪精卫遂将有关信息，电告在汕头的蒋介石。12月28日夜8时后，蒋"漏夜严电阻止"。[②] 但孙文主义学会成立大会，仍然如期于12月29日举行。

　　然而，当国民党二大召开之际，反对西山会议派是广州国民党中央的既定方针，也是汪、蒋二人的政治共识，是他们共同的政治动作。蒋不能容忍孙会与西山会议派公开站在一条战线上，这可能是孙会诸人意料不到的。在汕头时，蒋说："王柏龄糊涂至此，可恶殊甚。"从汕头返抵广州后（1926年1月1日），蒋"为孙文主义学会事，痛诫恶东升等"。[③] 接着，由汪精卫、蒋介石、何香凝等人及苏联顾问出面，轮番地向孙会骨干做工作。

---

[①]　《团广州地委十二月份政治报告》（1926年1月5日），《广东革命历史文件汇集》甲4，1982年，第28—29页。

[②]　《蒋介石年谱初稿》，第490页。原文为："得汪主席电称：'孙文主义学会将于明日为示威行动，并发宣布西山会议传单。公漏夜严电阻止。'"

[③]　《蒋介石年谱初稿》，第502页。

上引共青团广州地委向团中央提交的"政治报告"写道："老汪表示态度极好，他在报纸上所作的言论和在各种会场上，均能站在我们这方面来说话。"何香凝在孙会的成立大会上说："如果你们有'反共产'，便是分裂本党之革命势力。"这份"政治报告"还写到蒋介石"痛斥"孙文主义学会的情形：

> 特别是老蒋骂得孙文主义学会非常痛快。当老蒋由汕回来时，即召集他们部下——连长以上的长官开会，在会场中乱骂孙文主义学会一顿。他演说中有一句话值得我们注意的，便是说："如果'反共产'，便不能反帝国主义，不能做中山主义的信徒"。此时一般孙文主义学会的人，便一声不敢说。

> 他们经蒋、汪、何的痛骂后，便垂头丧气，不动声色。并且有一位孙文主义学会中的重要人物说："老蒋已不帮助我们，我们没法了"。闻这个人（姓名不明）已痛恨老蒋不帮助，自行离开广州。①

国民革命军第一军第二师师长、广州卫戍司令王懋功，当时并未参与孙文主义学会的活动。王懋功是蒋介石这时"大骂""痛责"孙文主义学会骨干的知情人之一。王懋功稍后（1926年3月7日）在致张静江的信中写道：

> 及贺衷寒等到省开该会成立大会，谋以孙文主义学会作全国之运动，将学会与党并立，其种种不轨行为，如联合西山会议，联络各处反革命派之孙文主义学会，

---

① 《团广州地委十二月份政治报告》（1926年1月5日），《广东革命历史文件汇集》甲4，第31页。

鼓动第□师全体武装加入巡游，反对第二次代表大会共产分子当选，为彰明较著之反共产行为。……及校长回省，汪先生及鲍罗廷同志等将该会经过情形尽情吐露，共谋挽救之法。功（王懋功）因其问题重大，从未敢妄置一辞。校长之大骂该会卖党并卖本军，不应与邹鲁等勾结，及痛责王茂如、惠东升、贺衷寒等不应操纵学会，藉图个人名利，乃事势使然。①

此时，在广州，社会舆论多不利于孙文主义学会。孙会诸骨干被置于风口浪尖，成为众矢之的，声名狼藉。1926年1月11日，也就是国民党二大会议期间，孙会缪斌（第三师党代表）、贺衷寒（第一团党代表）在《广州民国日报》登出他们致汪精卫、奥尔坚的三封信。这是关于黄埔军校两"会"冲突的重要史料，谨录如下。②

### 缪斌致汪精卫

汪党代表钧鉴：

吾党不幸，自邹鲁等在北京非法召集中央执行委员会后，党中分裂现象，日益显明。最可恨者，即同志中有假借孙文主义学会之美名，而实不知孙文主义之真义，以致举动荒谬，迹近叛党反革命。如上海孙文主义学会曾警告的钧座一电，即是反革命之明证也。若辈辄谓孙文主义与共产主义同为始终反对帝国主义最激烈激

---

① 《王懋功关于未从孙文主义学会勾结西山会议派反共遭恨和表示忠于蒋中正致张静江函》（1926年3月7日），《中华民国史档案资料汇编》（第四辑），第358—359页。文中"回省""到省"的省，指省城广州。

② 《关于党内问题之重要函》，《广州民国日报》1926年1月11日。

底之主义，在现在反帝国主义时期，两主义实同在一轨行动，安有根本不同之理？若辈不明于此，遂致歧视共产派分子，必欲分离之而后已，此实可痛心矣！共产与非共产之纠纷，自本党改组后，即已发生。党中同志为此解说，不知几千万言，即钧座对此问题之解说，可集合而成一巨册。然而言者谆谆，而听者藐藐。此何故？吾人诚不能否认吾人之解说虽多，恶当不如帝国主义者与反革命派宣传之利害，遂使同志中其离间计之毒。前日校长曾谓为同志不诚所致，一针见血之言。盖吾党同志确有未尽真诚，始终反对帝国主义，实行本党党纲者，否则打倒帝国主义之工作，固须以无产阶级作基础，才能将帝国主义根本打倒，故吾容纳无产阶级之政党，实天经地义也。今一般同志必欲将共产分子排去，此不特分散国民革命之力量，帝国主义亦永无打倒之日，中国之独立自主，亦永无希望。何也？盖凡革命党一分裂，必将互相敌视，而放弃当前之大敌，以致两败俱伤。现吾党分裂现象，益形显明，斌认为均一般不诚意之同志之妄动。吾党现在惟有孙文主义真意义昭告同志，一方严行整顿纪律，一般甘心为帝国主义离间，作分裂国民党之运动者，唯有以严厉之党纪绳之而已。总而言之，吾国民党，一必须反对帝国主义；二始终不与任何帝国主义者妥协；三始终与共产党合作，以完成国民革命与世界革命；四积极扶助农工团体之发展，使成为本党之基础；五严密整顿党纪。

以上五点，斌认为吾党应以决定大计，谨以呈钧座，幸鉴察为祷。专此。

谨请钧安。

第三师党代表缪斌谨呈

## 贺衷寒致汪精卫

汪党代表钧鉴：

　　自从孙文主义学会成立大会开会后，生察和各方该（误）会日益滋多，痛苦之深不堪言状。日昨承奠尔坚同志相邀晤谈，益觉党内纠纷愈甚，愈足使帝国主义露其狞恶之面貌，得于一旁狂笑。故甚愿党代表本其坚决之精神，共定解决之办法。生自校长返省后，即决志赴俄考察一切，对于党事，论经验，经（论）地位，均不应有所主张。惟自学会发起后，外间即起种种无意识之误会，致使党同志互相恐惶，言念及此，不仅愧死。日前本欲趋前一谒，罄所欲言，因痛苦过甚，无以自奋。特将所意录呈如下，乞察核：一、黄埔同志所发起组织之孙文主义学会，是革命的孙文主义同志之结合，是欲以孙文主义为革命基础之结合。二、孙文主义学会同志的意见，曾再三代达，并无违反总理政策之主张。三、中国国民党容许各派社会主义者加入，共同为革命奋斗，学会同志已于成立宣言上明白表明态度。四、学会因有组织，即致同志中自外于其纪律之事实，不能完全幸免，实前次误会之至大原因，务望党代表有以解释之。

　　团结奋斗，是革命最重要之工作，好共产党员在今日之中国国民党必为孙文主义信徒，盖其工作，不能更在打倒军阀与打倒帝国主义工作之列也。我自听了校长本月二日之演说以后，益相信其语之沉痛。今日之中国，只有反帝国主义与军阀之革命党，尚有其他纠纷之必要，就是帝国主义与军阀一日不消灭，甚么主义都是空谈、无补于实际的东西。且日前党代表曾谓，今后党中须定一最严厉之纪律，以为制裁党员之准绳。此实切近实际之办法。欲免今后党中之纠纷，当于斯是赖矣。生相信一切革命之组织，必成功于其森严之纪律，今日之中国国民党说纪律愈纠纷，尚祈留意是幸。生决意赴俄，考察其革命后民众的势力，与其于民众势力而建设之苏维埃政府之成立经过。业得校长的允许，望党代表亦有教之。耑肃顺祝精神。

生贺衷寒于东山

## 贺衷寒致奥尔坚①

奥尔坚同志：

昨日下午承嘱大庆同志相邀晤谈，俾得抒欲言，又获教益，谢甚，感甚。今将本个人感谢的诚意，将自己昨日尚未谈尽的几句话写在下边，乞谅察。

我是一个党员，又是在军队里工作的一个党代表，对党内的纠纷和军队内近来发生的许多误会，都是应该负相当责任的。这种纠纷和误会的起因，虽然很多，但大都是疏忽纪律所致。欲解决这种纠纷和误会，就是要大家认清楚领导国民革命的中国国民党和他的党员，现时只有向帝国主义和军阀猛烈进攻，反帝国主义和军阀到底，那里有闲功夫来闹出许多不相干纠纷和意识的误会。本来中国国民党自改组后，党内就生出共产与非共产之争，不过近来闹得厉害就是。拿一切互相争闹的事实来证明，我想两派都不能不承认有相当之过失。在争闹的最要的地方，就是主义与组织。其实孙文主义与马

---

① 奥尔坚，又作奥尔金，苏联驻华南军事顾问团负责政治工作的副团长，"中山舰事件"后被布勃诺夫使团解除职务。

克斯主义的理论和原则，把他分析起来，固然有多少差异，但是把他互证起来解释，却是一贯的精神。所以好的孙文主义信徒，应该本孙先生创造主义的精神，去详悉研究马克斯主义。而好的马克斯主义信徒，亦应丢开客气去切实做孙文主义的工作。我相信好的共产党员加入国民党后，必定可以做一个好国民党员；我更是相信好的马克斯主义信徒，在中国现时必定只有做孙文主义的工作，纠纷何自来？误会何自来？一个革命的党，必定是立于群众利益面前的，就是党要以群众利益为利益。共产党员如为群众利益加入国民党，亦即中国国民党的利益，中国国民党与之合作实为切要之工作。所以总理孙先生不顾一切非难，定兹大计，实无用我们更于今日有所致疑。

总之党之一切纠纷和误会，实为革命前途之不幸，亦中国民众所要求独立自由平等之不幸。吾于此境地，不禁高呼革命派团结起来，打倒一切帝国主义，打倒一切军阀，打倒一切反革命派，打倒一切捣乱分子。我越写越痛苦，越想越难过。甚望即日再行赴俄，观光上国，以解诸同志之疑，且用以自解。余再承叙，不尽，顺祝精神。

贺衷寒于东山渔庐

从当时的政治状况分析，以上三封信，是在经过上述汪、何、蒋及苏联顾问的一番"大骂"、"痛责"、批评、规劝之后，缪斌、贺衷寒作自我批评、承认错误、表明态度之作。缪斌、贺衷寒在信中表示：要与西山会议派、与上海孙文主义学会划清界线；承认"故吾容纳无产阶级之政党，实天经地义也"，"中国国民党容许各派社会主义者加入，共同为革命奋斗"，要"始终与共产党合作"。贺衷寒还表示：他对党内纠纷和军队中的许多误会"应该负相当责任"，"痛苦之深不堪言状"，"越写越痛苦，越想越难过"，并表示愿意"赴俄观光"。所谓"赴俄观光"者，实际上是将贺衷寒从广州挪开，让他与孙会隔离，这是当时的一种组织措施。这就是前文说到的贺随鲍罗廷离粤，在北京等待赴俄签证之缘由。

由上可知，1926 年元旦，孙会因强行召开成立大会和示威游行，遭到了汪、蒋的"痛斥"。他们一时陷于被动，似乎输了一着。

然而，黄埔军校两"会"的矛盾纷争，并没有就此结束。孙会在国民党二大前后遇到的麻烦，经过汪、蒋的一番"调处"，很快就过去了。1926 年 2 月 28 日，孙文主义学会在广州召开会员大会，"讨论改组及重要事宜"。汪精卫参加了会议，担任大会主席，并谓受蒋之"托"发表讲话。其中说道：在孙会成立大会上散发西山会议宣言，是"反动派假冒"孙文主义学会而为。汪的这番讲话，主动为孙会漂白。① 会议选举冷欣、杨引之、陈诚、缪斌、葛武棨、潘佑强、谢瀛洲、倪弼、邵锡生为执行委员，杜心树、魏延鹤、曹润群、贺衷寒、杨耀唐为候补执行委员，汪精卫、蒋介石为"评议委员"。就这样，不久之前被汪、蒋"大骂""痛责"过的孙文主义学会，变被动为主动，成为得到汪、蒋支持的组织。

两会"调"而不和，更加尖锐、激烈的斗争，乃在后头。

---

① 《孙文主义学会会员大会中汪主席兆铭之演讲词》（1926 年 2 月 28 日），《广州民国日报》1926 年 3 月 3 日。

## 第三节　汪、蒋关系之变

前文提到，1925 年 5 月 8 日，从上海南下的汪精卫，专程往潮州见了蒋介石。是日蒋的日记写道：（二人面谈F时）"回忆往事，伤心悲痛，泪涔涔不能止，商议党事与其调人行止，（汪）欲余一言而决。同志对余如此亲爱，愧感交集"。蒋 10 日的日记又写道："上午季新（汪）兄来谈，以彼此心心相应，乃结为谊交。"汪、蒋之政治结盟，由蒋亲书之"结为谊交"一语，照见无遗。东征军回师广州，大元帅府改组为国民政府，汪任国民政府主席，成为广州政坛的一号人物，蒋显然站在力挺汪之行列。"廖案"后，汪、蒋携手合作，密切配合，脉脉相契。一直到反击西山会议派时，他们二人仍然是在同一条战壕中作战的战友。

对汪、蒋之间的关系，蒋的日记中还有如下记述：

（1925 年 6 月 14 日）早起记事，璧君（汪夫人）同志来访，予之回其寓，朝餐叙事。

（6 月 21 日）璧君、季新诸同志劝我不住办事处，以陈景华与邓仲元，皆住于此，先后被刺。故力强余速迁也。爱我者，其亦因爱而迷信也。感甚。

（6 月 27 日）季新夫妇陪司徒医生来疹余病，亲比家庭过之，感激莫名。

（8 月 6 日）下午回埔，以仲恺不负责，故愤而辞本兼各职。

（8 日）璧君来访，劝不能辞，余允之。

（10 月 1 日）晚往碧（璧）君姊招宴，久不食味，以此为甘滋也。

（1926 年 1 月 26 日）与璧君姊由安期寺登白云峰。

《李宗仁回忆录》说："中山逝世后，汪、蒋曾亲如手足，全力排除中央其他领袖，如胡汉民、许崇智等。"从以上蒋亲笔书写的字句中，可知在一段时间之内，汪、蒋不但在政治上抱成一团，私人感情也很好。蒋称汪为兄，称汪夫人为姊。

汪、蒋关系稍后发生变化，并非无缘无故。

廖仲恺死后，黄埔军校之"廖蒋配"已被打破。这时，汪精卫是国民政府主席；胡汉民被"请"出局后，又由汪"代理"国民党中央政治委员会主席。这时能顶替廖仲恺，以国民党的形象出现，继任军校、军队党代表的，只有汪精卫了。1925 年 9 月 14 日，国民党中央执行委员会决定汪为"党军"总党代表、黄埔军校党代表；10 月 2 日，汪正式就任党代表。"廖蒋配"遂一变而成为"汪蒋配"，这是个未免让人猜度多端的组合。

在国民党内，汪精卫够资历，但在为人、处事诸方面，却有欠缺。尤其是缺乏原则的坚定性，易于随风摇摆。汪主要是因为被俄人看好而勉强上台，而不是一个得到普遍认同和接受的人物。汪热衷于搞政治，但不会玩政治，上台伊始接二连三搞"地震"，借故造势，将胡汉民、许崇智及一帮政治异己势力全部排出广东，一心将国民党搞成清一色。从实际效果看，这并不是一种明智的作为。令人更有联想的是，汪本身缺乏内在的盖得住蒋的资源、能力与气度，在与蒋联手掌政时，汪只是一味想得到蒋的支持，急于让蒋的枪杆子来支撑、配合他的笔杆子。因而，在拉蒋过程中，过分地取悦甚至取媚于蒋，在很多地方、很多场合，自觉不自觉地充当了蒋的吹鼓手，为蒋抬轿子、吹喇叭。这无异于在蒋的面前自我示弱和自我矮化。有人因之担心，汪顶替了廖仲恺的岗位，可能起不到廖的作用。汪担任军队、军校党代表，可能会导致军校、军队中党的地位、作用的弱化。

1925 年 10 月 2 日，汪精卫在党代表就职典礼上发表演讲，一张口就称自己"不敢担任"，接着讲了个"哲学家的驴子"的故事：一头驴子拉着沉重的板车，一路上人们不断往车上增加什物，最后驴子倒了，车子也翻了。汪借题发挥，借讲故事而埋怨自己负载过重。但从这番话也可以听出，他把"党代表"比作是往他的驭车上添加的"什物"，看作是一种过分的、让他不堪承受的负重。作为一篇就职演说，这样子破题，实在于理不直、于气不壮，自我矮化。通篇演讲，未涉及如何治校、如何治军。这就让人感到他底气不足，倦于职守，对党代表的职责漫不经心。在全军将士、全校官生乃至社会人士面前，暴露了他的弱点与欠缺。

然而，汪并不是一位不作为者。为了挤进军校和军队，为了在这一他未曾开垦过的领地中开拓出属于他自己的园地，汪没少动心思，并搞了不少动作。汪任军校、军队党代表的决定（9 月 14 日）刚作出，《广州民国日报》所发表的文章（23 日）就大造其势，说军队设党代表，"无论什么军的号令都操之党代表的手里，而不操之于军官的手里。"[①] 未见其人，先传其声，出场之锣鼓，敲得不落凡俗。汪自己也大讲"党治"，强调"党"高于政府，高于军队，高于军校："国民政府是国民党的政治部，军事委员会是国民党的军事部，所以无论什么军队或军校，总是国民党的，都要本着党的政策去做，无所谓特别的党校，也就无所谓特别的党军。"[②]

---

① 曙风：《旧军新化的问题》，《广州民国日报》1925 年 9 月 23 日。
② 汪精卫：《黄埔军官学校成立典礼训话》（1926 年 3 月 1 日），《汪精卫文选》，第 190 页。

1926 年 1 月，《国民革命军党代表条例》正式颁布，主要内容是（摘录）：

> 党代表在军队中，为中国国民党之代表，关于军队中之政治情形及行为，党代表对党员负完全责任。关于党的指导，及高级军事机关之训令，相助其实行，辅助该部队长官巩固并提高革命的军纪。
>
> 党代表为军队中党部之指导人，并施行各种政治文化工作……并指导其所辖各级党代表及政治部。
>
> 党代表有会同指挥官审查军队行政之权。
>
> 党代表不干涉指挥官之行政命令，但须副署之。
>
> 党代表于认为指挥官之命令有危害国民革命时，应即报告上级党代表。但于发现指挥官分明变乱或叛党时，党代表得以自己的意见，自动的设法使其命令不得执行，同时应该报告上级党代表、政治训练部及军事委员会主席。
>
> 党代表与指挥官共同听阅，如下级军官之报告呈文，并决议问题，与指挥官共同署名。一切命令及发出之公文，凡未经党代表之共同署名者，概不发生效力。
>
> 党代表与指挥官意见不同时，必须签署命令，并同时报告于上级党代表，如指挥官有违法行动时，党代表当依第一章第十条办理。[①]

这个"条例"，置党代表于很高的地位，赋予很大的权

---

① 《国民革命军党代表条例》，《军事政治月刊》第一期，1926年1月10日。

力。这是汪就任党代表后不久发布的，应看作是汪的作为。在孙中山、廖仲恺逝世，胡汉民"出局"之后，这时讲突出"党"，其实就是要突出汪。汪欲借"党"而自我升值，其用心不言而喻。对此，蒋不会熟视无睹。

　　1926 年 1 月国民党二大时，汪精卫通过国民政府军事委员会，决定黄埔军校之改名和改组。这是汪任军事委员会主席、军队和军校党代表之后做出的一个不小的动作。《蒋介石年谱初稿》称，这个决定系出于"汪主席提议"。汪自己也说明：这件事去年 12 月就"决定"了（蒋这时还在汕头）。可见，这是在蒋不知情、未参与的情况下作出的一项决定，是汪的一个自选动作。汪说："无论什么军队或军校，总是国民党的，都要本着党的政策去做，无所谓特别的党校，也就无所谓特别的党军。"这里的"特别"二字，很容易让人听出是暗指黄埔军校和第一军"特别"，隐约释放出此后他将会一碗水端平，让国民党领导下的各军校、各军队，享受同等的待遇。这些话，是说给非黄埔系统的谭延闿、朱培德、程潜、李济深这些人听的，是汪要插手军队、军校事务的表示。在埔校校名上加上"政治"两个字，亦应当出于汪的斟酌，为的是让这所学校打上属于汪的标签。综观汪在军校改名、改组中的所作所为，可知汪并不甘于将党代表这一职务，做成仅供摆设的花瓶。而要有所作为，不仅要在黄埔军校打下他的烙印，而且要在国民革命军中施展他个人的影响，让谭、朱、程、李等有所体察。

　　以上诸端，是汪、蒋关系发生逆转的隐因。汪可能不曾意识到，正是由于他当了党代表，举起了以党治军的大旗帜，并在党代表这个位置上搞了点动作，他已踩了蒋的雷区。蒋常说他是党代表制的引进者，然而窥其内心，蒋并不甘心将什么人摆在自己的头顶上，让他来监督、制衡自己，包括党代表在内。苏联顾问加伦说：廖仲恺任党代表时，"如果有人有不经过作为校长的他（蒋）而直接去找党代表廖仲恺，他可是绝对不允许的。在这种情况下，他自认不比校党代表矮一头，并指出，他在党内的地位并不比廖仲恺低"[1]。"廖蒋配"并不意味蒋真正认可"党权"的地位，不表明蒋认为廖可以以党代表的身份监督和制约他。廖、蒋二人共事时之所以未闹出大的风波，只是廖拥有蒋所不具备的资源与优势，并且善于调处而已。即将变成铁腕军人的蒋，他的信念是：第一，军校、军队是他个人的领地，不容他人涉足；第二，黄埔正统，校长至上，不与其他军校等同。这是蒋的两条碰不得的底线。文人出身、赤手空拳的汪，不明就里，以为凭着党代表一纸文书，就可以挤进军校和军队，可以干预军校、军队的事务，可以突破蒋的以上两条底线。这是缺少自知之明，自己往墙壁上撞。问题已很清楚，"汪蒋配"只是跛足之配。

对于汪来说，国民党二大的召开，带给他身心舒展的日子。此前几个月的时间内，胡派政治势力和许派军事势力因"廖案"而受到打击，胡、许相继离粤，但与汪政见相左者，却在北京召集西山会议，结果有将近半数的中央执委站到反汪、反对广州国民党中央一边。汪排斥异己的结果，是制造了一个更为难缠的政治反对派。汪派掌权的合法性，受到了质疑。现在，二大总算召开了，有代表大会的支撑，危机可以认为是化解了。到了这个时候，汪可能认为他应当松手松脚，出面理顺"党""军"关系，在军校、军队中发挥他的

---

[1] 加伦：《广东战事随笔》，《来到东方：加伦与中国革命史料新编》，第 118 页。

作用。黄埔军校之改名、改组，是在二大期间决定的。二大闭会后，汪又决定将黄埔军校教导师改为第二十师，并决定让这个师脱离军校，归于军事委员会指挥（详见下文）。这两件事，可以看作是汪基于上述想法而选择的两个带突破性的动作。然而如上所述，汪踩到了蒋的雷区，必然会招致蒋更多的疑忌和怨恨。稍后的事态表明，汪进不了黄埔军校，进不了国民革命军。汪、蒋合作，即将走到尽头。

# 第十四章　中山舰事件

## 第一节　二二六：蒋介石的试剑之举

1926 年春初，汪精卫与蒋介石心境各异。国民党二大刚开完，汪的热度未退，蒋则心事重重。蒋的资料显示，新年伊始，他的心情就不好，与汪总有隔阂、格格不入。汪、蒋这一对曾经的政治合作伙伴，缘尽恩断在即，裂痕随处可见。

正是这个时候，广州的苏联顾问团人事发生了变动。1925 年 7 月，军事总顾问、与蒋一同出征东江的加伦，离开了广州。加伦走后，由季山嘉（古比雪夫）任军事总顾问，奥尔坚（拉兹贡）任季山嘉的政治助手。"李侠公事件"（见第十一章）后，因鲍罗廷有"从军队中召回共产党员"的主张，季山嘉、奥尔坚于 1926 年 1 月联名致函中共中央，对此表示反对。① 季山嘉并致信苏联驻华使馆武官叶戈罗夫，信中说："近一个时期，我与鲍罗廷同志在关于中国共产党人

---

① 《古比雪夫和拉兹贡给中共中央执行委员会的信》（1926 年 1 月 13 日），《共产国际、联共（布）与中国革命档案资料丛书》3，第 18 页。按：鲍罗廷 1926 年 2 月在北京对布勃诺夫使团的报告，对此有所辩解，称"我反对从军队中清除共产党人，我主张共产党人留在军队内，以便能在军队中建立左派"。见同书第 139 页。

在军队中的作用问题上发生了原则性的意见分歧。"二人发生过"争吵"。季山嘉说：

> 我认为，鲍罗廷工作僵化，其危害越来越大。我不否认，而相反却强调鲍罗廷对我们过去在中国所取得的成就作出的巨大功绩，我认为，他做了他所能做的事情，更多的他做不了。必须向广州派遣一名新的强有力的工作人员，并且必须是优秀党员。……我认为，他在现实工作中尽了自己的一切努力，但在以后他会跟不上事态和形势的发展。[①]

季山嘉明确要求挪走鲍罗廷。鲍遂于 1926 年 2 月初离开广州，前往北京，向布勃诺夫使团报告工作。看样子，是再回不来了。鲍一走，季山嘉成为广州苏联顾问团的主持者（史料称季"履行着"蒋的顾问的作用）。

季山嘉敢于并且能够搬走地位比他高的鲍罗廷，说明他是一位很有个性的人物。切列潘诺夫对季山嘉有四个字的评语，曰"直来直去"。鲍罗廷刚离开广州，季山嘉、蒋介石之间的摩擦即已产生。蒋 2 月 7 日日记说：季山嘉"针砭规戒之言甚多，而其疑惑戒惧之心，亦昭昭明矣"，"欺凌侮辱，诚令人格丧失，无地自容矣！"[②] 从这一日起，蒋的日记不断出现疑惧季山嘉之语，如谓季"疑忌我，侮弄我"，"假眠不成，抑郁已极"，"怀疑渐深，积怨丛生"，"昨夜又见人厌

---

① 《古比雪夫给叶戈罗夫的信》（摘录）（1926 年 1 月 13 日），《共产国际、联共（布）与中国革命档案资料丛书》3，第 15—16 页。

② 引自《蒋中正先生年谱长篇》，第 441 页。

我，余心滋沸”，如此等等。蒋并派邵力子到北京去，要鲍罗廷返回广州。

当蒋介石、季山嘉不断产生摩擦时，汪精卫曾致函蒋介石，转述季山嘉的话："我等俄国同志，若非十二分信服蒋校长，则我等断不致不远万里而来，既来之后，除了帮助蒋校长，再无别种希望。"又说："至于其他一切商榷，我等既意存帮助，则当知无不言，言无不尽，此正由十二分信服，故如此直言不隐。若蒋校长以为照此即是倾信不专，则无异禁我等不可直言矣。"汪还告诉蒋介石：季山嘉"说话时，一种光明诚悫之态度，令铭十分感动"①。然而，汪精卫的调解，并未起到灭火的作用。

季山嘉主持苏联顾问团，令蒋特别担心的，不仅是他感到季山嘉此人难以共事；更在于他认为汪、季二人，越走越近，将于他不利。令蒋心生疑惧的主要是两件事：一是蒋自汕头回穗后，原有从海上"运兵天津"、援助北方国民军之议。汪本来赞成，但听了季山嘉的话后，打消了这一提议。二是季曾建议蒋北上练兵，汪表示赞同。蒋因之怀疑季、汪合谋，诱他离粤。蒋后来（4月9日）给汪写信说："盖弟（蒋）在粤一日，而季山嘉个人之计画，总难实现，故其不得不设法使弟离粤，以失去军中之重心，减少吾党之势力。乃兄不察，竟顺其意赞成之，惟恐不遑。"②总之，蒋感到汪与季抱得很紧，不但唯季氏之言是听，而且要联手将他踢出广东。

---

① 汪精卫：《致蒋介石书》（1926年2月8日），引自杨天石：《蒋氏秘档与蒋介石真相》，社会科学文献出版社，2002年，第109—110页。

② 《蒋介石致汪精卫函》（1926年4月9日），引自蒋永敬：《国民党兴衰史》（增订本），台湾商务印书馆，2009年，第191页。

苏联顾问切列潘诺夫所著《中国国民革命军的北伐——一个驻华军事顾问的札记》一书，载有苏联顾问为蒋介石写的"鉴定"。其中一份说：蒋"是一位优秀的组织者"，"他在政治上是个左派，并正往左发展。他容易受到左派人士的影响，为他们所吸引"。[①] 这一份鉴定成文于蒋任国民革命军"总监""中央军校校长"之时，蒋、季摩擦不断，正发生在这个时候。鉴定中虽也写了蒋的缺点，但看不出苏联顾问团有挤走蒋的意思。至于汪精卫，他这时是绝对看好蒋，对蒋寄以厚望的。汪有挤进军校、军队之意，但依赖蒋、拉拢蒋的意愿如旧，自我矮化如故。如果说汪此时要排斥蒋，把蒋一脚踢开，这不符合事理。蒋疑心汪、季合谋，诱其离粤，是蒋自居重心（蒋致汪函有"军中之重心"一语）的心理作怪，是八公山上，草木皆兵，防范过度。

然而，不甘于将党代表当作花瓶摆的汪精卫，对军校、军队却有所动作。国民党二大闭会后不几天，汪作出了关于黄埔军校教导师更改名称与隶属关系的决定。这是令蒋介石最难于接受的一件事。此事后果极其严重，使蒋与汪、季的关系走到了破裂的边缘。

关于黄埔军校教导师，要从 1925 年秋季的"校""军"分立说起。

1925 年 7 月广州国民政府成立后，为统一军政，政府决定在黄埔军校实行"校""军"分立，将原来直属于黄埔军校的教导团，从黄埔军校中分离出来，另外组编国民革命军，隶属于国民政府军事委员会。涉及军队的问题，蒋历来是敏感的。例如，成立"党军"，本来是孙中山生前的决定，但当

---

①　《中国国民革命军的北伐——一个驻华军事顾问的札记》，第 371 页。

年5月廖仲恺提议将黄埔军校教导团改编为"党军"时，蒋即有被触逆鳞的反应。蒋的日记（5月10日）写道："仲恺改教导团为'党军'，余认其有意防范撤我兵权，但我望其自不叛党而不配防范介石也。"这是写得很直白的一段文字，表明黄埔军校之"廖蒋配"尚有未为人知的一面。这也是蒋视军队为其禁脔、容不得他人染指的一段自白。因此，对"校""军"分立，蒋显然是有所保留的。原来的教导团分离出去了，从当年10月起，蒋即着手组建新的黄埔军校教导团。至是年底，先后组建了三个团。1926年1月4日，蒋又将教导团的三个团，正式组编、升级为黄埔军校教导师，由王柏龄任师长，包惠僧任党代表，刘峙任副师长兼参谋长；王文翰、叶剑英、李杲分任第一、二、三团团长。1月27日、28日、30日，蒋风尘仆仆，不辞劳苦，先后到广州的西村、北较场和东莞的虎门，分别检阅了这三个团。可见，所谓黄埔军校教导师，是"校""军"分立的决定实行之后，蒋逆向而行、一手经营、精心打造的部队。

就在蒋分别检阅教导师三个团后几天，2月6日，汪精卫通过军事委员会作出决定：将黄埔军校教导师改名为国民革命军第一军第二十师，直属于国民政府军事委员会，归广州卫戍司令指挥节制。[①] 这一决定的要害，不在于改变名称，而在于让教导师与黄埔军校脱钩，其用意显然是要制衡蒋的军权。这是继决定黄埔军校改名、改组之后，汪进一步干预军校、军队的一个非同一般的动作。这称得上晴空霹雳，猛然劈到蒋的头上。此举当大出蒋的意外，令他做梦都未想到。

与此同时，汪还在有关事务中采取了措施。据蒋致汪函："军事委员会议决，本校经费为三十万元，第二师经常费为十

---

① 《蒋介石年谱初稿》，第536页。

二万元。翌日乃擅减本校为二十七万元，而加第二师经费至十五万。"① 在经费问题上，黄埔军校被削减，而第二师（师长王懋功）却有所补充。可见为了在军校、军队中施加他的影响，汪动用了经济手段。

以上事端，应与季山嘉的指导思想有关联。苏顾问切列潘诺夫说："接替加伦担任南方政府总顾问的季山嘉（古比雪夫）就比较直来直去。他错误地认为，南方军队中的转折时期已经过去，现在该是转向严格集中，并使军队具有明确任务、划一组织和统一纪律，服从于中央军事机构的时候了。"② 这段话表明，在军事问题上，季山嘉主张加强领导，严格管控，集权于"中央军事机构"。所谓"中央军事机构"，是以汪为主席的国民政府军事委员会。这段话是中山舰事件后按苏联统一的调子写的，切列潘诺夫说季山嘉"错误"，是指他的主张不顾军方的感受，操之过急。而将教导师与黄埔军校脱钩，归属于"军委"的决定，却有调整党权、政权、军权配置的用意。在这个问题上，季山嘉显然充当着导演、推手的角色。

对于汪精卫、季山嘉干预军校和军队、改变教导师隶属关系的举动，蒋介石的反应是"急思跳出环境""辞一切军职"，迅即于 2 月 9 日提出辞去各项军职。《蒋介石年谱初稿》显示，在一段时间内，他"夜不能安眠"，"闷坐愁城"，"忧患抑郁"，"孤孽颠危"，"心坎憧扰（忧）"。③

---

① 《蒋介石致汪精卫函》（1926 年 4 月 9 日），引自《国民党兴衰史》（增订本），第 191 页。

② 《中国国民革命军的北伐——一个驻华军事顾问的札记》，第 306—307 页。

③ 《蒋介石年谱初稿》，第 539—541 页。

教导师改名、改变隶属关系后的第 20 天，蒋出手反击。打击的对象，锁定为王懋功。

王懋功，字东臣，保定军校第二期毕业，黄埔军校第三期入伍生总队长，国民革命军组建时任第一军第二师师长。王懋功本来与蒋关系密切，一向得到蒋的重用。广州卫戍司令部成立时，蒋为司令。1925 年秋因出发东征，从 10 月 12 日起，蒋将广州卫戍司令这一职务，交王懋功代行。可见蒋、王之间，关系非同于一般。汪精卫在决定教导师改名、改变隶属关系时，明确指定这个师此后归广州卫戍司令，即归王懋功"指挥节制"，并在经费上，向王的部队倾斜。这让蒋十分纠结，对王懋功起了疑心，进而对王产生了一连串的联想与猜度。

蒋后来（4 月 9 日）在致汪函中说："委任李（宗仁）、黄（绍竑）为第八、第九军长，而季山嘉特留第七军长一缺以待来者。此缺非其预备王懋功叛弟后即以此为报酬乎？" 4 月 21 日蒋在"训话"中说："现在广东统统有六军，广西有两军，广东是第一、二、三、四、五、六各军，照次序排下去，广西自然是第七、八军了，但是第七军的名称偏偏搁起来，留在后面不发表，暗示我的部下先要他离叛了我，推倒了我，然后拿第二师和第二十师编成第七军，即以第七军军长报酬我部下反叛的代价。"[1] 这样，蒋认定汪精卫、季山嘉以第七军军长为诱饵，诱王叛蒋；并断定王已经变了心，倒向了汪、季一边。

在这里，蒋用做算术的方法，"算"出王懋功已经靠不住。而王作为当事人，对此却另有说法。王出局后被押送上

---

① 《蒋介石年谱初稿》，第 572 页。

海，于 3 月 7 日致函张静江，谓："此事因何发生，始终未奉介公明示，不敢悬断。"就是说，他不知因何获罪。王此函对自己在广州的政治表现，作了一番自我剖白，当中无一字涉及所谓第七军。① 蒋怀疑汪、季以第七军军长诱王，在王致张静江函中，找不到相应的说明。

事情到了这个地步，王懋功如何自我剖白已经不重要。蒋介石说："此人（王）狡悍恶劣，惟利是视。昔日以其少有才气，期其感化，今则愈趋愈下，其用心险恶，不可复问，外人不察，思利用以倒我，不思将来为害党国与革命至于胡底，故决心革除之。"② 2 月 26 日，蒋对王懋功实施拘捕，撤销王之师长职，次日派副官陈师曾押送赴沪。蒋说："凡事皆有要着，要着一破，则一切纠纷不解自决。一月以来，心坎憧扰（忧）时自提防，至此略定〈然亦险矣哉!〉"③

蒋介石 2 月 26 日拘捕王懋功，是蒋一个多月以来抑郁心理的发作，是以军事的手段敲山震虎，宣示对汪精工、季山嘉介入军队的不满。质言之，是对"党权"制约"军权"的不满。棍子打在王懋功的身上，而锋芒所指，则为汪、季。周恩来后来说：蒋拘捕王懋功，是"向汪精卫做了第一次示威"。④ 这一事件，是中山舰事件的预演。

---

① 　《王懋功关于未从孙文主义学会勾结西山会议派反共遭恨和表示忠于蒋中正致张静江函》（1926 年 3 月 7 日），《中华民匤史档案资料汇编》（第四辑），第 358—359 页。

② 　引自《蒋中正先生年谱长篇》，第 443 页。

③ 　《蒋介石年谱初稿》，第 540 页。

④ 　《关于一九二四至二六年党对国民党的关系》，《周恩釆选集》（上卷），第 120 页。

## 第二节 三二〇：重拳打在影子上

王懋功被逐，汪没有特别的反应。几天之后（3月1日），中央军事政治学校正式成立，汪、蒋一同出席典礼，好像什么事都未发生过。汪嗅觉不灵，或曰欲反制而无力。蒋之内心，则更为警惕，说"疑我、谤我、忌我、诬我、排我、害我者，渐次显明"。[①] 事实上，蒋已形成了被迫害的幻觉，日益把汪、季和中共作为假想敌。

这时，黄埔军校两"会"的对峙，进一步尖锐激烈。中国青年军人联合会常务委员李之龙，此时任国民政府海军局政治部主任。李在任上查获虎门要塞司令陈肇英走私，据实报告。"结果，军事委员会将陈肇英撤差查办"。[②] 1926 年 3 月 10 日，海军学校副校长欧阳格以恐吓手段，逼海军局参谋厅厅长兼中山舰舰长欧阳琳离职。欧阳格此举，实为觊觎中山舰舰长之职。《广州民国日报》于 12 日登出欧阳琳离职消息，文中说"政府以李之龙暂摄局务"，并谓"前日李之龙到该舰解释党代表条例时，并将该舰中水兵等十余人平日有舞弊嫌疑者扣留，听候查办云"。[③] 随后，国民政府任命李之龙暂代海军局局长、参谋厅厅长、中山舰舰长；而李之龙则转荐中山舰副舰长章臣桐，代理中山舰舰长。欧阳格欲对中山舰舰长取而代之，终未如愿以偿。

李之龙还说：陈肇英曾领过西山会议派所发的"运动"费 1.5 万元，欧阳格领 5000 元。陈肇英、欧阳格为孙文主义

---

① 《蒋介石年谱初稿》，第 544 页。
② 李之龙：《三二〇反革命政变真相》，《中山舰事件》，第 11 页。
③ 《欧阳琳突离海军局长职》，《广州民国日报》1926 年 3 月 12 日。

学会骨干。在这里，黄埔军校孙文主义学会与中国青年军人联合会的纷争，一时表现为争夺海军和中山舰控制权之争。

3月18日，因商船"定安"轮遭土匪抢劫，船局请黄埔军校派船保护。时校内无船可派，埔校管理科交通股股员黎时雍，致电交通股驻省（广州市）办事处，请派船只以应急。股员王学臣接电话后，报告交通股股长、驻省办事处主任欧阳钟。欧阳钟乃于本日夜间到李之龙家，转请海军局派船。时李之龙外出，当夜回家阅信后，决定派"中山""宝璧"两舰前往。据海军局值日官记录：19日上午6时，宝璧舰出口；7时，中山舰（章臣桐率）出口。抵达黄埔后，章臣桐向教育长邓演达请示任务，邓答云"不知"。下午，因为已到广州的布勒诺夫使团参观的需要，经李之龙打电话请示蒋介石后，中山舰于6时从黄埔开回广州市区。[①] 之后所谓的中山舰"异动"，其经过的情形，大致如此。

蒋对中山舰往返于黄埔，十分警觉。蒋说，他并没有下过调舰的命令，并称19日他连续接到"有人"（指汪）问"去不去黄埔"的三个电话，因而甚觉"稀奇"。这时，又有人向蒋报告"季山嘉（搞）阴谋"。[②] 蒋遂认定季山嘉弖布置"设法陷害"的陷阱。蒋对此最初的反应，是要离开广州，暂避汕头。19日下午，蒋乘车前往天字码头，准备登船而去，5时于途中改变了主意，折回东山寓所，与部属"竟夕密议"，决定发动事变。半途而折这一举动，陈立夫（蒋的秘

---

①　"海军局值日官记录"（1926年3月19日），李之龙：《三二〇反革命政变真相》附件二，《中山舰事件》，第25页。
②　蒋介石4月21日的"训话"有"有人说季山嘉阴谋"一语。按："有人"者，是指欧阳格、陈肇英等。

书）称是出于他的"劝说"；而陈肇英则谓是蒋"采纳"了他的建议所致。①

据《蒋介石年谱初稿》：（3月19日）"乃决心牺牲个人，不顾一切，誓报党国。竟夕与各干部密议，至四时，诣经理处，下定变各令。"②

20日凌晨，蒋坐镇广东造币厂（广州卫戍司令部，今中共广东省委党校所在地），下令全城戒严。第二十师师长王柏龄派陈肇英、欧阳格率兵占领海军舰队和中山舰，并到文德路文德楼拘捕李之龙。稍前，还诱捕了中山舰代理舰长章臣桐。第二师师长刘峙率部包围省港罢工委员会所在地——东园，收缴了罢工纠察队的枪支，还包围了东山苏联顾问的住宅，收缴了其卫队的武器。广州市公安局局长吴铁城以"保护"为名，派兵包围国民政府主席汪精卫的住宅。第二师党代表缪斌则以列队训话为名，当场拘捕团党代表胡公冕等40多名共产党员。蒋并发出了抓捕张治中、邓演达、严重、高语罕四人的命令（中途收回），周恩来也被软禁了一天。③

以上，史称"中山舰事件"。事变的经过表明：一是出动了军队，全城戒严，实施搜捕、缴械，其性质属于兵变；二是大量逮捕共产党员，关涉到国共两党的关系；三是关涉到国民政府与苏联的关系；四是武力逼汪，是军方威迫政府首脑的行为。总而言之，这是一宗以军干政、牵涉面很广、事态严重、震惊中外的事变。

---

① 陈立夫：《成败之鉴》，第51—52页。陈肇英：《八十自述》，第67页。

② 《蒋介石年谱初稿》，第547页。

③ 《关于一九二四至二六年党对国民党的关系》，《周恩来选集》（上卷），第120页。

在中山舰事件中，蒋据以发难的"理由"，主要有两点：一曰警惕于中山舰"异动"；二曰疑惧于李之龙"劫持"。这两点，实出于误判与幻觉。

一是所谓中山舰"异动"。中山舰往返于黄埔，蒋未下过调舰之令，他据此认为李之龙是"矫令"而为。前面说过，李之龙派舰，是根据黎时雍、王学臣、欧阳钟三人的传达而决定的。黎时雍的话是："速派巡舰一只，运卫兵十六名前往保护（定安轮）"。王学臣以为黎的话出于教育长邓演达之谕，在电话中要欧阳钟与海军局交涉，"派巡洋舰一二艘"。而欧阳钟则将黎、王的话传达为："奉蒋校长命令，有紧急之事，派战斗舰两艘开赴黄埔，听候蒋校长调遣。"欧阳钟所办调舰公函写道："顷接黎股员电话云：奉教育长谕，转奉校长命，着即通知海军局迅速派兵舰两艘开赴黄埔、听候差遣。等因奉此，相应通知贵局迅速派兵舰两艘为要。"[1] 可见，在传达派舰任务的过程中，传言几经变样，有人掺了私货。所谓"奉教育长谕，转奉校长命"一语，是欧阳钟掺加进去的。

欧阳钟是孙文主义学会的成员，与欧阳格为叔侄关系。欧阳钟掺假而传，当非无意。章臣桐说：欧阳格"打电话"给欧阳钟，让他交涉派船。[2] 李之龙说：王柏龄、陈肇英、欧阳格等"造作假的命令来要船"。[3] 故欧阳钟之掺假，是孙会有意谋划的行为。王柏龄坦言："中山舰云者，烟幕也，非真历史也。而收其功之总枢，我敢说，是孙文主义学会。"[4] 蒋对

①　《蒋氏密档与蒋介石真相》，第114—116页。
②　《章臣桐自述》（未刊稿），1962年，存中共广东省委党史研究室。
③　李之龙：《三二〇反革命政变真相》，《中山舰事件》，第16页。
④　王柏龄：《三月二十日事件》，《黄埔军校史料（1924—1927）》，第373页。

此有失明察，将孙会的有意掺假，误判为李之龙"矫令"而行，中了孙会的圈套。

二是所谓"劫持"。事发时，蒋并未说明其受"陷害"的具体情由，市面所传，只是共产党要"暴动"、要"攻打黄埔"等等。事隔一个月，4月21日，蒋才在他的"训话"中，亮出了底细："有人说季山嘉阴谋，预定是日待我由省城乘船回黄埔途中，想要劫我到中山舰上，强逼我去海参威（崴）。"[1]按照蒋的说法，中山舰之"异动"，是一宗由季山嘉、汪精卫暗中策划，由李之龙执行的"劫持"阴谋，目的是要把蒋绑架到中山舰上，强行送往海参崴；他发动事变，是先发制人，防患于未然。

当时，汪精卫正生病，从3月16日起，"眩晕不支"，19日下午2时曾"猝然晕倒"于国民政府常委会办事室内。[2]如欲举事，此非其时。何况布勃诺夫使团此间正在广州（3月10日抵达），如季山嘉有"劫持"之谋，必先请示于使团，而苏联顾问团的资料，无此记述。[3]当中山舰往返于黄埔（即所谓"异动"）时，李之龙也不在舰上，19日晚被捕于睡床，并无"劫持"之迹象。再说，中山舰只是一艘普通的炮舰，吨位不大，装煤不足，航速不高，不宜于远航。所有这些，均不支撑"劫持"之说。

李之龙被捕后，蒋介石派员严加讯问。负责审讯的军法

---

[1] 《蒋介石年谱初稿》，第576页。

[2] 中华民国史事纪要编辑委员会编：《中华民国史事纪要（初稿）》（1926年1月至7月），第251页。

[3] 中山舰事件后，布勃诺夫在广州对顾问团作过长篇讲话，并致函鲍罗廷。使团成员索维洛约夫，顾问奥尔坚、罗加乔夫等，就中山舰事件经过递交了报告。所有这些材料，均未提到所谓"劫持"的问题。

处长马文车说："开庭提审二次，李之龙连称冤枉，对所谓'通同共产党劫持蒋介石之事'，坚不承认。"蒋遂加派第二军军法处长戴贞缵参与会审，庭讯多次，仍无所得。[①] 盖李之龙根据欧阳钟传达的指令派舰，手续清楚，经过透明。蒋派人倒海翻江，查抄全城，却找不出李搞"劫持"的证据。至此，"劫持"之子虚乌有已经水落石出、水净沙明。

蒋 4 月 21 日的"训话"已经点明："有人说季山嘉阴谋"。也就是说，当中山舰移动时，"有人"向蒋告了密，提供了"情报"，进了谗言。马文车《中山舰事件的内幕》一文说：19 日夜，马文车在蒋处听欧阳格说，共产党阴谋"劫去蒋校长，送往海参崴转送莫斯科"。[②] 可知"劫持"之言，出自欧阳格这些人。周恩来 1927 年 4 月 6 日在《向导》"来函"栏写道：中山舰事变，"其主谋者原为王柏龄、欧阳格、陈肇英、惠东升四人"。

所谓"劫持"，是中山舰事件之症结所在。史实说明，"劫持"的故事出于想象。蒋神经过敏，为假象和谗言所迷惑，将幻觉当作真实，杯弓蛇影，作法自惊。他悍然出手，四面出击，然而，重拳却打在影子上，结果让自己一时置身于不利之中。

---

① 马文车：《中山舰事件的内幕》，中国人民政治协商会议全国委员会文史资料研究委员会编：《文史资料选辑》第四十五辑，文史资料出版社，1964 年，第 6 页。

② 马文车：《中山舰事件的内幕》，《文史资料选辑》第四十五辑，第 4 页。

## 第三节　联共（布）中央政治局使团的退让

　　蒋介石制造中山舰事件，对苏联驻广州顾问团，施加了压力。据奥尔坚 1926 年 4 月 25 日在莫斯科提交的关于中山舰事件的书面报告，3 月 20 日蒋派出的军队，包围了顾问团在广州东山的驻地：

　　　　上午 10 时，第五团的一个连包围了东山（顾问团总部和俄国顾问在广州的驻地），把我们的警卫缴了械，不许我们同志中的任何人进城。连长出示了营长授权他们采取这次行动的命令。问及营长时，营长说他是奉蒋介石将军之命行事。但他并没有蒋介石的手令。该连在东山守到下午 4 时，然后把枪还给了我们警卫撤走。①

　　中山舰事件后返回苏联的罗加乔夫，于 4 月 28 日提交了一篇关于中山舰事件的书面报告。文中说：3 月 20 日前夕，蒋收到李之龙署名的一封信，信中要蒋在三天之内 "把广东企业收归国有"，并威胁蒋 "不这样做就逮捕他"。奥尔坚上述报告也提到这封李之龙署名的信（"三天内"在奥尔坚文中是 "三个月内"）。奥尔坚判断：这封信 "显然是伪造的"。罗加乔夫的报告谓："右派（孙文主义学会）向蒋介石解释说，派出 '中山舰' 和写这封信明显说明，俄国共产党人和中国共产党人要把蒋介石驱逐出广东。"罗加乔夫接着写道：

---

　　①　《拉兹贡关于广州 1926 年 3 月 20 日事件的书面报告》（1926 年 4 月 25 日），《共产国际、联共（布）与中国革命档案资料丛书》3，第 222 页。

3月20日上午，根据蒋介石的命令，（军队）逮捕了海军政委李之龙、第二师所有政委（第二师是广州卫戍部队）；包围了省港罢工委员会、东山（俄国人占据的广州驻地），不许俄国人离开东山；解除了（由我们组建的）原装甲部队的武装。①

罗加乔夫将3月20日的事态，表述为"俄国人遭软禁"。在此期间，联共（布）中央政治局派出的一个检查团，正在广州。该团以联共（布）中央书记兼红军总政治部主任布勃诺夫（伊万诺夫斯基）为团长，故称布勃诺夫使团。成员有库比雅克、列普赛和加拉罕（未到穗）。布勃诺夫使团于3月10日到达广州，15日在蒋的陪同之下，参观了黄埔军校。3月20日下午，当蒋派出包围顾问团驻地的军队撤走后，为弄清情况，布勃诺夫指派顾问团的副团长奥尔坚往见蒋介石。奥尔坚说："我发现蒋非常沮丧，他说他要请求国民党中央执行委员会给他处分，他心情很沉重，因为这里发生的挑衅事件他本人负有一定的责任。他要下令进行严格的调查，等等。"两小时后，在奥尔坚的陪同下，布勃诺夫亲自来见蒋介石，"蒋又把先前说的话重复一遍"。② 当时他们约定，"3月21日上午蒋介石到他（布勃诺夫）这里来进行更

---

① 《罗加乔夫关于广州1926年3月20日事件的书面报告》（1926年4月28日），《共产国际、联共（布）与中国革命档案资料丛书》3，第232—233页。按：李之龙当时的职务为海军政治部主任、海军局代理局长。罗文中"第二师所有政委"，应是指党代表；"装甲部队"应是铁甲车队。

② 《拉兹贡关于广州1926年3月20日事件的书面报告》（1926年4月25日），《共产国际、联共（布）与中国革命档案资料丛书》3，第223页。

认真深入的交谈，但次日上午蒋介石未来，捎来话说，他来不了"。①

中山舰事件发生时，汪精卫正卧病在床。汪在会见来访的谭延闿（第二军军长）、朱培德（第三军军长）和陈公博时说："我是国府主席，又是军事委员会主席，介石这样举动，事前一点也不通知我，这不是造反吗？"又说："我在党有我的地位和历史，并不是蒋介石能反对掉的！"② 21日傍晚，蒋往见汪精卫，汪极为恼怒。蒋的日记谓："观其怒气冲天，感情冲动，不可一世，甚矣。"

3月22日，蒋介石对埔校官佐学生发表讲话，谈道："这件事是否是不利于我们黄埔，或不利于政府本党，现在还没有调查的确……尚未审问明白。"③此为事发后蒋的首次公开讲话，支吾其词，说明这时他已知出错了拳头，摊上了大事。是日，中国国民党中央政治委员会临时特别会议在汪精卫的寓所召开。汪在讲话中态度强硬地说："军事当局非奉党的政治领袖命令不得擅自行动。"④汪虽然患病在身，但他要组织反击，布置第二军、第三军和第四军联合反蒋。谭延闿甚至已安排了专车，要到粤北去调兵。⑤

这一期间，何香凝对蒋的行为提出质问，蒋"竟像小孩

---

① 《索洛维约夫给加拉罕的信》（1926年3月24日），《共产国际、联共（布）与中国革命档案资料丛书》3，第177页。

② 陈公博：《苦笑录》，东方出版社，2004年，第32—33页。

③ 《蒋介石年谱初稿》，第549页。

④ 《中华民国史事纪要（初稿）》（1926年1月至7月），第255页。

⑤ 方鼎英：《我在军校的经历》，《第一次国共合作时期的黄埔军校》，第78页。

子般伏在写字台上哭了"。阳翰笙（埔校政治教官）的回忆录写道：蒋"形容憔悴，面色枯黄"。邓演达也说蒋'神色沮丧"，甚至担心他可能自杀。鉴于处境不利，3月23日，蒋具函军事委员会，称"专擅之罪，诚不敢辞"，表示"应自请从严处分，以示惩戒"。①

以上说明，中山舰事件发生后的两三天内，蒋陷身于不利。先发制人的结果，是将自己放在火炉之上炙烤。这时如抓住蒋的软肋，对他实施反击，并非不可行。然而，事态随后却发生了有利于蒋的转变——联共（布）中央政治局使团决定采取退让的方针。

3月24日，使团团长布勃诺夫对广州顾问团全体成员作了6小时报告，详细阐述了中山舰事件的发生、影响及使团所决定的对策。布勃诺夫认为，中山舰事件是基于国民革命阵营中的"三大矛盾"、苏联顾问所犯的"五大错误"而发生的。"三大矛盾"：（1）集中统一的国家政权同尚未根除的中国军阀统治陋习之间的矛盾；（2）在国民革命中一起战斗的基本力量之间，也就是城市小资产阶级和工人阶级之间的矛盾；（3）国民党左派和右派的矛盾。苏联顾问所犯的"五大错误"是：（1）没有预见到在国民政府内可能发生冲突，而这种冲突会在国民革命军中有反映；（2）过高估计了国民政府的巩固和团结程度；（3）不善于事先揭示和消除军事工作中的过火行为；（4）军队集中管理（设司令部、后勤部和政治部）搞得太快，不能不引起军官上层的反对；（5）在将领们周围有过多的监督他们的工作和对其工作施加影响的机关。布勃诺夫还说，苏联顾问在军事工作中的"过火"行为，

――――――――

① 《蒋介石年谱初稿》，第550页。

是给中国军事将领套上了"五条锁链"，即司令部、后勤部、政治部、政委和顾问。

布勃诺夫的结论是："三月行动（中山舰事件）无非是一次针对俄国顾问和中国政委的小规模准暴动。它起因于我所指出的那些矛盾，毫无疑问由于我们在军事工作中所犯的一些大错误而复杂化和尖锐化了。"①

布勃诺夫以上对中山舰事件起因的分析，基本点是从苏联顾问和中共党员方面找原因，把责任揽到苏联顾问与中共党员身上，而不提蒋介石的问题，客观上洗刷了蒋的责任。布勃诺夫断言中山舰事件的矛头是"针对俄国顾问和中国政委（党代表）"的，更是对蒋发动中山舰事件真正目的的误判。这篇报告，让蒋介石脱身于不利，误导了事变的未来走向。

基于以上的分析，布勃诺夫提出的应对策略，是对蒋介石实行退让。主要的措施，是召回季山嘉、罗加乔夫，撤销他们的职务。布勃诺夫说：

> 他们（季山嘉和罗加乔夫）之所以被撤职，是因为在 21 日夜间我们接到报告说，20 日行动可能继续进行，所以我们开了个会，得出以下结论：广州市内力量对比对国民政府不利，省内力量对比对国民政府有利，需要赢得时间，而要赢得时间就要作出让步。因为情况很清楚，整个行动是针对俄国顾问和中国共产党人的，所以应该顺势而下，于是我们下决心撤掉季山嘉和罗加乔夫

---

① 《布勃诺夫在广州苏联顾问团全体人员大会上的报告》（1926年 3 月 24 日），《共产国际、联共（布）与中国革命档案资料丛书》3，第 168—169 页。

同志的职务。由于作出这种让步，我们取得了某种均势。这种均势能持续和稳定多久，它临时或长期到何种程度，现在还不好说。但至少是赢得了时间，取得了均势，也许这种均势不太稳定。①

联共（布）中央政治局使团是高级别的、"享有广泛权力"的检查团。布勃诺夫一锤定音，为中山舰事件的评估和处理相关问题，定下了基调。稍后，布勃诺夫在给鲍罗廷的信（3月27日）中，回莫斯科后在其所作的"总体结论和具体建议"（5月17日）中，一再重复以上的观点。

联共（布）中央政治局使团决定对蒋退让，对事态的变动产生重大影响。

第一，错失反蒋时机。如上所述，3月20日后蒋陷身于不利，"他的行为受到彻底谴责"，"无法找到摆脱业已形成的局面的出路"。②不但汪精卫和谭、朱、李诸军长主张反蒋，中共广东区委也主张反蒋。布勃诺夫摸不准蒋的软肋，抓不住反蒋的有利时机，只听信"20日行动可能继续"的传言，凭着"广州市内力量对比对国民政府不利"的判断，决定对蒋实行退让，让广州各方联合反蒋的计划胎死腹中。

第二，对蒋让步，意味着要变动汪、蒋关系。布勃诺夫使团离开后留在广州的索洛维约夫说："我们对蒋介石作出让步，使汪精卫感到自己受了委屈，我们召回他所竭力要保

---

① 《布勃诺夫在广州苏联顾问团全体人员大会上的报告》（1926年3月24日），《共产国际、联共（布）与中国革命档案资料丛书》3，第171页。

② 《罗加乔夫关于广州1926年3月20日事件的书面报告》（1926年4月28日），《共产国际、联共（布）与中国革命档案资料丛书》3，第233页。

留的季山嘉，使他感到自己受了侮辱，所以他未经我们同意，违背我们的愿望隐匿起来。"汪于布勃诺夫讲话后的第二日（25日）即告隐匿，是对苏联失望的结果。虽然索洛维约夫已意识到应当"无论如何要设法把他从避难所请出来"，[①] 但不久后的事态却表明，蒋因时就势，极力堵塞汪的出路，汪是再也出不来了。

第三，布勃诺夫对苏联顾问和中共党员在军事、政治工作中"过火行为"的严厉指责，对顾问团和共产党人此后的工作产生了负面影响。身为顾问团副团长的奥尔坚，是中山舰事件的重要知情者，他返苏后所提交的报告，并不赞同"过火"之说。奥尔坚谓：其一，"总的来说顾问团的工作方针是正确的"；其二，"对这次行动（中山舰事件）不必从俄顾问领导层的错误或没有分寸的角度去看"；其三，"集中统一军队的管理和供应，组建政治机关，这是国民革命军真正能够完成它所面临的任务的必要前提"。[②] 这最后的一段话，是针对布勃诺夫所谓"五条锁链"而言的。布勃诺夫有的话是片面的，讲得并不恰当。布勃诺夫基于他的主观认识，提出此后要限制政委（党代表）的监督权和署名权；稍后苏联顾问更提出"准备取消军队中独立的共产党支部"和"决不允许突出共产党人"。[③] 这就误导了苏联顾问团及广东共产党组织的工作方向，限制和束缚了苏联顾问和中共党员在军事、政治工作中的作用。故中共广东区委书记陈延年说："在3

---

① 《索洛维约夫给加拉罕的信》（1926年3月24日），《共产国际、联共（布）与中国革命档案资料丛书》3，第178页。

② 《拉兹贡关于广州1926年3月20日事件的书面报告》（1926年4月25日），《共产国际、联共（布）与中国革命档案资料丛书》3，第223—224页。

③ 《穆辛关于中共在广州的任务的提纲》（1926年4月24日），《共产国际、联共（布）与中国革命档案资料丛书》3，第217页。

月 20 日到 5 月 15 日期间，共产党人成了为国民党效劳的走狗。这是最困难的时期。"①

联共（布）中央政治局使团的退让，目的是要拉住蒋介石。他们的判断，是"蒋介石能够留在国民政府之内，也应该留在国民政府之内，蒋介石能够同我们共事，也会同我们共事"。对陷身泥淖的蒋介石来说，这是让他脱身的遁道。索洛维约夫说：

> 今天出乎预料的是，当斯捷潘诺夫同志作为老顾问第一次正式拜会蒋介石时，蒋得知使团要走而鲍罗廷何时返回还不清楚，就想同伊万诺夫斯基（布勃诺夫）谈谈并到他这里来。蒋介石同斯捷潘诺夫一起从黄埔来到伊万诺夫斯基住所，在两个多小时的时间里，蒋介石表面上很诚恳，想为自己辩解并对 3 月 20 日事件作出解释。②

蒋这一天的日记，记下了他同布勃诺夫的谈话，耐人寻味的一句话是，"彼此皆以为知言"。这是说，蒋遇到了他的"知音"。

3 月 24 日夜，布勃诺夫在作完他的长篇报告之后，带着被撤职的季山嘉、罗加乔夫及使团成员，离开了广州。

---

① 《共产国际执行委员会远东局委员会与中共广东地区委员会工作人员会议纪录》（1926 年 8 月 12 日），《共产国际、联共（布）与中国革命档案资料丛书》3，第 377 页。

② 《索洛维约夫给加拉罕的信》（1926 年 3 月 24 日），《共产国际、联共（布）与中国革命档案资料丛书》3，第 177 页。

## 第四节　蒋介石的将错就错

蒋介石制造中山舰事件，是先出动军队，戒严、绑人，然后才寻找证据。3 月 20 日扑了一空，蒋介石已察觉不妙，故当天下午奥尔坚去见蒋时，见到了他"非常沮丧"的神情。22 日，蒋说"现在还没有调查的确"；23 日，蒋具文"自请从严处分"。凡此，是蒋陷身危局、一时找不到出路的反映。只是 24 日布勃诺夫使团明确决定退让，蒋才抓到了让他脱身的一根稻草。

布勃诺夫使团离穗后，汪精卫藏匿起来。蒋跟着于 26 日避往虎门，开始了为时一周的思索与密议，定谋决策，以左右事态的变动。随之，蒋于 4 月 2 日，以"联合右派，不利于党也"之名，"扣留舰队司令欧阳格"。① 这个"舰队司令"，是 3 月 20 日蒋封给欧阳格的。中山舰代理舰长章臣桐事后写回忆录，提到蒋任用欧阳格随又撤裁欧阳格一事：（3 月 20 日）"上午八时左右，蒋处送来一张委任状：'兹任命欧阳格为海军舰队司令，此令。'"蒋从虎门回来后，"欧阳格即乘快艇飞驶省城，到财政局向孙科领取海军司令办公费用。据说因无预算而未能领取。旋即在下午五时左右乘快艇回黄埔。经过中山舰旁时，并未上舰，即径往军校蒋介石处，蒋即时把他扣押了"。② 蒋并对王柏龄、陈肇英、徐桴等，一一有所处置。扣留欧阳格这几个动作，实际上是蒋对假传命令、进说谗言、制造乱局而让他陷身于被动的搅局者的惩处。

---

① 《蒋介石年谱初稿》，第 553 页。
② 《章臣桐自述》。

跟着，军事委员会下令撤销第二师第五团第三营营长李树森之职。4月7日，《广州民国日报》登出《二师营长李树森撤差原因》一文，内称：

前三月二十日政府因处置中山舰事，特将代理海军局长李之龙扣留。同时广州市民因未明此事真象，致引起种种猜疑，后经国民政府出示布告，一般市民遂瞭然此事之因果，人心为之大定，种种猜疑，遂亦消灭。但当时所以能引起市民之猜疑，实因第一军第二师第五团三营营长李树森之措置无方，行动乖谬所致。现闻该师代理师长刘峙，已呈请军事委员会将该营长撤差，以为行事不慎者警戒云。①

按《广州民国日报》这篇报道的说法，中山舰事件之发生，是李树森"措置无方，行动乖谬所致"。李树森为黄埔军校第一期毕业生，让他为中山舰事件背锅，显然是出于推卸责任、转移视线、摆平社会舆论的考虑。

4月14日，蒋介石释放了3月20日凌晨被捕的李之龙。

至此，所谓中山舰"异动"，所谓李之龙受季山嘉、汪精卫的指使而"劫持"蒋的问题，已经得到了澄清。李之龙之获释，表明在中山舰事件中，犯错者是蒋介石，而不是别的什么人。

事情至此，本应收束。然而，因布勃诺夫使团的退让而得以喘息的蒋介石，并不就此收手。蒋不但不承认他在中山舰事件中犯了错，反而以正确自居。他此时的方针，是揣着

---

① 《二师营长李树森撤差原因》，《广州民国日报》1926年4月7日。

明白装糊涂，将错就错，将出错了的拳头，再错打下去。也就是说，要在 3 月 20 日撕裂的口子上，继续进行对汪、对俄、对共产党人的博弈与较量。

对于汪精卫，蒋应对的方略，是逼汪去职。一意将汪的问题，从党内问题升级为"敌我"问题，处心积虑堵塞汪的出路，实行逼汪离粤，夺汪之权（详见第十五章）。

对于苏联，蒋提出"对人不对俄"。既撤换了季山嘉等，又表示"应与苏俄同志继续合作，并增进亲爱关系"，以期将苏联顾问及俄援掌控在自己的手里。

对于共产党人，蒋采取的措施，是公开予以排斥和打击，诱逼双重党籍的共产党员退出共产党。

3 月 28 日，中共中央领导人陈独秀发表《中国革命势力统一政策与广州事变》一文，针对外界关于"此次事变是由于共产党阴谋推倒蒋介石，改建工农政府"的传言，严正予以澄清，表明共产党的态度是"希望全中国革命势力都要统一"，并称"蒋介石是中国民族革命运动中的一个柱石"，共产党没有推倒蒋的意图。[①] 3 月 30 日，中共广东区委发表《给国民党中央、国民政府、国民革命军及广东人民的一封公开的信》，表明共产党人始终维护联合战线，竭力帮助国民政府巩固与发展，决不因为敌人的造谣而放弃革命工作。[②] 尽管中共中央、广东区委公开辟谣，并采取了忍让的态度，但蒋并不停止他已经出手的排共、限共和打击共产党人的行动。

---

[①] 《人民周刊》第 8 期，1926 年 4 月 6 日。陈独秀此文注明写作于 3 月 28 日。

[②] 广东省档案馆、中共广东省委党史研究委员会办公室编：《广东区党、团研究史料（1921—1926）》，广东人民出版社，1983 年，第 239—241 页。

4 月 3 日，蒋提出"整军、肃党"，规定不准共产党员对三民主义"有批评与怀疑之态度及行动"，"如有运动本党党员加入共产党者，一经检举，则处于严律"，"凡跨党党员，不宜任党代表之职"，"我军既以三民主义为主义，惟有以信仰三民主义者为干部，而共产主义及无政府主义分子，应暂时退出"，"共产党在国民党内一切秘密团体及秘密行动完全取消"，"共产党员在中央执行委员会内之人数，不得过三分之一"，"中央党部组织、宣传二部长，其入党年限，须在五年以上"。① 这是"整理党务案"的先声。

在这期间，国民党中央监察委员会候补监察委员、黄埔军校政治主任教官高语罕在广东各界反段祺瑞示威大会上，发表了讲演。蒋介石以高在讲演中把他比作段祺瑞、鼓动"倒蒋"为辞，将高逐出黄埔军校，并逐离广东。所谓高在演讲中把蒋比喻为段祺瑞，不过是蒋出于猜测，自动对号入座而已。当时高语罕是中共党员，蒋驱逐高语罕，实际上是蓄意打压黄埔军校的政治工作，排斥在埔校工作的共产党员。

随即，蒋在埔校、军队中提出停止"跨党"，声言要刳造一个"纯粹"的国民党。具体的做法，是规定每人只能保留一种党籍，要么是国民党，要么是共产党，不许再有双重党籍。这一举措，实际上是对"戴季陶主义"的运用，目的是在埔校、军队中终止孙中山决策的"党内合作"，诱逼双重党籍的共产党员退出共产党。这是对国民党 1924 年改组路线的严重挑战。

为实现上述目的，蒋介石做足功夫，在埔校、军队中多次讲话，反反复复，处心积虑，运足机谋，引诱、逼使双重党籍的共产党员退出共产党。其关键词，一是必须退党，二

---

① 《蒋介石年谱初稿》，第 554—558 页。

是必须"自动"退党。蒋说："自动"的意思，就是"自动发动起来，自动来脱离"，而不是"仍旧以团体为转移，等到一个团体脱离了，大家才脱离，团体不脱离的，就不脱离"。当时，蒋明确说"共产党是代表工农大多数的群众的"，不否认共产党是一个革命的政党。他要共产党员"自动"退出"代表工农大多数"的共产党，等于公开诱人出卖良心、人格与党德。他在对教官、学生的讲话中说："本来一个党员要脱离党籍，这是有很大关系的。既然入了党，就要始终忠于党，党存与存，党亡与亡。暂时脱党，本来没有这个道理的；校长要学生退出党籍，那更没有道理了。因为我可以叫学生退出中国共产党党籍，学生也可以叫校长脱离中国国民党籍，难道校长就能脱离了吗？所以我这主张实在是与理论不合的。"①虽然蒋对诱使共产党员退党的行为无法给出合理的解释，但他决意要将对共产党员的打压与诱逼，贯彻到底。

在蒋的"纯粹"之论诱逼下，5 月 18 日，李之龙刊登了退出共产党的"启事"。②当时表示退出共产党的共有 39 人；同时，却有 250 多位已暴露的共产党员退出了国民党。被蒋称为是他的"最得意的学生"的蒋先云，是第一个声明退出国民党的共产党员。③这不是蒋要达到的目的。《蒋介石年谱初稿》

---

① 《蒋介石要国民党内的共产党人退出共产党》，《黄埔军校史料（1924—1927）》，第 378 页。

② 《李之龙启事》，《广州民国日报》1926 年 5 月 18 日。按：李之龙后来参加北伐，在武汉时撰有关于中山舰事件真相的文章。1928 年 2 月 6 日在广州被国民党逮捕，8 日被枪杀。据 1928 年 2 月 9 日"时事传闻录"："上星期一，一个名叫周文雍的共产党高级官员，同他的妻子一起被枪杀；另一个'赤色'领袖，前中山舰长李之龙，昨日被逮捕处死。"广东省档案馆藏《九龙海关全宗》第 1549 卷，第 29 页（原文为英文）。

③ 《关于一九二四至二六年党对国民党的关系》，《周恩来选集》（上卷），第 121 页。

写道：4月10日，自共产党员退出，"公心甚痛苦"，因叹："团体分裂，操戈同室，损失莫大，两年来心血，尽于此矣！"①

4月上旬，周恩来辞第一军副党代表兼政治部主任职。5月间，军事委员会政治训练部举办"特别政治训练班"（高级政治训练班），学员多为退出第一军的共产党员和政治工作人员，以周恩来为班主任。报道称："以第一军全部、第二师及第二十师各级党代表（除已分配工作外）组成之。……全部职员及长官，概由该党代表中选任之。"②5月27日，蒋到该班讲话，其中说："这里CP同志很多，要知道这次CP是并没有损失的，而是国民党的损失，是革命的损失，更是黄埔军校的损失。CP党员非但没有损失，而且有很大的益处，CP非但没有退步，而且是有进步的。更要知道你们只有一个人的损失，而我校长却有几百倍的损失，我的痛苦，于此可知了（原稿为：实在要比你们多几倍）。"③蒋诱逼双重党籍的共产党员退出共产党，结果适得其反，有大批共产党员退出了国民党。

读蒋介石日记及相关史料，可知3月20日之前，蒋对共产党员的基本态度是"为我所用"，除了要求中共方面交出名单外，还未有更进一步的动作。而上述事端说明，3月20日之后，这种情况改变了。蒋由此开始，迈开了公开排斥、打击共产党员的步子。

---

① 《蒋介石年谱初稿》，第562页。

② 《军事政治训练部筹办高级政治训练班新计划》，《广州民国日报》1926年4月15日。

③ 《蒋介石年谱初稿》，第592—593页。

# 第十五章　蒋介石逼汪去职

## 第一节　虎门之谋：对汪上纲定性

蒋介石发动中山舰事件，按其"年谱"所述，是恨共产党"陷害"，矛头似是对着共产党的，但实际上，蒋的主要打击锋芒，对准的是汪精卫。蒋从1926年初起就对汪怀有诸多疑惧，中山舰事件是蒋、汪矛盾的白炽化与公开化。蒋、汪关系，从暗中较量变成了公开对抗。蒋虽军权在握，然而议论滔滔，质疑指责之声，纷至沓来。蒋先发制人，结果是骑上虎背，行近悬崖，处境不利。

事件发生后，卧病在床的汪精卫，于20日上午在会见来访的谭延闿、朱培德和陈公博时说："我是国府主席，又是军事委员会主席，介石这样举动，事前一点也不通知我，这不是造反吗？"又说："我在党有我的地位和历史，并不是蒋介石能反对掉的！"[1] 21日傍晚蒋探视汪时，汪极为恼怒，"怒气冲天，感情冲动，不可一世。"[2] 汪这时的反应，显然非同于王懋功被逐之时，不再是默然承受。当时，宋子文、李济深、邓演达、谭延闿等，曾到苏联顾问团驻地，商议

---

[1]　《苦笑录》，第33页。
[2]　《蒋中正先生年谱长篇》，第447—448页。

"严厉反蒋之法"。汪布置第二、第三、第四军联合反蒋。谭延闿并已备好专车，准备到粤北调兵。① 周恩来说："这时谭延闿、程潜、李济深都对蒋介石不满"，"各军都想同蒋介石干一下"。② 第二、第三两军已准备从西江、北江向广州移动。③

这时，中共广东区委负责人陈延年、周恩来与担任国民党中央代理宣传部长的毛泽东等，主张反击蒋介石。毛泽东提出动员在广州的国民党中央执行委员、中央监察委员秘密集中肇庆，依靠驻肇庆的第四军独立团（叶挺独立团），联合各种力量，召开大会，发表通电讨蒋。④ 蒋深知其处境之危，说："政治势力恶劣至于此极，尚何信义之可言乎！""孤苦伶丁，谁与为助，殊堪痛心。""今日方知孤臣孽子操心之危，处境之苦，若非亲历其境者，决非想象所能及其万一也。"⑤

然而，在穗联共（布）中央政治局使团否定了联合反蒋的计划。21日夜间，布勃诺夫接到报告说"20日行动可能继续进行"，使团认为广州形势不利，决定对蒋退让，措施是撤销季山嘉、罗加乔夫的职务。这样，谭延闿、李济深等跟着转向，对蒋的所作所为，从反对变成了"均表赞成"。汪精卫

①　方鼎英：《我在军校的经历》，《第一次国共合作时期的黄埔军校》，第 78 页。

②　《关于一九二四至二六年党对国民党的关系》，《周恩来选集》（上卷），第 120 页。

③　梅原：《朱培德对政治工作的"欢迎欢送"》，《文史资料选辑》第四十五辑，第 47 页。

④　茅盾：《中山舰事件前后》，引自《中山舰事件》，第 114—115 页。

⑤　《蒋介石年谱初稿》，第 548 页。

陷于孤立，遂于 21 日致函国民党中央执行委员会，请假养疴。文曰：

> 兆铭自三月初旬以来，屡患眩晕，初尚勉力支持，及至十九日下午二时，在国民政府常务委员会办事室内，猝然晕倒，迭延军医监李奉藻、卫生局长司徒朝、德医戴美林诊治，均称心脏收缩失常所致，非静养不可。当此多事之日，兆铭以一身兼数职，本当力疾办事，无如甫一起坐，则眩晕不支，迫不得已，只得请假疗治。所有中央执行委员会委员、政治委员会委员、国民政府委员会委员、军事委员会委员、总党代表诸职，均请暂派员署理，是所至祷。
>
> 此上中央执行委员会
>
> 汪兆铭谨启[1]

3 月 22 日，国民党中央政治委员会临时会议，在汪的病床前召开。汪精卫、谭延闿、蒋介石、伍朝枢、朱培德、宋子文、陈公博、甘乃光、林祖涵出席，苏联顾问萨洛威亚夫（索洛维约夫）以及李济深、张春木（太雷）、卜世畸（士畸）列席。[2]"会中，汪认为军事当局非奉党的政治领袖的命令，不得擅自行动，对蒋中正事先未征求其意见所采取措施感到不满。"然而，苏联顾问的妥协业已明朗。经过讨论，会议决定：第一，工作上意见不同的苏联同志暂行离去；第二，汪精卫因患病应予暂时休假；第三，李之龙受特种嫌疑，应即查办。[3]

---

[1] 《中华民国史事纪要（初稿）》（1926 年 1 月至 7 月），第 251 页。

[2] 1926 年 3 月 23 日《广州民国日报》刊《昨日政治会议情形》一文中，有"周恩来是日亦到会，报告东江行政会议经过"的报道。

[3] 《中华民国史事纪要（初稿）》（1926 年 1 月至 7 月），第 255 页。

3 月 23 日，蒋介石具文呈军事委员会，内称：18 日"酉正"（下午 6 时）中山舰驶抵黄埔，露械升火，亘一昼夜，停泊校前。19 日晚"深夜开回省城，无故升火达旦"。为防其变乱政局，不得不施行迅速之处置。"惟此次事起仓卒，处置非常，事前未及报告，专擅之罪，诚不敢辞"，"应自请从严处分"。① 文中对中山舰往返黄埔时间（18 日下午 6 时至 19 日深夜）的表述，对照海军局值日官的有关记录，存在出入。"露械升火"并非事实，而所谓自请处分，乃出于尚未摆脱困境的考虑。24 日，布勃诺夫作长篇报告，明确对蒋退让。之后，布勃诺夫带着被撤职的季山嘉、罗加乔夫以及奥尔坚等，离开广州。

3 月 25 日，对苏联顾问团感到失望的汪精卫，致函国民党中央监察委员张静江，文谓：

静江先生道鉴：

先生来而弟去，不得一见，至深怅然。二三月来，弟屡患眩晕，初以为过劳则然，漫不经意，至本月十七、八、九等日，眩晕至不可支，始延医诊视；至廿二日始察出病源。然弟虽卧病，何必屏人不见？此情不为他人言之，不能不为先生言之也。

弟本期与介石共事，至最后之一息；然以二十日之事观之，介石虽未至疑弟而已厌弟矣；疑不可共事，厌亦不可共事也。然弟不与介石共事，又将与何人共事乎？此弟所不为者也；故即使病愈，亦惟致力于学问，以所获心得供国人及同志参考，不复欲与闻政治军事矣。此信抵左右之日，即弟已离去广州；乞先生转告介

---

① 《蒋介石年谱初稿》，第 550 页。

石努力革命，勿以弟为念。

此上。敬请大安。

弟兆铭

十五年三月廿五日①

汪致张静江函与汪 21 日的请假信，相隔仅 4 天，调子已大不一样。请假信是真病告假，而汪致张函，则是在对苏失望之际，向蒋摊牌，表明不再与之共事。马叙伦《石屋续渖》一书，收录了汪这封信，认为此函"关系廿年来大局至深"，并谓汪"能忍而不能忍"。言下之意，是汪不应当走出这一步，颇为之惋惜。而汪的这一举动，却让蒋极为不安，让他感到汪仍具杀伤力。《蒋介石年谱初稿》谓：阅其致张人杰书，谓为疑渠厌渠，是以不再负政治责任。（公曰："人不可有亏心事，彼之隐私，不烛然可见耶。"）②

3 月 26 日上午，蒋致书汪，也提出了"请假"；并致函谭延闿、李济深、宋子文（财政部长），告假"休养"。蒋致谭电谓："只有与之（汪）共进退，以表耿耿之心。故决离省休养，闭户思过，以图后报。"③蒋介石还说："政治生活全系权谋，至于道义，则不可复问矣。〈精卫如此作态，则其见陷之计显著，可不寒心。〉"④当天下午，蒋离开广州，乘中山舰到了虎门。

3 月 27 日凌晨 3 时，宋子文追至蒋所入住的虎门沙角炮台，"述诸同志意，劝勿离此"。⑤宋子文的这一举动，打消

① 汪精卫：《与张静江书》（1926 年 3 月 25 日），引自马叙伦：《马叙伦自述》，中国大百科全书出版社，2012 年，第 316 页。

② 《蒋介石年谱初稿》，第 551 页。

③ 引自《蒋中正先生年谱长篇》，第 449 页。

④ 《蒋介石年谱初稿》，第 551 页。

⑤ 《蒋介石年谱初稿》，第 551 页。

了蒋"离此"的念头，《蒋介石年谱初稿》写了三个字：
"公允之"。这是关乎汪、蒋关系，也是关乎事态未来走句的
关键一步。

在虎门，出现于蒋身边的，是陈立夫、张静江、陈肇英
这一批人。陈立夫时任蒋的机要科长，事过境迁之后，发表
《北伐前余曾协助蒋公作了一次历史性的重要决定》一文，当
中说：3月19日，当蒋坐车往码头，准备乘船出走时，就是
他在汽车上劝蒋留下来："有兵在手为什么不干？"蒋于是半
途返回，继而策划出兵。张静江是蒋的得力幕后推手。事发
之后，张说蒋"临机应变"，"极称为天才"。陈肇英在他的
《八十自述》中称，蒋3月19日也采纳了他的"反击"的建
议。以上三人，陈立夫是蒋虎门之行的随行者，张静汇拖着
病腿而来，陈肇英是虎门要塞司令，他们是为蒋出谋划策的
政治谋士。虎门之旅，是蒋为摆脱中山舰事件后于他不利的
影响，思考出路之旅；是谋划全局，左右事态变动之旅。

蒋介石3月28日的日记写道：

> 政局不能从速决定，甚恐夜长梦多也。某兄怡以利
> 用王懋功离叛不成，继以利用教育长陷害又不成，毁坏
> 余之名节，离间各军感情，鼓动空气，谓余欲杀某党，
> 欲叛政府，呜呼！抹杀余之事业，余所不计，而其抹杀
> 总理人格，消灭总理系统，叛党卖国，一至于此，可痛
> 乎？①

日记中的这段文字，是蒋的内心隐衷的直白，是虎门之

---

① 　《蒋中正先生年谱长篇》，第449页。

谋的要点。文中的"某兄"，指的是汪精卫。这是蒋对汪的政治总清算，不但列举了汪的多条罪名，而且将汪的问题定性为"叛党卖国"。罪名之重，上纲定性之严，达到了顶点。这说明蒋已不再将汪的问题看作是国民党的内部问题，而是把他推向敌对方面，将汪的问题升级为敌我问题；不再认汪为国民政府主席、军事委员会主席，而是将他当成必须打翻在地的敌人。这不是蒋抓到了汪的什么新"罪证"，而是单方面地拔高汪的问题。值得注意的是，这段文字在《蒋介石年谱初稿》中有所改动，"叛党卖国"四字在"年谱"中改为"仇党卖党"；而《民国十五年以前之蒋介石先生》一书，则全部删去了这段文字。这或可视为蒋后来对汪的定性有所修正。但 3 月 28 日日记所写，却是他当时真实思想的表达。此为虎门之谋的要害所在。

至此，蒋介石对汪精卫的政治态度，已经完成了从拥汪、联汪，到疑汪、忌汪，再到反汪、倒汪的转变。国民党二大之后，蒋对汪有诸多疑忌，然而直到 3 月 20 日之前，他还只是埋怨汪"受谗已深，无法自解"（3 月 14 日）而已，尚未讲到汪的问题是敌我问题。如果说，中山舰事件本身是一个动态的过程，事发之初蒋并没有具体、明确的目标，没有通盘的计划，还只是行一步看一步、见招拆招的话，那么，经过在虎门几天的思索和谋划，蒋已谋定了他的方略。3 月 28 日的日记对汪的政治清算和上纲定性，意味着在蒋的意识深处，已经不再模糊与朦胧，已经收拢了目标，决心要拉汪下台，取而代之。这一天，可以视为中山舰事件之演变成逼汪去职、夺汪之权的事件之转折点。

## 第二节　四一六会议：排汪出局

4月1日，蒋从虎门返至广州。次日，黄埔军校教育长邓演达对蒋介石说："三月二十日镇压中山舰及缴俄顾问卫队械事，疑近于反革命行动。"蒋"正色厉声"，以"革命党应事事以革命行动出之"作答；并说："如他人为之，则为反革命，而以总理与余为之，则无论何人，应认为革命应取之态度。"① 蒋还明确说他要"改正党代表制"，理由是：手创者有"废除之权"。由此可见，从虎门回来之后，蒋的言语与气势，已经完全没有10天之前那十分"沮丧"、"自请处分"的味道。

这时，汪精卫仍在广州，随时可以销假复职，这是蒋不愿意看到的。为此，蒋十分注意窥测汪的动向，极力堵塞汪复出。

蒋介石还在虎门时，《广州民国日报》于3月29日登出了《汪主席最近之病况》一文，谓汪"胃甚强，能安睡，精神亦佳，大约十天之内，便可痊愈"。这显然是制造汪要销假复职的舆论。4月7日，《广州民国日报》又登出了一篇同一题目的文章，引秘书曾仲鸣语："其病有向愈之希望"，"病势日就轻减"，"斯为可慰耳"，"医生仍禁见客"。② 也就在这一天，张静江往见蒋介石，告诉蒋说："倾接精卫函，似有欲出意。"这是汪放出的准备复职的风声。

蒋对此极为警觉。在4月7日的日记里，蒋写道：（汪）

---

① 《蒋介石年谱初稿》，第553页。
② 《广州民国日报》1926年4月7日。

"似有急急出来之意，乃知其尚欲为某派所利用，不惜党国之败坏也。" 为此，蒋即于 4 月 8 日与张静江、谭延闿、朱培德、宋子文聚谈。《蒋介石年谱初稿》表述为"会商大局，及请汪复出事"。① 从事态的变动看，"请汪复出"四字是要打个问号的。

4 月 9 日，蒋介石致函汪精卫，将其心中对汪的忌恨，全盘托出。主要内容有三点：一是指责汪离间青军会与孙会的关系。盖前时汪对两"会"干部训话中，有"土耳其革命成功乃杀共产党；中国革命未成，又欲杀共产党乎"一语，蒋说"此语是引起共产党与各军官之恶感，无异使本军本校自相残杀也"。二是指责汪在苏联顾问欲排蒋离粤时，"竟顺其（季山嘉）意赞成之，惟恐不遑"，"恐触其（季）怒，反催弟速行"。三是指责汪、季擅减军校经费，扣压第一军军饷，以第七军军长的位置，诱王懋功叛离。而当蒋提出辞职后，汪既不批准，又留中不发。② 蒋的这一封信，是对昨日汪表示"欲出"的快速回应，措辞严厉。故昨日蒋等人所谓"请汪复出"，实应解读为"阻汪复出"。

这一段时间，蒋接连在各种不同场合反复说："我要讲也不能讲"，"因为这种内容太离奇太复杂了，万万所想不到的事情，都在这革命史上表现出来"，"我因为这全部经过的事情，决不能统统讲出来，且不忍讲的"，"还有很多说不出的痛苦，还是不能任意的说明"，"今天还有我不忍说的话，我只有我个人知道"。这些话，均是针对汪而说的，是不点名的讨汪之言论。

---

① 《蒋介石年谱初稿》，第 559 页。
② 《蒋介石致汪精卫函》（1926 年 4 月 9 日），引自《国民党兴衰史》（增订本），第 190—192 页。

4月15日，张静江、谭延闿、朱培德到黄埔军校蒋的住处谈话，谈话的内容是"改选主席问题"。《蒋介石年谱初稿》写道："公赞成之。"① 他们私下密议了一宗关乎汪的前途、命运的重大事端。16日下午，蒋由黄埔军校返至广州市内，与张静江、朱培德、谭延闿、李济深"审议改选主席事"。经过一番策划之后，于即日下午4时，赴国民政府召开所谓联席会议。

16日的联席会议，性质非同一般。17日《广州民国日报》以《昨日国民政府开军事政治两委员会联席会议》为题，对会议的情况作了简要的报道，文谓：

> 查是日与会者，有蒋中正、谭延闿、朱培德、李济深、伍朝枢、宋子文、古应芬、甘乃光等军政重要人，内容异常严重，直至七时半始散会。闻是日议决要案：（一）在汪主席病假期内，公推蒋中正为军事委员会主席，谭延闿为政治委员会主席。（二）对于此次北方政变，发表对内对外宣言。……②

关于这个会议的名称，《广州民国日报》的报道称为"军事政治两委员会联席会议"；而《蒋介石年谱初稿》称之为"中央党部国民政府联席会议"；③台湾出版的《中华民国史事纪要（初稿）》一书，则写作"中国国民党中央执行委员会与国民政府举行联席会议"。④ 如上所述，这是15日张静江

---

① 《蒋介石年谱初稿》，第569页。
② 《昨日国民政府开军事政治两委员会联席会议》，《广州民国日报》1926年4月17日。
③ 《蒋介石年谱初稿》，第569页。
④ 《中华民国史事纪要（初稿）》（1926年1月至7月），第341页。

与蒋、谭、朱三位军事将领事先（开会之前增加了李济深）策划于密室，实际上是由军事将领掌控的会议。参会者的8人之中，蒋、谭、朱、李是手握军权者。而在广州的国民政府委员、国民党中央执行委员汪精卫、林祖涵、陈公博、杨匏安、彭泽民、何香凝，这一期间经常出席国民党中央党部常务会议的候补中央执行委员毛泽东、许甦魂、邓演达、邓颖超、陈其瑗等，均未参加会议。故召开这个"联席"会议，并非符合程序的操作。这是汪精卫仍然在广州、"病势日就减轻"并有"欲出"表示的情况下绕过汪而决定"改选主席"的会议，是向汪夺权、排汪出局的会议。《广州民国日报》报道说"内容异常严重"，此非言过其实。

汪精卫对这件事的反应，是迅速的、明确的。4月18日，即"改选主席"会议消息见报第二日，汪以"军事委员会主席"的身份发表"皓电"。20日，蒋见"军事委员会主席汪皓电，颇为骇异，〈谓政治症结与危象，洵难臆测也〉"。[1] 汪18日通电的具体内容现未查悉，而让蒋"颇为骇异"者，应当是汪这时仍然亮出他的"军事委员会主席"的头衔。这表明，汪并不承认16日的"改选"为有效。

为此，4月21日之夜，在送别退出第一军的党代表和共产党员的晚宴上，蒋发表了长篇讲话，不点名地对汪作全面的指责和攻击，将4月9日致汪函中所列出的汪阻碍北伐、逼蒋赴俄、间离两"会"、诱王（懋功）叛离等，化作口语公之于众。而最为值得注意的，是这篇讲话第一次公开讲了所谓"劫持"的问题，"想要劫我到中山舰上，强逼我去海参威（崴）"。前文已说过，此乃子虚乌有。蒋此时将这一明知是谗言的谎话再端出来，欲制造"爆炸性"听闻，其急于堵

---

[1]　《蒋介石年谱初稿》，第569—570页。

绝汪的出路之用心，可谓一目了然。

总而言之，在中山舰事件中，蒋将他对汪精卫的猜忌和怨恨，诉诸武力，发动了一场震惊中外的军事行动。蒋的锋芒实际对准了汪精卫。谭延闿当时就对陈公博说："什么（反对）共产党，这是介石反对汪先生罢了！"[1] 1926 年秋，当北伐战争开始后，广州等地刮起大规模"迎汪"风潮，要把在中山舰事件中离职远走的汪精卫"迎"回来。9 月间，当"迎汪"呼声节节高涨时，蒋介石说，去年 3 月 20 日事件，并不是国民党与共产党之斗争，乃是他与汪精卫之斗争。[2] 蒋先云、邓演达、陈铭枢、陈公博等，都听蒋讲过这番话。[3] 可见，对中山舰事件的逼汪实质，蒋介石早有明晰的自我解读。

## 第三节　鲍罗廷、蒋介石之"君子协定"

蒋介石在与汪精卫、苏联顾问及共产党人博弈的同时，也有若干"抑制"右派的动作。3 月 29 日，西山会议派在上海召开的"国民党二大"发来电报，对蒋发动中山舰事件予以"嘉奖"。蒋于 4 月 3 日发表通电，对西山会议派此举予以驳斥，谓"中正誓为总理之信徒，不偏不倚，惟革命是从"。这时，古应芬、伍朝枢、吴铁城来找蒋，对时局与政策有所"建议"。蒋称这些人为"右派"，并于 4 月 23 日以"袒护右

---

[1]　《苦笑录》，第 42 页。

[2]　《中央军政学校各期学生昨日举行讨蒋大会》，《黄埔军校史料（1924—1927）》，第 484 页。

[3]　《苦笑录》，第 44—45 页。

派"为辞，免吴铁城广州市公安局局长职。[①] 吴铁城《四十年来之中国与我》提到这件事，谓："鲍罗廷设计陷害吴铁城、伍朝枢、古应芬等人。"[②] 其实，当蒋称吴等人为"右派"，并罢吴之职时，鲍罗廷还没有回到广州。

经过一个多月或明或暗的较量，蒋基本上摆平了各方势力，一步步摆脱了种种对他不利的因素。然而，事情并没有就此了结。蒋在中山舰事件及在随后的三四月间的所作所为，到底中共中央会如何应对？又能否得到苏联的"理解"和"承认"？这仍是他面临的难题。

当中山舰事件刚发生时，远在上海的中共中央初时未了解到翔实的情况。上述陈独秀在《中国革命势力统一政策与广州事变》一文所言，是陈在未知详情的情况下表达的意见。至4月中旬，中共中央收到广东区委有关报告，乃决定变更对蒋的政策，其要点是：第一，团结左派，对抗并孤立蒋介石；第二，加强对国民革命军第二、第六军和其他可争取之军的工作，以便必要时打击蒋介石；第三，扩充叶挺独立团、

---

① 据《申报》1926年5月2日刊《吴铁城解除公安局长情形　伍朝枢因此事提出辞呈》"（1926年4月24日）下午一时，公安局附近，上至第一公园惠爱路，下至维新路惠福路交界地点，均由蒋中正令第二师刘峙部千余人，荷枪露刀站立，一时交通梗塞，车辆行人暂止通过。至一时二十分钟，李章达即率第二师第四团二营及司徒非，驰到该局，接收印信。"

② 马超俊谓：（1926年）"四月中，政府原拟以突击检查办法，将共产党一网打尽，讵事机不密，被共产党侦悉，彼辈并检得公安局长吴铁城之密令，载有奉命办理字样。鲍罗廷即据以提出严重抗议，此役遂不得不作罢论"。见《马超俊、傅秉常口述自传》，第65页。吴铁城等人被罢职，可能与此事有关。

罢工纠察队和各地农民武装，使之成为革命基本队伍。[①] 这就是后来被陈独秀概括为"主张以独立的军事力量和蒋介石对抗"的计划。[②] 为此，中共中央特派中央局成员彭述之于 4 月底到达广州，成立由彭述之、张国焘、谭平山、陈延年、周恩来、张太雷组成的"特别委员会"，负责传达并准备实施中共中央上述计划。

这时（4 月底），鲍罗廷从海参崴回到了广州。

1925 年秋在广州与汪、蒋共同策划驱胡、逐许和囚禁熊克武的鲍罗廷，在国民党二大结束后的 2 月初，离开广州，于当月中旬在北京向布勃诺夫使团作了关于广州情况的长篇报告。当中山舰事件发生时，鲍正奔走于张家口、库伦（今乌兰巴托）、海参崴的漫长旅途中。中山舰事件后，留在广州的苏联顾问是索洛维约夫、斯切潘诺夫等。基于蒋已经"承担责任"、"请求处分"、逮捕欧阳格、驳斥"上海二大"这几点表现，顾问团初步确定"联蒋"的方针，提出"处处以迎合其（蒋）意与以让步"，包括：迎合蒋的要求，调回军队中的共产党员；满足蒋想当总司令的欲望，协助他得到更多、更大的权力与实力等。4 月 8 日，共产国际机关刊物《国际新闻通讯》发表《广东政府与中国革命运动》，谓蒋"不可能在一夜之间就发动一次政变"，"广州人民政府看来从没有今天这样受到拥护"，实际对蒋作了肯定。陈独秀上述反蒋计划，与苏联的"联蒋"方针，大相径庭，因而不可能付诸实施。

鲍罗廷于 4 月 20 日从海参崴启程，乘商船返粤。同行者

---

① 彭述之：《评张国焘的〈我的回忆〉》，香港前卫出版社，1975 年，第 5、6 页。

② 陈独秀：《告全党同志书》（1929 年 12 月 15 日），《中山舰事件》，第 73 页。

有胡汉民、谭平山、徐谦、顾孟余等。胡于 1925 年因"廖案"出洋，现当粤事蜩螗、汪处困境之际回归，应是想有一番作为；而徐、顾则是北京三一八惨案被北方政府通缉的人物。29 日，船抵广州，蒋登上船楼"亲迓之"。① 此时，鲍、胡、蒋应是各怀心事，各打各的算盘。

鲍罗廷这时想的，是如何使苏联人在广州稳住脚跟，使他的援华计划不因中山舰事件而前功尽弃。他说：广州局面能否恢复旧观，他实在没有把握；只有做到哪里算到哪里。不过这次莫斯科倒是很尊重他的意见，赋予他更大的权力，简直就要他全权处理一切。② 到粤后，鲍即被蒋"邀至要塞部叙谈"；翌日又与蒋"讨论党事"；5 月 1 日夜，两人"纵谈时局，约四小时余"③。此后，两人频频接触，进行一系列会谈。从事态的进展看，鲍是按照莫斯科及苏联驻广州顾问团上述"联蒋"方针，来从事与蒋的交涉的。

后来，蒋对鲍与他的会谈，作如是表述："四月二十九日，鲍罗廷自俄回粤，他与我屡次会商国共合作问题，订定整理党务办法，于五月十五日，提出本党第二届中央委员第二次全体会议"，"当鲍罗廷与我会商这个办法时，对我的态度极为缓和。凡我所提主张，都作合理的解决"。④

鲍、蒋这次会谈，很快有了结果：第一，对于蒋在三四月间的所作所为，鲍采取了承认的态度。第二，鲍将此时运抵广州的苏联援华军事物资，悉数交给蒋。这批物资，包括

① 《蒋介石年谱初稿》，第 581 页。
② 张国焘：《我的回忆》（上册），北方妇女儿童出版社，2007年，第 379 页。
③ 《蒋介石年谱初稿》，第 582 页
④ 《苏俄在中国——中国与俄共三十年经历纪要》，第 41—42 页。

2万多支来福枪、数门野炮、数架飞机等。第三，蒋允予续聘鲍为高等顾问，并同意鲍提出的关于打击右派的意见。这就是一些史家所称的鲍、蒋之间的几点"君子协定"。

5月4日，续聘鲍罗廷为高等顾问的"决定"，以国民政府的名义发表。这意味着苏联在广州的地位没有改变。5月6日下午，苏联援华军事物资由兵舰运到。这些物资对蒋有吸引力，也能起若干制约作用，是鲍与蒋讨价还价的"本钱"。蔡和森的文章说，鲍的箱子内装着的"草料"，指的就是他掌握着苏联援华物资。[1]联系蒋当时的处境来看，蒋把苏联这批援华物资拿到手，意义非同小可，这不只是得到了鲍带来的物质"援助"，扩充了实力而已，更为重要的，是抓到了苏联这把"尚方宝剑"。这样一来，蒋的所作所为，一揽子全成了为苏联所理解、所承认的行为。批蒋悠悠之口，遂被堵封，汪精卫的出路，也完全给塞死了。是故，《蒋介石年谱初稿》写道：（5月6日）"下午，闻运械舰到埔，甚慰"。大局终于"澄清"，蒋着实赢了一局。

前面提到的4月23日被蒋免职的广州市公安局局长吴铁城，还有更可悲的命运等待着他。为换取鲍罗廷对"以蒋代汪"的政治格局的承认，并得到鲍这时带来的一船军用物资，蒋不但必须续聘鲍，而且要满足鲍的"打击右派"的要求。就这样，吴铁城注定要再被牺牲一次。《蒋介石年谱初稿》写道：（5月30日）"上午，令拿办吴铁城"。随后，又变相除去伍朝枢、孙科、傅秉常等。[2]后来，当国民党内有的

---

① 蔡和森：《党的机会主义史》，《蔡和森的十二篇文章》，人民出版社，1980年，第85页。

② 《鲍罗廷给加拉罕的信》（摘录）（1926年5月30日），《共产国际、联共（布）与中国革命档案资料丛书》3，第272页。

人对此提出质疑时，蒋在 7 月 24 日的《复张继书》中，以"铁城则以廖案发生时，有纵逃凶犯之嫌疑"一词搪塞。吴铁城与"廖案"有牵连，但为什么在"廖案"侦查、审判期间不予查处，而要等到 4 月 23 日才免他的职，又再过一个多月才从"免职"升级为"拿办"呢？如果这不是蒋为满足鲍的意愿而作的选择，那就很难解释矣。

鲍罗廷以上动作，实质上是"弃汪联蒋"。汪在国民党、国民政府中的"最高"地位，在某种意义上说，是鲍扶上去的。汪非合格人选，将汪扶上"最高"位置，确实是认识和抉择的错误。但比较起来，鲍此时之"弃汪"比之他之前的"扶汪"，其步调之错乱，更为离谱，亦更加出格。对蒋以"军权"反制"党权"、操控"政权"的支持，是屈从于军事压力，是对以军乱党、以军乱政者的支持。故鲍对"弃汪联蒋"格局的承认，实际上是推波助澜地将国民党、国民政府的历史，推向了以蒋介石的军事专制为轴心的时代。

与鲍罗廷一同归来的胡汉民，此时收回他在莫斯科公开的拥俄、拥护第三国际的调子，以亲见亲闻的"资格"，游说拒俄与排共。胡到穗翌日（4 月 30 日），即同蒋谈了话。蒋对他的观察是："其言似多挑拨，心疑不确"。5 月 3 日，胡在国民党中央政治会议上报告："我已考察出苏俄的真相了"；第二日又在国民党中央党部第 25 次会议上报告游俄的情形；7 日，胡还出席第 26 次会议。一般来看，此时的胡有可能成为蒋的政治伙伴，但从蒋的心态分析，则知其不然。因为蒋之逼汪，目的是取汪而代，而非迎胡主政，也不是要搞蒋、胡合作，让胡来分尝他的一杯之羹。胡欲于此时东山再起，实在是打错算盘，他的拒俄之说提得更不是时候，等于让蒋自断俄援，自我孤立，当然大拂蒋之意愿。

汪精卫 4 月 16 日被蒋的"联席会议"夺了权，他最后的一点希望，是盼鲍罗廷返粤，向他伸以援手。鲍之"联蒋"打破了他这一梦想。汪无力反制蒋，又失势于俄人，其结果只有黯然离开广州。5 月 9 日，败出广州政坛的汪精卫和胡汉民，同时离粤。据谓两人在开往香港的一艘轮船上不期而遇。他们均欲挟蒋以自重，不惜以扳倒对方为手段，将蒋捧上台，但他们却输掉自己。这真是一个历史性、戏剧性的场面。

## 第四节　整理党务案

鲍罗廷回粤同蒋的一番交易，让蒋解决了两大难题：一是最终实现了逼汪去职的目的。对蒋来说，取汪而代之是一步险棋，所谓排汪出局易，而摆平舆论难。鲍罗廷"联蒋"的结果，是汪"自动"出局，连带着胡也离开广州，蒋排除了两位在党内、政府内的地位高出于他的对手。二是摆平了与俄人的关系。既斥去了季山嘉等，又获得了俄援，达到了排俄而又让俄为我所用的目的。

时间进入了 1926 年 5 月，如何处理共产党，成为蒋此时要面对的主要问题。为此，蒋策划了召开国民党二届二中全会。

会议之前，蒋于 5 月 13 日、14 日分别与张静江、鲍罗廷、谭平山、张国焘等谈话，谈整理"党事"及国共"妥协"条件，拟出限制共产党人的条例。针对鲍"多持异"，蒋的回应是："对共条件虽苛，然大党允小党在党内活动，无异自取灭亡，能不伤心？惟因总理策略，既在联合各阶级共同奋斗，故余犹不愿违教分裂，忍痛至今也。"[①]鲍箱子中的"俄援"这时已用完，其"持异"当然不起作用。

---

①　《蒋介石年谱初稿》，第 587 页。

5月15日，国民党二届二中全会在广州召开。出席会议共40多人，有蒋介石、谭延闿、谭平山、程潜、陈公博、朱培德、何香凝、伍朝枢、李济深、林祖涵、于树德、甘乃光、陈友仁、杨匏安、毛泽东、恽代英、朱季恂、孙科、许甦魂、周启刚、邓颖超、陈其瑗、陈树人、褚民谊、缪斌、吴铁城、顾孟余、詹大悲、柳亚子、陈果夫、邓泽如、李宗仁、江浩、谢晋、李福林等。其中中央执行委员19人，不足三分之二，而以毛泽东、邓颖超等5名候补中央执行委员递补，有表决权。以谭延闿、蒋介石、谭平山为主席团成员，蒋介石为主席。

蒋在"开会理由"中说："自从先总理逝世之后，本党内部，日益纠纷，一般跨党党员，时有轨外行动"，竟至"反客为主"，故须召集此次全会，以求解决问题。接着，蒋与谭延闿、孙科等提出《整理党事案》四项原则：（1）改善中国国民党与共产党的关系。（2）纠正党内跨党党员的轨外行动及言论。（3）保障国民党党纲、党章的统一权威。（4）确定共产党员加入国民党之地位与其意义。此案并提出要组织"国民党与共产党联席会议"，议事范围"为审查跨党分子违背纪律及两党之纠纷问题"，其目的为"总期跨党党员不再有违背规约之行为"。

在《整理党事案》之外，蒋又单独提出国共"协定事件"八条提案：

（一）共产党应训令其党员改善对于国民党之言论态度，尤其对于总理与三民主义，不许加以怀疑或批评。

（二）共产党应将国民党内之共产党党员全部名册，交国民党中央执行委员会主席保管。

（三）中央党部部长须不跨党者，方得充任。

（四）凡属于国民党籍者，不许在党的许可以外，有任何以国民党名义召集党务会议。

（五）凡属于国民党籍者，非得有最高党部之命令，不得别有组织及行动。

（六）中国共产党及第三国际，对于国民党内共产分子所发一切训令及策略，应先交联席会议通过。

（七）国民党员未受准许脱党以前，不得入其他党籍，如既脱党籍而入共产党者，以后不得再入国民党。

（八）党员违反以上各项时，应立即取消其党籍，并依其所犯之程度，加以惩罚。①

以上四项原则和蒋的八条提案，是以国民党中央全会名义，严厉攻击、压迫共产党，全面限制和排斥共产党。当蒋提出他的八条提案时，"会场相顾惊愕"。

会议前，中共中央派彭述之、张国焘到广州，指导这次会议的中共党团。周恩来后来说：当党团会议讨论以上提案时，"彭述之引经据典地证明不能接受。问他不接受又怎么办？他一点办法也没有……后来张国焘用了非常不正派的办法要大家签字接受"②。

上述两个提案，在文字上略作修订，分别冠名为《整理党务第一决议案》及《整理党务第二决议案》，于 5 月 17 日获得通过。③

———————

①　《蒋介石年谱初稿》，第 587 页。

②　《关于一九二四至二六年党对国民党的关系》，《周恩来选集》（上卷），第 123 页。

③　经过修改，第一案第二条为"纠正两党党员妨碍两党合作之行动及言论"；第二案增加一条："他党党员之加入本党者，在高级党部（中央党部、省党部、特别市党部）任执行委员时，其额数不得超过各该党部执行委员总数三分之二。"

5 月 18 日，蒋提出《选举中央执行委员会主席案》。国民党中央执行委员会常务委员会是国民党二大新设的机构，由 9 人组成，而无中央执行委员会主席之设置。国民党二大秘书长吴玉章当时解释，这样做的目的，是使"此后凡百事务，当必以多人负责之故，而进行敏捷"。[1] 蒋提出设置中央执行委员会主席之提案，有改变国民党中央领导体制的用意，目的是否定集体负责制，夺取国民党中央的最高领导权。此案被正名为《整理党务第三决议案》，获得通过。随后，"选举"张静江为中央执行委员会主席。张静江本为国民党中央监察委员会委员，为了使张当选，蒋因人割制，特意在提案中提出可由中央"监委"委员担任中央"执委"主席。20 日，蒋又提出重新登记党员的提案，即《整理党务第四决议案》，旨在更加严格监控、限制共产党人的活动。国民党二届二中全会于 5 月 20 日闭幕。

5 月 23 日，中共广东区委发表《对于中国国民党第二次中央全体会议宣言》："完成国民革命，尤须革命势力的长期团结。为巩固革命基础和为革命前途起见，需要一部分革命利益牺牲时，一部分的利益亦当准备牺牲。"[2] 25 日，在国民党中央第 28 次常会上，毛泽东（缺席）辞宣传部代部长职，林祖涵辞常务委员会秘书及中央财政委员职，谭平山（缺席）辞常务委员会秘书职务。[3] 28 日，张静江主持召开第 29 次中

---

① 吴玉章：《中国国民党第二次全国代表大会经过概略》，《中国国民党历次代表大会及中央全会资料》，第 215 页。

② 《对于中国国民党第二次中央全体会议宣言》（1926 年 5 月 23 日），《广东区党、团研究史料（1921—1926）》，第 264 页。

③ 《第二十八次中央全体会议记录》，《广州民国日报》1926 年 5 月 26 日。按：在这次会议上，林祖涵未提辞农民部长职，谭平山未提辞组织部长职。

央常务会议，"照准"以上三人辞职。张静江随后提议蒋介石任组织部长，顾孟余任代理宣传部长，甘乃光任农民部长。6 月 4 日，中共中央发表致国民党书，表示《整理党务案》"原本关及贵党内部问题，无论如何决定，他党均无权赞否"。

蒋介石一手操控的国民党中央全会及《整理党务案》，改变了孙中山及国民党一大既定的"党内合作"方针，以组织的手段，对加入国民党的共产党员予以多方的限制和打压，并最后实现了蒋的逼汪去职、取而代之的目的。国民党的权力体制，乃从汪、蒋之一度合作，变成了蒋的一派掌权。

纵观中山舰事件的经过，蒋从铤而走险开始，到全面得手而告终。这一事件的性质，从黄埔军校、国民革命军来说，是校长、军事首长驱逐党代表的行为；从国民政府来说，是军方驱逐政府首脑的行为。汪精卫其人，当然是无足道者，而蒋之拥兵自重，以"军权"抵制、反制"党权"的行为，将不会因此而扭曲为直。这一事变深刻影响着黄埔军校、国民革命军和国民党此后的走向。在黄埔军校的历史上，这是一个带关键性的转折点。

# 第四部分
# 黄埔军校与北伐战争

# 第十六章　北伐风云

## 第一节　北伐战争缘起

1926 年春夏间，与广东毗邻的湖南，政局发生了重大变化。

是年春，湘军师长兼湘南督办唐生智，驱逐湖南省省长赵恒惕，于 3 月 15 日就任"代理省长"。赵一贯挂着阻南拒北的"自治"招牌，多年来一直是南方举兵北伐的主要阻碍。早在 1924 年和 1925 年间，唐生智与广东革命政府便有初步的接触。驱赵之后，唐多次派人到广州，大力吁请广州方面出兵援湘。

4 月下旬，唐处境告急。北方吴佩孚为掌控湖南，任命湘军师长叶开鑫为湘军总司令兼湖南省省长，命令鄂军孙建业等由北而南，协助叶开鑫反攻唐生智。唐军不得已于 5 月 1 日放弃长沙，退守衡阳，一面拒敌，一面急切等待两广派兵入湘。

当时，摆在蒋介石面前的，是因中山舰事件而带出来的种种难题。为摆平这诸多矛盾，蒋绞尽脑汁，对唐的十万火急求助无以应对，实际上是束诸高阁。

唐生智得不到广州方面出兵的消息，遂向广西李宗仁方面求援。李宗仁乃派其第八旅（钟祖培）第十五团（尹承纲）

由桂入湘。尹团于 5 月 5 日到达零陵，12 日抵达衡阳。为促使国民政府出兵，李宗仁于 10 日到达广州，会见国民政府要人及各军将领。这时，蒋潜心于策划召开国民党二届二中全会，炮制"整理党务案"，对北伐问题，实际上采取能拖即拖的态度，并不以唐军之急为急。蒋对来穗的李宗仁说：广州形势太复杂了，"现在如何能谈到北伐呢？"① 直至 5 月 29 日，蒋会见李宗仁后，仍表示："若辈不识内情，徒怪出师延缓，良可慨也。"② 在粤各军将领，多数对北伐并不热心。李宗仁于是着重于同第四军军长李济深商洽。据李宗仁说：李济深在国民党中央政治会议上，自告奋勇，提出由第四军派兵援湘，得到了许可。由于第四军各部此时远驻雷州和琼崖，因此决定由驻扎广州附近的第四军独立团，就近先行出发援湘。

第四军独立团通称叶挺独立团，约于 1925 年 11 月组建于广东肇庆，是一支以中共党员为骨干，由中共广东区委直接掌握的部队。广东区委 1924 年秋组建的大元帅大本营铁甲车队，全体并入了第四军独立团。中山舰事件后，广东区委又将部分退出黄埔军校和第一军的中共党员，安排到独立团工作。独立团全团共有 2100 人，叶挺任团长，初时有杨宁（杨林）（黄埔军校教官，朝鲜籍）、周士第（一期）、董朗（一期）等黄埔军校教官和毕业生在独立团担任职务。

第四军独立团先行北伐，并非出于偶然。

1926 年 2 月 21 日至 24 日，中共中央召开北京特别会议，通过《关于现时政局与共产党的主要职任议决案》，指出："党在现时政治上的主要职任，是从各方面准备广东政

---

① 中国人民政治协商会议广西壮族自治区委员会文史资料研究委员会编：《李宗仁回忆录》上册，1980 年，第 305 页。

② 《蒋介石年谱初稿》，第 594 页。

府的北伐。"理由是："广东政府是中国国民革命唯一的根据地，只有它的势力之发展，可以推动全国民众及接近民众的武力更加爆发革命的火焰，而且广东政府也只有向外发展的北伐，煽动全国反帝国主义的暴动，才能增强自己的声威，才能维持自己的存在，否则必为反动势力所包围而陷落。"[①]当时，中共力图将大革命运动从广东推向全国各地，故而主张北伐。会议决定加强党的军事工作，在中央"建立一强有力的军委"；并要求各相关地区、各有关方面预做准备，迎接北伐的到来。

中共中央领导人陈独秀未参加北京会议，但支持北伐。陈3月初在上海会见联共（布）中央政治局使团，在尚未知悉北京会议关于北伐的决议的情况下，明确向使团表示"主张支持北伐"；并致电北京，指出"必须解决北伐问题"。陈后来在中共五大的报告说："共产国际代表去广州考察那里的形势，适逢三月二十日事变。我拍电报给汪精卫和蒋介石说，必须开始北伐。他们同意我的意见。"[②]后来针对蒋中山舰事件后散布的"我们提出北伐，竟至根本推翻"的论调，陈独秀致函蒋，据实说明："我以为要乘吴佩孚势力尚未稳固时，加以打击，否则他将南伐，广东便没有积聚势力的可能，为此，我曾有四电一函给先生及精卫先生，最近还有一函给先生详陈此计。"[③]6月28日，蒋在他的公开讲话中对此

① 中共中央党校党史教研室资料组编写：《中国共产党历次重要会议集》（上），上海人民出版社，1982年，第57页。

② 陈独秀：《在中国共产党第五次全国代表大会上的报告》，中共中央党史资料征集委员会、中共中央党史研究室编：《中共党史资料》（第3辑），中共中央党校出版社，1982年，第38页。

③ 陈独秀：《给蒋介石的一封信》（1926年6月4日），水如编：《陈独秀书信集》，新华出版社，1987年，第409页。

作了回应："（陈独秀）曾于三月二十日以前给我一个电报和几封信，所论的意见大体相同。"[1] 这说明，中共北京二月会议后，陈独秀是明确主张北伐的。

然而，共产国际此时对北伐的态度是消极的、犹豫的。4月27日，共产国际执行委员会远东书记处召开会议，维经斯基等参加，建议："应发出指示不允许广州政府在目前进行'北伐'。"[2] 5月6日，联共（布）中央政治局会议决定："鉴于目前出现的情况，认为可以派遣一支规模不大的远征军去保卫通往广东的要道——湖南省，但不能让军队扩展到该省疆界之外。"[3] 从"不允许"到同意派遣小部队赴湘，是有限度的转变。这里"规模不大的远征军"一语，应当是专门为叶挺独立团量身定做而使用的提法。此为叶挺独立团出师援湘的因缘。

总之，夤缘际遇，叶挺独立团率先踏上了北伐的征程，这可以认为是共产党人对历史担当的自觉。在中山舰事件、"整理党务案"特定背景下（叶挺独立团从广州启行之日，为5月20日，即国民党二中全会闭会之时），以中共广东区委掌握的、共产党员为骨干的部队勇任北伐前驱，率先出发援湘御吴（佩孚），不能认为此乃无关宏旨之举动。

据叶挺独立团参谋长周士第回忆，独立团5月初起从肇

---

① 《蒋介石在1926年6月28日总理纪念周的讲话》，《黄埔潮周刊》第二期，1926年。

② 《共产国际执行委员会远东书记处会议第3号记录》（1926年4月27日），《共产国际、联共（布）与中国革命档案资料丛书》3，第227页。

③ 《联共（布）中央政治局会议第23号（特字第17号）记录》（1926年5月6日），《共产国际、联共（布）与中国革命档案资料丛书》3，第241页。

庆、江门陆续到广州集中。中共广东区委军委书记周恩来在广州司后街（今越华路）叶家祠召集独立团干部会议，鼓励独立团官兵勇当大任。周恩来说："现在有些军都不愿意派部队先出去，只要你们打了胜仗，他们就会跟上来。"并以"饮马长江""武汉见面"的壮言，总结这次讲话。[1] 叶挺独立团 5 月 20 日离穗，先乘火车至韶关，然后从韶关启行，徒步翻越五岭山脉，于 27 日进入湖南郴州。独立团入湘的时间，比之广西尹承纲团抵达衡阳（12 日），只是前后脚之差；比广东第四军第十师（陈铭枢）、第十二师（张发奎）到达攸县的时间（7 月 3 日），要早一个多月；比蒋介石（7 月 27 日从广州启行，8 月 2 日进入湖南）则要早两个多月。蒋亲率的第一军第一师（师长王柏龄，辖孙元良、倪弼、薛岳三团）和第二师（师长刘峙，辖陈继承、蒋鼎文、惠东升三团），是迟至 7 月底 8 月初才从广东出发的。第四军叶挺独立团，是广东最早踏上北伐征程的一支部队。

　　叶挺独立团中，有许多人是黄埔军校的教官或学生。在这支部队中担任参谋长、营长、连长及其他职务，并殖司参加北伐的黄埔军校毕业生（加入时间各有不同）主要有：周士第、董朗、曹渊、许继慎、张伯黄、张际春、贺声洋、刘明夏、孙一中、谢宣渠、彭干臣、仝子春、邹范、刘基宋（以上第一期）、彭明治（第一期军士教导队）；吴兆生、卢德铭、胡焕文、练国梁、张堂坤、郭焕孝、刘光烈、黄任泮、陈魁、张源健、陈颂华（以上第二期）、袁也烈（第二期政治干事）；张启图、蔡晴川、唐干林、符节、刘之至、陈三俊、陈鹏、祁占寰、毛挺芳（以上第三期）；陆更夫、林彪、张有

---

① 周士第：《周士第回忆录》，第 52 页。

余、吴善珍（以上第四期），王备、张适南（青年军人联合会干事）等。其中周士第任参谋长、代理团长，曹渊、许继慎、孙一中、张伯黄、张际春等任营长，卢德铭、胡焕文、吴兆生等任连长。

6月4日，国民党中央执行委员会临时全体会议通过迅行出师北伐案，任中央军事政治学校校长蒋介石为国民革命军总司令。7月初，国民党中央临时全会改选蒋为中央常务委员会主席（北伐期间由张静江代理），任命蒋为中央"军人部"部长，通过《出师北伐宣言》，国民政府并公布《国民革命军总司令部组织大纲》。随后，蒋颁发《集中湖南计划》：以第七军李宗仁部、第八军唐生智部、第四军陈可钰部集中于衡山、永丰、攸县一带，相机进攻长沙；以第二军谭延闿部、第三军朱培德部、第六军程潜部集中于茶陵、安化一线，为防备江西；以第一军何应钦部集中衡阳，为各方策应。7月9日，北伐誓师典礼在广州东较场举行，参加者5万余人。国民党中央执行委员、国民政府委员何香凝、林祖涵、吴稚晖、张静江、甘乃光、邓颖超、杨匏安、彭泽民、许甦魂、陈公博、谭延闿、孙科、宋子文、邓泽如、陈友仁、古应芬、陈树人等出席。李济深任会场总指挥，吴稚晖代表国民党中央执行委员会授旗，谭延闿代表国民政府授印。

## 第二节　北伐军中的黄埔教官和学生

北伐军出动时，有8个军，约10万人，蒋介石为总司令，汪精卫（已出国）为总党代表，李济深为总参谋长，加伦为军事总顾问，唐生智为前敌总指挥。初出师时，各军组成如下：

| 序列 | 军长 | 党代表 | 所 辖 部 队 | 兵力总计 |
|------|------|--------|------------|----------|
| 第一军 | 何应钦 | 缪 斌 | 第一师（王柏龄）、第二师（刘峙）、第三师（谭曙卿）、第十四师（冯轶裴）、第二十师（钱大钧） | 共19团 |
| 第二军 | 谭延闿 | 李富春 | 第四师（张辉瓒）、第五师（谭道源）、第六师（戴岳）、教导师（陈嘉佑） | 共12团 |
| 第三军 | 朱培德 | 朱克靖 | 第七师（王均）、第八师（朱世贵）、第九师（朱培德兼） | 共8团2营 |
| 第四军 | 李济深① | 廖乾五 | 第十师（陈铭枢）、第十一师（陈济棠）、第十二师（张发奎）、第十三师（徐景唐）、独立团（叶挺） | 共13团2营 |
| 第五军② | 李福林 | 李朗如 | 第十五师（李群）、第十六师（练炳章） | 共8团1营 |
| 第六军 | 程 潜 | 林祖涵 | 第十七师（邓彦华）、第十八师（胡谦）、第十九师（杨源濬） | 共9团2营 |

---

① 李济深留广州，由副军长陈可钰率领北伐。

② 第五军留广东，未参加北伐。

续上表

| 序列 | 军长 | 党代表 | 所辖部队 | 兵力总计 |
|---|---|---|---|---|
| 第七军 | 李宗仁 | 黄日葵 | 第一旅（夏威）、第二旅（李明瑞）、第三旅、第四旅、第五旅、第六旅、第七旅（胡宗铎）、第八旅（钟祖培）、第九旅 | 共18团2营 |
| 第八军 | 唐生智 | 刘文岛 | 第二师（何键）、第三师（李品仙）、第四师（刘兴）、第五师（叶琪）、教导师（周烂）、鄂军第一师（夏斗寅） | 共17团 |

北伐将开始时，国民政府军事委员会政治训练部改组为国民革命军总司令部政治部（称北伐军总政治部），黄埔军校教育长邓演达任主任，朱代杰任秘书长，孙炳文（继恽代英任中央军事政治学校政治主任教官）任广州留守处主任，郭沫若任宣传科长，江董琴任党务科长，章伯钧任组织科长，郭冠杰任总务科长，胡公冕（黄埔军校教官）任宣传大队长，潘汉年任《革命军日报》总编和社长，铁罗尼为顾问。

1926年6月21日至24日，北伐政治工作会议在广州召开。出席者有邓演达、陈公博、周恩来、林祖涵、李富春、包惠僧、恽代英、朱克靖、熊雄、熊锐、郭沫若、李合林、欧阳继修、萧劲光、邓颖超、铁罗尼等40多人。与会者中许多人来自黄埔军校。会议讨论政治工作原则、相关规章制度及北伐宣传队的组织和训练问题，决定由李富春主持制定宣传队组织条例，周恩来主持制定宣传队训练及考选方案。邓演达总结说：这次会议"是有历史的意义的！"[①]

北伐战争是将大革命风暴从珠江流域推向长江、黄河流域的革命战争。对黄埔军校来说，北伐战争为黄埔教官、学生提供了领兵、参战、从事战时政治工作及展示革命抱负的舞台，为在校学生开拓了实际学习战争的课堂，并让黄埔军校获得了对外发展的机会。北伐战争是黄埔军校历史上重要的一章。

北伐开始后，黄埔军校的许多教官及前三期毕业生被编入北伐军各部队。在校的第四期政治科，第五期入伍生炮兵团、工兵营、迫击炮连，校部无线电通讯队、交通工程队、宪兵营等，先后参加北伐。当北伐军大举向湖北、江西推进时，黄埔军校增调第四期毕业学生到长沙，派赴北伐前线各部队或总司令部工作。第五期的政治科、工兵科、炮兵科的学生也全体北上，将课堂移至前方。

大量黄埔军校教官、毕业生、在校生或入伍生，现身于北伐军的各支部队、各个战场上。除了上文已提到者（第四军独立团等）外，出现于北伐各部队、各机关中的黄埔军校教官、学生主要有：

——军事、政治长官、教职员：何应钦，第一军军长，东路总指挥；王柏龄，第一师师长，第一军副军长；刘峙，第一军第二师师长；张治中，总司令部副官处处长，武汉分校教育长；王俊，第一师第一团团长、代师长；缪斌，第一军副党代表；叶剑英，第一军总指挥部参谋长，新编第二师师长；严重，总司令部训练处处长，补充师（第二十一师）师长；陈诚，补充师筹备处处长兼团长；俞飞鹏，总司令部

① 李一氓：《李一氓回忆录》，人民出版社，2001年，第53页。

兵站总监；聂荣臻，中共广东区委军委特派员赴前方联系独立团，到武汉后任中共湖北省委军委书记；胡公冕，总司令部政治宣传大队大队长、总司令部副官处处长，第六十七团团长；李世璋，第六军政治部秘书，代理政治部主任，第十八师党代表；廖乾五，第四军第十二师政治部主任；倪弼，第一军第一师团长；陈继承，第一军第二师团长；蒋鼎文，第一军第二师团长；金佛庄，总司令部参谋处副处长，警卫团少将团长；郭俊，第一兵站少将兵站监，第二师第六团少将团长；严凤仪，第十二师第五团代理团长；雷经天，第六军政治部宣传科长，第十一军第二十四师第六十四团党代表；朱雅零，第四军政治部宣传科长，武汉军校政治教官；范荩，第十一师团长；胡允恭，第四军第三十六团指导员；切列潘诺夫，东路军总顾问。

——第一期：蒋先云，北伐军总司令部秘书，补充团团长；张其雄，第八军政治部副主任兼秘书长，政治部党代表，授少将军衔；傅维钰，高级训练班第三队队长，第二十五师团长；关麟徵，宪兵团第三营营长，代理宪兵团团长；郑洞国，北伐东路军第八团团长；胡宗南，第一师第二团团长；洪剑雄，第四军政治部宣传科长，北伐军战时宣传队总队长；侯镜如，第一军第十三师参谋长，师政治部主任；刘畴西，"黄埔同学会"总务科长，第十一军第二十四师参谋；李之龙，北伐军总政治部新剧团主任，武汉中央俱乐部主任；王尔琢，第三军第三师第二十六团党代表、北伐东路先遣军政治部主任；酆悌，东路军第一军第一师党代表兼政治部主任；冷欣，东路第三指挥部政治部主任；孙元良，第一军第一师团长；惠东升，第一军第二师团长；文志文，第一军第二师第五团团长；袁仲贤，第六军连党代表；刘楚杰，第十一军军官教导队连长；唐震，第六军第二十一师政治部主任；吴展，武汉军校第六期学生总队第二队队长；黄维，第二十一师营长；黄鳌，第二军政治部秘书；蔡申熙，第四军第十二师营长；范汉杰，第四军第十师团长；李谦，第六军第十九师营长；李汉藩，第二军第六师党代表；陈烈，第六军第十九师第五十六团团附；李奇中，第九军第三师少校营附；俞墉，第二十师补充团营长；王敬久，第二十一师营长；张慎阶，总司令部第四补充团营长；甘丽初，第一师第三团团长；李仙洲，第二师第四团营长；徐石麟，第十师第二十八团连长、营长；郭德昭，第九军教导队长；赵子俊，第一军第二师第六团连长。霍揆彰，第一师第三团团附；蔡炳炎、杜聿明、李玉堂、宋希濂、萧乾、荣耀先、陈选普、廖运泽、李其实、戴文、宋文彬、赵枏等也参加了北伐。

——第二期：陈恭，海军局政治部秘书，总政治部宣传大队副大队长；程俊魁，第二十师政治部秘书，第二军教导团政治部指导员；胡秉铎，北伐东路军总指挥部参谋，上校科长；周逸群，北伐总政治部宣传大队左翼宣传队队长，第九军第一师政治部主任；余洒度，"黄埔同学会"宣传科长，率"血花剧社"北上；张炎元，海军安北舰党代表，北伐时为第二十七师团附；陈奇涵，被北伐军总政治部派往江西工作；宛旦平，第十一军第二十四师第七十二团连长、营长；蒋友谅，武汉军校政治科；刘光烈，兵站总监部第七分站站长；吴明，第四军政治部副主任，第十一军第二十四师政治部秘书；方天，第一军连长、营长。参加北伐的还有邱清泉、罗历戎、李士珍、吴继光、罗振声、王柏苍等。

——第三期：焦启恺，国民革命军总司令部郴州兵站分部主任，第十五军政治部干事；周邦采，第十七军第二师党代表兼政治部主任；张获伯，在第六军从事政治工作；汪毅夫，第六军营党代表；李鸣岐，第三军部党代表；吴光浩，第四军第十二师连长；胡灿，以特派员身份返江西兴国；唐克，第九军政治部党务科长；熊受暄，第八军政治部宣传科长；曹素民，第六军第十九师营指导员；黄伟斌，第四军第十二师第五团营指导员；朱云卿，北江农军学校；戴安澜，中央教导第二师连长，第四师营长；王耀武，东路总指挥部宪兵连连长；方先觉，第一军司令部宪兵第三连连长；刘安祺，东路第五十八团连长；宋瑞珂，第二十一师第六十三团连长；方暾，第一军第三师连长。参加北伐的还有古宜权、王鄂峰、段子中、石衡钟、申朝宗、叶古衣、黄铁民、彭哲夫、章夷白、杨杰、张辅邦、文重孚、郑峻生（用之）、李天霞、石觉、高致嵩、刘伯龙、糜藕池等。

——第四期：叶镛，武汉军校；李明铨，第九军政治部宣传科长，第一师第一团政治部主任，师政治部主任；李鸣珂，武汉军校；袁国平，左翼宣传队第四队长；张书锡，随第六军北伐；裘古怀，第四军政治部；郭化若，武汉军校炮兵大队第二队长；霍锟镛，第四军政治部；方之中，第六军第十九师连指导员；李文林，第三军军官教导团；胡陈杰，第六军第十八师连指导员；萧以佐，营党代表；夏尺冰，营党代表；范树德，第四军第七十三团辎重队副队长；曾中生，第八军前敌总指挥部政治部组织科长，在《汉口民国日报》工作；段德昌，第八军第五师政治部秘书，第一师政治部秘书长，《北伐周刊》主编；张灵甫，第二十一师排长、连长；唐生明，第四集团军总司令部警卫第二团团长；高魁元，第三师排长、连长，武汉分校区队长；彭士量，第十一师排长、连长；谢晋元，第一军第一师副连长；官惠民，第四军第十二师连长；胡琏，第一军第二十二师排长、连长；文强、熊敦，随朱德到四川万县在第二十军从事政治工作；白鑫，第四军第十二师排长。参加北伐的还有霍粟如、李德芳、王展

程、高山子、马载、邹琦、汪毅夫、陈俊、李弥、潘裕昆、
魏巍、何崇校、葛先才、高吉人、滕杰、廖运升等。

北伐军事行动的目标，首先是进攻湘鄂，消灭吴佩孚；
继而转兵江西，打击孙传芳；然后举兵北向，讨伐张作霖。
6月1日，由广西出发的第七军第八旅与第八军联合，在衡
阳金兰寺与叶开鑫部开战。同一日，由广东出发的第四军独
立团，到达湖南安仁。

这时，依附北洋军阀的粤军谢文炳4个团、赣军唐福山
2个团会攻湘南，企图抄唐生智军后路，切断湘、粤之间的
联系。唐军退出阵地，叶挺独立团于6月3日投入战斗。全
团官兵斗志高昂，同心协力，终将数倍于我之敌打退，于5
日攻占攸县。此役遏止敌军南向之势，为北伐扫除了障碍。
唐生智致电叶挺，盛赞此战"足令敌人胆寒……不仅巩固了
湘东，而且稳定了战局，此皆兄之功也"。

6月中旬，第四军第十师、第十二师相继开拔出发，28
日从韶关开往湘南。7月上旬，当北伐誓师典礼在广州举行
时，北伐前敌总指挥唐生智率第八军，会同已入湘之第七军、
第四军，分路进攻叶开鑫的"护湘军"。第八军、第七军沿湘
江西岸前进；第四军第十师、第十二师和独立团沿湘江东岸
前进。7月8日，西线部队越过易俗河，击破护湘军涟水阵
线，于9日占领湘潭，10日占领株洲。在东线，第四军发起
进攻醴陵之役，独立团一举突破泗汾桥，打败赣军傅应珂，
于9日率先进入湘东重镇醴陵，11日进占浏阳。叶开鑫的
"护湘军"放弃长沙，溃退岳州。12日，第八军李品仙部首
先进占长沙。

敌军自醴陵、长沙失守后，大部退守平江、汨罗一线，
沿汨罗江北岸构筑防御工事。8月中旬，北伐军各部陆续进
入湖南，前敌总指挥部遂部署中路汨罗、东路平江的进攻计

划：第八军沿武（昌）长（沙）铁路直攻汨罗，第七军由浯口渡江北上，第四军（副军长陈可钰率领）进攻平江。8 月 19 日，第四军在平江附近的鲁肃山、天岳山、童子岭、审思岭大破敌军，随后攻下被称为"固若金汤"的平江城。第七军、第八军当日强渡汨罗江，敌军之汨罗江防线完全被突破。叶挺独立团经湘、鄂交界之九岭进入湖北，于 8 月 23 日占领通城。随后强行军 160 多里，于 25 日抢先占领粤汉铁路上的中伙铺车站，截获敌军一个团。

8 月 23 日，北伐军总指挥部召开军事会议，决定第四军由崇阳、通山，第七军由蒲圻，第八军由嘉鱼，会攻汀泗桥。直系吴佩孚这时调兵 2 万余人，布防汀泗桥一带，准备死守待援。

8 月 26 日，北伐各军发起汀泗桥之役，第四军任主攻。由于没有炮，攻击竟日，无所进展。吴军且组织"奋勇队"，冲过铁桥，向北伐军反扑，咬住第四军指挥所，猛攻不舍。独立团第一营（曹渊）赴援，打退吴军。27 日拂晓，叶挺率部偷袭敌背——古塘角，一举打乱敌阵，主攻部队乃突破汀泗桥。[1]随后，独立团乘胜追击，第二营（许继慎）最先冲至咸宁城下，抢先攻城。叶挺"参战报告"谓："此地甚险要，经过六里长之铁道，两旁均为水淹，冒险前进，毫无顾虑，颇得友军赞许。"[2]咸宁城卒于 27 日被攻破。

8 月 29 日，北伐军以第七军为右翼，第八军为左翼，第四军任中路，第一军第一、二师为总预备队，发起贺胜桥之

---

① 叶挺：《独立团北伐总结报告》，肇庆市叶挺独立团纪念馆编：《叶挺独立团史料》，广东人民出版社，1991 年，第 361—362 页。

② 叶挺：《独立团北伐总结报告》，《叶挺独立团史料》，第 361—362 页。

役。独立团许继慎营突破敌阵，楔入敌丛，但被吴军反包围，许中弹受伤。叶挺指挥全团，专攻印斗山。吴佩孚亲自督战，战况空前激烈。北伐军终将吴军打败，取得两湖战场决定性的胜利。

汀、贺既捷，北伐军直攻武汉。9月3日，第一军第二师、第四军、第七军进攻武昌城。因城墙坚厚，守军火力凶猛，经一昼夜，未能破城。5日，北伐军再次部署攻城：由第七军攻望山门至通湘门，第四军攻通湘门至忠孝门，第一军第二师攻武胜门。叶挺独立团被指定为第四军之攻城团，以曹渊第一营为奋勇队。是日凌晨，曹营越过护城壕，强行登城，受敌猛烈射击，曹渊阵亡，全营几为敌覆灭。攻城再次受挫。6日，第八军占领汉阳，7日占领汉口。而武昌围城之役，至10月10日结束，俘敌一万多人。

当北伐军大举进攻两湖时，原为直系而后来自成一派的军阀孙传芳调兵江西，企图由赣攻湘，切断北伐军后路。9月初，北伐军第二军（谭延闿）、第三军（朱培德）和第六军（程潜）分途入赣，占领了赣南和赣西。中旬，北伐各军向赣北之敌发起进攻，争夺南昌、德安、九江等城。蒋令其第一军第一师由湘入赣，归第六军军长程潜指挥，而师长王柏龄不听命令，致使第六军和第一师大受损失，南昌城得而复失。① 为此，蒋于9月20日"电斥王柏龄抗命后退，

---

①　《中央军事特派员一飞报告》（1926年10月23日）："一师不听命令（应归六军指挥），王柏龄、缪斌又十分怕死（迄今避匿不见），敌未来已先慌乱退却，于是六军一师大受损失（六军损失一半，一师损〔失〕一团余）。"引自余沈阳主编：《王一飞传略·文存》，中共党史资料出版社，1988年，第82页。又，《蒋介石年谱初稿》第711—712页："前日以来战斗甚烈，而第一师不守奉新，退至罗坊，王柏龄副军长及缪斌党代表，皆逃避未回，殊极愤恨！"

不受程军长指挥"；10 月 3 日，蒋在第一师训话："这次失败，是我们革命军最不名誉的一件事，也是北伐史上最耻辱的一页。"[①] 并"痛斥王俊代师长"。蒋并于 9 日致电何应钦："此次第一师挫败，实王达天（王俊）指挥无方，茂如（王柏龄）、达天，皆非带兵之才，应调别事。"[②] 后来，北伐军再调第七军、第四军入赣，协同作战，终将孙军主力围歼于南浔铁路南段，于 11 月 8 日再克南昌。

当两湖、江西战场交战时，浙江省省长夏超宣告独立，反戈倒孙；闽督周荫人内部发生分化，福建防备空虚。北伐军第一军（何应钦）因之顺利从粤东进入福建，于 12 月间占领福州，并占领了浙江的一部分。

许多黄埔军人在北伐战争中献出了生命。根据《中央陆军军官学校史稿》第八篇"黄埔军校'北伐烈士名录'"，其中阵亡于 1926 年 7 月至 1927 年 4 月期间者，共 113 名。[③] 1926 年 9 月 9 日，叶挺给中共中央写北伐参战报告，提到第四军独立团从广东到湖北"历次战役伤亡兵在四百人以上"，仅武昌攻城之役阵亡 191 人，其中官长 18 人、士兵 173 人，有许多出自黄埔军校。阵亡、牺牲、病故于北伐战争中的黄埔军校教官和各期学生，主要有金佛庄（团长）、郭俊（团长）、蒋先云（团长）、文志文（团长）、郭树械（团长）、赵荣忠（代理团长）、张其雄（第八军政治部副主任）、曹渊（营长）、练国梁（营长）、张慎阶（营长）、帅伦（营长）、熊绥云（营长、团附）、赵子俊（连长）、赵枏（连长）、洪剑雄

---

① 《蒋介石年谱初稿》，第 713 页。

② 《蒋介石年谱初稿》，第 726 页。

③ 《北伐烈士名录》，《黄埔军校史料（1924—1927）》，第 502 页。

（第四军政治部宣传科长，北伐途中染疫而亡）、胡焕文（连长）、吴兆生（连长）、杨晋先（连长）、宋雄夫（连附）、陈文山（连长）、邓白珏（连长）、赵敬统（连长）、黄再新、荣耀先、陈长彩、应威、余锡祺、韩绍文、黄彰英、廖子明、唐干林、陈魁、钟烈谟、钟畦等。

## 第三节　北伐进程之"军""党"关系

北伐战争中，中央军事政治学校开赴前方的人物，最主要的，一位是校长蒋介石，另一位是教育长邓演达。

"整理党务案"后，蒋介石任国民党中央组织部部长（6月1日）和国民革命军总司令（6月4日），实际上已掌控了党和军队。紧接着，蒋重新制定《国民革命军总司令部组织大纲》，改"军事委员会政治训练部"为"国民革命军总司令部政治部"，将总政治部置于总司令部之下，受蒋的指挥。及后，国民党规定军队的政治部主任，须由军人担任。随之，蒋于7月间通过国民党中央执委常委，决定在中央党部内增设"军人部"，以蒋为部长，规定军人部部长有任免所辖各军及军事机关党代表之权。蒋上述举措的用意，不但是要完全支配政治部主任，操控军队政治工作，而且要掌握各级党代表、政治部主任的人事任免权，一言以蔽之，是要实现蒋对军队的全面控制，构筑其掌控军队的立体框架。

1926年7月9日，国民革命军总司令部成立。国民政府颁布的《国民革命军总司令部组织大纲》，规定凡国民政府下之陆、海、空各军，均归总司令统辖；国民革命军总司令对国民政府与中国国民党，在军事上完全负责，并兼任军事委员会主席；出征动员令下后，即为战争状态，凡国民政府所属军、民、财政各部机关，均须受总司令指挥。这一"大纲"，是按蒋的意图设定的，表明总司令部等于战时国民政府，等于最高领导机构，总司令等于战时全国最高统帅。随着北伐战争的推进，蒋的军事实力超速上升。蒋的国民革命军总司令部，实际上有取代国民政府的趋势。

这时，出任北伐军总政治部主任的，是军人出身的邓演达。邓曾任陆军军官学校代理教练部主任、学生总队长，中央军事政治学校成立时，任教育长，是一位杰出的革命军人。邓气宇轩昂，精力旺盛，言行一致。不但学生们敬重邓，教官中的严重、陈诚等，对邓亦很尊重。在相当长的一段时间内，蒋介石与邓演达关系正常。中山舰事件后，蒋一度将邓调往潮州，北伐后又任命邓为总政治部主任。这可能是看中了邓的能力与影响，并出于利用邓来取代、抵消共产党人在军队政治工作中的作用，从而掌控北伐政治工作的考虑。

然而，在政治观念上，邓演达与蒋介石却是两股道上跑的车，走的不是一条路。在政治问题上，邓的许多见解和主张，与共产党人十分接近。北伐开始后，蒋、邓之间分歧日益扩大，使得蒋利用邓掌控北伐政治工作的如意算盘全然落空。

中山舰事件后，大批中共党员退出了国民党、黄埔军校和第一军。1926年5月，周恩来出任政治训练部举办的特别政治训练班班主任，学员多为退出黄埔军校和第一军的中共党员。训练班结业后，周恩来将部分学员派往中共广东区委掌握的叶挺独立团，部分派至北伐军各部。与此同时，为在北伐各军中开展和加强政治工作，中共广东区委同国民党左派合作，以中山大学国民党特别党部名义举办军队政治干部训练班，学员100多人。周负责训练班工作，并为训练班授课。

北伐前夕，国民党中央执行委员会决定举办"中央政治讲习班"，实际主持者为林伯渠、毛泽东、李富春等。办政治讲习班的用意，在于培养政治干部，为北伐军进军湖南做准备。此外，政治训练部还开办战时政治训练班，包惠僧（黄埔军校后方政治部主任、教导师党代表）任班主任。

邓演达任总政治部主任后，许多中共党员受到重用。邓主持北伐军战时工作会议时，与会者多数是共产党员，周恩来、李富春、熊雄、恽代英、孙炳文等出席了这次会议，周还被推举为"宣传员训练及补充委员会主席"和"总政治部编制委员主席"。六七月间，周恩来应邀同邓商讨总政治部工作方针与人事配备，向邓推荐干部，中山大学教授郭沫若被任命为总政治部宣传科长，朱代杰（共产党员）任秘书长。北伐军占领武汉后，总政治部的三位科长，有两位是中共党员。中共党员孙炳文是邓的留德同学，二人交谊很深。孙炳文于北伐时从德国回到北京，邓演达即与熊雄联名，电邀孙炳文赴广州，任总政治部秘书长（后为总政治部广州留守处主任，中央军事政治学校政治主任教官）。北伐军占领武汉后，国民党中央决定创办中央军事政治学校武汉分校，邓被委任为武汉分校代理校长。著名共产党人恽代英奉命由粤赴汉，同邓朝夕共事，共同经营武汉军校。与中共保持密切的关系，大量任用共产党员，是邓与蒋介石逐渐分离，由合作者转变为政治对手的重要原因。

在党权与军权关系问题上，邓演达主张军权应受制于党权，这与蒋的军权至上的观念直接形成冲突。中山舰事件时，蒋在回答邓演达的质问时说他（蒋）要"改正党代表制"，理由是他是党代表制度的引进者，而"以可由余手创者，即有由余废除之权"，表露出他要"废除"党代表制度的意图。① 4

---

① 《蒋介石年谱初稿》，第553页。按：在《蒋介石日记》中，"修正党代表制"为"改正党代表制"。

月 8 日，蒋在对埔校官生的讲演中说（大意）他的军队是由国民党员组成的，并不是如同旧俄时代的军队那样不可信任，因此，无须再设"党代表"予以监督和约束。① 北伐途中，蒋强调他必须拥有"特权"，其原话是："我总司令是在最前方指挥陷阵，拼命牺牲的！我总司令没有一时不是以一个死字悬在心里的！……所以不能不授他的特权——因为要他负这个重大任责，因为要他不惜牺牲，所以不能没有一种特权。"② 以此为由，蒋认为他的权力不应被限制、被管束，而应当军队优先，"军权"至上。身为北伐军总政治部主任，邓演达对蒋介石扩张"军权"，进而搞军事独裁的图谋，不会视而不见、听之任之，必然起而反对。这是他们政治上最大的分歧所在，最终促使他们分道扬镳，背道而行。

1926 年 9 月初，蒋介石转赴江西战场，邓演达负责湖北行政，并任总司令武汉行营主任。在此期间，邓得力于武汉国民党内的文官集团（徐谦、顾孟余、陈友仁、孙科、何香凝等）的支持，并借力、借势于中共，其势力与声望大增，政治抱负日长。随着蒋、邓分歧的扩大，二人渐行渐远。1927 年 1 月，蒋在南昌建立国民党"中央党部"，意欲与武汉联席会议分庭抗礼，从而挑起了"迁都武汉"还是"迁都南昌"的争论。蒋、邓矛盾，至此急剧恶化。邓向当时任总政治部副主任

---

① 蒋的原话是："那时我对于党代表的用意，并不是用来监督带兵官"，"苏俄党代表的性质是因为带兵官不是党员，所以由党派代表去监督他，现在我们带兵官都是党员，为什么还要党代表来监督呢"。见《蒋介石年谱初稿》，第 561 页。

② 蒋介石：《在南昌总部第十四次纪念周演讲》（1927 年 2 月 21 日），黄埔中央军事学校政治部编纂委员会：《蒋校长最近之言论》，中央军事政治学校政治部出版，1927 年，第 10 页。

的郭沫若说：他和蒋介石共事多年，如今不能不分手了。

1927 年 2 月初，武汉联席会议发起恢复、提高"党权"运动，试图抑制蒋的"军权"扩张和构筑军事独裁的图谋。联席会议为此成立"行动委员会"，邓演达被推举为委员会成员，负领导责任。邓并受委派两次飞赴广州，试图说服李济深（第四军军长、黄埔军校副校长）与武汉持同一立场。2 月 23 日，邓演达在《汉口民国日报》发表文章，不指名指责蒋以"军权"控制"党权"和"政权"。蒋阅报后恼怒异常。随后，蒋得知邓引导军校学生及劝说李济深反蒋的消息，对邓即彻底绝望。不多久，邓演达、唐生智联合反蒋。

邓演达与蒋介石的对立，从军队体制来说，是总政治部对总司令军权扩张的试图抑制或抗衡，在一定程度上，具有以"党权"制衡"军权"的意味，因而在国民革命营垒中，拥有相当广泛的认同者和支持者。邓、蒋冲突的结果，导致党、军关系的严重对立，以至于公开撕裂。这是汪精卫与蒋介石的冲突在北伐条件下的重演，其影响范围，甚至超出了汪、蒋的冲突。因为邓演达军人出身，邓之出任总政治部主任，是军人执行"党权"的象征，无论在黄埔军校的学生中，还是在国民革命军中，都具有很大的影响力和号召力。因此，蒋可能更深有感触：一旦让军人姓了"党"，具有"党"的意识，并使之执行"党权"，像邓演达那样，其后果比文人行使"党权"更为严重。故对蒋介石来说，邓演达给予他的"教训"就来得更为深切，更加难以忘怀。①

--------

① 在南京国民政府建立后，国民党军中的党代表制被废止。抗日战争时期，尽管重建了政治部，但无论是陈诚主持，还是张治中主持，蒋都没有在制度上赋予政治部制衡军事指挥者的权力。

# 第十七章 北伐"迎汪"运动

## 第一节 汪的复职试探及反响

中山舰事件后，汪败出广州政坛，去国途中，作《杂诗》："处事期以勇，持身期以廉。责己既以周，责人斯无嫌。水清无大鱼，此言诚詹詹。污潴蚊蚋聚，暗陬蛇蝎潜。哀哉市宽大，徒以便群佥。烛之以至明，律之以至严。为善有必达，为恶有必歼。由来狂与狷，二德常来兼。"①"蚊蚋""蛇蝎""群佥"所指，不言而喻；"为恶有必歼"，流露出他对蒋既怨恨，又无可奈何的阴暗心情。

汪虽然已离职，并自放于万里之外，而恋权、眷位之心未了。1926 年 7 月 16 日，也就是广州誓师北伐大会开过，蒋即将启程北上之时，汪从海外寄回了一封信，主动要求回国，恢复职务。全文如下：

> 中央执行委员会常务委员会公鉴：
>
> 兹奉五月二十日手示，敬悉一切。前因病请假，幸蒙可许，原期早日调理就瘥，照旧奉职，嗣因病势非旦夕可愈，而所任各职关系重大，又未便久悬，故不敢不

---

① 汪精卫：《双照楼诗词稿》，第 59 页。

提出辞职。兹奉否决并暂准给假休养，深感待遇之宽，及责望之殷。惟弟自念献身革命事业，一切畏难卸责之思想，固不容存于胸中，而担负与能力之是否相称，则不能不有所量度。盖不量力而偾事，与畏难而卸责，其咎维均。一年以来，弟之不能胜任国民政府委员会军事委员会及政治委员会等职，至三月间而至显明。弟即使病愈勉强复职，于政治军事前途有害而无利，弟个人不足惜，诚不愿政治军事之进步为之阻滞也。兹尚在给假休养期间，再申前情，伏祈允准辞去政治委员会国民政府委员会军事委员会诸职，俾弟销假以后，或在粤或在别处为党服务，一切危难均不敢辞。耿耿之诚，惟祈监察。专此敬请公安。

汪精卫复
七月十六日[①]

汪此函，写于离穗两个多月之后，表明他身在异国，而心怀海内。信中称病卖惨，措辞谦恭。函中表示"辞去政治委员会、国民政府委员会军事委员会诸职"，只愿在粤或在别处"为党服务"，是有意放低架势，博取同情，但求有所突破。此为北伐出师之际汪的试水之策，小心翼翼，试探其重操旧业、东山再起的可能性。

这封信在路上走了一个多月，8月下旬才寄达广州。汪的政治动作，与北伐开始后国民革命阵营中抑制蒋介石的动向，正好切合，所引发的反响，因之十分强烈。

这与北伐前期蒋的所作所为及其政治处境，是密切联系

---

① 汪精卫：《致国民党中央执行委员会常务委员会函》（1926年7月16日），《广州民国日报》1926年8月25日。

在一起的。

北伐前期，当国民革命军第四军、第七军、第八军一路顺畅，沿途革命民众运动迅猛发展时，蒋在军事上、政治上遭遇不少挫折，遇到了新的挑战。

首先，北伐伊始，蒋极力扩张个人实力，排斥异己，遭到各方抵制。中共中央9月间的一份文件，写到了蒋私欲膨胀的情形，其中说："于是党权、政权、军权皆集中于总司令一身。蒋所在地，就是国民党中央所在地，国民政府所在地；蒋就是国民党，蒋就是国民政府，威福之甚，过于中山为大元帅时。蒋之中派分子，系以浙江人及黄埔系组成，现时党中、军中、政府机关以至广东大学握重权者，多此两系分子，大遭各派各军之忌。"①

其次，蒋亲率的第一军北伐部队在两湖、江西战场上，遭受一系列挫折。随蒋参加北伐的，是国民革命军第一军第一师（王柏龄）和第二师（刘峙）。中山舰事件后，王、刘两部排斥中共党员，成为清一色的国民党部队。出发在途，两部军纪荡然，战斗力锐减，在两湖出尽"洋相"，在江西遇敌即溃，多次吃了败仗。凡此，蒋无法加以掩饰。毛思诚编《蒋介石年谱初稿》对此有若干记述：

7月18日，蒋在广州"电斥"第一师团长倪弼："该团出发未久，竟多方要求，殊属不合。……足见平日办事毫不经心，特电申斥。"②

7月26日，蒋电总预备队王俊、第一师师长王柏龄、第

①　《中央局关于最近全国政治情形与党的发展的报告》（1926年9月20日），中央档案馆编：《中共中央文件选集（2）》，中共中央党校出版社，1983年，第242—245页。

②　《蒋介石年谱初稿》，第621页。

二师师长刘峙："迭遽【据】告，此次一、二两师行军纪律未尽严肃，曷胜骇叹。……万不料我最有光荣历史之第一军，阅时未久，即已堕落。"①

8月4日，因"第一军纪律日堕"，蒋"甚愤恚，严电三通，申斥其主帅"。②10日蒋在衡阳"免除第一军团长三人职"。③

8月15日，已到长沙的蒋，又从长沙乘火车返株洲。"检阅第一、二师，痛诫其官长及士兵"。因第一师、第二师"从广东出发到湖南，一路经过的地方，随便占住民房，无论男女学校，都要强迫人家搬出，让给我们军队住"。"那吃鸦片烟的，就是我们第一军的蟊贼，谁都可以枪毙他的。还有在路上赌钱的，及买东西不给钱的，以后如果真【再】有，这不是国民革命军了，更不是从前的第一军了"。"从前很好的名誉，很大的光荣，现在要完全败坏在你们手里了"。④

8月20日，第四军占领平江城，第七军出通城、蒲圻。蒋"见第一师窳败，痛恨无已。愤然曰，外伺者如此，而本军又不争气，是诚欲哭无泪矣。召师团长厉责之"。⑤24日，蒋说："基本军队之不得力，办事人员之不奋勉，忧患日深，耻辱日增"。⑥

9月3日，北伐军攻武昌城而未得手。次日蒋对刘峙说："尔等如再不争气，何以立世见人？虽至全军覆没，积尸累

① 《蒋介石年谱初稿》，第628页。
② 《蒋介石年谱初稿》，第633页。
③ 《蒋介石年谱初稿》，第636页。
④ 《蒋介石年谱初稿》，第643—645页。
⑤ 《蒋介石年谱初稿》，第655页。
⑥ 《蒋介石年谱初稿》，第661页。

邱，亦非所恤，望奋勇拼死维持尔等光荣之历史已耳。"①5日，攻城再次受挫，而刘峙于晨7时报告：第二师之第一、二阵线"已经进城"。但很快查明刘的报告"完全不是事实"，而是谎报军情，冒功邀赏。②蒋在日记中写道：有生以来，愧悔愁闷未有如今日之甚者。

9月19日，北伐军第一次占领南昌，而"一师不听命令（应归六军指挥），王柏龄、缪斌又十分怕死（迄今避匿不见），敌未来已先慌乱退却，于是六军一师大受损失（六军损失一半，一师损〔失〕一团余)"，南昌得而复失。③20日，蒋"电斥王柏龄抗命后退，不受程军长指挥"。蒋说："此皆余用人不当，计划多疏。平时不能专心训练，战时不能熟虑断行。以军队为应酬，以战阵为等闲。虽欲不败，焉得不败！"30日，蒋致电方鼎英："此次出师，第一第二师成绩皆不良。"④

10月3日，蒋对第一师训话："这次失败，是我们革命军最不名誉的一件事，也是北伐史上最耻辱的一页。"称已按"连坐法"枪毙临阵逃跑的团长孙元良（按：实际上并未枪毙，孙后为蒋之兵团司令），并"痛斥王俊代师长"。9日蒋致电何应钦："此次第一师挫败，实王达天（王俊）指挥无方，茂如（王柏龄）、达天，皆非带兵之才，应调别事。"⑤

王柏龄、刘峙所部，是蒋的嫡系部队，蒋寄有厚望。而

---

① 《蒋介石年谱初稿》，第674页。
② 《北伐的七个战役》，张静如主编：《北伐战争（1926—1927)》，上海人民出版社，1994年，第121页。
③ 《中央军事特派员一飞报告》（1926年10月23日），《王一飞传略·文存》，第82页。
④ 《蒋介石年谱初稿》，第709页。
⑤ 《蒋介石年谱初稿》，第726页。

北伐进程中，王、刘两部的表现，蒋给了"不争气"三字评价。这是王、刘所部排斥共产党员，削弱或取消政治工作的结果。王、刘所部既"不争气"，身为北伐军总司令，蒋的地位与声望，乃大打折扣。

再次，北伐前期，迅速崛起的是唐生智的第八军、李宗仁的第七军和李济深（陈可钰率）的第四军。因第一军滞后，蒋常感到失落。北伐军攻破汀泗桥时，蒋"愧悔未减，恍惚时现"；贺胜桥传捷时，蒋"烦闷郁结比昨日更甚"；之后，"前方胜仗愈大，武昌距离愈近，而忧患程度亦因之加深，近日几乎无一些乐趣，但有愧惶悲痛而已"。唐生智还对蒋说：刘峙之师"非调赣不可"，公然要挪走蒋那"不争气"的亲信部队。蒋为此感到"耻辱至极"。①

不但军事上可能被边缘化，对两湖的政治和群众运动，蒋也插不上手。

在上述情况下，蒋不得已作出了向中共求助的选择。这一举动出人意外。中共中央9月间的文件说："蒋介石曾派胡公冕（北伐军总司令部政治部宣传大队长、中共党员）同志来上海见仲甫（陈独秀）"，"又请吴廷康（维经斯基）同志赴鄂"，"盖自知地位之危险，仍望我们能援助他"。②"蒋入长沙后，见军事、政治全在唐生智手，民众力量全在 C·P·手，遂向我们及俄同志表示请维持一军，维持黄埔，维持蒋之总司令威信，招致已经退出一军之 C·P·分子回去工作"。③

---

① 蒋介石日记，1926年8月27日、30日、31日、9月4日。

② 《中央给广东信——汪、蒋问题最后的决定》（1926年9月26日），《中共中央文件选集（2）》，第261页。

③ 《中央局关于最近全国政治情形与党的发展的报告》（1926年9月20日），《中共中央文件选集（2）》，第240页。

在国民党内和国民革命军内，蒋本来不是一位一致归心的人物。蒋之上台，只是他以非正当手段、走非程序小道打拼的结果，而不说明他已为多数人所接受。在许多国民党人心目中，蒋是一颗骤然上升的不祥之星。他多疑、狡诈、冷酷的性格以及野心勃勃、锋芒毕露的作派，早在党、政、军各界不少人士当中，引起不安。汪离穗未久，国民党中央海外部部长彭泽民已于5月下旬提出了"慰问汪精卫、请汪销假"的提议，此是"迎汪"先声。北伐后，在蒋的名声"一落千丈"的情势下，广州地区郁积着一股抑蒋的情绪，日益扩散。陈友仁、何香凝、甘乃光等"不满于现状，要求有所改变"。第四军军长、中央军事政治学校副校长李济深，也"常常恭维向报（指中共中央刊物《向导》）的议论"。[①]

汪自请复职的信寄达广州后，《广州民国日报》于8月25日刊出此信，后又刊出《汪精卫先生病状近闻》一文，谓汪患糖尿病、慢性盲肠炎等，"非无故放弃其职任也"。以汪为党代表的中央军事政治学校，率先以"全体党员"名义发《请汪党代表销假电》。各地"迎汪"的提案、信函或电报，不断传至广州。所谓"迎汪"，是迎汪"销假复职"，其实质是对中山舰事件、"整理党务案"的否定。"迎汪"很快变成一场"运动"。

---

① 《瞿秋白由粤回来报告》（1926年9月），《广东区党、团研究史料（1921—1926）》，第414—415页。

## 第二节 广州联席会议与"迎汪"复职

1926 年 7 月，中共中央在上海举行四届三中（扩大）全会。会议认为中山舰事件和"整理党务案"后，在广东掌握政权者为"武装的中派"，广州政府是"中派政权"。处理国共关系，应既反对共产党退出国民党，又反对共产党"包办"国民党。强调"共产派"与左派分开，"只能扶助左派而不能代替左派；只能联合左派控制中派使之左倾，而不能希图消灭中派"[①]。按当时的解释，左派指汪精卫、甘乃光；中派即新右派，指戴季陶、蒋介石；右派指李福林、冯自由。会议的主要精神，是扶持左派，控制中派并使之左倾，打击右派。

在"迎汪"问题上，鲍罗廷和中共广东区委的态度，初时较为审慎，"认为现时军事上及各方面均无准备，若做得太早则中派必先尽除左派，汪回来亦无用"。但在上海的陈独秀却认为：通过帮助汪精卫复职，可以达到扶助左派，造就左派核心的目的，因而赞成"迎汪"。当蒋派胡公冕来见陈独秀，"请 C.P.勿赞成汪回"（理由是汪回来后将为小军阀利用，同他捣乱，从而分散国民革命势力）时，陈对此明确答复说："我们赞成汪回！"然而，陈却担心因"迎汪"而刺激蒋，因此又主张既"迎汪"，又拉蒋，促成汪蒋合作。9 至10 月间，中共中央按照"迎汪复职、蒋汪合作"的方针，连续给广东区委发出一系列指示信，要求慎重做好"迎汪"的

---

① 《中央局关于最近全国政治情形与党的发展的报告》（1926年 9 月 20 日），《中共中央文件选集（2）》，第 116 页。

宣传、组织和其他有关的工作。

蒋对"迎汪"极为反感。8月20日，他在长沙读到埔校全体党员请汪销假的通电，断言其中"必有人操纵"，意在捣乱后方，无是非，但有狡诈。攻武昌城时（9月初），因民众有"迎汪"呼声，在武昌城下的李家桥，蒋要他的秘书蒋先云等出面"阻止"。据蒋先云说："他恐怕民众拥汪，亲身对我们讲，要我们阻止那种运动。"对于中山舰事件，蒋介石还提到，去年三月二十日事件，并不是国民党与共产党之斗争，乃是他与汪精卫之斗争。[①] 从武昌转至江西时，"迎汪"的声浪更加高涨，蒋电示埔校第四期学生，谓"迎汪比倒蒋还坏"，"中正必辞却一切以达诸位倒蒋目的也"[②]。

10月15日至26日，国民党中央执行委员暨各省、各特别区、各市、海外各总支部代表联席会议在广州召开。出席会议的中央执行委员34人，各地党部代表52人。宋庆龄、何香凝、张静江、谭延闿、戴季陶、李济深、邓泽如、徐谦、陈友仁、孙科及加入国民党的中共党员吴玉章、恽代英、于树德、毛泽东、邓颖超、杨匏安、许甦魂、宣中华、谢晋、江浩等出席会议。谭延闿、徐谦、张静江、宋庆龄、吴玉章为主席团成员。

会议召开前，蒋布置张静江抵制"迎汪"，称蒋的主席地位"决不能动"。张说："请汪复职，是不啻拥汪倒蒋，余誓以去就争。"张还"申言（迎汪）系个人的事，不用过于张皇"，甚至"扬言提出欢迎胡汉民以为抵制"。10月18日，

---

① 《中央军政学校各期学生昨日举行讨蒋大会》，《黄埔军校史料（1924—1927）》，第484页。

② 王一飞：《黄埔生迎汪与蒋对CP的怀疑》（1926年11月13日），《王一飞传略·文存》，第86页。

江苏、上海、安徽、浙江 4 省市党部联名提出"请汪精卫销假复职案",山西、山东等 25 省党部附署。[①] "迎汪"案遂提上联席会议的日程。

此前(9 月 29 日),蒋曾接汪来函。蒋的感受是,汪"辩明前事无嫌,且其欲出之意,则甚明也"[②]。蒋称:"余将复函应之,今日决心请其复出,以自觉政治能力薄弱,不能主持党国,只要其能于党国与革命前途有益,则对于我个人之好恶是非,皆可置之。"10 月 3 日,蒋将同意汪回国的电报发给张静江。电文内容是:

> 请转汪主席钧鉴:弟不学无状,致获罪左右。刻奉手教,抒抑诚挚,令人读之,益增汗颜。本党使命前途,非兄与弟共同一致,始终无间,则难望有成。兄放弃一切,置弟不顾,累弟独为其难,于此兄可敞展尊荣,岂能放弃责任与道义乎?耿耿至今,当能鉴其愚忱,而谅其无他也。兹特请静江石曾二兄前来劝驾,代达鄙意,并乞偕来,共荷艰巨,使弟有所遵循,不致延误党国,是所至祷![③]

蒋在这里变了调子,变"拒汪回国"为"责汪弃职",表示要请汪回任,与他"共荷艰巨"。此时,王柏龄部受挫于江西战场。10 月 3 日发这封电报这一天,蒋作了痛斥王师"不

①　《K.M.T.中央地方联席会议经过情形》,《广东区党、团研究史料(1921—1926)》,第 466 页。
②　《蒋介石年谱初稿》,第 708 页。
③　《蒋介石年谱初稿》,第 712 页。

争气"的训话。

广州联席会议提出"迎汪"议案后，张静江仍以"不知何处可以寻汪"为辞，反对派代表出国"迎汪"。[①] 只是在不得已的情况下，他才公布了蒋 10 月 3 日发来的电报。

出席联席会议的中共党员和国民党左派"每日会商一切"，终于使请汪精卫销假复职案全票通过。联席会议随即发表通电及"致各级党部函"："联席会议为革命之利益，念党国之前途，察同志之仰望，因于本月十八日一致决议，请汪同志销假复职。"[②] 决定派何香凝、彭泽民、张曙时、简琴石、褚民谊前往敦促。会议并向汪发出通电，请汪"即日命驾回粤"。

广州联席会议通过的"迎汪"决议案，基本精神是促成蒋汪合作。会议发给各级党部的通告写明："蒋介石督师前方，党务、政治任务繁重，汪同志亟宜销假，共同负责。"会议致汪电的主旨，是汪蒋"共肩党国巨任"。会议并通过"电慰蒋总司令决议案"："因工作之扩大，筹画之需人，特决议促汪精卫同志销假，与执事共负党政重责。"[③] 可见联席会议既"迎汪"，又拉蒋，企图使"迎汪"不触及蒋的利益，不引起蒋的反对，达到促成蒋汪合作之目的。

"迎汪"第一回合产生如此结果，并非偶然。

首先，当时各地虽抵制蒋，情绪强烈，但由于北伐还在继续，前方战事正激烈进行，北伐阵营中各类不满于蒋者，不得不有所克制或约束，试图用折中之法，以不打乱现有政

---

① 《K.M.T.中央地方联席会议经过情形》，《广东区党、团研究史料（1921—1926）》，第 466 页。

② 《中国国民党历次代表大会及中央全会资料》，第 278 页。

③ 《中国国民党历次代表大会及中央全会资料》，第 278 页。

治秩序为前提而提出"迎汪"。

其次，北伐开始后，国民党左派要求恢复政治指导权，"起来自负其责，直接与右派斗争"。左派虽有一定的群众基础，但"无有力的领袖"，故急于请汪回任。同时，由于广州仍在蒋系势力的控制之下，左派缺乏公开与蒋对垒的决心和勇气。这就形成了"迎汪空气极浓厚"，但却没有"明显反蒋"的格局。①

再次，中共中央7月会议确定的对国民党的政策，是"只能扶助左派而不能代替左派；只能联合左派控制中派使之左倾，而不能希图消灭中派"。基于这种认识，中共对"迎汪"一开始就持谨慎的态度。一方面，从巩固广东、造就一个左派核心着想，赞成"将党权和军权分开，请汪精卫回粤，党权交与汪精卫"；另一方面又从北伐考虑，不希望因"迎汪"而加剧蒋、汪矛盾，以免蒋"离开北伐前线"。这样，陈独秀就在主张"迎汪"的同时，极力拉蒋，极力将"迎汪"作出对蒋无害的解释。陈对蒋派来的使者说明"迎汪"的好处是：第一，可以增加国民政府的力量；第二，可以缓和蒋与各种实力派的矛盾冲突；第三，可望整顿广东政治。陈还认为，蒋一旦走了，继蒋而起者，未必可靠。中共强调"迎汪"必须在得到蒋的赞同的情况下才能提出来，并对"迎汪"作了严格的限制：一是蒋汪合作，不是"迎汪"倒蒋；二是维护蒋的总司令地位，不许别的军人拥汪倒蒋；三是不推翻"整理党务案"。

最后，蒋内心是反对汪回国的，但因种种缘故，他不得不表示"赞同"汪复出。主要是"迎汪"呼声太高，各地

---

① 《广东区党、团研究史料（1921—1926）》，第414—417页。

"迎汪"函电纷至沓来，李济深等人也亮出"迎汪"的旗号"向蒋进攻"。也由于蒋在前方处境不利，唐生智先占长沙而得湘，后克阳夏而据鄂，实力骤增，大有取蒋而代之势。蒋亲率的王、刘各部，纪律荡然，遇敌即溃，让他的名声一落千丈。在这种情况下，蒋10月3日不得不表示请汪复职。蒋的表态虽非出于真心，但他既表示赞同，则"迎汪"亦就不可能以抑蒋或反蒋的姿态出现。

"迎汪"第一回合，指导方一厢情愿，以自我限制、自我束缚的措施，去安蒋氏之心，形势估计、指导方针均有错失。但"迎汪"案的通过，在一定程度上抑制了蒋的政治野心和军权扩张。

## 第三节　迁都之争与"迎汪"抑蒋

北伐军占领武汉后，武汉逐渐成为全国革命中心，两湖工农运动迅猛发展，革命势力日益壮大。至1926年底，武汉工会组织发展到300多个，工会会员达30万人；34个县建立了农会，农会会员人数将近30万人。

两湖战事结束后，北伐重心移至江西。蒋将其嫡系部队布置于江西、福建一带，到处收编军阀部队，抢占地盘，扩充实力。11月8日，北伐军再克南昌，蒋逐渐摆脱了此前他所处之窘境。南昌、武汉对峙的局面，随亦形成。随着形势的变动，广州联席会议所作"迎汪复职、蒋汪合作"的决定，遂成为一厢情愿，对蒋不起作用的一纸空文。

这时，北伐阵营中围绕国民党中央、国民政府设武汉还是南昌问题，发生了一场"迁都之争"。

迁都武汉，本是蒋介石的主张。1926年10月22日，蒋致电张静江、谭延闿，针对广州联席会议关于国民政府仍暂设广州的决定，提出要将国民党中央执行委员会和中央党部迁至武昌。电文曰："武昌既克局势大变，本党应速谋发展。中意中央党部与政府机关仍留广州；而执行委员会，移至武昌为便。否则政府留粤，而中央党部移鄂，亦可使党务发展也。"① 同日，蒋又致电张、谭和鲍罗廷："政治人才大缺乏，更不宜分散各处，广东偏于一隅，且地方界限甚深，如党部移鄂，其进行必较粤为利，如欲发展，非速移不可。至于国民政府，仍设广州亦可也。"② 这两封电报说明，将国民党中央执行委员会、中央党部移往武昌，最初乃出于蒋的提议。

11 月 8 日，在武汉革命中心形成的情况下，国民党中央政治会议决定将中央党部和国民政府迁往武汉，"到武汉适中地点去指导全国"。蒋 19 日致电张静江、谭延闿，对此表示赞同，谓："中意中央如不速迁武昌，非政治、党务不能发展，即新得革命根据地亦必难巩固。此非中有所私。且中以后必不能驻武昌也。如中央与政府未迁武昌以前，中亦不到武汉。以此时除提高党权与政府威信外，革命无从着手，如个人赴武昌，必有认人不认党之弊，且自知才短，实不敢负此重任也。"③ 24 日，蒋接广东来电，知悉中央党部及政府将迁武昌，"喜惧交集。惧责任加重，不能兼顾广东革命根据地；喜党务与政治可以从此发展也"④。

---

①　《蒋介石年谱初稿》，第 754 页。
②　《蒋介石年谱初稿》，第 754 页。
③　《蒋介石年谱初稿》，第 800 页。
④　《蒋介石关于中央党部及政府迁移武昌喜惧交集之日记》，1926 年 11 月 24 日，《中华民国史档案资料汇编》（第四辑），第 373 页。

从 11 月 16 日起，在粤国民党中央执行委员和政府委员分两批北迁。先行赴汉的宋庆龄、陈友仁、徐谦、孙科、宋子文、鲍罗廷等，于是日从广州启程，23 日到达江西南康，12 月 2 日到南昌。12 月 4 日，宋庆龄等与蒋介石同赴庐山，次日召开牯岭会议，讨论财政、军事、迁都和"迎汪"等问题，制定收复东南的军事实施计划，提出统一财政方案，认为国民政府应早日迁武汉，敦请汪精卫回国，担任政府首脑。对此，蒋均表赞成。会后，蒋仍返南昌，各委员往武汉。国民党中央党部和国民政府于 12 月 7 日停止在广州办公。赴汉各委员于 12 日到达汉口，受到武汉三镇民众热烈欢迎。

鉴于广州党、政各部门已经停止办公，而政治、军事等问题亟须解决，第一批抵汉之中央执行委员、国民政府委员及有关方面代表于 13 日召开谈话会，认为有设一临时机构的必要，遂决定将谈话会改为国民党中央执行委员会、国民政府委员会临时联席会议（武汉中央临时联席会议），于中央党部、国民政府到武汉之前，代行最高职权，作为处理重要问题之机关。出席人员，以国民党中央执行委员、国民政府委员及湖北省政务委员会主席、汉口市特别党部、湖北省党部各一人为限。组成人员有徐谦、孙科、宋子文、陈友仁、鲍罗廷、宋庆龄、邓演达、吴玉章、王法勤、唐生智、詹大悲、董必武、于树德、柏文蔚、蒋作宾等；以徐谦为主席，鲍罗廷为总顾问，叶楚伧为秘书长。当中央临时联席会议在武汉成立时，蒋"来电赞成并且致贺"。[1]

---

① 国民党二届三中会全"本会经过概况"谓：中央临时联席会议成立之日"蒋介石同志亦来电赞成并且致贺"。见《中国国民党历次代表大会及中央全会资料》，第 300 页。

由谭延闿、顾孟余、何香凝、彭泽民、丁惟汾等组成的第二批北上人员,自 12 月 11 日起从广州出发,随行人员达数百人。到韶关后,中央各部职员取道湖南;谭延闿及各部长,则取道江西赣州。武汉中央临时联席会议知悉江西一行 12 月 31 日到达南昌后,宣布从 1927 年 1 月 1 日起,正式在武汉办公,同时决定将于 3 月 1 日在武汉召开国民党二届三中全会。

当张静江、谭延闿等到达南昌后,蒋于 1 月 3 日断然宣布要在南昌召开"中央临时政治会议",决定国民党中央党部、国民政府设南昌,"定夺东南"之后,再迁至南京,称此举出于"政治军事顺利发展之需要"。

蒋此时设国民党中央党部、国民政府于南昌,明显是想将党和政府置于个人控制之下。核心是以军制党、以军干政。国民党的"党权""政权",面临着来自军方实力派的严重挑战。

1 月 6 日,徐谦、宋庆龄、孙科、陈友仁等致电南昌,坚持"中央党部及国民政府宜照已定策略来鄂"。次日,武汉临时联席会议致电南昌,申明国民党中央机关所在地点,"应俟中央执行委员会全体会议决定;在未决定之前,武汉政局有维持之必要"。12 日,蒋到达武汉。武汉联席会议及各界反对迁都南昌。在欢迎蒋的宴会上,鲍罗廷说:革命要依靠人民群众,反对个人独裁。[1] 蒋认为鲍是公然羞辱他,后来在他的讲演中将鲍的话转述为:"蒋介石同志,我们三年以来,共事在患难之中,所做的事情,你应该晓得,如果有压迫农工,反对C.P 的这二种事情,我们无论如何,要想法子来打倒他的。"[2]

---

[1] 王宗华主编:《中国大革命史:1924—1927》(下册),人民出版社,1990 年,第 357—358 页。

[2] 蒋介石:《在庆祝国府迁宁大会宴会席上之演说》(1927 年 4 月 18 日),《蒋校长最近之言论》,第 72 页。

蒋对此耿耿于怀，返回南昌后，继续阻挠在南昌的两委委员赴汉，并提出对鲍要"驱而逐之"。蒋 21 日以政治会议名义，22日与张静江联名致电武汉，谓武汉"联席会议无庸继续"，应即成立政治会议武汉分会，转南昌商决中央驻地问题。蒋还说中央已在南昌开始办公，武汉联席会议既为中央停止办公期内之代行最高职权之机关，则名义上应予取消。①

武汉联席会议坚持认为，迁都武汉是既定方针，不容改变。这样，一场以武汉为中心，以反对蒋的军事独裁为目标的抗议运动，迅即掀起。共产党人与国民党左派组成"行动委员会"，提出"提高党权，反对个人独裁，实现党的民主化，迅速迁都武汉"的口号。宋庆龄、徐谦、孙科、陈友仁、吴玉章、于树德、邓演达、董必武、唐生智、张发奎等，纷纷发表通电，支持定都武汉。

当时，汪精卫是"党权"的象征。随着"党权"口号呼声高涨，"迎汪"口号再次响起。人们在各种场合，以各种形式，呼汪速出。武汉三镇、广州以至全国各地，处处张贴着"迎汪"的标语，"请汪复出的函电，如雪片飞来"，"提高党权的呼声不绝于耳"。②

广州 10 月联席会议作出"迎汪"决议后，汪于 10 月 23日从海外致书陈树人，谈了一通病况后，说惟望"宿疾告痊，稍能用我心力，以弥补此□月之疏懒也"，又说："报端见各处党部促弟销假之函电，病怀愈觉机楻□安。" 12 月 1 日，

---

① 《中国大革命史：1924—1927》（下册），第 358 页。
② 《中国国民党历次代表大会及中央全会资料》，第 300 页。《中央局关于全国政治情形及党的策略的报告（十、十一月份）》（1926 年 12月 5 日），《中共中央文件选集（2）》，第 376 页。

《黄埔日刊》以《汪党代表病愈消息》为题，刊出此函。[①]第二天，国民党中央执行委员会发表通电，请何香凝、陈树人电转汪精卫，请汪康复后"遄回销假，共襄大计"。[②] 1927 年 1 月 28 日，国民党中央党部致电汪精卫，催促汪早日启程回国。

处于北伐后方，且为蒋"发迹"之地的中央军事政治学校，在"迎汪"运动中，行动不落人后。3 月 23 日，《黄埔日刊》推出了"促汪销假复职特号"，发表了由埔校署名的《为促汪销假复职运动告全国民众》，并发表《促汪销假复职宣传大纲》，称汪是"党的思想行动的指导者"。埔校政治教官陈日新发表《促汪销假复职运动的意义》，教育长方鼎英发表《刻不容缓之汪党代表销假复职问题》，呼吁汪早日销假复职。[③] 在此时的蒋、汪对峙中，黄埔军校的多数教官学生，并未站在拥蒋一边。

广州 10 月联席会议的"迎汪"，是促使汪蒋合作；迁都之争的"迎汪"，却是迎汪抑蒋，试图以汪在党、在政治方面的影响，来抑制、抵制蒋的军事扩张。人们把汪当作蒋的"克星"，把制服蒋，扭转大局的希望，寄托在汪的身上。大有"斯人不出，如苍生何"的味道。这种情形，暴露了国民革命阵营的弱点与不足，说明人们并没有找到真正可以制服蒋的力量。但"迎汪"运动确也打到蒋的痛处，使他一度陷入被动。因为逼汪去职是蒋的一块政治疮疤。正如中共中央的文件所指出："蒋此时在全国迎汪高潮中，对汪亦只能有

---

① 《汪党代表病愈消息》，《黄埔日刊》1926 年 12 月 1 日。
② 《中央党部致汪主席电》，《黄埔日刊》1926 年 12 月 8 日。
③ 《黄埔日刊》1927 年 3 月 23 日。

暗斗，而不能有明争，更不至于有武装的冲突"。①

在武汉、广州等地"提高党权"的压力下，1927年2月8日，在南昌的两委委员议决："中央党部和国民政府迁至武汉"，"中央全体会议俟东南战事告一段落，另定日期召集"。2月27日，蒋发表宣言，表明："中正服役军事，受党重托，于军事方面，虽负总司令之责，而对于中央党部之决议，一时一刻，毋或少忘。每复训诰武装同志，服从个人为轻，服从党部为重，而服从三民主义为尤重。……此中正所以尤希望各同志体党之存亡，务使军队完全在党指挥之下，统一起来，勿使军队有统一于党之名，而行其个人割据行省之实者。"② 在南昌滞留的两委委员中，有主张速往武汉者，有冲破阻挠毅然离赣赴汉者，蒋遂陷于孤立。至此，迁都之争以蒋受挫而拉下帷幕。

## 第四节　"党权"与"军权"再较量

当反对蒋的军事扩张深入开展时，1927年3月10日至17日，中国国民党第二届中央执行委员会第三次全体会议在汉口召开。蒋对在汉召开国民党二届三中全会作过多番阻挠，最后与张静江拒绝到会。三中全会以"提高党权"，反对个人独裁和军事专制为中心，所通过的"对全体党员的训令"指出：

---

① 《对于目前时局的几个重要问题》（1926年11月9日），《中共中央文件选集（2）》，第297页。

② 《蒋介石对党务宣传大纲宣言》（1927年2月27日），《蒋校长最近之言论》，第26、27页。

自北伐军兴，军事、政治、党务之集中个人，愈使政治之设施不能受党的指导，而只受军事机关之支配。此种制度，弊害甚多，不但使党内之昏庸老朽分子盘踞于内，官僚市侩及一切投机分子乘机而入，因此纵成个人独裁、军事专政之谬误，妨害中央执行委员会在政治上之权威，形成党内投机腐化之倾向。且亦使军事呈纷争复杂之象，而不能收整齐统一之效。[①]

武汉时期国民党的文官领袖，有徐谦、顾孟余、宋庆龄、孙科、宋子文、陈友仁、何香凝等，替代了广州时的廖仲恺、胡汉民、汪精卫。这批人加上此时在汉的吴玉章、董必武、李达、李汉俊、詹大悲等，以邓演达为代表的总政治部为基础，欲对蒋的军权扩张，有所制衡与监督。武汉党权运动的高涨，缘由在此。

三中全会决定"使一切政治、军事、外交、财政等大权，均集中于党"，以提高国民党党权的权威。在提高党权原则下，改组国民党中央领导机构，实际上免去蒋的国民党中央常委主席、中央组织部部长和国民政府军事委员会主席等职。北伐"迎汪"运动，实现了请汪复职的目的，并削去蒋的部分权力。

然而，蒋并没有收敛。3月下旬，蒋离开南昌沿长江东下，进入上海后，随即准备暴力"清党"，不惜以发动一场流血政变，来转移武汉带给他的政治危机。蒋喊着"打倒军阀"的口号，走进了新军阀的行列。

---

① 《国民党中央二届三中全会对全体党员训令》（1927年3月16日），《武汉国民政府资料选编》编辑组：《武汉国民政府资料选编》，1986年，第109页。

当武汉"迎汪"运动展开时，汪从海外打道回国。中山舰事件时，蒋对汪口诛笔伐，指责汪"抹杀总理人格，消灭总理系统，叛党卖国，一至如此，可痛乎？"仇汪、倒汪之心，跃然纸上。现当汪即将被"迎"回来时，蒋的文章、讲话，变了调子。蒋2月21日在南昌总部第14次纪念周演讲中说：

> 汪精卫同志，谭祖安（谭延闿）同志，张静江同志，这三位主席，乃为本党和国民政府及一般同志，以及总理在生时所最信任，最亲爱的！……汪精卫同志和中正的关系，我们两个人是如手如足的，可以说我们是最亲爱的同志！……如我中正想一个人把持党，不要汪精卫同志出来，中正便是没有人格，谁都可以来杀我的！①

2月间，蒋在总司令部南昌特别党部成立大会时的演讲中说：本党（民国）十三年改组以后和国民政府成立以来，在政务上在党务上，肯努力，肯牺牲的，"就当推汪精卫同志"。②2月27日，蒋发表《对党务宣传大纲宣言》，文曰：

> 自去春汪精卫同志因病请假，党日分离，反动者得以肆其造谣惑乱之机，而挑拨者更因缘时会，反间唆煽，中正与汪同志，在个人为良友，在党内为共同奋斗之三民主义信徒。分之为全党失败之基，全之为革命完成之利，函电往返，销假无期。……中正曾下决心，如汪同志更不归国，共负艰难，惟有辞职以谢同志，此中正希

---

① 《蒋校长最近之言论》，第5—6页。
② 《蒋校长最近之言论》，第17页。

望各同志共同敦促汪精卫同志销假复职，使党内领袖刁
结一致者三也。①

蒋在致国民党中央并答长沙市党部的电报中说："查汪
精卫同志之复职，中正为主张最力之一人；披肝沥胆，叠电
促归；今幸回国有期，群情可慰。"②3月12日，即武汉三中
全会召开时，蒋发表《告黄埔同学书》说：

> 汪精卫同志复职一事，中正函电敦促，何止再三，
> 最近且电告汪同志，如其再不归国共负艰难，唯有辞职
> 以谢同志，中正认为汪同志销假，于党国有绝对之必
> 要，其唯一障碍即在抹却事实造谣挑拨忘〔妄〕思离间
> 吾二人感情之徒，故排除障碍，首先应认清真相。③

4月2日，汪返至上海，发表通电云："兆铭遵命启程
回国，已于二日到沪，应如何工作，敬候指示。"蒋即于2日
发表《拥汪通电》，曰：

> 汪主席病假经年，不特全国民众渴望仰慕，党国政
> 要亦蒙受重大影响。中正曾经迭电促驾，今幸翩然出
> 山，恍若大旱之获甘露，莫名欣慰。汪主席在党为最忠
> 贞之同志，亦为中正生平最敬爱之师友；……今后党政
> 主持有人，后顾无忧，中正得以专心军旅，扫荡军阀，
> 恪尽革命天职。凡我将士，自今以往，所有军政、民

---

① 《蒋校长最近之言论》，第26页。
② 《蒋校长最近之言论》第28—29页。
③ 《蒋校长最近之言论》，第33页。

政、财政、外交事务，皆须在汪主席指挥之下，完全统一于中央，中正率全军而服从之。[1]

蒋以上言论，让人产生蒋汪亲如兄弟、情同手足之感。4月3日至5日，蒋拉汪参加吴稚晖、何应钦、陈果夫、李宗仁、白崇禧等的秘密会议。很显然，在汪回国前后，蒋的态度已由拒汪变成拉汪，企图将昔日政敌，变成今日伙伴，变成他搞反共"清党"的同盟者。

这时，武汉方面也加紧做争取汪的工作，当务之急，是阻止蒋汪结盟。鲍罗廷说："我们要设法使精卫同志不被他们利用。"[2]武汉地区"迎汪"的呼声，不仅比过去高涨，而且包含着告诫汪须认清形势的意思。4月5日，陈独秀、汪精卫发表"联合宣言"，主题是"申国共合作之旨"，宣称将"建立一个各被压迫阶级的民主独裁来对付反革命"。从陈独秀来说，有拉汪反蒋之意；从汪来说，则是他从国外回来后的首次政治亮相。4月6日，汪离沪赴汉。

汪此时离沪赴汉不是偶然的。首先，武汉方面一直以汪为政治领袖，大多数人是拥汪的，共产国际和共产党人也认为汪是左派领袖。汪到汉可以重掌大权，与蒋争雄于天下。相反，如果留在上海，汪势必失去最有力的政治支持而成为蒋的附庸。其次，武汉此时仍然是革命中心，与上海的对立虽然一触即发，但武汉地区工农的势力仍很大。汪可以借助于这种形势，重登权力之巅。最后，汪蒋矛盾很深，积怨很多，汪深知蒋之为人。所有这些，都促使汪不得不离蒋而去，

---

[1]　蒋介石：《拥汪通电》，1927年4月3日。

[2]　《鲍罗廷在中国的有关资料》，中国社会科学出版社，1983年，第200页。

到武汉作新的政治博弈。

然而，此时国民革命的失败已成定局，武汉党权运动的高涨，只不过是中国大革命运动失败的回光返照。而汪这时种种表演，也不过是他动摇、变身及同蒋合流的前奏。持续多时、举世瞩目的迎汪运动，至此降下了帷幕。

北伐时期蒋、汪关系的斗争，是中山舰事件以来蒋、汪权力角逐的继续。蒋以制造中山舰事件、"整理党务案"实现逼汪去职和以蒋代汪，这样一来，便缺乏足够的正统性依据。北伐初期蒋在两湖、江西所陷的困境，也说明蒋的资源不足。"迎汪"运动是武汉国民党文官集团引领、以左派为主体的一场运动，动员面较广泛，高潮一个接一个。这场以反对蒋的"军权"扩张为目的的运动，最后却以形成蒋的军事独裁而告终，其结局耐人寻味。

在指导思想、策略方针上，"迎汪"运动存在一些问题。

北伐开始后，共产党和苏联顾问对蒋的政治定性，是所谓"中派"，或"武装的中派"，是团结、争取的对象。"迎汪"运动的指导者，对蒋在北伐中的作用估计过高，生怕一不小心让蒋翻脸而去，从而影响北伐大局。陈独秀等对"迎汪"作种种自我限制，一开始就强调："迎汪""虽成为前方将领后方民众的一致呼声，明知蒋无力反对，然而我们还是主张先得蒋有一表示方发动"。陈并主动以不推翻"整理党务案"、维护蒋的地位及帮助蒋发展为条件，去换取蒋对"迎汪"的赞同。[①]此为捆自己手脚，求蒋氏安心。陈等对联蒋、和蒋显得主动、热衷和积极，在很长一段时间内，把"迎汪"限定在促成汪蒋合作和促蒋左转的范围内，而不想越此雷池一步；而对抑制蒋

---

① 《中央局关于全国政治情形及党的策略的报告（十、十一月份)》（1926 年 12 月 5 日），《中共中央文件选集（2)》，第 375 页。

的权力扩张，则处处显得被动和软弱，以致为蒋的态度所左右，让他牵着鼻子走。对蒋委曲求全的结果，不但不能控制蒋和使之左倾，反而让蒋在独裁扩张的道路上越走越远。

对汪精卫其人缺乏正确认识。表现为将汪理想化、定型化，甚至偶像化，没有看到他过去与现在的区别、表面与本质的区别。其结果，将策略上的"迎汪"搞成政治上的崇汪和拥汪，此为方向性错误。中山舰事件后，身为国民政府主席和军事委员会主席的汪精卫，屈服于蒋的军事压力而消极隐退。这表明汪是软弱无力的，汪的历史作用已完结。汪政治上的所作所为，带有极大的投机性和强烈的领袖欲，汪充其量只是个暂时的同路人，而非真正的革命者。"迎汪"运动指导者看不到中国阶级关系的复杂性，用僵化的、一成不变的眼光去看待昔日的同盟者，忽视中山舰事件前后汪的变化，忽略了表面现象背后的本质问题，不恰当地抬高了汪的地位和作用。他们不是把"迎汪"作为动员争取群众、发展革命运动的策略手段，而是把扶汪复职当作解决中国革命问题、挽救革命危机的灵丹妙药，以为汪一旦重新上台，一切问题将会迎刃而解。

北伐前夕开始的蒋以军制党、制政的所作所为，已是蒋对国民党、国民政府权威的严重挑战。面对军事实力日益扩张的蒋，无论是鲍罗廷还是汪精卫，这时都已拿不出什么可以制衡、约束他的手段。中共中央提出的监督、制衡、约束蒋的政策，只有到工农商学和北伐军的新兴力量中，才可能找到落实的基础。但指导者忽略了这个带根本性的问题。他们不是采取正确的方针去壮大工农力量，而是试图以限制工农的举措，去争取蒋的由右向左。这不但不可能使蒋向左转，反而严重阻碍了工农运动的发展。

北伐前期，迅速发展起来的是国民革命军第八军、第四军、第七军。"以唐之第八军实力最雄厚，合一、二、三、六军之总合始能及八军，湘、鄂实权均在唐手。"① 由于多数军事将领同属于保定系（保定军校），唐生智还得到第四军、第七军保定系军人支持。"迎汪"运动指导者，本可以运用这几个军的力量去制衡、约束蒋，进而逐步建立起由国民党和国民政府来掌控军队的机制，实现党权、政权、军权的合理配置。但当时却没有这样做。他们先是抑制唐，明确提出不许有的军人（主要是指唐）拥汪倒蒋或取蒋自代，试图以此取得蒋的信任；然后又提出"我们现时对于蒋、唐的冲突，不去助长，也不去消灭，只维持其平衡"②。他们还认为：让蒋东下取得浙、闽、赣三省，听其自成局面，就可以消除蒋、唐的地盘冲突，使蒋"不必再回汉口与唐生智冲突，回广东与汪精卫冲突"③。这些设想与举措，不是对蒋的"控制"，反而是对非蒋系军人加以"控制"，结果势必导致对蒋的完全失控，使国民党及其政府完全置诸蒋的军队控制之下。

总之，北伐"迎汪"运动，迎回了本来已经败出广州政坛的汪精卫，让他复职掌权，重新置于国民党"最高"位置上，但是最后既不能抑制军权日益扩张的蒋介石，也不能将国民党引上正轨，更不能挽救国民革命的危机。事态的进一步发展，是 1927 年 7 月 15 日汪的武汉"分共"。迎汪抑蒋，又这样一步步演变为汪蒋合流。

---

① 《中央局关于全国政治情形及党的策略的报告》（十、十一月份）（1926 年 12 月 5 日），《中共中央文件选集（2）》，第 374 页。文中的"唐"是指唐生智。
② 《中央局关于最近全国政治情形与党的发展的报告》〔1926 年 9 月 20 日），《中共中央文件选集（2）》，第 240 页。
③ 《中央局关于全国政治情形及党的策略的报告》（十、十一月份）（1926 年 12 月 5 日），《中共中央文件选集（2）》，第 365 页。

# 第十八章　黄埔军校在北伐期间的扩展

## 第一节　中共黄埔党团的活动

北伐期间，黄埔军校的政治环境出现了若干变化。因北伐兴师，各地革命运动高涨，军校内外，人心振奋，大大激荡着军校官生的革命热情。此外，蒋介石离粤后，军校人事变更，以共产党人为骨干的军校政治部有所加强。这样，处于北伐后方的黄埔军校遇到了一定的转机，出现了一些新的气象。

这一期间，中共黄埔党团的活动，对埔校的革命化建设和对外扩展，发挥了积极作用。

中共黄埔党团是在中山舰事件后成立的。党团成员饶来杰回忆：3月20日后，熊雄到中共广东区委向陈延年、周恩来汇报军校的情况，要求加强军校党的组织和领导力量。广东区委当即决定抽调饶来杰以区委特派员名义，到黄埔军校负责党的组织工作。饶来杰，江西南昌人，曾留学法、俄，1925年秋回国。1926年4月初，饶到埔校政治部报到，以政治部图书管理员的公开身份，开展中共广东区委交办的工作。中共在黄埔军校的组织，前三期称直属支部，第四期称特别支部。饶到校工作后，广东区委指示另设黄埔党团，由熊雄、恽代英、聂荣臻、陈赓、饶来杰组成。[1] 饶来杰称，黄埔党团是中共在黄埔军校的"核心组织"。

黄埔党团成立后，针对中山舰事件和北伐前后的新情况、新问题，开展了一系列的工作。

第一，加强党内教育，统一思想，稳住阵脚。在中山舰事件中，当迫害、打击突如其来时，党内难免有人茫然不知所向，有的人激于义愤，不顾一切，盲目而动。黄埔党团有针对性地做了许多工作，批评了个别学生（中共党员）鲁莽、急躁的行为，遏止惊惶失措情绪的产生。党内认识逐步统一，阵线归于稳定。

第二，调整策略，有步骤地、主动地作出退让。4 月 10日，中国青年军人联合会发表"自动解散通电"："青年军人联合会以蒋校长及廖党代表付托之重，不敢稍自逸豫，严词痛辟，无稍假借。惟态度容有不逊，措词间有不恭，然区区为革命、为本党、为拥护革命的三民主义的真诚自信可见谅于人，但因此遂引起各方之误解，还有以本会为自立门户毁谤于革命领袖之前者，而本会同志才能又太简陋疏忽粗直，竟愈贻人以口实，影响若此，诚非始料所及。"[2] 宣布即日起，自动解散。青军会并发表《上蒋校长书》及《致孙文主义学会书》，申明成立的初衷及自动解散的旨意。当谣言四起，毁谤横来，而蒋已发布取消校内组织通令时，青军会宣布自动解散，实为委曲求全、顾全大局、维护黄埔军校之举。

---

① 饶来杰：《回忆中共党组织在黄埔军校的活动情况》，《广东文史资料》第三十七辑，第 14 页。

② 《黄埔军校史料（1924—1927）》，第 347 页；《黄埔军校史料（续篇）》，第 309 页。

中国青年军人联合会解散后，孙文主义学会也跟着解散。随之，蒋宣布解散国民党黄埔军校特别区党部，重新组织军校特别区党部筹备改组委员会，以方鼎英、张定璠、张治中、张与仁、熊雄5人为筹备委员，欧阳继修（阳翰笙）为筹备总干事。5月28日，蒋主持特别区党部选举，选出张治中、袁同畴、蒋先云、贾伯涛、范荩、杜心树、贾声、霍煜为执行委员；严重、方鼎英、熊雄为监察委员。在这次选举中，共产党人也作出了退让，当选的人员中，只有蒋先云、范荩和熊雄3人是中共党员。

第三，坚决抵制蒋介石对共产党员的退党诱逼。中山舰事件后，蒋最关心、最为投入的，是诱使中共党员退出共产党。为此，饶来杰向中共广东区委书记陈延年请示，陈延年斩钉截铁地说："一个都不要向所在单位国民党党部表态，尤其是一向没有暴露中共党员身份的人更应保持常态。"[1]饶将这一精神传达至军校各基层党小组。此时，黄埔系统有中共党员500多人（周恩来语），蒋介石诱逼的结果，只有39人退出共产党，而已暴露的共产党员，却有250多人退出了国民党。北伐出师之前，蒋又在6月7日、6月28日的讲话中，反复强调，限时限刻，诱逼共产党员"自动"退出共产党。由于共产党人的坚决抵制，蒋的目的仍然没有得逞。

第四，对蒋成立的黄埔同学会，抱不即不离的态度，有原则地参与其中的一些工作。北伐前夕，为加强对黄埔同学的掌控，蒋决定成立黄埔同学会，指定贾伯涛、李正韬，曾扩情、伍翔、余程万、杨麟、梁广烈、钟焕群、蒋先云等人

---

[1] 饶来杰：《回忆中共党组织在黄埔军校的活动情况》，《广东文史资料》第三十七辑，第15—16页。

（后增加葛武棨、李超、胡静安、关巩等）为筹备委员。6 月
27 日，黄埔同学恳亲大会召开，选举黄埔同学代表，当选
者：第一期，曾扩情、贾伯涛、余程万、杨其纲、刘仇西、
伍翔、蒋先云（蒋先云表示"不受选"）；第二期，余洒度，
葛武棨、杨引之、陈超、蒋友谅、关巩；第三期，黄仲翔、
黄格君、曾晴初、金亦吾、张炎；第四期，杨新民、张兆尼、
魏亮生、史保亭、李联珍、王庭汉。恳亲大会的召开，标志
着黄埔同学会正式成立。

6 月 29 日，蒋召集黄埔同学会筹备委员及黄埔同学代表
联席会议，宣布由他自任会长，曾扩情为秘书；总务科长李
正韬，科员游步瀛、李超、金亦吾；组织科长杨引之，科员
刘仇西、陈超、黄仲翔、张炎、杨新民、张兆尼；宣传科长
余洒度，科员葛武棨、关巩；监察委员刘汉珍、伍翔、蒋友
谅、杨其纲、蒋先云、贾伯韬、余程万、胡静安、曹勖、魏
亮生、李联珍、黄格君；潮汕分会组织员吴斌、刘汉珍、牟
庭芳、高明、陈泰运、彭熙、李劲夫、王吉树、胡秉铎，以
胡秉铎为秘书；入伍生部分会组织员贾伯涛。随后，蒋又指
派林桓为组织科员，郑峻生、周复为宣传科员。①黄埔同学会
是以蒋为中心的组织，其简章规定："校长为本会会长"，
"一切会务均听命于会长"。②

黄埔同学会成立初及其后一段时间内，共产党人对黄埔
同学会的态度是不即不离，即既不积极，也不反对。除蒋先
云声明"不受选"外，其他人未作直接抵制。有一些党员

---

① 关巩：《黄埔同学会成立经过》，《黄埔军校史料（1924—
1927）》，第 387—388 页。

② 《黄埔同学会简章》，《黄埔军校史料（1924—1927）》，第
383 页。

（游步瀛、刘仇西、蒋友谅、杨新民、杨其纲、胡秉铎、魏亮生、李联珍等）还参与其中的一些工作，这不排除有组织安排的可能，且掌握了黄埔同学会一些宣传阵地（《黄埔潮周刊》、《黄埔旬刊》等），开展了不少有益于国民革命运动的活动。

虽然如此，随着形势的变动，黄埔同学会最终未能改变其以蒋介石为中心、为蒋所利用和跟蒋走的性质和方向。黄埔同学会秘书曾扩情（一期）后来说：黄埔同学会实质上是蒋的个人御用工具，"为蒋介石的法西斯独裁统治建立了初步的基础"。[①]后来横行于中国军界、政界的"黄埔系"，根源于此。

第五，坚持革命原则，维护埔校官生的团结。蒋介石北上之前，于7月26日对埔校各部、处负责人讲话，将"禁绝小组织、小团体"作为临别赠言，指令印发全校。蒋这一举动，显然是针对共产党的，欲将中共在埔校的活动，定性为"小组织""小团体"的活动，进而加以"禁绝"。

对此，埔校政治部代主任、黄埔党团负责人熊雄于8月13日在《黄埔日刊》上，发表《对于校长"临别赠言"的说明》，将蒋的口号作了为维护军校的革命团结的解读。熊雄说，这一口号的意义，就是要"统一意志，团结精神"，要点是：其一，孙中山"主张容纳各派革命分子"原则，是"不可移易"的原则，必须坚持；其二，所谓"小团体"，是"纯以乡土或感情而结合"的团体；其三，"至C.P.则另一个问题，他既是代表工农的政党，自有其独立性，各能认清合作

---

[①] 曾扩情：《黄埔同学会的活动情况》，《黄埔军校史料（1924—1927）》，第391页。

的原则，自当了然，尤其在黄埔公开之后"。① 熊以上"说明"，坚持孙中山革命原则，对"小组织""小团体"作了界定，将帽子掷还适合于戴这种帽子者，并严正维护中共的独立性。对"禁绝小组织"一语，熊雄加了"党内"两个字，完整表述为"党内禁绝小组织"，将国民党和黄埔军校内破坏革命团结的小帮派，列为"禁绝"的对象。

对蒋介石提出的一些口号，埔校共产党员的对应之策，就是将口号接过来，以正确的原则加以解读，赋诸革命含义，使之成为对革命运动的发展有益的口号。黄鳌（一期生，中共党员）在《黄埔潮周刊》发表《黄埔同学应注意的几点》一文，就是这一策略的运用。这篇文章对"加强团结"的思想意义，作了全面的阐述：首先，团结并非只是因为黄浦同学的关系，而是因同为国民革命效力，同在一条战线上奋斗的关系；其次，不能只在黄埔同学中讲团结，对非黄埔同学的革命同志，也要团结，不能对非黄埔同学的同志加以歧视；最后，讲团结，就要维护国民革命的联合战线。② 经过这样的解读，实际上抵消了蒋介石以封建、宗派思想控制黄埔军校学生的企图。

第六，加强正面教育，团结大多数。北伐开始后，蒋离粤北上，对军校的掌控有所松动，黄埔军校的革命气氛持续高涨。在这种情况下，埔校共产党组织积极开展正面教育，因势利导，通过各种渠道，在埔校期刊上刊发了一系列公开宣传马克思主义、坚持联俄联共、维护国共合作的文章。埔

---

① 熊雄：《对于校长"临别赠言"的说明》，《黄埔日刊》1926年8月13日。

② 黄鳌：《黄埔同学应注意的几点》，《黄埔潮周刊》第八期，1926年9月。

校政治部在《黄埔日刊》开辟"政治问答"专栏，有针对性地解答学生提出来的各种关于理论、政治、政策和思想认识方面的问题，帮助学生提高政治鉴别力，辨明大是大非。埔校政治部还在学生队增设政治指导员，加强对学生的引导和指导。[①] 这样，黄埔军校正气张扬，左翼阵营的力量与声势不断提升。

当时，孙文主义学会已宣布解散，但有的人仍在暗中活动，挑动是非，拨弄暗潮。在上述正气张扬的氛围下，这类活动不断被曝光，其成员不断分化。黄埔四期生符琇，陕西泾阳人，入伍训练时在惠州加入孙文主义学会。符虽然只是一名学生，此前却在《向导》杂志上与陈独秀打过笔墨官司，算是小有锋芒者。[②] 1926 年 11 月 16 日，符琇在《黄埔日刊》刊出"早已退出孙文主义学会"的启事；次年 1 月 7 日，符又发表反思文章——《我过去的错误》，并揭露孙会之"恶迹"。继符琇之后，有粟亢麟、潘质、王为、贺奎年、李培、梁文芳、谢斌等发表声明，宣布与孙会划清界线，退出其暗中操纵的小组织。

第七，加强党的自身建设。经过大量、细致的党内教育，沉机应对，埔校中共党团不但抵制了蒋对共产党员的退党诱逼，保全、稳定了埔校党的组织，而且不断吸收新党员，发展、壮大党的队伍。有不少人是面对险情逆势而上，毅然申请加入共产党的。如四期生饶绘峰，就是在中山舰事件后、

---

① 军校政治部于 1926 年 11 月制定《政治指导员体例》，高玉峰、姚成武、尹伯休、苏文骏、廖划平、潘超世为第一至第六队政治指导员。见《黄埔日刊》1926 年 11 月 20 日。

② 陈独秀：《致张人杰符琇黄世见冥飞等》（1926 年 9 月 13 日），《陈独秀书信集》，第 412 页。

"整理党务案"发生的阴云密布的 5 月间，在农民运动讲习所宣誓入党的。上海大学社会系学生罗懋其（后名罗鬈渔），也是在北伐期间，在农讲所由陈延年主持宣誓入党的。罗隆后到埔校任政治教官（中华人民共和国成立后，罗在中国人民大学工作，任《教学与研究》总编、清史研究所所长）。埔校各级党的组织，也逐步建立，黄埔党团之下，设立有总支、支部和小组。①

1927 年 3 月，国民党黄埔军校特别区党部改选，选出孔韦虎、陈良、甘竹溪、李诚、邹今海、曾武烈、韦凤喈、胡启图、陈葆华为执行委员，李永光、尹沛霖、周仲英、廖朴、杨若涛、陈建文、邱凌为候补执行委员，方鼎英、熊雄、吴思豫、谭其镜、何焜为监察委员，游于艺、胡彬文、金孟坚为候补监察委员。以上当选者中，韦凤喈、陈葆华、尹沛霖、周仲英、廖朴、杨若涛、熊雄、谭其镜、何焜等为共产党员。

同月，中央军事政治学校政治部秘书、中共黄埔特支负责人杨其纲发表文章说：在中国，"有了无产阶级群众，当然也有无产阶级政党的组织"。明确说黄埔军校的每期学生，都有中共党员。②杨文表达的意思是，共产党人在黄埔军校的地位不容置疑。

综上所述，北伐出师后，几个月之间，革命形势高涨，在蒋对埔校的掌控相对松动的情况下，共产党人经过艰苦的努力、大量深入细致的工作，逐步驱散了笼罩在广州上空的中山舰事件、"整理党务案"的阴云，一步步从困境中走了

---

① 在中央军事政治学校人物的资料中，北伐期间，出现团建立中共总支、连建立支部，炮、工科有"党团"的记述。有关情况，有待于进一步查证。

② 杨其纲：《本校之概况》，《黄埔日刊》1927 年 3 月 1 日。

出来。中共在黄埔军校的活动，逐渐复苏，并打开了一片新的局面。

## 第二节　第五、六期教官与学生

### 一、第五、六期教官

北伐战争开始后，黄埔军校的组织、人事，相应有所变更，由原入伍生部主任、教育长方鼎英主持全校事务。方受蒋的信任，有办学经验，较为务实。方的治校班子，亦较专注于办学。此时，黄埔军校的许多军事教官参加了北伐，如何应钦、邓演达、张治中、严重、王柏龄、刘峙等。北伐出师前后到埔校工作的，有教练部主任李铎，教授部主任吴思豫、张华辅，经理部主任钟岳峻，等等。在埔校工作的，有日本帝国大学造兵科毕业的成仿吾（中华人民共和国成立后任中国人民大学校长，是著名的教育家）；毕业于美国斯坦福大学和威斯康辛大学，获哲学博士学位的何浩若；毕业于德国柏林大学，获法学博士学位的廖尚果（青主）等。何浩若在黄埔期刊上发表《从帝国主义的老巢到东方革命生策源地》。1927年2月24日，国际工人代表团参观黄埔军校，廖尚果和夫人荫嘉（德籍）参与接待，并发表了演说。[①] 毕业于云南讲武学堂的朝鲜人崔庸健（崔石泉），任第五期第二区队少校副队长。苏联顾问罗加觉夫，此时也在黄埔军校工作。

北伐期间，第四期政治部的工作人员，不少仍留在黄埔军校工作。中山舰事件后，蒋要求中共党员退出国民党和黄

---

① 　《总政治部欢宴国际工人代表团盛况》，《黄埔日刊》1927年2月28日。

埔军校，埔校政治部副主任熊雄本属应退之列。但在 1926 年
4 月 27 日，熊仍被聘为黄埔军校特别党部筹备委员会委员，
5 月 22 日当选为军校特别党部监察委员。7 月 29 日，政治部
主任邵力子与政治部同人话别，此后政治部的工作即由熊雄
全面负责，并于 12 月 14 日正式代理政治部主任。12 月 24
日，熊雄、萧楚女、张秋人、孙炳文被聘为黄埔军校特别区
党部政治顾问；安体诚、张秋人等 40 人被聘为宣传委员会委员。

　　恽代英从 1926 年 5 月起，接高语罕任政治主任教官。由
此至本年底，恽代英主要在黄埔军校工作。恽所撰《第四期
同学录序》谓："这一期同学是与我相处很久的"，"此数月
以来，置身于此革命的学校，与我三千同学蓬勃的革命精神
中间，身心所受鼓舞之益，殊非浅鲜。"① 恽离开广州后，政
治主任教官改由孙炳文担任。孙为朱德挚友，曾与朱德同赴
德国留学，到广州后任广东大学教授、北伐军总政治部秘书
长、总政治部后方留守处主任。1926 年 11 月 26 日，军校政
治部召开第五期第一次政治工作会议，宣布恽代英赴前方，
孙炳文"奉校长、教育长命令，代恽主任教官职务"。留埔校
工作的，还有军官政治研究班主任教官韩麟符。

　　中共黄埔特别支部负责人杨其纲，继续在政治部工作，
任中校秘书。一期毕业生谭其镜（第二、三期政治部职员），
任第六期入伍生部政治部主任。欧阳继修（阳翰笙）任入伍
生政治部秘书，兼政治教官，同时是入伍生部中共党组织的负
责人。一期生游步瀛、三期生饶荣春在黄埔同学会工作，任
《黄埔潮周刊》编辑。三期生尹伯休，任训练股上尉股长。

　　北伐期间，先后到中央军事政治学校工作的，有施存统、
萧楚女、熊锐、黄克谦、罗懋其、陈日新、李求实、张今铎、

①　恽代英：《第四期同学录序》，《黄埔日刊》1926 年 8 月 4 日。

宋云彬、张鸿沉、李元杰、苏怡、彭士浩、张庆孚、宛希先、应修人、任卓宣、陈祖康等。上列人员，当时均为中共党员。其中施存统为中共早期组织成员、中国社会主义青年团第一届中央执行委员会书记，1926年9月到广州，任黄埔军校政治教官，讲授《马克思主义与孙文主义》。萧楚女是《中国青年》编辑、上海大学讲师，1926年初到广州，任农民运动讲习所专职教员，11月到黄埔军校任政治教官，讲授《社会科学概论》《帝国主义侵略史》等。罗懋其（政治部少校教官）曾协助萧楚女整理文稿，撰联赠萧："一身浩然正气，满腹锦绣文章。"熊锐早年赴法、德留学，获博士学位，回国后任广东大学教授，1927年初到军校任政治教官。黄克谦（黄松龄）为日本明治大学研究生，1926年经恽代英引入黄埔军校任政治教官，讲授《帝国主义侵略中国史》《三民主义》。陈日新（陈涛）毕业于日本庆应大学经济学系，1926年到广州，同年底任黄埔军校政治教官，作"北京'三一八'运动的回顾"等讲演等。李求实为莫斯科东方大学学生，回国后任共青团广东省委宣传部部长，兼埔校政治教官，讲授《国民革命概论》《青年运动》（后为"左联"五烈士之一，1931年2月牺牲）。中共广东区委宣传部负责人任卓宣（后名叶青），被聘为军校第五期政治教官，讲授列宁的历史与理论。宋云彬、张鸿沉、李元杰为《黄埔日刊》编辑，宋的职务是政治部编纂股少校股长。苏怡为北京大学学生，中山舰事件后不久到广州，被安排到军校入伍生部工作，负责编辑《先声旬刊》（后改名《民众的武力》）。张庆孚毕业于上海大学，经恽代英介绍于1926年秋天到黄埔军校，任第六期入伍生部政治教官。

　　第三期学生姚成武、第四期学生李逸民（叶书，中华人民共和国成立后任中国人民解放军总政治部文化部部长），毕业后调任《黄埔日刊》编辑。何焜任第五期国民党特别区党部执行委员。第四期炮科学生郭俊英（郭化若），任第五期炮科代理区队长，并任第五期炮科中共支部书记，炮、工科党团书记（郭化若后为杰出军事理论家、教育家）。

## 二、第五期学生

第四期学生升学时，该期未升学的入伍生，编为第五期入伍生第一团；1926 年 3 月至 7 月底，陆续招收的入伍生，编为第二团。第五期入伍生分驻市郊燕塘等地，入伍生部随由天平街迁往肇庆会馆。9 月 16 日，第五期入伍生奉准开学。至 11 月，经升学考试合格者，升为正式学生，于 11 月 15 日举行开学典礼。设步科、炮科、工科、政治科、经理科 5 科，共 6 个大队、17 个中队、53 个区队，总共 2600 多人。

### 第五期学生开学初编队、分科、人数和驻地情况[①]

| 队别 | 分科 | 人数 | 中队数 | 区队数 | 驻地 |
|---|---|---|---|---|---|
| 第一学生队 | 步科 | 800 | 4 | 16 | 燕塘 |
| 第二学生队 | 步科 | 800 | 4 | 16 | 校本部 |
| 第三学生队 | 炮科 | 200 | 2 | 4 | 曾家祠 |
| 第四学生队 | 工科 | 200 | 2 | 4 | 曾家祠 |
| 第五学生队 | 政治科 | 450 | 3 | 9 | 蝴蝶岗 |
| 第六学生队 | 经理科 | 200 | 2 | 4 | 蝴蝶岗 |

11 月底，第五期的炮科、工科、政治科 3 科学生奉命北上，开往已为北伐军占领的武汉，与当地新招收之男女入伍生总队，合称为中央军事政治学校武汉分校。

第五期入伍生招生、入学正值两广统一、准备北伐之时。

---

① 恽代英：《致政治教官公函》，《黄埔日刊》1926 年 12 月 19 日。

因革命声势壮大，各地青年报考黄埔军校的热情随之高涨。来自湖南祁阳的陶铸（陶剑寒），由入伍生升为第五期学生，编入第十区队。黄埔第五期同学录查不到陶的名字，[①] 而《黄埔日刊》（1927年2月2日）则刊出他的《革命军人的学识与人格》一文。中华人民共和国成立后，陶铸任国务院副总理、中共中央书记处常务书记。张宗逊，陕西渭南人，先赴河南报名，后经上海到广州，入校后编在入伍生第二团第二营第五连，中山舰事件时公开了自己的中共党员身份，升为学生之后，编入政治科第二队。杨至成，贵州三穗人，侗族。许光达，湖南长沙人，入读黄埔军校前已加入中共，入校后编在入伍生第二团，升学后编在炮兵科。许光达在黄埔军校的听课笔记，是极为罕见的一份黄埔军校的历史遗物。中华人民共和国成立后，许光达授大将衔，杨至成、张宗逊授上将衔，是出自黄埔军校第五期的杰出将领。中国人民解放军中将谭希林、少将廖运周，也是黄埔五期学生。

目前所知入读过黄埔军校第五期的，还有潘忠汝、陈葆华、文绍珍、马心一、张鹏翥、尹沛霖、毛定方、吴福畴、丘隶华、唐有章、凌栖、姚家芳等。以上各人，当时为中共党员。国民党军队将领吕旃蒙、刘眉生、陈克非、杨家骝、柳树人、李鸿、胡家骥、龙天武、郑庭笈、唐守治、彭孟缉、陈文杞、邱行湘、陈孟熙、陈恭澍等，均为黄埔五期入伍生或学生。国民党军队中将军长郭汝瑰，也是黄埔军校五期生。郭汝瑰后来实际是中共隐蔽战线的一员。

1927年4月后，因宁汉对峙，黄埔军校第五期的毕业典

---

① 黄埔军校第五期部分学生在学时已北迁武汉，未毕业又发生了"清党"与"分共"。可能因为这一原因，黄埔军校第五期同学录是不完整的，许多第五期学生在本期同学录查不到名字。

礼分别在武汉、南京两地举行。武汉毕业仪式由恽代英主持
（7 月 18 日）。南京毕业典礼由何应钦主持（8 月 15 日），实
到者 1488 人。

### 三、第六期入伍生

根据黄埔军校的规定，凡 1926 年 8 月 1 日以前入学者为
第五期入伍生；此后入学者，为第六期入伍生。8 月 4 日，
第六期入伍生开始招考；8 月 31 日、9 月 30 日和 10 月初旬
分批继续开考。

此时，北伐战争大力推进，北伐军挺进两湖，国民革命
运动从珠江流域迅速向长江流域扩展。黄埔军校的生源，因
之大为拓宽，北方各地南下投考黄埔军校者，不绝于途。黄
埔军校的招生，呈现出强劲之势。"到黄埔去"依然是各地
青年精英的心声。

当黄埔军校第六期入伍生招生时，中共中央以"李承先"
的代号，于 1926 年 10 月 3 日发出"钟字第二十二号"通告：

> 黄埔军校现在正招收大批的入伍生，除湖南、四川
> 两地一因已去千人不必再派，一因道路太远派送不及
> 外，其余各地均应鼓动 K.M.T. 左派青年及无党派青年之
> 有革命倾向者前往投考；使此国民革命的军事训练机关
> 勿为右派分子所拿去，造出一般反动的军事人材。
>
> 此次所招因系入伍生，故条件极松，只须中学生程
> 度均可放入。惟到粤路费须自备，并须取得省党部介绍
> 信；其有无党派之革命青年愿往者，均可临时会之加入
> K.M.T. 前去（无省党部的地方，能有民校要人的介绍信
> 便可取入）。

通告还说："我们的同志宜少派人前往，总以多找左派为原则。凡已任有工作同志——尤其是工运、农运同志——绝对不可令之抛弃工作前去。惟能力幼稚，尚不能独立工作而生活又难自维持，想入黄埔者，亦可允其前去。"[①]

当时中共中央所以提出多派国民党左派和进步青年、少派共产党员，应当是出于勿因大批中共党员的离去而影响各地方工作的考虑。然而，实际上有为数不少的中共党员，进入了黄埔军校。后来广州发动反共"清党"时，军校教育长方鼎英说：在广州市内"各入伍生驻地"，第一次逮捕40余人，第二次逮捕60余人；在东莞各处逮捕入伍生共百余人。另有资料提到："清党"后关押于广州南石头（"惩戒场"）西楼者，全部是黄埔军校入伍生。

10月8日，第六期入伍生正式入学，设步兵、炮兵、工兵、经理4科，共招生4400多人。考生来源于全国各地及缅甸、越南、朝鲜、南洋群岛诸地。入伍生教育期间，部分驻广州市区沙河，部分驻东莞石龙、莞城、虎门，部分驻深圳等，一边执行勤务，一边训练。1927年7月15日第六期举行开学典礼。此后，第六期学生的一部分编入黄埔六期二总队（广州），1929年2月毕业；另一部分编入黄埔六期一总队（南京），1929年5月毕业。

目前所知，中共党员宋时轮、郭天民、周文在、张开荆、王良、张如屏、王芳泽、戴冠宇、赵铸、刘光夏、朱侃、吕文远、张廷仁、王金唤、韦凤喈、杨大朴、郭成荣、杨学哲、葛承烈、杨汀枫、周偶、周仲英、宋一星、王鹤、资桂林、申春（梁道益）等，为军校第六期入伍生。宋时轮原为五期

---

① 《中国共产党通告（钟字第二十二号）》，《黄埔军校史料（1924—1927）》，第80页。

入伍生，因病就医，出院后转为第六期，编在入伍生第一团第四营，中华人民共和国成立后授上将衔。同时授人民解放军上将衔者，还有来自湖北黄安的郭天民；周文在、张开荆授少将衔。来自朝鲜的申春，后参加广州起义。国民党军队的将领姚子青、李颐、萧作霖、唐纵、廖耀湘、戴笠、刘放吾等，为埔校第六期学生。姚子青后来参加淞沪抗战，1937年9月7日殉国。刘放吾1941年12月任新三十八师一一三团团长，1942年春所部编入中国远征军，开赴缅甸抗日战场，4月20日于仁安羌大破日军，扬军威于异国他邦。李颐抗战时任预备第二师第五团团长，1944年9月在云南腾冲对日作战中阵亡。

## 第三节　教学与教研活动

北伐期间，中央军事政治学校在校的学生，是第四期、第五期学生和第六期入伍生。此外还有军官政治研究班、军官政治训练班、高级班、无线电班、外语班的学生等。虽然中山舰事件和北伐出师等使军校的教学、训练等事务受到一定的影响，但黄埔军校的办学，处于上升之势。长洲岛上，依然精英荟萃，热气腾腾，一片忙碌。

### 一、第四期学生的毕业与分派

第四期的教学训练，部分是北伐期间进行的，有关情况见第十章所述。方鼎英总结说：第四期入伍生的教育、训练不完整，入校选拔不严格，因学生系由各省分别考试及各军军官学校归并送来，程度参差不齐，未经严格之筛选，入学之初，教育俱感困难，即军纪风纪，亦颇有不足之处。

1926年10月4日，黄埔军校第四期毕业典礼，在广州东较场举行。军校训练部主任吴思豫说：

> 回溯去年（1926）本校毕业员生，数达二千六百四十三人，内第四期中之为步兵者，一千六百六十七人，为炮兵者，一百三十五人，为工兵者，一百三十一人，为经理〔科〕者，一百九十八人，为政治〔科〕者，一百九十二人（内五十名于九月间派赴长沙总部服务，十二月间奉校长电准发文凭），军官政治研究班五十九人，第十队一百十七人，第三期补习班二次，计一百三十四人。迨至七月，北伐兴师，军书旁午，需人孔亟，各军调用学生或学生请愿躬负湘鄂鲁豫各省工作，经核定许可者，计二百四十九人，而政治科居其强半，此学生人数之总计也。①

据《中央军事政治学校第四期学生毕业纪念册》：第四期毕业生 2247 人（第四期毕业生人数还有 2826 人、2654 人的说法），其中 407 人留校服务，1151 人分派北伐军各军。本期政治科派往北伐军总司令部及各部队者，有 220 多人。②

## 二、第五、六期的军事教学与训练

因北伐及各种因素影响，军校之学科、术科教育难于按部就班进行，搞不了"正规化"。方鼎英说："本校应时世之需要而产生，并以环境之逼迫，关于教育上之设施，殆无从

---

① 吴思豫：《训练部之训育经过》，《黄埔潮周刊》第二十四、二十五期合刊，1927 年 1 月 7 日。

② 《中央军事政治学校第四期学生毕业纪念册》，1926 年 12 月。

③ 方鼎英：《一年来的中央军事政治学校》，《黄埔潮周刊》第二十四、二十五期合刊，1927 年 1 月 7 日。本节所引方鼎英有关黄埔军校的言论，均出自本文。

容布置之余地。"③ 故第五、六期军事教学与训练，仍较为忙乱。边干边学、急用先学的特点较为明显。

第五期的入伍教育，分三个阶段实施。前、中两个阶段，大致能按照计划进行，1926 年 7 月 1 日在燕塘大操场，举行入伍教育检阅。至第三阶段，因北伐开始，第五期入任生炮兵团、工兵营和迫击炮连，开往前线，参与鄂、赣各戎役；留守后方者，负责守卫本校，分防各地之勤务，维护后方秩序。因人员调动频繁、派出勤务过多，这一阶段未能按照原定教育计划施行。入伍生教育初定为 6 个月，实际经过了 9 个月，甚至有一年以上的。

同年 11 月初，第五期入伍生教育期满。与第四期曰各省分别考试、各军校归并不同，本期学生一律经本校考试，合格者始正式升为学生。之后，废除团营制，改为学生队制。计划在前 10 个月中授予初级军官必要的知识技能，后 3 个月就前期之学、术，继续研究而充实之。方鼎英说："照理论推测，将来第五期军事学术科之成绩，当然较优。"① 然而，授课甫半月，炮兵、工兵、政治三科学生，先后奉令迁鄂。

第六期的入伍生，教育程度相对划一，学生素质较为纯正，入伍训练亦正常进行。学科每日三次，以讲授"典""范""令"为主，并施以实地讲解；术科上下午各一次。1926 年冬，因第五期入伍生须回校升学，故调第六期入伍生第二团至东莞石龙、莞城和深圳，第一团第四营至虎门驻防，其余留沙河训练。翌年 3 月调防，将第二团全部调回沙河训练。驻防各地期内，训练仍照常进行。

---

① 方鼎英：《本校十五年一年中的教育情形》，《方教育长言论集》，中央军事政治学校政治部印，1927 年，第 17 页。

### 三、政治教育的深入

第五期开学之际，军校计划大力加强、推进政治教育。11 月 18 日，即第五期开学后的第三天，《黄埔日刊》刊发"第五期政治教育工作特号"，公布本期学生"政治教育大纲"；24 日召开第五期第一次政治工作会议，方鼎英、熊雄、恽代英、孙炳文等参加，方鼎英作《对于军事政治工作应协同的我见》的讲话，强调政治工作与军事工作"须打成一片"。[①] 至 1927 年 2 月，政治工作会议先后举行 4 次。

第五期"政治教育大纲"规定：步兵、炮兵、工兵三科政治教育的目的，为养成国民革命军下级干部人才，如部队官长、官佐及各级军事人员：全队政治科目授课 161 回（每回 70 分钟，下同）。政治科政治教育目的，是养成国民革命军中做政治工作的人才，如党代表、政治指导员、政治部工作人员；授课共 446 回，分三期授完，第一期授 27 题，第二期授 15 题，第三期授 9 题，包括宣传技术（讲演、演剧、绘画、作文等）。经理科教育目的，为养成国民革命军中经理人才，如部队副官、军需管理人员；授课共 122 回。

第五期各队学生政治教育之授课科目、授课回数计划如下表所示（表格中的数目字为授课回数）：[②]

---

① 《第五期第一次政治工作会议纪事》，《黄埔日刊》1926 年 11 月 26 日。

② 据《中央军事政治学校第五期学生政治教育大纲》摘要整理，《黄埔日刊》1926 年 11 月 18 日。

## 第五期学生政治科目授课回数

单位：回

| 政治科目 | 步兵、炮兵、工兵科 | 政治科第一期 | 政治科第二期 | 政治科第三期 | 经理科 |
|---|---|---|---|---|---|
| 三民主义 | 8 | 8 | 8 | | 8 |
| 党史 | 6 | 6 | | | 4 |
| 党的组织问题 | 4 | 4 | | | 4 |
| 本党宣言训令 | 6 | 6 | | | 6 |
| 国民革命概论 | 6 | 6 | | | 4 |
| 帝国主义侵略中国史 | 8 | 8 | | | 4 |
| 帝国主义 | 6 | 6 | | | 4 |
| 世界政治经济状况 | 6 | 6 | | | 4 |
| 中国政治经济状况 | 8 | 8 | | | 4 |
| 苏俄研究 | 4 | 4 | | | |
| 社会进化史 | 4 | | | | 4 |
| 各国革命史 | 8 | 8 | | | |
| 社会主义运动 | 6 | 6 | | | |
| 政治学概论 | 6 | | | | 4 |
| 经济学概要 | 6 | | 8 | | 4 |
| 财政学概要 | 6 | | | | 4 |
| 经济政策 | 4 | 6 | | | 6 |
| 农民运动 | 4 | 6 | | | 4 |

续上表

| 政治科目 | 步兵、炮兵、工兵科 | 政治科第一期 | 政治科第二期 | 政治科第三期 | 经理科 |
|---|---|---|---|---|---|
| 劳动运动 | 4 | 4 | | | 4 |
| 青年运动 | 4 | | | | 4 |
| 商民运动 | 2 | | | | 2 |
| 军队中政治工作 | 2 | 6 | | | 2 |
| 近代国际问题 | | 6 | | | |
| 中国民族问题 | | 4 | | | |
| 中国社会组织 | | 4 | | | |
| 宣传煽动问题 | | 4 | | | |
| 建国大纲 | | | 2 | | |
| 不平等条约 | | | 10 | | |
| 各国政纲比较研究 | | | 8 | | |
| 各国财政比较研究 | | | 6 | | |
| 苏俄法制研究 | | | 4 | | |
| 国民政府法制研究 | | | 6 | | |
| 农村问题研究 | | | 6 | | |

续上表

| 政治科目 | 步兵、炮兵、工兵科 | 政治科第一期 | 政治科第二期 | 政治科第三期 | 经理科 |
|---|---|---|---|---|---|
| 最近政治问题 | | | 10 | 10 | |
| 军队内容之研究 | | | 6 | | |
| 实际工作指导 | | | 8 | 4 | |
| 实际工作 | | | 22 | 12 | |
| 总理学说 | | | | 10 | |
| 本党领袖重要讲演 | | | | 10 | |
| 中国政治问题 | | | | 6 | |
| 中国财政问题 | | | | 8 | |
| 中国经济问题 | | | | 8 | |
| 革命史料研究 | | | | 10 | |
| 宣传技术分组训练 | | | | 40 | |
| 讲演 | 10 | 6 | 6 | 6 | 6 |
| 音乐 | 10 | 8 | 6 | | 6 |
| 讨论 | 16 | 8 | 8 | 8 | 10 |
| 测验 | 6 | 4 | 4 | 4 | 6 |

第五期全校政治教官任课分配情况是："三民主义"，陈其瑗、余鸣鸾；"本党宣言训令"，廖划平、恽代英、刘重民；"国民革命概论"，李求实、张秋人；"帝国主义侵略中国史"，林祖烈、萧楚女；"帝国主义"，刘侃元、陈祖康、罗霞天；"各国革命史"，汤澄波；"中国政治经济状况"，叶启芳、陈启修；"经济学"，陈启修；"政治学概论"，罗霞天；"党史"，恽代英、余鸣鸾；"军队中政治工作"，罗加觉夫；"近代国际问题"，张秋人；"劳动运动"，王懋廷；"青年运动"，李求实；"现代社会剖析"，施存统；"社会进化史"，廖划平；"社会科学概论"，萧楚女；"社会主义"，陈祖康；"经济政策"，杨道腴。①

军校并设"特别讲演"，授课对象为本校"各部、处准尉以上官长"，每周两次，由政治部负责规定题目，敦请各界名人到校讲演。受邀请的讲演者，有谭延闿、李济深、李烈钧、甘乃光、戴季陶、何香凝、陈树人、宋子文、孙科、陈其瑗、邓中夏、徐谦、顾孟余、陈启修、施存统、陈群、周佩箴、陈孚木、陈克文、罗绮园、李求实、陈果夫、彭泽民、彭湃、恽代英等。② 其中，谭延闿讲《国民政府之组织及其工作》，李济深讲《国民革命运动之过去与现在》，孙科讲《肃清吏治问题》，李烈钧讲《中国革命战争略史》，徐谦讲《法律与革命》，陈其瑗讲《广州工人运动之实况》。

此外，刘少奇1926年8月25日到校作关于省港大罢工的报告，毛泽东9月3日应邀到校讲演，周恩来10月14日讲《武力与民众》，鲁迅1927年4月8日到校讲《革命时代底文学》。

---

① 《第五期全校政治教官任课分配表》，《黄埔日刊》1926年11月19日。

② 《黄埔日刊》1926年11月19日。

### 四、班次增加

上述学生队（步、炮、工、经理、政治五科）及入伍生部为军校的主体班次。北伐期间，埔校扩大办学范围，增办了若干班次。

#### （一）军官政治研究班

熊雄《一年来本校之政治工作》提及：本校附属军官政治研究班，先后举办两期，学员有一二百人。[①] 1926 年 11 月 2 日，《黄埔日刊》刊出军官政治研究班举行毕业典礼的消息。熊雄为《军官政治研究班同学录》撰序，勉励同学"为党为主义即为被压迫的民众——特别工农——利益而奋斗牺牲！"[②]

#### （二）军官政治训练班

军官政治训练班学员为前方送回的俘虏军官。1927 年 1 月 26 日，《黄埔日刊》刊发陈日新所撰《我们要欢迎觉悟了的同志》一文说："训练班不过一月，在语言行动上处处表现倾向革命，乐于接受党的训练。"2 月 20 日，又一批学员从武汉启程来广州，接受训练。军官政治训练班由埔校战术总教官姚琮任班主任，韩麟符为主任教官。

#### （三）高级班无线电科

1926 年 11 月 9 日，埔校发布高级班无线电科招考学员的信息，目的是"于短期间养成无线电干部人才"；招考对象为第四期毕业生现在后方充当见习官者，或第一、二、三期中有志于无线电专业者；考试科目为听力、物理、数学、英文，名额 50 人。12 月 2 日，高级班无线电科开学。1927 年

---

① 熊雄：《一年来本校之政治工作》，《黄埔日刊》1927 年 1 月 1 日。

② 熊雄：《军官政治研究班同学录·序》，《黄埔日刊》1926 年 9 月 21 日。

4月毕业。方鼎英说：无线电班在这样短时间内，开始草创，咄嗟之间，能够办到这样成绩，总算令人大致满意。①

## （四）高级班

1926年12月22日，《黄埔日刊》刊出"选送初试高级班学员"的"校闻"，校部通令：凡本校各职员中符合该班条例之规定，有意应试者，着向各该部处团队主管官报名。校本部各部处正取10员，备取14员；入伍生部所属团营正取14员，备取20员。由训练部主任吴思豫任初试委员会委员长。② 1927年3月1日，高级班开学。方鼎英说："高级班是国民革命军目前最高的军事学府，也可说是中央军事政治大学的基础。……以求具备一个高深而且专门的大学问。"③

## （五）"学生军"和"军士教导队"

方鼎英说："学生军"的程度介于入伍生与军士之间，"可视为升入伍生的预备学校"。"军士教导队"的成立，是"谋军士教育之完全，是为各军补充军士的预备，与别的部队不同，能处处为人家的模范"。"学生军"驻鱼珠炮台，"军士教导队"驻北较场，各编一个总队。

## （六）外国文班

外国文班招收分修俄、英、日、德、法五国语言的学生，以期造就能直接阅读外文的人才，1927年3月21日开学。俄文学生130余人，教官吴声伦；英文班140余人，初级班教官苏宝秋、方莹，高级班教官张培珍；日文班130余人，

---

① 方鼎英：《对高级班无线电科毕业生训词》，《方教育长言论集》，第35页。

② 《选送初试高级班学员》，《黄埔日刊》1926年12月22日。

③ 方鼎英：《纪念典礼大会概述》《方教育长言论集》，第38、39页。

初级班教官刘钧衡，高级班教官彭忻祥；德文班 10 余人，教官王有德；法文班 6 人，教官杨芳。①

**五、教研活动的开展**

最值得注意的是重视兵器研究。成仿吾在《黄埔日刊》第五期开学纪念号发表《兵器的进步与我们》，指出：近代的战争由种种意义上可以说是兵器的竞赛。兵器是这样的进步繁衍，将来的兵器，将愈奇巧，所以近代战术不得不为之一变。现在上天下地，都无处不是战场，最能利用物质征服空间的，方能是战史上的胜利者。②成仿吾呼吁，军校应重视兵器研究，重视兵器人才的培养。

军校兵器研究处成立于 1926 年 7 月。毕业于日本帝国大学造兵科的成仿吾，任兵器研究处技正。《黄埔日刊》1927 年 2 月 27 日编发"本校兵器研究处工作特号"，宋云彬所撰弁言说："兵器为国防上重要之工具"，"故对于兵器之研究与制造，为目前重要之急务"。可见兵器研究，在军校受到了重视。

**六、报刊工作的加强**

黄埔军校向来注重办报、办刊。中山舰事件后，由中国青年军人联合会主办的《中国军人》停刊，此后，中央军事政治学校出版的报刊主要有以下数种。

**（一）《黄埔日刊》**

1924 年 11 月，陆军军官学校创办《壁报》（又名《士兵之友》），由杨其纲、洪剑雄任编辑。洪病亡于北伐途中，

---

① 《外国文班开学纪事》，《黄埔日刊》1927 年 3 月 21 日。

② 成仿吾：《兵器的进步与我们》，《黄埔日刊》1926 年 11 月 15 日。

《洪剑雄同志事略》记洪"可称为编辑军中《壁报》之第一人"。[①] 1926 年 3 月 3 日，《中央军事政治学校日刊》出版，此为《黄埔日刊》创刊之日，由军校政治部主办。至 5 月 26 日，刊名改称《黄埔日刊》。据李逸民（叶书）回忆：初期的编辑委员会，由政治部宣传科科长安体诚任主编，宣传股长宋云彬，李逸民等任编辑。[②] 张鸿沉、姚成武、李元杰等参与编辑。《黄埔日刊》"是民众和革命武力的舆论机关"（熊雄），设"新闻""党务""革命运动""中国政治经济状况""国际政治经济状况""特载""政治报告"等栏目及"革命之路"副刊。宋云彬在《黄埔日刊》发表的文章，有《革命家与宗教家》《黄埔同学应有的认识》《谢谢罗素先生》《党与军队》等，目前可以查到 30 多篇（宋云彬后为著名文史学者）。在《黄埔日刊》发表文章或演讲稿的，有熊雄、恽代英、孙炳文、萧楚女、安体诚、施存统、张秋人、杨其纲、罗懋其（罗髻渔）、黄克谦、陈日新、韩麟符、宛希先、陶铸、邹今铎等。军校校歌创作于 1926 年底，陈祖康作词，音乐教官林庆培谱曲，刊登于 1927 年 1 月 19 日的《黄埔日刊》。《黄埔日刊》日发行量达 2.6 万份，1927 年 1 月 10日记录为日发行量 3 万份。

### （二）《黄埔潮周刊》

军校本有以《黄埔潮》为刊名的三日刊、半周刊，由军校政治部主办。从 1926 年 7 月起，《黄埔潮周刊》由黄埔同学会宣传科编辑股出版，改为周刊。编辑股负责人为游步瀛、饶荣春等。《黄埔潮周刊》撰稿者除游、饶二人外，还有黄

---

① 《广东各界追悼北伐阵亡烈士特刊》。

② 李逸民著，黄国平整理：《李逸民回忆录》，湖南人民出版社，1986 年，第 36 页。

鳌、罗碧湖、杨新民、缪芸人、吴善珍（吴奚如）等。半年之内，游步瀛在该刊发表文章20多篇，不少是长篇之作。署名"铁血"的长篇论著《孙文主义与列宁主义之比较观》，共约五六万言，在该刊连载多期，此文说："中国共产党就是中国三万万一千万劳苦大众的急先锋"。作者为中共党员，当无疑问。萧楚女、孙炳文、韩麟符的文章或讲稿，亦在《黄埔潮周刊》上发表。

**（三）《民众的武力》**

第六期入伍生部政治部主办，原刊名《先声旬刊》，1926年12月改刊名为《民众的武力》。由曾担任中共北京大学支部书记的苏怡（舒大桢）任编辑。目前所知，在《民众的武力》发表文章的，有谭其镜（6篇）、苏怡（4篇）、尹伯休（8篇）、欧阳继修、王一沙、韦凤喈等。

**（四）《革命画报》**

《革命画报》由梁鼎铭、梁中铭、梁又铭兄弟主持，每期刊行万份。

此外，中央军事政治学校出版的讲义、各种纪念册及小册子等，在1926年的8个月内，共印1000万份以上，发行至全国各省及东西洋各大埠。

综上所述，黄埔军校在广州时期的办学，无论是陆军军官学校阶段还是中央军事政治学校阶段，均属于面对实战需要的办学。办学的目的性、实用性较为明确。经过前后两个阶段的实践，校务主持者逐步体会、认识到与此相关的若干问题，要点是：（1）学生的选拔应当严格，学生非有中学以上程度者，不能入学；（2）入伍生的教育与训练不应缺少；（3）初级军官的培养，入伍教育训练期满之后，非经过一年以上的军事教育与训练，绝难完成；（4）学科设置应面对实战需要，随着北伐的进展，为适应黄河以北地区的作战，骑、炮、工、辎、飞行等科的开设，尤为迫切；（5）军事教育应与政治教育互相结合，"启发式"教育应与"锻炼式"教育互相结合，在校教育应与离校之后的继续学习、研究相结合；（6）学生离校之后，须寓"学"于"术"，做事不忘求学，时加策励，等等。①

以上几点，应视为军校创办数年来的实践经验的总结。

## 第四节　武汉军校的开办

黄埔军校之设立分校，开始于1925年东征时，简况如下。

潮州分校：1925年第一次东征时为随同出发的第二期学生补习课程而设，东征军回师广州后结束。第二次东征时复办，何应钦兼校长。学员队以第三师及独立第二师下级干部组编之，入伍生队由潮、梅各属考取之学生组编。1925年12月18日开学，1926年6月1日学员队毕业，为分校第一期毕业生，共348名，与本校第三期同等待遇。同时入伍生队升学，至12月毕业，为分校第二期毕业生，共380名，与本校第四期同等待遇。

南宁分校：设于1926年春。俞作柏任校长。学生班300名，从中学生中考选；学员班400名，从现役军官中考选，分步、炮、工、政治诸科。

长沙分校：设于1927年2月，石醉六任校长，学员定额1000名，内有皖、豫两省学生各100名，分步、炮、工、政治诸科。后并入武汉分校。

黄埔军校分校之中，规模最大的是武汉分校。

----

① 参见方鼎英：《一年来的中央军事政治学校》，《黄埔潮周刊》第二十四、二十五期合刊，1927年1月7日。

　　随着北伐战争的推进，革命运动的中心逐步北移。中央军事政治学校教育长方鼎英于 1926 年 9 月 29 日提议："现在我方局面进展，粤东偏处一隅，招致人才不易，似宜及时在武汉或长沙设立分校，一面为扩充之准备；一面为延揽人才之办法，关系颇为重要。"① 10 月 16 日，武昌破城后不足一周，武汉分校即开始筹备。

　　最初，为适应形势发展的需要，加紧培训政治、军事人才，北伐军总政治部主任邓演达决定先行举办政治训练班，设筹备处于北伐军总政治部，初拟招生 500 人，以曾任陆军军官学校后方政治部主任的包惠僧为筹备处主任。② 10 月 22 日，蒋介石致电国民党中央执行委员会、国民政府："中央军事政治学校名称，请仍改为党立陆军军官学校，免除前后各期学生派别之分；并在武昌另设分校，原有校内政治科，移设武昌，再加扩充，以便多方造就政治人才也。"③ 10 月 27 日，改政治训练班筹备处为中央军事政治学校政治科，以邓演达为主任，并择定武昌兰陵街前之两湖书院旧址为校址。

　　11 月 1 日，武汉分校成立招考委员会，以邓演达为主席，郭沫若、李民治、彭漪兰、王法勤、杨树松、王乐平、陈公博、詹大悲、李汉俊、董必武、刘芬、包惠僧、纪钱、郑强为委员。④ 招考委员会开会多次，讨论决定招生、考试诸事宜，包括投考资格、名额分配、考试日期、阅卷、录取等。11 月 6 日，管理处成立，并陆续成立总办公厅、总队部、军

①　《黄埔军校史料（续篇）》，第 513 页。
②　包惠僧：《武汉行营时期的二三事》，《包惠僧回忆录》，第 289 页。
③　《蒋介石年谱初稿》，第 754 页。
④　《中央军事政治学校武汉分校筹备经过概略》，《黄埔军校史料（1924—1927）》，第 416 页。

医处、经理处等。

11 月，中央军事政治学校第五期（广州）之政治科学生500 人，奉令开赴武昌。① 到达武昌后，邓演达于 12 月 9 日主持召开政治科教务会议，讨论课程设置、教材编写及教员人选诸事宜。拟聘请李汉俊授"三民主义总纲"，李达授"社会科学概论"，毛泽东授"中国农民问题"，李立三授"国际职工运动"，周恩来授"军队政治工作实施方法""中国最近社会运动"，恽代英授"中国国民党政纲及一切决议案"，邓演达授"国民革命军历史及战史""国民革命军之军事政治组织"等。② 李达任代理政治总教官。正式开学前，暂以讲演形式上课，教官由邓演达、李汉俊、李达、毛泽东、恽代英、朱代杰、铁罗尼等担任。

12 月间，广州本校第五期之炮兵科和工兵科，亦启行移往武昌。炮、工两科发表"告民众书"谓：

> 半个月前，我们中央军事政治学校第五期政治科由黄埔开至武昌，现在我们是中央军事政治学校炮科、工兵科的学生，也是奉令开至武昌。我们所学的是炮、工科，要预备把我们的炮，去轰毁那军阀的营寨，帝国主义的壁垒；要把我们的工具，去扫除革命前途的一切障碍。所以我们的炮是民众所有的炮，我们所学和技能是为民众使用的。③

---

① 1926 年 11 月 30 日为"第五期政治科学生队奉令开赴武昌的日子"，是日熊雄副主任对赴武昌政治科学生作最后训话。见《黄埔日刊》1926 年 12 月 3 日。

② 《革命军日报》1926 年 12 月 13 日。

③ 《第五期炮工科移驻武昌旅途告民众书》，《黄埔日刊》1926年 12 月 15 日。

与此同时，武汉招考委员会派员分赴湖北、湖南、江西、四川、上海、奉天招生，国民党河南、安徽、山东、直隶、山西、陕西、甘肃、奉天、热河等处党部及韩国青年会亦介绍学生投考。先后初试、复试6次，初试参与者6000余人，复试者4000余人，计取男生986人、女生195人。男生以四川最多（207人），女生以湖南最多（61人）。

1927年1月，第五期炮科（800余人）、工科（400余人）两大队从广州到达武汉。武汉分校即以从广州迁武汉的政治大队、炮兵大队、工兵大队为第五期学生总队；以新招收的男女学生为第六期入伍生总队（入伍期3个月）。全校两期、三科，近3000人，分驻四处：第五期工兵大队驻武昌大东门外；第五期炮兵大队驻平湖门外旧骑兵营；第五期政治大队和第六期入伍生政治第一大队、第二大队驻两湖书院旧址；女生队驻两湖中学。

1月19日，武汉军校正式命名为"中央军事政治学校武汉分校"，蒋介石兼任校长，汪精卫兼总党代表，以邓演达代理校长，顾孟余代理党代表，张治中为教育长兼训练部主任，周佛海为秘书长兼政治部主任，恽代英为政治总教官。2月12日，武汉分校举行开学大典，宋庆龄、孙科、吴玉章、董必武等出席。宋庆龄宣读祝词。邓演达的训话指出，"本校为黄埔的分校"；又说："我们要有革命的武装力量，军校就应运而生，目的是要解放痛苦的民众"。

分别在武汉分校各种班次担任教官的，有郭沫若、周恩来、李富春、李达、李季、章伯钧、蔡畅、张国焘、李汉俊、陈潭秋、项英、陆沉、彭泽湘、郭冠杰、沈雁冰、樊仲云、区克昌、袁振英、董光孚、吴文祺、吴企云、周佛海、许德珩、陈启修、陆更夫、施存统、高语罕、谭平山、马哲民、陶希圣、黄克谦等。其中黄克谦是黄埔广州本校政治教官，北伐军占领武昌后，调任武汉分校政治教官，讲授"农民土地问题"。特聘讲演者，有毛泽东、谭延闿、李立三、张太雷、彭泽民、徐谦、陈独秀、瞿秋白、甘乃光、彭述之、陈公博、邓初民、何香凝、吴玉章、宋庆龄、顾孟余、李合林、高一涵、董必武、孙科、唐生智、向忠发、张国焘等。担任军事教官的，有侯连瀛、杨树松、李青云等。

留法勤工俭学、北京中法大学毕业生陈毅，以准尉文书的身份，到武汉分校主持党（中共）的工作。广州本校一期毕业生徐向前，任分校政治大队第一队少校队长。陆侃如（历任燕京大学、中山大学、山东大学等高校教授）任分校《革命生活》编辑。

2月14日，武汉分校正式上课。学校规定每天上课7小时，其中炮科、工科两大队每天上政治课1次，政治大队每周上政治课14次，其余为军事课；入伍生各队每天上政治课1次，学科2次，术科2次。

武汉分校的学生，有邓萍、罗瑞卿、陈伯钧、张友清、程子华、刘型、周维炯、段玉琳、徐彦刚、李超时、张赤男、陈忠柱、宋绮云、孙明瑾、臧克家等。罗瑞卿等后来成为人民军队将领；宋绮云后任杨虎城秘书；孙明瑾抗战时任第十军预备第七师师长，1943年12月1日在常德外围对日作战中阵亡；臧克家是名闻遐迩的诗人。

与广州本校相比较，武汉分校最具特色之处，是向女性招生。武汉分校女生队有195名学生，来自全国各地，大多数受过中等或中等以上的教育，入学之前，有的是北京大学的学生，有的当过教师或校长，有的从事过妇女运动或革命活动；有共产党员、共青团员、国民党员，亦有无党派者。

当年的武汉街头，常见头剪短发、身着军装、腰扎皮带、打着绑腿、英姿飒爽的女兵。此为中国第一批军事院校女生。恽代英赞扬她们是"中国妇女解放的先锋和榜样"。

在广州任国民党中央执行委员会宣传部秘书的沈雁冰，任武汉分校政治教官，在女生队主讲"妇女解放运动"。沈雁冰后来回忆说：武汉分校初创时，没有桌椅，没有固定的课室，上课时，教官大多站在桌上讲，学生就围在周围听。简陋的条件，丝毫没有影响教官、学生们投身革命的满腔热情，武汉分校一派龙腾虎跃的景象。沈后来成为著名作家，笔名茅盾。在他的小说中，有江汉之滨的历史云烟，有武汉分校女兵的身影。

武汉分校女生队的学生，主要有胡兰畦、谢冰莹、赵一曼、游曦、胡筠、黄杰、张瑞华、危拱之、周月华、曾宪植、谭珊英、黄静汶、王亦侠、陈觉吾、彭镜秋等。谢冰莹撰有国内外流传甚广的《从军日记》。游曦在广州起义时阵亡于羊城街头。胡筠参加平江起义，是一名出色的红军将领。赵一曼原名李坤泰，学名李淑宁，后参加东北抗日战争，壮烈牺牲。

3月10日，国民党二届三中全会通过《关于军事政治学校之决议案》：

（一）军事政治学校及各分校，为本党培养党军将校之教育机关。此等教育机关，须确立于党的指导之下。

（二）军事政治学校及各分校，均应改校长制为委员制；学校所在地之最高党部，应举代表参加；委员会委员由中央执行委员会指定，并指定一人为委员长。

（三）军事政治学校之政治教育，须严格受军事委员会总政治部指导。①

上述三中全会决议的通过，与武汉当时的形势密切相关。针对蒋介石的军权扩张，以军制党、以军制政的行为，武汉革命营垒正掀起一场提高党权运动，力图以国民党之党权，抑制蒋的军权扩张（详见第十七章）。在国民党二届三中全会上，国民党人詹大悲发言："校长制能使学生忘却有党，只知崇拜个人影响、个人独裁。"恽代英建议"改校长制为委员制"。恽解释说，"不然校长与党冲突时，真不知有若何危险！如学生常言我是某某的学生，造成一人的学生"。毛泽东觉察到"黄埔同学会"被蒋利用，说"黄埔学生皆党员，似不必有同志会之设立。凡同学会、同志会皆封建思想之递嬗，已不适宜于今日"。② 言下之意，是防止黄埔学生忘却自己的党员身份，不自觉变成蒋的工具。三中全会这一决议的主旨，是强调军校姓"党"、实行集体领导，防止突出个人。

武汉分校之体制，也因之改变，校长制改成委员制。3月22日，吴玉章在国民党中央常务委员会第二次会议上提议，将"中央军事政治学校武汉分校"改为"中央军事政治学校"，获一致通过。③ 4月12日，《黄埔日刊》登出"'中央军事政治学校武汉分校'改为'中央军事政治学校'，隶属

---

① 国民党二届三中全会《关于军事政治学校之决议案》，《中国国民党历次代表大会及中央全会资料》，第 326 页。

② 《中国国民党第二届中执会第三次全体会议速记录·第七日速记录》（1927 年 3 月 17 日），中国第二历史档案馆编：《中国国民党第一、二次全国代表大会会议史料》（下），江苏古籍出版社，1986 年，第 869 页。

③ 《中国国民党中央执行委员会第二届常务委员会第二次会议录》，1927 年 3 月 22 日。

于中央军事委员会"的消息。①武汉分校遂升格为"中央军事政治学校"。谭延闿、邓演达、恽代英、徐谦、顾孟余被任命为校务委员会委员，谭、邓、恽为常务委员，恽代英主持日常工作。蒋之校长名义，实际上已被取消。

4月初，武昌南湖学兵团编入武汉分校第六期入伍生队。南湖学兵团由未被军校录取的考生组成，称国民革命军总司令部学兵团，张治中任团长。张治中曾说：这个团包括三个步兵营、机关枪连、迫击炮连、交通兵连，是一个部队化的军事学校。②至此，武汉分校全校学生和入伍生，共6000余人。1936年出版的《中央陆军军官学校史稿》称："武汉分校规模之宏大，不亚于黄埔本校，有男女学生及入伍生六千余人，实为中国腹部武装革命势力之大本营。"

7月15日，武汉"分共"。军校五期于7月18日提前毕业，其余整体改编为第二方面军军官教导团，移驻南湖。武汉分校至此结束。

---

① 《黄埔日刊》1927年4月12日。

② 张治中：《张治中回忆录》，中国文史出版社，1985年，第61页。

第五部分

黄埔军校在广州的终结

# 第十九章 国共合作破裂与黄埔军校的质变

## 第一节 风云骤变的 1927 年春天

1927 年的早春，风云激荡，人心振奋。然而总体来看，形势是逆向而行，朝着有利于蒋介石的方向变动的。

### 一、莫斯科远程操控

北伐时期，莫斯科对中国革命的指导思想，主要内容有两点：一是要解决农民问题和土地问题；二是反对共产党员退出国民党，让共产党员继续留在国民党内。

以上第一点，实际的效果是带来了农村"土地革命"的迅猛开展，但却助长极左的土地政策。这不符合中国的实际，激化了城乡各种矛盾，导致社会剧烈动荡和人群的重度撕裂，使国民革命阵营逐步陷于瓦解。

第二点出于斯大林的意旨。如前所述，"党内合作"本来为共产国际及苏联所策划和主导。鲍罗廷说得很明白："共产党人没有坚持要加入国民党，是共产国际说服中国共产党人加入国民党的"，"是共产国际逼迫中国共产党人加入国民党"。[①] 党

---

① 《鲍罗廷在联共（布）中央政治局使团会议上的报告》（1926年2月15日和17日），《共产国际、联共（布）与中国革命档案资料丛书》3，第 138 页。

内合作让国共关系陷入复杂化，陈独秀因此多次提出共产党员应当退出国民党，试图以退出来破解危局，从困厄中脱身。但陈独秀的主张，遭到了斯大林的反对。

1926 年 11 月，斯大林在共产国际第七次大会中国委员会上作《论中国革命的前途》的演说，提到："有人说，中国共产党人应当退出国民党。同志们，这是不对的。中国共产党人现在退出国民党将是极大的错误。"① 直到 1927 年 4 月 21 日，当蒋介石发动了四一二反革命政变后，斯大林仍在《中国革命问题》一文中这样说：

> 反对派认为共产党加入国民党是不适当的。因此，反对派认为共产党最好退出国民党。但是现在，当整个帝国主义匪帮及其一切走狗要求把共产党人赶出国民党的时候，共产党退出国民党是什么意思呢？这就是说，退出战场，抛弃自己在国民党内的同盟者，使革命的敌人称快。这就是说，削弱共产党，破坏革命的国民党，帮助上海的卡维涅克们，把中国一切旗帜中最受欢迎的国民党旗帜交给国民党右派。②

斯大林在中共提出反对意见的情况下，坚持让中共党员留在国民党内。按照他的解释，要等到将来中国搞"十月革命"时，中共党员才能从国民党中退出，才能变"党内合作"

---

① 《斯大林论中国革命的前途》（1926 年 11 月 30 日），中国社会科学院近代史研究所翻译室编译：《共产国际有关中国革命的文献资料（1919—1928）》第一辑，中国社会科学出版社，1981 年，第 269 页。

② 斯大林：《中国革命问题》（1927 年 4 月 21 日），中共中央党史研究室第一研究部编：《共产国际、联共（布）与中国革命档案资料丛书》6，北京图书馆出版社，1998 年，第 83 页。文中的"卡维涅克"是法国 1848 年 2 月革命后临时政府的陆军部长，镇压了巴黎工人的 6 月起义。

为党外联合。斯大林这一决定，无异于让中共继续陷身于"跨党"的绝地不能自拔，这等于为国共关系的最终破裂和中国革命的失败，铺就了一条道路。

## 二、1927 年春国内局势

1927 年的春天，一方面，莫斯科的远程操控失误，未能给中国革命指明正确的发展道路；另一方面，蒋介石因时就势，在实际情况的变动中获得了摆脱困境的一些际遇。

### （一）北伐军将领的分化

北伐军官兵许多人来自乡村，他们的家庭不少是程度不等的土地占有者。他们本能觉察到农民运动必然触及他们自身的利益。此外，在经济上，由于战争的影响，城乡震荡，工厂、作坊倒闭，资金大量流失，加上旧军队收编太多，军费猛增，致使政府财政窘迫，长期发不出军饷。1927 年春初，各地军人因欠饷而哗变的事件，接连发生。这时，有的人存心将军队方面的怨恨，引向农工和共产党，煽动反共，把北伐军官兵推向亲蒋的一边。

随着武汉、南昌两大阵营的对峙，北伐军将领的分化日趋明显。起初，有的人不安、苦闷，对北伐的前途忧心忡忡；有的人担心国民革命军会重蹈太平天国内讧的覆辙；有的公开表态，有的决然离去，还有的徘徊观望。越到后来，南昌、武汉之间，越来越成水火之势。在政治危机面前，北伐军将领一步步走向分裂。这种情况，给蒋介石拉拢军队，收买军事将领，提供了可乘之机。

### （二）南昌破城——蒋介石处境的翻转

1926 年北伐军攻下南昌之前，是北伐以来蒋介石最不顺心的日子。蒋既对两湖的军事、政治插不上手，又在江西连遭失败。为蒋所倚重的那批黄埔军人，包括教官王柏龄、刘峙、缪斌、王俊，一期生孙元良等，在关键的时刻，不但未能帮上蒋的忙，反而不停地添乱，让蒋丢尽了颜面。对此时的蒋介石，历史学家唐德刚给他戴了顶帽子——"孤立的政治难民"。①

这年 11 月 7 日，是俄国十月革命九周年纪念日。蒋致电斯大林："贵国革命第九【周年】纪念节，中正远在南昌阵中，不克躬予庆祝，谨特代表中国国民革命军全体将士，以至诚恭祝我最友爱同志国苏俄革命成功万岁，并祝中俄两国革命精神之团结，与年年纪念革命而益增长，深望两国同志共同奋斗，以完成世界革命之责任也。"② 此时，南昌尚未攻破。这天蒋向苏联唱的，是"至诚"的赞歌。

鉴于北伐军在江西战场的失利，蒋调第七军、第四军入赣。北伐各军协同作战，围歼孙传芳主力于南浔铁路南段。11月 8 日，即十月革命纪念日第二天，北伐军攻克了南昌。蒋于 9 日进驻南昌。军阀孙传芳的主力部队基本上被消灭，南京、上海的占领，已不再是可望而不可及的事情了。蒋在军事、政治上的处境，因之翻转，他的言论，也随之而变调。11 月 12日，在南昌举行孙中山诞辰六十周年纪念大会，蒋任大会主席并发表讲话，这是一篇变声换调的言论，其言谓：

> 我们总理不单是东方民族革命的领袖，并且是世界革命的领导者。今天纪念本党总理的诞辰节，就是纪念世界革命领袖的诞辰节，也是纪念东方民族解放领袖的诞生

① 唐德刚说：（1926 年冬）"蒋总司令在南昌开始秘密向上海的商人请求财务援助。直到这时为止，蒋只是国民党内反独裁运动中一个孤立的政治难民，商人们对蒋的请求反应相当冷漠。"见唐德刚：《中国革命简史》，（台湾）远流出版事业股份有限公司，2014 年，第242—243 页。

② 《蒋介石年谱初稿》，第 781—782 页。

节。各位同志们，我们要照我们总理定下的遗训，时时在精神上纪念他，使总理四十年的奋斗精神，不至于因为无人继续而汩没下去。我们要使总理的主义普遍全球，使我们革命早日成功，这是我们纪念总理诞辰的意义。

蒋的这篇讲话表明，他已将五天前的高歌斯大林，转变为大力赞颂孙中山，极力抬高孙中山和三民主义的地位：将孙打造为东方民族解放运动和世界革命的领袖，把三民主义提升为具有世界意义的、普照全球的普遍真理。通篇讲话，显然有在宣传上将孙中山与列宁、将三民主义与马克思主义、将中国革命与俄国革命相提并论的意味。

这应当不是偶然和随意的。观察北伐时期蒋的心路走向，梳理他的思想轨迹，不应忽略南昌破城这个日子（11 月 8 日）。因南昌破城，在"军权""党权"博弈的天平上，蒋自以为手上多了个砝码。随之，才有定都南昌，与武汉的崭然对峙；才提升了他与鲍罗廷、苏联叫板的底气；也因为这样，他才会公然喊出"制裁"共产党。有中国革命史学者认为，南昌破城，是蒋的"矛盾性质"转变的节点。

1927 年 2 月 21 日，蒋在南昌总部第 14 次纪念周发表讲演，其中说："如其（中共）党员有跋扈强横的事实发生，那我一定要纠正他，并且一定要制裁他的……现在共产党党员事实上有许多对于国民党党员加一种压迫，表示一种强横的态度，并且有排挤国民党员的趋向，使得国民党党员难堪……我有干涉和制裁的责任及其权力。"[1] 这篇讲演中讲到的"制裁"两个字，十分抢眼，不能不令人惊悚。彭述之在《向

---

① 《蒋校长最近之言论》，第 8—9 页。

导》发文说："这是一篇很严重的讲演，在目前政治上甚至全部的革命上都有极严重的意义。"①认为这是蒋自己放出的、非同寻常的政治信号。路透社、《字林西报》、《顺天时报》等在显著位置上，刊出了这篇讲演。传媒纷纷预言，一场激变，将呼之而出。

南昌破城前，蒋曾派人到上海，请求财政援助，上海商人的反应冷淡。南昌破城，蒋并巩固他对江西的控制后，这些商人改变了对蒋的态度。1927年初，蒋介石的盟兄黄郛（曾代理北方政府内阁总理）抵达南昌，给蒋带来了一张由银行家张嘉璈发出的中国银行100万元的支票。这个数目，相当于宋子文任国民政府财政部长全部现金储备的四分之一。上海富商领袖虞洽卿，也到南昌会见蒋，允以数百万巨款的帮助。蒋的"政治难民"这顶帽子彻底扔掉了。

唐德刚对此又有一段点评：

（武汉三中全会后）一个基于需要的结合逐渐成形，蒋介石不久就改弦更张，从被击败的政治难民变成领导反共的英雄。国民党内军事领袖与一群在武汉的文官领袖间的领导权之争，转化为国、共两党之间的斗争。中国革命的性质因此起了激烈的变化。②

这样，共产国际指导方针的失误，中共因"跨党"而越陷越深的困厄，北伐军将领因具体环境际遇而产生的逆反情

①　彭述之：《读了蒋介石二月二十一日的讲演以后》，《向导》第192期。

②　《中国革命简史》，第243页。

绪，为蒋的下一步转向铺平了道路。南昌破城后，蒋跃出了困谷，加上有江、浙、沪财阀力挺，他具备了通过反共而转嫁危机，特别是转化他与武汉文官领袖冲突危机的现实条件。

中国革命的形势，因之急转直下。

## 第二节　黄埔军校"清党"——血雨腥风的日子

当国民党中央党部和国民政府北迁、广东省政府改组时，1926 年 11 月 23 日，中共广东区委向中共中央提交了一篇报告，认为"广东现在是要经过一个新军阀统治时期，这种新军阀较旧军阀更厉害些，他会压迫一切民众运动"。区委并认为：民团与农会冲突、地主与农民冲突、农民与军队冲突"就是将来绝大冲突的开始"。[①]广州在北伐后已从国民革命的"中心"变成北伐的后方。中共广东区委从"后方"的视角观察革命运动的走势，预感到逆变可能发生。后来的事态表明，这篇报告所说，并非无的放矢。

1927 年 3 月 26 日，北伐军占领上海和南京。4 月初，蒋介石在上海举行秘密会议，让吴稚晖以国民党中央监察委员名义，提出"共产党连结容纳于国民党内之共产党员同有谋叛证据"一案（公开发表时题为《中央监察委员吴敬恒呈中央监察委员会文》），并通过《中国国民党中央监委会咨请执委会处置各地共籍叛乱分子咨文》，附以陈独秀、谭平山、林祖涵、于树德、吴玉章、杨匏安、恽代英、毛泽东、鲍罗廷、邓演达等 190 多人名单，要国民党中央执行委员会"紧急处

---

①　《中共广东区委政治报告》（1926 年 11 月 23 日），《广东区党、团研究史料（1921—1926）》，第 484 页。

置"。① 随之发出《中国国民党中央监察委员会护党救国通电》。蒋并决定在上海"清党"，密令各省一致行动。4月12日，一场血雨腥风的反革命政变，在上海发生。

4月14日下午6时，李济深（黄埔军校副校长）召钱大钧（埔校教官，时任广州警备司令）、邓彦华（广州市公安局长）等谋划广州"清党"问题，决定钱大钧任临时戒严司令，指挥在穗之海军、陆军；徐景唐（第十三师师长）负责"清剿"石围塘、花地、芳村一带；邓彦华负责市区搜捕；李福林（第五军军长）警戒珠江南岸；海军处警戒珠江江面。

广州市公安局随即发布"布告"：

> 奉总司令训令开，准中央监察委员会咨，请以非常紧急处置各地共产党首要分子，交军警机关看管。本总司令认为有完全接受及迅饬军警执行之必要。为此令仰公安局迅将广州附近共产党分子全行逮捕，并将各工会纠察队勒令缴械，如违即行剿办等因，奉此，特饬军警即日严密执行，仰人民一体知照。②

4月15日凌晨2时，广州宣布特别戒严。珠江江面大小军舰升火以待，市面交通要道步哨林立，各军警机关换发了特别口号及通行证，兵士改换白布蓝字布章。公安局附近马路、省政府前、财政厅前、东堤、东川马路、沙基、彩虹桥、

---

① 中山大学政治训育部编：《政治训育》第9期，1927年4月17日，第11页。

② 《广州公安局关于"清共"之布告》（1927年4月15日），《四·一二反革命政变资料选编》，人民出版社，1987年，第265页。

西村、观音山（越秀山）一带戒严区域，步哨和侦缉遍布，如临大敌。军警控制了电话局和电报局，以致"全市电话不通，商店闭门，内街交通断绝"。布置妥当后，邓彦华派出公安局武装警察及保安大队 800 余人，钱大钧、徐景唐派出步兵两团，兵分数队：一队开向广九站，一队开向石围塘站，一队开向燕塘四标营，一队开向东堤，[①]分路向各工会、工人纠察队和农民自卫军发动进攻。白色恐怖迅即蔓延广州全市，共产党员和革命者四处受到搜查和追捕。

广州军警进攻的主要目标，是粤汉、广三、广九铁路工会。在粤汉路，士兵两连及保安队包围了黄沙粤汉路公司，同时，国民党右派掌控的"机器总工会"派人分乘电船两艘开至黄沙水面，配合陆上军警的行动。铁路工会纠察队和农民自卫军顽强抵抗。钱大钧增调大队来援，四面包围夹攻，攻破了粤汉路公司正门。工人及居民死伤者 60 余人，被捕 20 多人。在广三路，钱大钧、李福林各派士兵一营进攻广三路局，攻破了工人的防线，工人死伤数人，被捕 10 多人，被缴枪 200 余支。在广九路，军警冲锋拥进，占领工会和车站，逮捕工人多名。至是日中午，三铁路工会完全被军警攻占。

是日，反动军警暨各反共组织四处出动，按址搜捕。中共广东区委的办公楼（文明路 75 号）、省港罢工委员会党团机关和广东区委军委联络点（榨粉街）、省港罢工委员会（东园）被包围搜查，许多人被逮捕。反动军警包围搜查了中华全国总工会广州办事处、中华海员工会广州分会、济难会、中华全国铁联会广州办事处、广东省农民协会、广东妇女解放协会、广

---

①　《中国国民党广东特别委员会搜捕反革命派详情》，广东军事厅政治部编：《革命政治》第一期，1927 年 4 月 21 日，第 29—30 页。以下所述军警武装攻击各工会团体及搜查、追捕革命者的内容，主要依据此文。

州工人代表会暨所属工会等。位于财政厅前的国光书店，因出售进步书报，"是日上午十一时许，市党部宣传员会警将该店标封，贴有'打倒反动宣传'等字样"。至 15 日下午，广州工代会所属 200 多个工会完全被解散，工会纠察队一律被缴械。军警还查抄了中山大学、执信学校、省立一中等学校。

广州大规模的追捕和屠杀，持续了一周之久，大批中共党员和工人、农民、学生、妇女运动干部遇害。据国民党广东省特别委员会报告：

> （四月）十五日上午九时，广东总工会派出体育队多队，分赴广州洋务罢工团总工会、酒楼茶室总工会、省港罢工委员会、广州工人代表大会及其他共产党操纵主持之工会机关，逐一搜查，并派队搜索共产党重要人物。结果拿得刘某、李某等数百名，或解交南关戏院之临时收容所，或交警区收解云。又闻军警捕获萧某、容某、熊某等，在中大学校捕获毕某等三十余人，在一中学校捕获数十人，均交由戒严司令部公安局分别看管讯明办理云。……被捕之人数，闻是日（十五日）共捕二千余人之多，以南关戏院为收容所，有百数十名留押公安局。①

此文提到的"刘某""李某""熊某""萧某""毕某"，应是广州著名中共党员刘尔崧、李森（启汉）、熊锐（或熊雄）、萧楚女、毕磊；"容某"指谁待考。在大搜捕中被捕者，还有邓培、何耀全、张瑞成、沈春雨、陈永年等，这些人不久后全被杀害。

---

① 《中国国民党广东特别委员会搜捕反革命派详情》，《革命政治》第一期，1927 年 4 月 21 日，第 31 页。

搜查、逮捕之风，很快刮到了黄埔军校。

当时，留在广州黄埔本校的，有教职人员、第五期部分学生、第六期入伍生（入伍生分驻广州市内、东莞虎门、深圳等处）。14日深夜，教育长方鼎英把即将"清党"实情，面告政治部主任熊雄，请熊离校，并表示愿予协助。熊雄随后乘坐军校安排的小汽船，离开埔校。但船开不久，即因机件"失灵"停泊江中，熊雄遂被逮捕。是夜，钱大钧"以中山舰及西江舰驶至黄埔，严重监视"。入伍生驻地（四标营）"亦被钱司令遣兵包围，一律缴械"。①黄埔军校校本部及东莞虎门、深圳各入伍生驻地，随即实施"清党"。主要的动作，是以"紧急集合"为名，令中共党员出列，并发动检举或指认。凡自行出列者，或一经检举、指认者，当场予以逮捕。据方鼎英《对于清党运动说几句衷肠话》一文："首将驻省（广州市区）各入伍生团营之共产捣乱分子，计一次逮捕四十余人，二次逮捕六十余人，共计百余人；校部员生共一百七十余人；驻在东莞各处之入伍生共百余人。"②部分被捕者最初收押于珠江上的船只，被称为坐"水牢"。

在四一五反革命政变前后死难的黄埔军校教官，共产党员主要有如下数人。

熊雄，黄埔军校政治部代理主任。4月15日被捕，16日夜被囚于广州公安局监狱的特别室。5月初转囚于南石头监狱。5月17日被秘密杀害，遗体装进麻袋，沉没珠江。熊雄是黄埔军校著名的中共党员，周恩来后来说："宣传黄埔

① 《中国国民党广东特别委员会搜捕反革命派详情》，《革命政治》第一期，1927年4月21日，第30页。

② 方鼎英：《对于清党运动说几句衷肠话》，《黄埔周刊》第一期，1927年5月14日。

要宣传熊雄。"①

孙炳文，政治主任教官，4月10日应邓演达电邀离开广州。12日上海反革命政变发生时，孙在船上毫不知情，16日船抵上海即被捕，关押于上海龙华淞沪警备司令部军法处看守所。19日被杀害。25日《广州民国日报》报道，"孙炳文已在沪枪决"。

熊锐，政治教官。邓演达曾邀熊锐到武汉军校工作，但熊因工作繁忙而继续留守广州。被捕后于4月下旬与萧楚女、邓培、毕磊等一同被杀。

萧楚女，政治教官。萧因患多种疾病于1927年3月底入住广州东山医院，4月14日《黄埔日刊》仍刊登出他对学生邓友馥所提问题的书面解答，15日在医院被捕，22日被押往南石头监狱，下旬被枪杀。

安体诚，政治部宣传科长，《黄埔日刊》编委主任。4月在上海被捕，5月被枪杀于上海龙华。

在四一五反革命政变前后死难的黄埔军校各期学生和入伍生，主要有以下人员。

谭其镜（一期），共产党员，第六期入伍生部政治部主任。4月15日在家中（广州市芳草街）清理文件时，军警包围其住宅，遂被捕，26日被杀害。

麻植（二期），共产党员，中共广东区委军委秘书，北伐后留守军委联络处（广州市惠爱路榨粉街），负责保管军校党团员名册及有关文件。遇变时紧急烧毁了名册和文件，被捕后被害于红花岗。

---

① 周恩来1959年审查中国革命博物馆"中国革命展览"时的谈话。引自熊巢生、熊英、易敬林编著：《中国大革命中的熊雄》，江西人民出版社，2002年，第273页。

朱凯（四期），共产党员，中共广东区委军委秘书，4 月 15 日晚在军委办事处被捕，死于狱中。

穆世济（三期），共产党员，中共广东区委军委秘书，被捕后遇害。

杨新民（四期），共产党员，黄埔同学会组织科科员，被捕后囚于南石头监狱中。1928 年 2 月 13 日《广州民国日报》报道：杨新民及陆国华、谭毅夫、李成通、黄锦涛、张兆涛、何祝三（彭粤笙）、李润生、郭明生、卢福茂、苏家祺、邓剑虹、梁朝栋、丁正时、谭其英等"共党重要分子"，已经于 2 月 11 日晨在"南石头山岗被枪决"。这一篇报道另写道，"共党分子沿途非常镇静，并高呼口号"。①

蔡鸿猷（二期），共产党员，国民政府税警团上校党代表。被捕后遇害于南石头。

张廷仁（六期入伍生），共产党员，被捕后在南石头被折磨致死。有一篇文章写道：张死后"双眼睁着，脚镣还未去掉，完全是皮包骨了，惨不忍睹。他死号编为 103 号"。②

韦凤喈（六期入伍生），共产党员，军校国民党特别党部执行委员。被捕后囚于南石头，病死狱中。

宁烈（六期入伍生），被捕后在狱中不堪压迫，用铁钉插进自己的喉咙，自杀身亡。

---

① 按：谭毅夫是中共广州手车夫工会党团书记，李成通是广州市一中学生，黄锦涛是香港学生，彭粤笙是省港罢工委员会干部，李润生是广州金属业工会党团书记，苏家祺是中山大学医学院医生，谭其英是省港罢工工人。以上各人及陆国华、张兆涛、郭明生、卢福茂、邓剑虹、梁朝栋、丁正时非黄埔军校官生。

② 吕文远：《我在南石头监狱——兼回忆张廷仁同志》，中共广东省委党史研究委员会编：《南石头监狱的斗争（回忆录）》，1988 年，第 95 页。

此外，1945年中共中央组织部印军队"烈士英名录"所开列的"清党"时死难的黄埔军校学生，还有王贞廉（一期）、王文华（三期）、司徒仕（四期）、王日祚（四期）、励志敏（四期）、时逢至（六期）、张建仁（六期）、杨大朴（六期）、唐模生（六期）、王震球、谭子和、龙卓灵等。以上各人情况未详。

广州四一五反革命政变时黄埔军校被捕的教官、学生和入伍生，大多数以"政治犯"的身份，收押于广州南石头"惩戒场"（监狱）。在虎门被捕的入伍生，起初收押在上横档（珠江中的小岛）。有资料提到，关押于南石头的黄埔军校官生有700多人。至广州起义后，仍有300多人在押。详情难以查考，目前仅知，这些人中有宋时轮、张开荆、张如屏、王一沙、吕文远、宋一星、葛承烈、戴冠宇、郭成荣。南石头内之西楼所关押的，全部是黄埔军校入伍生。

国民党黄埔军校特别区第五届党部（1927年初选出）在1927年4月3日召集军校全体党员大会，表明拥护武汉国民党中央、国民政府的立场。广州四一五反革命政变时，埔校本届党部班子，遂"首遭摧残"，有多位执行委员、候补执行委员、监察委员被捕。幸而未被逮捕的执行委员、候补执行委员和监察委员甘竹溪、邹今海、陈葆华、李永光、周仲英、尹沛霖，党部秘书李元杰，以及党员百余人，先后分水、陆两路，潜离广州，远上武汉。[①]昔日"怒潮澎湃，党旗飞舞"的黄埔长洲岛，已经没有了风云际会的兴盛景象，也不再是革命教官、学生的栖身之地。

---

① 《黄埔军政校特别党部全体执委被迫来鄂》，《黄埔军校史料（1924—1927）》，第434页。按：陈葆华、周仲英、尹沛霖、李元杰为中共党员，甘竹溪、邹今海等人情况未详。

黄埔军校"清党"的日子里，革命者饱受摧残。教官、学生之间，同学与同学之间，互不信任，严重撕裂，势如水火，告密、检举、诬陷、公报私仇者，比比皆是。被捕者之中，有许多是进校不久的第六期入伍生，有的并不是共产党员，但也被"清"到南石头、上横档，备尝牢狱之灾。四一五后出版的《黄埔周刊》有文章说道："因为有人演讲，有谓'我们要彻底做清党运动，稍有嫌疑的，即行扣留'，于是大起恐慌，忠实同志逃亡的也有二百余人。"[①] 军校教育长方鼎英的文章也写道："有对于忠实戆直之同志，加以诋毁；或对于鼠角睚眦之夙怨，藉此报复。如某也被诬离职，某也被诬就逮。甚至因此对于某某加以种种恐吓的话，而以威迫之；或对于某某许以较优之位置，而以利诱之。含沙暗射，隐语中伤，瓦釜黄钟，是非莫辨。推衍所极，宁堪设想?"[②] 由于乘机报复者实在太多，校方不得不宣布："检举人须用公正精确的态度，切实考察同志的言论行为，不得挟嫌诬控。"黄埔军校各驻地的教官、学生，一片恐慌，人人自危。

黄埔军校在校的学生、入伍生，有的人在"清党"中陷入了迷惘、彷徨、苦闷之中。有一位学生投书于为"清党"当局掌控的《黄埔日刊》，问：（1）武汉政府与南京政府谁是非法？（2）汪精卫、吴稚晖二人，谁是革命者？（3）南京政府何以只要"三民主义"而不要"三大政策"？（4）广东政府为什么屠杀农工？ 这几个问题提得十分尖锐，编者无

---

①　《关于"入伍生逃亡事件"的几句话》，《黄埔周刊》第七期，1927 年 6 月 26 日。

②　方鼎英：《对于清党运动说几句衷肠话》，《黄埔周刊》第一期，1927 年 5 月 14 日。

法回答，却将提问者斥为"反动分子"，将这几个问题冠于"反动分子提出的几个问题"的标题，在报纸上刊登了出来。①

黄埔军校"清党"后，校内共产党组织被摧垮，党员多遭捕杀，漏网者亡命天涯海角。蒋系之邓文仪（一期）任军校政治部主任，胡靖安（二期）任入伍生部政治部主任。他们主持校务，控制军校政治部及《黄埔日刊》。据政治部1927年4、5两个月的工作报告："自'清党'运动后，C.P.分子被扣留者达百余人，余者逃亡。故当时部内一切事务，已入于停顿状态。"邓文仪4月22日到任时，政治部原有人员，仅存十分之二三。

由上可知，黄埔军校之"清党"，打击面极广，手段残忍，留校和留在广州的教官、职员、学生及入伍生中的中共党员，几被一网打尽，幸而脱逃者不多。这一历史性的逆变，对被害者来说，当然创巨痛深。这就表明，所谓"清党"，就是在蒋介石的实际操控之下，出动军队，公然对共产党人发动突然袭击，将昨日国民革命阵营的合作者、同盟者，任意予以逮捕、关押和残杀。"清党"无论对国共关系，还是对黄埔军校，都造成极为严重的后果。

黄埔军校创办伊始，即有共产党员在其中工作和学习。据黄埔同学会组织科1929年的统计报告，第一至第五期黄埔军校学生中的"共党嫌疑者"，共有1522人。黄埔军校在广州办学时期（1924—1927）的教官、学生和入伍生中，目前所能辨认出来的中共党员，有780多人（未含武汉等分校）。在这些人之中，有的是各地国民党党部选派的，有的是经过国民党各地、各种人物的推荐而入读埔校的。中山舰事件后，因蒋要求每人只能保留一种党籍，有的人还公开了自己的中

--------

① 《反动分子提出的几个问题》，《黄埔日刊》1927年5月21日。

共党员身份。在国共两党仍有合作关系的前提下，在北伐战争步步推进之时，蒋介石出于转嫁自身危机的目的，大兴"清党"之狱，使用暴力机器，摧毁共产党的组织，捕杀共产党人。在中国近代政治历史上，此番"清党"，实为公然将军队使用于党派斗争，用枪杆子解决意识形态的分歧和政党之间政治观念、政治主张分歧的一次大规模的举动。逮捕、残杀政敌之恶风，至此愈刮愈烈。

## 第三节 国共合作的黄埔军校的终结

北伐途中，蒋介石策划的上海四一二、广州四一五"清党"，具体的动作是集中目标，暴力打击中国共产党。蒋的这一举动，叫做抓主要矛盾，即着力于要紧之处，以改变事态变动的方向和进程，所得的回报，至为"可观"：租界列强、城市大资产阶级和各地豪绅地主，纷纷支持；原来与蒋积有矛盾或保持距离的各派军队和地方势力，也争先恐后，纷纷向蒋示好并靠拢；最终，蒋还让武汉那班国民党文官集团领袖，一个一个从反对者或曰麻烦制造者，转变成为同一条反共战线上的同盟者。蒋在北伐中一度陷身的危机，因之得以解脱。

蒋介石搞"清党"反共，对黄埔军校来说，意味着这所创办于国民党改组后国共合作的著名军校，发生了质变。

黄埔军校建校、建军之初，形格势禁，蒋对在军校、军队设党代表，实行"以党治军"的新体制，并未反对，并一度宣称他是这一制度的创立者。但这只是一段短暂的时日而已。蒋本质上是一名专制军人。蒋一贯以来的作为，已经清楚显示了他并不乐意在他自己的身边，站着一位以"党代表"或其他什么名义出现的人物，对他实行权力监督、制衡和约束。蒋的"军权"，绝不愿意被装进"笼子里"。中山舰事件及其后的"整理党务案"，究其实质，是军事实力发展到可左右广州局势时的蒋介石，欲以军队控制国民党和国民政府的表现。质言之，是欲以军制党、以军制政。北伐时聚集在武汉的国民党文官集团领袖，并不认同蒋以武力安排的政治秩序，而要求有所纠正，重新理顺"党权""政权""军权"之间的关系。国民党武汉三中全会制衡蒋的"军权"扩张的种种举措，无论是怎样令人眼花缭乱，在客观上同黄埔建校、建军的初衷是一致的，目的是要将军队纳入国民党、国民政府所能掌控、管治的轨道，以免重蹈孙中山过去长期受制于军人、为军人所反噬的覆辙。在国民党内，这是一次捍卫孙中山"党治"路线的、非同凡响的大动作。蒋却不惜以发动一场血洗黄浦滩头、珠江两岸的反革命政变，来扭转这一不为他所乐见的势头。面对蒋的暴力抓狂与发飙，武汉国民党人拿不出什么可以化解的资源，只有徒呼奈何。弄到最后，武汉国民党营垒也陷于土崩瓦解，有的人很快倒向了蒋的阵营。这样，孙中山"以党治军"或"以党制军"，只能作为一张施工烂尾的蓝图，存放于历史博物馆里。可以预见，这个党未来的前途与命运，只会操诸枪杆子强硬的人手里。

"清党"之后，在蒋的授意下，国民党的党务为蒋之亲信，亦与黄埔军校关系密切的陈果夫、陈立夫所包办。陈氏兄弟按蒋的意旨经营的国民党，即他们所营造的"党机器"，摒弃了1924年国民党第一次全国代表大会的改组精神，再不是掌握军队的政治方向、引领军队前进的党，而是围绕着蒋的军人掌政的需要而运行的党。党、军关系位置的摆放，厥为先军而后党。

此后，在黄埔军校和蒋的军队内，党代表制度失去了继续推行的意识与精神，结果无疾而终，不了了之。这一项黄埔军校史上最为人称道的、以廖仲恺为首任党代表的创制，终被废止于悄无声息之中。党代表的副署权与监察权随之烟消云散，军事长官了无拘束。其结果，是让诞生于黄埔军校，在东征、北伐中一度虎虎生威的国民革命军，脱离了党的管治的轨道，迷失了政治方向。而没有灵魂、不受管束的军队，只能成为民生与社会的祸害，与帝制垮后各霸一方的军阀部队相比，并没有两样，亦与曾经横行于南粤的陆（荣廷）、莫（荣新）、杨（希闵）、刘（震寰）之滇桂各军，没有两样。

蒋介石的军队"清党"后虽然还有政工机构，但政治工作的性质、地位、任务已经发生了变化。军队政治工作的职责，原为辅助党代表，掌握部队的政治方向，指导部队党务，实施政治教育，对"以党领军"起保证的作用。党代表制度实际上被废止后，政工机构与党务工作剥离，政治工作只是作为蒋的宣传工具而存在，起反共、反革命传声筒的作用。政治工作的正能量一旦消失，其尊严遂亦流失，地位一落千丈。

1927 年夏国民党"以党领军"路线的逆转，应当从国民党本身去寻找原因。国民党是个复杂的党，1924 年的改组并不彻底。孙中山逝世后，这个党内部在思想、政治上的分歧，趋于表面化；思想、政治上的分歧，很快又导致了组织上的破裂，各派缠斗无时，内耗不已。体制内种种固有的顽疾、祸患，无以调治，不断腐蚀着这个党的肌体，成为党自我革新、前行的阻力。这个党也未形成团结而有力的领导集体。党的外强中干，与军队的崛起和日益膨胀，形成了鲜明的反差。总而言之，国民党创建了一支军队，却未能以作为一个革命党应当具备的思想、政治、组织优势，并整合调动各种资源，形成对军队有效的监督、约束和引领。此为一颓一盛，党不制军，而最终反为枪杆子左右了党的根本原因所在。

黄埔军校创建并推行的"以党领军"体制，在形成、发展的过程中一再受到冲击，终于于 1927 年 4 月蒋介石发动反革命政变后，终结收摊。继之而来的，是听命于蒋介石一人的"黄埔系"，纵横于历史的舞台。

广州四一五政变后，长洲岛阴云密布，黄埔军校笼罩于恐怖之中，国共合作在广州举办军事政治学校的历史，至此终结。至 1927 年 12 月广州起义后，军校校务陷于停顿。1928 年 5 月 15 日，军校改名为"国民革命军军官学校"，次年 9 月又更名为"国民革命军黄埔军官学校"。1930 年 9 月 7 日，蒋介石电令"埔校着即停办"，10 月 14 日校务乃正式结束。

# 第二十章　黄埔军校后话

## 第一节　黄埔军校的变迁

国共合作创办的黄埔军校结束后，从 1928 年至 1949 年，国民党先后在南京、成都继续举办陆军军官学校。南京、成都军校，虽均称以广州黄埔军校为源头，与黄埔军校有人事等方面的若干关联，习惯统称为黄埔军校，而性质却截然不同，即非国共合作举办的军校。

### 一、南京"中央陆军军官学校"

北伐军 1927 年夏占领江苏和浙江后，定都南京，国民党着手筹建中央军校。次年 3 月 6 日，中央军校在南京举行开学典礼，定名"中央陆军军官学校"。原中央军事政治学校在广州等地所招收第五、六期的部分学生、入伍生，陆续迁至南京就读。中央陆军军官学校一度实行校务委员制，以蒋介石、何应钦等为校务委员。后恢复校长制，以蒋介石为校长，张治中为教育长。学制初为两年制，采取日式教育；1930 年后改为三年制，采取德式教育。从 1928 年至 1937 年全面抗日战争爆发，称为黄埔军校南京本校时期，共招训正期学生8 期，即从第六期至第十三期。

南京中央陆军军官学校的大致情况，据邹志红、竦以沛

《黄埔军校历期学生情况概略》所述，列表如下。[①]

| 期别 | 入校（入伍生）日期 | 开学日期 | 毕业时间 | 毕业人数 | 备注 |
|---|---|---|---|---|---|
| 第六期 | | 1926年10月 | 1929年2月 | 718 人 | 广州二总队 |
| | | 1928年3月 | 1929年5月 | 3252 人 | 南京一总队 |
| 第七期 | 1927年8月 | 1928年12月 | 1930年9月 | 666 人 | 广州二总队 |
| | 1928年初 | 1928年12月 | 1929年12月 | 852 人 | 南京一总队 |
| 第八期 | 1930年5月 | 1932年3月 | 1933年5月 | 505 人 | 第一总队 |
| | | | 1933年11月 | 1240 人 | 第二总队 |
| 第九期 | 1931年3月 | 1931年5月 | 1934年5月 | 654 人 | |
| 第十期 | 1933年9月 | | 1936年6月 | 940 人 | 第一总队 |
| | | | 1937年1月 | 621 人 | 第二总队 |
| 第十一期 | 1934年9月 | 1936年1月 | 1937年8月 | 605 人 | 第一总队 |
| | | | 1937年10月 | 664 人 | 第二总队 |
| 第十二期 | 1935年9月 | 1938年1月 | | 740 人 | 毕业于武昌 |
| 第十三期 | 1936年9月 | 1937年1月 | 1938年9月 | 1412 人 | |

南京办学时期，中央陆军军官学校在各地设有如下分校：

（1）武汉分校。主要由"清党"后原武汉军校部分离校学生组成，1928 年 4 月开学，更名为"中央陆军军官学校武汉分校"，前后招生两期，1932 年 3 月合并至南京本校。

（2）长沙分校。1927 年 2 月开办，修业时间一年，至 1928 年 5 月学生毕业后停办。

---

① 邹志红、陈以沛：《黄埔军校历期学生情况概略》，《黄埔军校史料（续篇）》，第 538—543 页。按：邹、陈所述与台湾陆军军官学校《蒋公与陆军军官学校》所述有所不同，主要是各期入伍生、学生入学或开学日期不同，招生、毕业人数亦不同。下述成都时期办学的情况亦有同样情形。本书对此不一一查考和注明。

（3）南昌分校。1928年4月筹备完成，初名"第五路军军官补习所"，至10月更名为"中央军官学校南昌分校"，1928年学生毕业后停办。

（4）广州分校，又称燕塘分校。1927年广州"清党"后，第八路军总指挥部组办干部学校，后改名"广东军事政治学校"。1936年秋奉命改组为"中央陆军军官学校广州分校"。

（5）洛阳分校。1933年12月筹备就绪，先后举办军官讲习班五期，至1937年7月，改为"中央陆军军官学校第一分校"。

（6）成都分校，开办于1935年秋，先后招生两期。

## 二、成都"中央陆军军官学校"和"陆军军官学校"

1937年7月卢沟桥事变爆发后，南京中央陆军军官学校奉命西迁，经江西、湖南、湖北，行军数千公里，备尝播迁之苦，陆续到达四川省铜梁。1938年11月，军校由铜梁迁至成都。由此而至1949年12月，称为黄埔军校成都本校时期，历时13年，共办学10期，即从第十四期至第二十三期。先后由陈继承、万耀煌、关麟徵（一期）任教育长。

1945年抗日战争结束后，成都中央陆军军官学校于1946年元旦改名为"陆军军官学校"，恢复1924年建校之初的校名。1947年冬，由关麟徵任校长（此前一直由蒋介石兼任校长）。1949年9月，关麟徵调任陆军总司令，改由张耀明（一期）继任校长。黄埔军校成都本校时期，是办校地点较为固定、培训学生最多的一个时期。

成都办学时期的基本情况如下表：

| 期别 | 入校（入伍生）时间 | 开学时间 | 毕业时间 | 毕业人数 | 备注 |
|------|------|------|------|------|------|
| 第十四期 | 1937年冬 | | 1938年11月 | 669人 | 第一总队 |
| | 1937年10月 | 1938年3月 | 1939年 | 1510人 | 第二总队 |
| | 1937年9月 | | 1939年1月 | 1520人 | 第三总队 |
| 第十五期 | 1938年1月 | | 1940年7月 | 1831人 | 第一总队 |
| 第十六期 | 1938年10月 | | 1940年12月 | 1693人 | 第一总队 |
| | 1939年1月 | | 1939年10月 | 1629人 | 第二总队 |
| | 1939年春 | | 1940年4月 | 1165人 | 第三总队 |
| 第十七期 | | 1940年4月 | 1942年5月 | 1527人 | 第一总队 |
| | | 1940年5月 | 1941年11月 | 1374人 | 第二总队 |
| | | 1940年7月 | 1942年2月 | 1030人 | 第三总队 |
| 第十八期 | 1941年4月 | | 1943年2月 | 1216人 | 第一总队 |
| | 1941年11月 | | 1943年10月 | 1237人 | 第二总队 |
| 第十九期 | 1942年12月 | | 1945年4月 | 998人 | 第一总队 |
| | | | | 902人 | 第二总队 |
| 第二十期 | 1944年3月 | | 1946年12月 | 1116人 | |
| 第二十一期 | 1944年5月 | | 1947年8月 | 6038人 | 共编11大队 |
| 第二十二期 | 1948年1月1日 | | 1949年2月 | 1538人 | 第一总队 |
| | 1948年7月 | | 1949年7月 | 1100人 | 第二总队 |
| | 1948年7月 | | 1949年10月 | 810人 | 第三总队 |
| 第二十三期 | 1948年12月 | | 1950年春 | 1506人 | 第一总队 |
| | 1949年1月 | | 1950年春 | 800余人 | 第二总队 |

全面抗战爆发后，中央陆军军官学校在全国设分校九所：第一分校创设于洛阳，后迁陕西汉中；第二分校原称武汉分校，后迁湖南邵阳，再迁湖南武冈；第三分校设江西瑞金，后一度迁广丰，再迁回瑞金；第四分校原为广州分校，1938年10月广州沦陷后迁德庆，再迁广西宜山、贵州独山和眉潭；

第五分校前身为云南讲武堂，全面抗战爆发后称为第五分校；第六分校原为黄埔军校南宁分校，全面抗战爆发后时更名南宁分校，后迁广西桂林、宜山、百色；第七分校初成立于甘肃天水，后驻西安王曲，并在终南山麓举办训练班；第八分校创办于湖北均县草店，后迁湖北房县；第九分校前身为新疆讲武堂、新疆军官学校，1942 年 9 月改组为中央陆军军官学校第九分校，驻新疆迪化（今乌鲁木齐）。

以上，从 1928 年初至 1949 年 12 月，先后在南京、成都举办中央陆军军官学校、陆军军官学校，共办学 18 期，毕业生 4 万余人（不包括各地分校）。1949 年 12 月，中国人民解放军占领成都，国民党在大陆办军官学校的历史宣告结束。①

第一次国共合作破裂后，黄埔军校发生质变，然而，共产党人对大革命时期的在广州举办的黄埔军校，却给予充分的肯定。1938 年，毛泽东对陕北公学毕业生说："从前有个黄埔，那里表现着一种朝气，这种朝气也就代表着一种倾向。黄埔和陕公一样，同学是从各地方来的，又分布到各地方去。那时的黄埔是要打倒军阀和帝国主义，它是那时中国进步的缩影。我们陕公的方向是要打倒日本帝国主义，建立新中国，这个方向我们要坚持下去。"②中国共产党在领导中国革命的进程中，先后创办了彭杨军事政治学校、红军大学、中国人民抗日军政大学、陕北公学等等，高举革命旗帜，积极弘扬黄埔军校思想建校、政治建军的传统，致力于培养革命军事、政治干部，为中国革命的胜利，作出重大的贡献。

---

① 国民党退守台湾后，以"陆军军官学校台湾训练班"（成立于 1947 年）的所在地高雄凤山为校址，恢复黄埔军校建制，接续黄埔军校成都本校的期数，从第 24 期起招生，校名"陆军军官学校"，也称凤山军校。

② 毛泽东：《对陕北公学毕业同学的临别赠言》（1938 年 3 月 3 日），《毛泽东文集》（第二卷），人民出版社，1993 年，第 104 页。

# 第二节　黄埔军人的走向

黄埔军校前四期的毕业生共近 5000 人，第五期在广州招生 2600 多人，第六期在广州招收入伍生 4400 多人，总计大革命时期有 12000 多人在广州陆军军官学校、中央军事政治学校学习过（未包括各分校）。1927 年夏秋大革命失败后，黄埔军校的教官、学生，走上了不同的道路。

## 一、大革命失败后

1927 年蒋、汪相继发动反革命政变后，国民党将中共称为"逆党"或"乱党"，厉行暴力打压和军事"围剿"。国共之间从思想意识分歧和路线政策争拗，一变而成为全面、激烈、长久的武装斗争。在这一情势下，分别隶属于国共两党的黄埔军校教官和学生，乃迅速分化。昔日同室而居、同窗共砚并曾经在同一条战壕中作战的师生，旋即集结成势不两立、崭然对垒的两支军队。近代中国的历史，由此进入所谓"十年内战"时期。

一部分是追随校长蒋介石的。在黄埔军校教官、学生中，这部分人显然属于多数，并成为蒋的基本队伍。既为蒋之"门生"，又在关键时刻跟蒋走，这当然是不一般的资历。蒋对这些人的信用，体现于放手让他们掌握军队。仅以埔校第一期为例，至 1929 年，已经升至步兵旅长的，至少有胡宗南、郑洞国、甘丽初、李正华、刘戡、张忠、唐云山、黄杰、李玉堂、李延年、桂永清、李树森、杨步飞、俞济时、楼景越、李仙洲、陈明仁、李默庵、孙常钧、王敬久、蒋伏生等 21 人。此时，这批人从黄埔军校毕业，不过 5 年左右时间。至 1937 年全面抗战爆发前，升至步兵师长的黄埔一期

生，有胡宗南、李文、陈烈、王万龄、李铁军、李玉堂、黄
维、俞济时、关麟徵、柏天民、陈铁、杨步飞、冷欣、王文
彦、李延年、郑洞国、唐云山、王仲廉、李树森、李仙洲、
范汉杰、彭善、董钊、宋希濂、王敬久、孙元良、桂永清、
萧乾、李默庵、梁华盛、甘丽初、丁德隆、李及兰、刘戡、
霍揆彰、黄杰、伍诚仁、陈沛、陈淇、夏楚中、陈明仁等，
共 40 多人。其中胡宗南 1930 年已出任代师长，1936 年 4 月
又升至军长，是追随蒋介石的黄埔一期生中升得最快的一位。
笔者在台湾"党史馆"查到的一份档案显示：胡宗南 1924 年
投考黄埔军校时，算术只考了 5 分（以 100 分为满分），考官
给他所写的评语，是"中下老"三个字，[①]可能是说他资质中
等、身材矮小、年纪太大，已经将他列为"落第生"之列。
只是校方又决定"从宽取录"，他才有机会成为埔校学生。胡
宗南可能连他自己都不曾想到，他会是黄埔一期生中运气最
好的一位。幸运之星，当然不只是落到胡宗南一人头上，也
不只是降临于第一期。当时凡是跟着蒋走的黄埔生，都会有
这样擢升的机会。第二、三、四期，乃至第五、六期，均不
乏走出校门不几年即肩扛星衔的人物。

　　蒋对追随他的黄埔生，除放手让他们带兵之外，还着力
于对他们再打造，即让他们继续到更高档次的军事院校"深
造"。陆军大学是国民党以"养成军事高等人才，选拔品学优
越之青年军官，授以高等用兵学术，以养成健全之军事幕僚
及指挥官"为目的而创设的学校。[②] 1928 年 12 月，陆军大学

---

　　① 蒋中正：《致中国国民党中央执行委员会会函（附件）》
（1924 年 4 月 29 日），存台北中国国民党党史馆，汉 17666-1。
　　② 南京国民政府军事委员会：《陆军大学组织法》，1929 年 8 月
23 日。

招收了黄埔一期生 6 名、二期生 4 名入读正则班第九期，从而启动了黄埔生接受军事再教育的宏大工程。自此以后，共有 191 名黄埔一期生、40 名黄埔二期生、68 名黄埔三期生、131 名黄埔四期生，先后上过陆军大学，分别入读陆军大学的正则班、将官甲班、将官乙班、特别班、参谋班等。如第一期的何绍周、冷欣、陈明仁、李杲、周振强、刘戡、王敬久、范汉杰、李仙洲，第二期的姚中英、容干、沈发藻、张炎元，第三期的刘伯龙、方先觉、李天霞，第四期的张灵甫、罗列、高魁元等人，均有入读陆军大学的经历。蒋还将部分黄埔生送至国外，让他们取得出洋留学的资格。如第一期的桂永清（德国步兵学校、德国帝国海军学校）、潘佑强（日本陆军大学）、李杲（日本陆军兵工学校）、范汉杰（德国柏林陆军大学）、贺衷寒（日本明治大学）、孙元良（日本陆军士官学校），第二期的邱清泉（德国柏林陆军大学）、史宏熹（日本陆军炮兵学校）、胡靖安（德国陆军工兵学校）、彭克定（德国陆军坦克军官学校），第三期的文重孚（日本宪兵学校、警察学校）、刘伯龙（日本步兵专门学校）、邱开基（日本陆军经理学校）、熊绶春（日本陆军步兵专门学校）、刘骞（日本明治大学研究院）、周复（日本明治大学法科），第四期的胡轨（日本步兵学校）、滕杰（日本明治大学）、任觉伍（日本明治大学）等，均在国外的军事院校或高等学校继续学习过。蒋介石曾经说过，黄埔军校本身的军事教育只有"陆军中学"的水平。而经过以上的再培养、再教育，对这批黄埔生的"军学造诣"，当然要刮目相看了。

1927 年夏秋国共合作破裂之际，黄埔军校的另一部分教官和学生，紧跟着中国共产党，走上了另外一条不同的道路。

当年的 8 月至 12 月，共产党人连续发动、领导了南昌起义、秋收起义和广州起义，大批黄埔军校教官和学生，加入了起义者的行列。周恩来、聂荣臻、陈毅、恽代英、周士第、许继慎、陈赓、周逸群、林彪等，参加南昌起义；卢德铭、朱云卿、陈毅安、伍中豪等，参加秋收起义；叶剑英、聂荣臻、恽代英、徐向前、王侃予、陶铸等，参加广州起义。随之，全国各地都打响了武装起义的枪声。仅在广东，从1927年"清党"之日起，到1928年的春天，大大小小的武装起义，总共爆发了150多次，如海陆丰三次起义、琼崖武装总暴动等。在湖北，1927年秋冬间也举行了近20次，如黄（安）麻（城）起义等。此外，还有陕北清涧起义、渭（南）华（县）起义，河北玉田起义，河南确山起义，江西吉安起义、弋（阳）横（峰）起义，福建闽西起义，湖南湘南起义、平江起义，广西百色起义，等等。所有这些起义，也多与黄埔军人的策划、组织和参与密切相关。

当然，尚有少量中共党员，未暴露身份，仍在国民党军队中工作，默默地为革命作出贡献。

此后，相当多的黄埔军校教官、学生（包括武汉军校在内有3000多人），在全国各地投入了中共党史称为创建红军、创建革命根据地、开展土地革命的风起云涌的斗争。在各地党委、各路红军、各块红色根据地中，到处活跃着从长洲岛上走出来的人物。如徐成章（黄埔特别官佐），琼崖工农革命军东路总指挥；符节（三期），琼崖工农革命军政治部主任；陈永芹（四期），琼崖工农讨逆军前敌总司令；赵自选（一期），中共广东省委驻东江军事特派员；叶镛（四期），东江红四师师长；聂荣臻（政治教官），广东省委常委、军委书记；杨剑英（四期），广东省委军委书记；廖乾五（教官），湖南省委军委书记；许继慎（一期），红一军军长；孙一中（一期），红六军军长、红二军军长；林彪（四期），红一军团军团长；徐向前（一期），红四方面军总指挥；刘畴西（一期），红十军团军团长；鲁易（政治部副主任），中央军委总政治部主任；叶剑英（教授部副主任），中央军委总参谋部部长；周逸群（二期），红二军团政委；唐澍（一期），西北工农革命军总指挥；朱云卿（三期），红一方面军参谋长兼红一军团参谋长；伍中豪（四期），红十二军军长；王良（六期），红四军军长；董朗（一期），教导一师参谋长；黄鳌（一期），湖南省委军委书记、工农革命军第四军参谋长；吴光浩（三期），红十一军军长兼第三十一师师长；王懋廷（教官），云南省委书记、军委书记；黄公略（高级班），红三军军长；姜镜堂（三期），红四军第十二师政委；蔡申熙（一期），红十五军军长、红二十五军军长；陆更夫（四期），两广省委书记；段德昌（四期），红六军副军长；毛泽覃（四期政治部），红三军政治部主任，独立第五师师长；曾中生（四期），中共中央鄂豫皖分局委员、军委副主席，红四军政委；杨宁（教官），满洲省委军委书记；刘志丹（四期），红十五军团副军团长，红二十八军军长；周建屏（四期），红十军军长；袁国平（四期），红八军政委；赵尚志（四期），东北人民革命军第三军军长；左权（一期），闽西红军新编第十二军军长，第十五军政委兼军长；冯达飞（一期），红八军代军长；袁仲贤（一期），广东东江革命委员会主席；萧人鹄（二期），工农革命军第五军军长，河南省委军委书记；李天柱（四期），红八军代军长；王泰吉（一期），红二十六军师长；彭干臣（一期），满洲省委军委书记、顺直省委军委书记；霍锟镛（四期），安徽省委常委、组织部部长；胡公冕（教官），红十三军军长；何昆（四期），红十四军（如皋）军长兼第一师师长；李汉藩（一期），湖南省军委书记；李文林（四期），江西省苏维埃政府委员；刘之志（三期），红五军参谋长；刘轶超（三期），红一方面军独立第三师师长；邓毅刚（四期），闽西红二十一军军长；熊受暄（三期），红四军第十二师政治部主任；王鄂峰（三期），红四军第十二师参谋长；唐克（三期），红八军政治学校校长；宛旦平（二期），红八军参谋长；李鸣珂（四期），四川省委常委兼军委书记；杜永瘦（四期），湖北省委常委兼军委书记；于以振（四期），上海南市区委书记；刘力劳（四期），上海兵委书记；李鸣岐（四期），河南省委委员；熊敦（四期），四川省委军委委员；陶铸（五期），福建省委书记；李运昌（四期），冀东特委书记、河北省委书记；等等。

这一时期，并有许多中共阵营的黄埔人物，活动于上海、香港、北京、武汉等城市的街头巷尾，从事党的隐秘战线的工作。这部分人主要有陈赓（一期，上海特科情报科长）、霍步青（四期，中共中央秘书处秘书）、傅维钰（一期，临时中央军委书记）、王世英（四期，上海局军委情报站长、北方局情报部长）、宣侠父（一期，上海特科负责人）、靖任秋（四期，北方联络局成员）、周仲英（六期，中央交通站交通员，中共顺直省委交通科长）、胡允恭（《中国青年军人联合会周刊》主编，江苏省委军委秘书）等。周恩来、毛简青（教官）、王懋廷（教官）、卜士畸（代理政治部主任）、白海风（一期）、王备（三期）、曾中生（四期）、李鸣岐（四期）、霍锟镛（四期）、陈治平（五期）等，参加了1928年6月至7月在莫斯科召开的中国共产党第六次全国代表大会。有的人转入左翼文化战线，如阳翰笙（欧阳继修，教官）任中国左翼作家联盟（简称"左联"）党团书记、中共中央文委书记和中国左翼文化总同盟党团书记；聂绀弩（聂甘雨，二期）从莫斯科中山大学回国后加入左联，1935年5月在上海加入共产党；黄松龄（黄克谦，教官），任教于朝阳大学、中国大学、北京师范大学，组织"世界论坛"等等。

以上，是 1927 年国共分裂之后，分道扬镳的两个阵营的黄埔军人的不同历史走向。一路追随蒋的黄埔教官和学生，被蒋一步步栽培、打造成为纵横捭阖于历史舞台的"黄埔系"骨干。而"黄埔系"，则是蒋的整座军事大厦的柱石和强梁。此为蒋发动"清党"及随后"围剿"共产党人的拥护者和参与者。所谓"十年内战"，在某种意义上说，简直就是"黄埔之战"，是黄埔军校的一部分教官学生同另一部分教官学生之间的对抗战争。在各地"围剿"及搜捕共产党人的行动中，以上所列中共阵营中出自黄埔军校的人员，有许多人未能从这危难十年中走出来，牺牲、阵亡、罹难者不计其数。

## 二、抗日战争时期

从广州长洲岛走出的许多黄埔军校军人，无论属于国民党阵营者还是共产党阵营者，在抗战 14 年中，在举国共赴国难的严峻时刻，纷纷投身于抗日战场。

1931 年九一八事变后，日军侵占领东北。黄埔四期生、东北抗日联军第三军军长赵尚志，黄埔军校区队长、东北抗日联军第七军军长、第二路军总参谋长崔庸健（崔石泉），黄埔军校武汉分校女生赵一曼等，高举抗日大旗，转战于白山黑水之间。上海"一·二八"事变时，黄埔一期宋希濂、孙元良等，与蔡廷锴、陈铭枢所部十九路军一起发起淞沪抗战，予日军沉重打击。当日军进逼热河、绥察时，在长城各关口，黄埔一期关麟徵、黄杰，三期戴安澜等，率部与日军进行了多场激战。

1937 年七七事变后，全面抗战爆发。在抗战初期的淞沪战场上，黄埔军人大量云集于此：黄埔教官张治中，中央军总司令、第九集团军总司令；教官陈诚，左翼军总司令、第十五集团军总司令；一期孙元良，中央军第七十二军军长、第八十八师师长；一期王敬久，中央军第七十一军第八十七师师长；一期宋希濂，中央军第七十八军第三十六师师长；一期夏楚中，左翼军第五十四军第九十八师师长；一期李延年，左翼军第二军第九师师长；一期霍揆彰，左翼军第五十四军军长；一期彭善，左翼军第十一师师长；一期黄维，左翼军第六十七师师长；一期李玉堂，中央军第三师师长；一期俞济时，左翼军第七十四军军长兼第五十八师师长；一期胡宗南，中央军第一军军长；一期李文，中央军第七十八师师长；一期黄杰，中央军第八军军长；二期钟松，中央军第八军第六十一师师长；三期王耀武，左翼军第五十一师师长。浴血奋战于淞沪战场的黄埔军人，还有黄梅兴、谢晋元、蔡炳炎、官惠民、姚子青等。淞沪会战历时三个多月，中国军队投入 70 余万人，阵亡 10 万人以上，是全面抗战中规模最大、最惨烈的一役。

全面抗战爆发后，国民党、共产党建立了第二次合作。中共领导的军队，先后改编为八路军、新四军，迅速开赴抗日战场。八路军中的黄埔军校教官，有周恩来、叶剑英、聂荣臻等；黄埔军校各期学生有徐向前、左权、陈赓、周士第、彭明治、林彪、郭化若、倪志亮、萧克、李运昌、唐天际、许光达、宋时轮、陶铸、张宗逊、陈伯钧、罗瑞卿、郭天民、程子华、杨至成等。新四军中来自黄埔军校的军人，有一期生冯达飞，四期生袁国平及来自武汉分校的陈毅和项英等等。1937 年 9 月，以四期生林彪为师长、教官聂荣臻为副师长的八路军一一五师，大破日军于山西平型关。接着，八路军又在神头岭伏击战、响堂铺伏击战中，取得重大胜利，而参与组织、指挥这几次战斗的一二九师副师长徐向前、一二九师三八六旅旅长陈赓，均为黄埔军校第一期毕业生。

全面抗战爆发后，经过淞沪会战，平津之战，忻口、太原会战，南京保卫战，中国军队蒙受极大损失，兵员锐减，正面战场担纲的责任，多数落到了黄埔军人的肩上。第一期的胡宗南、李延年、孙元良、黄维、关麟徵、范汉杰、董钊、李默庵、冯圣法、霍揆彰、张耀明、郑洞国、李铁军、甘丽初、冷欣、俞济时、王敬久、宋希濂、陈明仁、桂永清、杜聿明、刘戡、侯镜如、彭杰如、张镇、余程万、陈铁、梁华盛、何绍周，第二期的邱清泉、覃异之、戴安澜，第三期的方先觉、王耀武、刘安琪、熊绶春，第四期的方靖、李弥、林伟俦、彭孟缉、胡琏、张灵甫、彭士量，第五期的廖运周、郑庭笈、郭汝瑰、孙明瑾等，分别出任中国抗日军队的军团长、军长、师长、旅长或团长。为阻击西进之日军，中国军队在长江沿岸，先后组织了马当之战、九江之战、黄梅之战、广济之战、田家镇之战、瑞昌之战、马头镇之战、星子之战、富金山之战、万家岭之战、信阳之战等，重创日军。黄埔军人在这一系列激战中，留下了许多为人称颂的事迹。

在八路军、新四军中，在敌后抗日战场和各条抗日战线上，也活跃着许多黄埔军校教官和学生。教官聂荣臻率部创建以五台山为中心的抗日根据地，挺进雁北、察南、冀西敌后，收复了大片国土，成立了晋察冀军区；一期生徐向前率部创建平原根据地，巩固和发展了晋冀豫、晋南、山东等抗日根据地；一期生陈赓率部转战于晋东南地区，巩固、发展了太岳抗日根据地；一期生周士第和一二〇师师长贺龙，率部挺进晋西北，创建晋绥根据地；五期生许光达参加创建晋绥根据地；五期生宋时轮率部创建了雁北根据地。黄埔军校武汉分校教官项英、陈毅，一期生冯达飞，四期生袁国平等新四军将领，率兵转战大江南北，创建了皖南、苏南、苏北多处根据地。1940年秋，八路军在华北发起震动中外的"百团大战"，重创日军。参与组织、指挥百团大战的八路军副参谋长左权，为黄埔军校一期毕业生。

在国共再次合作的背景下，国共双方的黄埔军人一度走得很近，留下许多近距离共事合作的足迹。当时，国民政府军委会决定重新组建政治部，由陈诚任政治部部长，周恩来任政治部副部长，贺衷寒任第一厅厅长，康泽任第二厅厅长，郭沫若任第三厅厅长。在这张名单中，陈诚、周恩来是黄埔教官，贺衷寒、康泽分别是黄埔一期、三期学生，郭沫若是武汉分校教官。而在政治部第三厅（宣传厅）中，主任秘书阳翰笙（欧阳继修）是埔校政治教官；总务科科长尹伯休是黄埔三期生；电影科科长兼中国电影制片厂厂长郑用之（郑峻生），是黄埔三期生和血花剧社成员。

国共两个阵营的黄埔军人，还在南岳衡山合作举办军事训练班。武汉、广州沦陷后，蒋介石说"二期抗战，游击战重于正规战"，乃决定在湖南衡山，举办游击战争干部训练班，大力培训从事抗日游击战争的干部。鉴于打游击是共产党人的专长，经蒋同意，又决定请延安派人参加筹建这个班，并派教员来此讲授游击战术。黄埔军校教官、八路军总参谋长叶剑英，于是带了一批干部走上衡山。该训练班由蒋介石兼主任，陈诚任副主任，汤恩伯任教育长（后由李默庵任），叶剑英任副教育长。叶剑英讲授"游击战争概论"。随叶上衡山担任教官的吴奚如，毕业于黄埔四期（在校名吴善珍）。当年长洲岛上的苏联教官、被学生称为"柴顾问"的切列潘诺夫，又一次来到了中国，并出现在衡山训练班的讲坛上，讲授炮兵、步兵协同作战原理。黄埔一期生、衡山训练班教育长李默庵认为，这个训练班是对广州黄埔军校办学传统的继承和发扬。

太平洋战争爆发后，中国政府先后组建中国远征军和中国驻印军，在缅、印、滇西战场上与英美盟军并肩抗日。大量黄埔军人，参加中国远征军和中国驻印军。

1942 年 3 月，中国远征军第一路军组成，黄埔一期生杜聿明任副司令长官兼第五军军长，三期生戴安澜任第二〇〇师师长，六期生廖耀湘任第二十二师师长，五期生郑庭笈任第二〇〇师副师长，六期生刘放吾任第一一三团团长等，第一路军团以上的军官，出自黄埔军校者有 29 人。1942 年 10 月，撤至印度的部分中国军队，改编为中国驻印军，一期生郑洞国任副总指挥。1943 年 2 月，国民政府在滇西重组中国远征军，黄埔教官陈诚任总司令。分别于不同的时间段任职于中国驻印军、中国远征军的黄埔军人主要有：一期生宋希濂（第十一集团军总司令）、黄杰（第十一集团军总司令兼第六军军长）、霍揆彰（第二十集团军总司令）、钟彬（第七十一军军长）、陈明仁（第七十一军军长）、梁华盛（第十一集团军副总司令）、史宏烈（第六军军长）、胡素（新一军副军长）、何绍周（第八军军长）、李弥（第八军副军长）；二期生钟松（第二军副军长）、方天（第二十集团军副总司令）；三期生熊绶春（第一〇三师师长）；四期生高吉人（第二〇〇师师长）、潘裕昆（第五十师师长）、阙汉骞（第五十四军军长）、顾葆裕（新三十九师师长）；五期生陈克非（第九师师长）、唐守治（新三十师师长）、胡家骥（第八十八师师长）；六期生廖耀湘（新六军军长）。从 1942 年初至 1945 年初，中国投放于缅、印、滇西战场的兵力，共达 40 万人，伤亡近 20 万人，为亚洲、太平洋抗日战争和世界反法西斯战争，作出重要贡献。

在漫长而艰苦的抗战岁月中，黄埔军人义无反顾投身于抗战，只有极少人（如缪斌）当了汉奸，绝大多数的黄埔教官和学生，英勇奋战于抗日战场及抗战岗位上。黄埔军校高级将领在抗战中阵亡近百人，历届学生（包括广州、南京、成都时期的学生）阵亡约 2 万人。东北抗日联军总司令赵尚志（四期），1942 年 2 月 12 日牺牲于东北林海雪原；八路军副参谋长左权（一期），同年 5 月 25 日牺牲在太行山上；中国远征军第二〇〇师师长戴安澜（三期），同年 5 月 26 日牺牲于缅北丛林。这三位黄埔同学，在艰难的 1942 年，分别在东北、华北和域外抗日战场上，为抗日战争献身，真乃黄埔之英、民族之雄，不愧为黄埔军人的典型。为中国抗日战争和世界反法西斯战争准备及输送了这许多铁血将士，是黄埔办学成效最主要的体现。

### 三、抗日战争结束后

抗战结束后，历史又将黄埔军人划分为崭然对垒的两个阵营。此时，国共双方出自黄埔军校的军人，多已手握重兵，指挥着千军万马。

在国民党方面，教官顾祝同任陆军总司令，陈诚任东北行辕主任，一期关麟徵任东北保安司令长官，一期胡宗南任西北"剿总"司令，一期宋希濂任湘鄂边"剿总"司令，一期杜聿明任华北"剿总"副总司令、徐州"剿总"副总司令，一期范汉杰任陆军副总司令、东北"剿总"副司令，一期罗奇任陆军副总司令、京沪杭警备副司令，六期廖耀湘任新六军军长，一期王叔铭任空军司令，一期桂永清任海军司令，三期王耀武任第四方面军总司令、山东省主席。

在中共方面，周恩来任中共中央军委副主席、总参谋长，叶剑英任中共中央后方委员会书记，聂荣臻任晋察冀军区司令员兼政委，陈毅任第三野战军司令员兼政委。一期徐向前任华北军区副司令员，陈赓任第二野战军第四兵团司令员，周士第任第一野战军第十八兵团司令员兼政治委员，阎揆要任第一野战军参谋长。四期林彪任第四野战军司令员，萧克任晋察冀军区副司令员、第四野战军兼华中军区第一参谋长。

五期程子华任第四野战军兵团司令员，张宗逊任第一野战军第一副司令员。六期（武汉军校）罗瑞卿任华北军区政治部主任。这一场决定中国命运、前途的空前大决战，简直又是一场"黄埔之战"。

这一大决战的结局，历史早已揭出分晓。本来在军队的数量上、装备上占绝对优势，拥有各种资源的国民党最高掌权者、黄埔军校校长蒋介石，结果一败再败，山崩堤决，不过短短几年时间，就输掉了他的数百万大军。

## 第三节　缀　语

蒋介石的最终失败不是偶然的。他的失败，根植于黄埔军校，有历史原因可寻。

在黄埔军校的历史上，1927 年夏蒋发动的反共"清党"，绝非不痛不痒、可以淡忘、可以掩饰，或按一下电脑上的删除键就可删得一干二净的记忆。这不但关系到黄埔军校的走向，而且关系到中国革命的历史的走向，是一个根本性的大变局。蒋由此迈出他一生最关键的一步，让他自己从"革命将领"一变而成为专制军阀，从而完成了他自己的形象塑造和对未来道路的设计。这一被哲学家们称为"飞跃"的变化，又反作用于蒋之自身，让他此后深受影响，并一直为这一转变制约和纠缠着。终其一生，蒋再无法改变他自己。这是因为，重走旧军阀的老路，搞专制独裁，拥兵自重，等待着他的，当然只能是最终的失败。历史的逻辑，其实就是这样。

"清党"之后，蒋对跟他走的教官、学生极力笼络，悉心"栽培"，刻意经营他的"黄埔系"，一心将其打造成为自己的"掌中利剑"。他专注于"黄埔系"的经营，将情感、资源大量投注于此。有人说，蒋处事的原则是：凡队伍先查看是否"嫡"出，见来人只问他姓"黄"（黄埔军校）与否。在其"嫡系"部队中，师生、门第之间的潜规则，畅行无阻；笼络、宠信多于管治；相互之间的"关照"与"提携"，替代了军纪和军律。得意之士，陵迈超越；悠悠风尘，无非奔竞之徒。这当然不可能"栽培""打造"出真正能打仗的军队来，反而让骄兵悍将得到了适合其滋长的环境与土壤。"黄埔系"被一些人称为"黄祸"，其来由在此。这就种下了蒋失败的种子。

与此相关联的还有，蒋未能一视同仁地对待他旗下的那些非"黄埔系"的军队，而对那些军队采取了歧视、排斥、打击以至并吞的政策；特别是对那批不愿跟他走的黄埔军校教官和学生，更是将他们推向敌对的方面，重拳打压，到处"围剿"、追捕，必欲除之而后快。这样做的结果，是将许许多多非"黄埔系"的军队和人士，将非亲蒋的黄埔教官和学生，或先或后，推向了反蒋的一边，将他们变成了对手。蒋的失败，其实与此亦大有关系。

至于部分亲蒋的黄埔教官和学生，在蒋的策划、授意之下，先后成立"力行社""复兴社""别动队""军统""中统"等组织，被赋予强权与特权，好行凶恶，为所欲为，致人神共怨。历史已经表明，这一类组织及其活动，不但达不到维护、加强蒋的目的，反而加速了蒋的失败。

"清党"之后，蒋在他所统率的军队中，废除了党代表制度，逐步削弱以至抛弃了军队政治工作。于是，军事长官被置于无制度约束、无有效监督的地位，军队失去了正确政治工作的指引和管治。

而黄埔军校的党代表制度和军队政治工作，在中国共产党所领导的红军、八路军、新四军和人民解放军中，却得到全面继承和发扬。党代表制度被带到井冈山上和各个革命根据地中，部队中的"政委制""政治部制""支部建在连上"，一直在坚持着，并不断发展、充实和完善。政治工作在人民军队中被比喻为"生命线"。这一套制度与传统其实都来源于广州黄埔长洲岛，却为蒋和蒋统率的军队所抛弃。这一扬一弃，也决定了两种军队不同的命运与结局。

以上，其实都蕴含在一部黄埔军校史中。陈寅恪先生诗曰："读史早知今日事。"有先前种下的根子，才有后来结出的果子。

时间来到了 1949 年。这是蒋介石快要败出大陆的时候。

广州黄埔长洲岛毕竟是蒋用心最深、最有感情的一个地方。这是他的"发迹"之地。在风雨飘摇，国民党军队抛盔弃甲、败溃千里的日子里，蒋介石常常心念着的，是广州的黄埔军校。

那一年的 6 月 16 日，是黄埔军校建校 25 周年的纪念日。此时已经移往台湾的蒋介石，对这个日子未能忘怀。这一日，他亲到台湾凤山陆军军官学校，参加了纪念大会。

7 月 1 日，在广州，黄埔军校各期的亲蒋同学成立了一个所谓的"非常委员会"。蒋给这些学生发了封电报，其中说："我和你们的生命是整个的，成败荣辱也是一致的，我的耻辱，也是你们的耻辱。"蒋多么希望，这些黄埔学生能够跟着他一条道上走到底，并且给他创造一个"奇迹"。

这还不够。7 月 14 日，蒋介石亲自从台南飞到了广州，于 7 月 19 日特意选择在黄埔军校的遗址，召开国民党在粤高级干部会议。实际上，这是少数亲蒋的黄埔将领的一次非常会议。黄埔军校的校舍在 1938 年 10 月已经被日军飞机炸毁。此时的黄埔长洲岛上，断壁残垣，一片荒芜，那情景令人触目惊心。这个在黄埔军校的遗址上召开的所谓商讨"保卫广州"大计的会议，参加者有何应钦（教官）、梁华盛（一期）、容有略（一期）、何崇校（四期）等，共 20 多人。

蒋经国《风雨中的宁静》一书写道：从 1949 年 9 月 22 日起，蒋介石再一次来到了广州，一直到 10 月 3 日，他才离开了这座留下了他的多种记忆、多重情感的城市。其间的 10 月 1 日，正是毛泽东在北京庄重宣告中华人民共和国成立的日子。

很显然，直到这个时候，蒋介石仍然想在广州、想在广州的黄埔长洲岛上，经营他的某种"希望"，耕耘他的某种"奇迹"。蒋崛起于黄埔，败出大陆之际，仍然心系黄埔，期待着有人能"障百川而东之，回狂澜于既倒"。

但是，到了这个地步，谁还能发此洪荒之力？这当然是不可能了。

那时，在黄埔军校教官叶剑英、学生陈赓等人的率领之下，中国人民解放军发起进军广东之役。广州城，万于这年的 10 月 14 日，插上了鲜红的中华人民共和国国旗。

# 史事简表

## 1923 年

11 月 26 日　国民党临时中央执行委员会第 10 次会议决议，将"义勇军学校"改为"国民军军官学校"。

## 1924 年

1 月 20 日　国民党第一次全国代表大会在广州召开。

1 月 24 日　陆军军官学校筹备委员会成立，蒋介石任委员长。

1 月 28 日　孙中山指定长洲岛为本校校址。

1 月底　鲍罗廷率苏联军事顾问小组参加本校筹备工作。

2 月 6 日　军校筹备处设于广州南堤 2 号。

2 月 8 日　校筹备委员会首次会议召开。

2 月 21 日　蒋介石辞筹委委员长职。

2 月 23 日　廖仲恺兼理军校筹委委员长职务。

3 月 20 日　入学试验委员会成立，蒋介石为委员长。蒋辞职未归，由李济深代理委员长。

3 月 27 日　第一期入学考试，考生共 1200 余人。考场设于广东高等师范学校。

4 月 21 日　蒋介石返抵广州。

4 月 28 日　第一期考试放榜，正取生 350 人，备取生

120 人。

5 月 2 日　蒋介石任陆军军官学校校长。

5 月 5 日　第一期正取生进校，编为第一、二、三队。备取生于 5 月 7 日进校，编为第四队。邓演达代理总队长。

5 月 9 日　廖仲恺任国民党驻陆军军官学校党代表。

5 月 10 日　李济深任陆军军官学校教练部主任，王柏龄任教授部主任，戴季陶任政治部主任，何应钦任总教官。

6 月 15 日　吕梦熊、茅延桢、金佛庄、李伟章分别仁第一期第一、二、三、四队队长。

6 月 16 日　举行开学盛典，孙中山、宋庆龄、鲍罗廷等出席。

7 月 6 日　校国民党特别区党部成立。

8 月 14 日　招收第二期学生，编为第五队、第六队、第七队，合称第二总队。

8 月 17 日　第一期学生举行甄别试验，及格 447 名，饬令退学 19 名，留校察看 33 名。

9 月 3 日　何应钦奉派筹备校教导团。

10 月 7 日　苏联军舰运送枪械 8000 支抵达虎门。

10 月 11 日　第一期第二、三队学生开进广州城区，准备参加平定商团之役。

10 月 14 日　孙中山发平定商团命令，以蒋介石为指挥，廖仲恺为监察。

10 月 15 日　本校教官学生参加平定商团。

10 月 19 日　第一期学生分发各团任见习官。见习期间月薪 18 元。湘军讲武堂学生 158 人归并本校，编为第一期第六队。

11 月 3 日　孙中山行将北上，来校作告别演说。

11 月 20 日　校教导团第一团成立。

11 月 30 日　第一期毕业考试完毕。及格者 456 名。决定教导团采党代表制。

11 月　周恩来任校政治部主任。

12 月 26 日　校教导团第二团成立。

12 月　第三期新生相继入校。本期起实行入伍生制。

## 1925 年

1 月 14 日　校特别区党部选举第二届执行委员。

1 月 25 日　校青年军人社成立，决定出版《青年军人》。

1 月 31 日　校举行东征誓师典礼。教导团第一、二团加入东征军右路。

2 月 1 日　中国青年军人联合会成立，决定出版《中国军人》。

2 月 13 日　教导团参加围攻淡水。

2 月 15 日　教导团挑选奋勇队强攻淡水，即日占领该城。营党代表、一期生蔡光举重伤身亡。

2 月 28 日　教导团进驻海丰。

2 月　国民党中央执行委员会任命：校政治部主任周恩来为东江各地党务组织主任。

3 月 7 日　东征右路军克复潮安、汕头。

3 月 12 日　校总理孙中山在北京逝世。

3 月 13 日　教导团于揭阳棉湖击败敌军，称"棉湖大捷"。教官、教导团营党代表章琰阵亡。

3 月 21 日　教导团进驻兴宁。

4 月上旬　周恩来任校军法处长。

4 月 13 日　廖仲恺提请国民党中央执行委员会成立"党军"，以校教导第一、二团组成"党军"第一旅，以何应钦为旅长。

4月14日　廖仲恺被任命为"党军"党代表。

4月24日　孙文主义学会成立。

4月29日　蒋介石任"党军"司令。

5月15日　包惠僧任校后方代理政治部主任。

6月10日　东征军回师广州。本日由石龙、石滩向广州推进，进攻龙眼洞等。

6月12日　滇、桂军全线溃败，杨希闵、刘震寰逃离广州。

7月1日　广州国民政府成立。埔校举行第三期开学式。

7月11日　设政治班，胡汉民、汪精卫、廖仲恺、甘乃光等任教官。

8月20日　校党代表廖仲恺被戕。

8月21日　长洲戒严，三期生担任海岸警戒，二期生为全岛总预备队。

8月24日　教导第四团第二、三营由沙角移驻校内；第五团第四、五连由黄埔开进广州城。

8月25日　军校各部参与搜捕、缴械涉嫌"廖案"之军队的行动。

9月4日　举行下级干部考试，取录66名。

9月6日　举行第二期学生毕业式，毕业生共440多人。

9月13日　成立军校筹备校史编纂委员会，邵力子兼主席，袁同畴为总编纂。校特别区党部第三届党部委员选举。

9月14日　国民党中央执行委员会任命汪精卫为军队及埔校党代表。

9月19日　周恩来任国民革命军第一军政治部主任。

9月28日　蒋介石任东征军总指挥。周恩来任第一军第一师党代表，张静愚为第二师党表，贺衷寒任第一团党代表，金佛庄为第二团党代表，包惠僧为第三团党代表，徐坚为第二师第四团党代表，严凤仪为第五团党代表，蒋先云为第三师第七团党代表，张际春为第八团党代表，王逸常为第九团党代表。

9月29日　何应钦、李济深、程潜分别为东征军第一、二、三纵队长，周恩来为东征军总政治部总主任。

9月　聂荣臻任校政治部秘书。

10月4日　张治中代理入伍生第一团团长。

10月5日　邵力子任校政治部主任。

10月13日　东征军发起惠州攻城之战。翌日，攻克惠州城，第四团团长刘尧宸阵亡。

11月1日　中共中央局发出第六十二号通告，通知各地为本校选送考生。

11月4日　周恩来率总政治部进驻汕头。

11月6日　蒋介石率总指挥部进驻汕头。

11月12日　潮州分校复校。何应钦以第一军军长兼分校校长。

12月8日　蒋介石在潮州召开政治部职员与党代表会议，讨论本党团结办法。

12月29日　鲁易任第二师党代表。

## 1926 年

1月4日　校教导师成立，师长王柏龄，党代表包惠僧，副师长兼参谋长刘峙，王文翰、叶剑英、李杲分任第一、二、三团团长。

1月6日　熊雄任校政治部副主任，主持部务。

1月12日　国民政府军事委员会通过"改组黄埔军校为中央军事政治学校提案"，决定各军自办军校统归黄埔军校。

1月17日　举行第三期毕业典礼，毕业生计1200多人。

2月1日　校改组筹备委员会成立，蒋介石、邓演达、严重、邵力子、熊雄、陈公博、冯宝森为改组筹备委员。

2月2日　汪精卫、蒋介石召开青年军人联合会、孙文主义学会联席会议。

2月6日　校教导师改称第二十师，直属于国民政府军事委员会。

2月26日　蒋介石免王懋功第二师师长职。

3月1日　校名改称中央军事政治学校，是日举行中央军事政治学校成立典礼。

3月8日　举行第四期学生开学典礼，出席新生2650人，从本期起设政治科。

3月19日　蒋介石"竟夕与各干部密议"，至次日凌晨4时"下定变各令"。

3月20日　"中山舰事件"爆发。

4月3日　蒋介石建议"整军肃党"，提出"军队中的共产主义分子应暂时退出军队"。

4月10日　中国青年军人联合会发表解散通电。部分共产党员开始从本校及第一军退出。

4月11日　李济深任副校长，校教育长邓演达调任潮州分校教育长兼第一军政治部主任，何应钦调本校兼教育长。

4月27日　校特别党部筹备委员会成立，方鼎英、张定璠、张治中、张兴仁、熊雄任筹备委员。

5月18日　严重任教授部主任，吴思豫任训练部主任。

5月20日　第四军独立团（叶挺独立团）从广州启行北伐。

5月23日　选举校第四届特别党部执行委员及监察委员。主席蒋介石，执行委员张治中、袁同畴、蒋先云、贾伯涛、范荩、杜心树、陈超、贾声、霍煜，监察委员严重、方鼎英、熊雄。

5月24日　筹备成立黄埔同学会。

5月　军事委员会政治训练部高级政治训练班开学，周恩来任班主任，学员多为从第一军撤出之共产党员。27日蒋介石到会演讲。

6月1日　潮州分校第一期毕业，毕业生共340多人，与第三期同等待遇。

6月18日　举行创校二周年纪念会。蒋介石称办校至今官长士兵死亡共516人，何应钦报告本校成立以来情况，蒋先云报告《本校烈士事略》。

6月27日　黄埔同学会成立。蒋介石任会长，秘书曾扩情，总务科长李正韬，组织科长杨引之，宣传科长余洒度，潮州分会秘书胡秉铎，入伍生部分会组织员贾伯涛。

7月5日　蒋介石任国民党中央党部军人部部长。

7月9日　国民革命军举行北伐誓师典礼，蒋介石任北伐军总司令。

7月27日　蒋介石由广州启行北伐。教育长方鼎英代理校务。

7月29日　邵力子离校，熊雄负责校政治部工作。

自本年3月至7月底，陆续招收入伍生1000余人。其间所招入伍生编为第五期，此后所招入伍生，编为第六期。

9月3日　广州农民运动讲习所所长毛泽东来校讲演。

9月5日　北伐军围攻武昌城，一期毕业生曹渊等阵亡。

9月16日　第五期入伍生开学。

10月3日　中共中央发出"钟字第二十二号"通告，通知各地党组织为埔校选派考生。

10月4日　举行第四期毕业典礼，各科毕业生共2600多人。

10 月 8 日　第六期入伍生招收事毕，原定额 3000 名，实际招收 4400 余人。

10 月 14 日　周恩来在第四期新政治队讲演《武力与民众》。

10 月 16 日　决定筹办武汉分校。

10 月 25 日　军官政治研究班毕业。

11 月 1 日　第五期学生编为步兵、炮兵、工兵、政治、经理 5 科，共 6 个大队、17 个中队、53 个区队，学生共 2620 人。武汉分校招考委员会成立，以邓演达为主席。

11 月 15 日　举行第五期升学典礼。第六期入伍生相继入校编队。

12 月 13 日　留校之第一、二、四期学生共 182 人开赴前方。

12 月 14 日　政治部副主任熊雄代理政治部主任。

12 月 15 日　本校炮兵、工兵两学生队移赴武汉。

12 月 17 日　设高级班，学员定额 150 名，以南堤江防司令部旧址为校舍。修学期限一年。

12 月 24 日　校特别区党部聘熊雄、萧楚女、张秋人、孙炳文为政治顾问，安体诚等 40 人为宣传委员。

12 月底　潮州分校第二期毕业，比叙为本校第四期。

## 1927 年

1 月 5 日　举行第五期第三次政治工作会议。

2 月 3 日　举行第五期第四次政治工作会议。

2 月 10 日　长沙分校招生，石醉六任校长，夏曦任政治部主任。

2 月 12 日　武汉分校举行开学典礼，共招收男女学生及入伍生 6000 余人。邓演达代行校长职，顾孟余代行党代表职，张治中任教育长兼训练部主任，恽代英任政治总教官。

2月15日　驻汉黄埔同学集会，并向蒋介石提交《驻鄂黄埔各期同学报告书》。

2月16日　召开扩大政治工作会议。

3月1日　高级班开学。

3月12日　蒋介石发表《告黄埔各期同学书》，回应此前在汉各期同学的"报告书"。后黄埔学生再发"复校长书"。

3月18日　校发表《纪念"三一八"告全国民众书》。

3月26日　武汉分校改校长制为委员制，谭延闿、邓演达、恽代英、徐谦、顾孟余为校务委员会委员，谭延闿、邓演达、恽代英为常委。

4月3日　校特别党部举行全校大会，出席者15000余人。

4月8日　鲁迅到校演讲《革命时代底文学》。

4月12日　蒋介石在上海发动"清党"。是日《黄埔日刊》刊登武汉消息表明武汉分校改为中央军事政治学校，隶属于中央军事委员会。

4月14日　李济深召钱大钧等谋划"清党"，决定钱大钧任临时戒严司令，集合部队，实施"清党"。

是夜　方鼎英面告熊雄"清党"实情，促熊离校。熊于乘船后被逮捕。

是夜　黄埔长洲岛及四标营入伍生驻地被监视、包围。

4月15日　广州宣布特别戒严。大规模追捕持续一周之久，大批中共党员和工、农、学生、妇女骨干遇害。

黄埔军校"清党"中，校本部及各入伍生驻地被捕400余人。萧楚女、熊锐、谭其镜、麻植等被捕遇害。

6月30日　邓演达在武汉发表《告别中国国民党的同志书》。

7月8日　南京筹办中央军校，令广州第五期学生开赴南京参加毕业典礼。

7月15日　汪精卫在武汉实行"分共"。

7月18日　武汉中央军事政治学校第五期毕业典礼，在广州入学之第五期生炮兵、工兵、政治三大队共800人毕业。武汉军校实际结束。

# 参考文献

## 一、文献档案

中央档案馆编：《中共中央文件选集（1）》，中共中央党校出版社，1982年。

中央档案馆编：《中共中央文件选集（2）》，中共中央党校出版社，1983年。

中央档案馆编：《中共中央文件选集（3）》，中共中央党校出版社，1983年。

中央档案馆编：《中共中央文件选集（4）》，中共中央党校出版社，1983年。

中共中央党史研究室第一研究部编：《共产国际、联共（布）与中国革命档案资料丛书》1，北京图书馆出版社，1997年。

中共中央党史研究室第一研究部编：《共产国际、联共（布）与中国革命档案资料丛书》2，北京图书馆出版社，1997年。

中共中央党史研究室第一研究部编：《共产国际、联共（布）与中国革命档案资料丛书》3，北京图书馆出版社，1998年。

中共中央党史研究室第一研究部编：《共产国际、联共（布）与中国革命档案资料丛书》4，北京图书馆出版社，

1998 年。

中共中央党史研究室第一研究部编：《共产国际、联共（布）与中国革命档案资料丛书》5，北京图书馆出版社，1998 年。

中共中央党史研究室第一研究部编：《共产国际、联共（布）与中国革命档案资料丛书》6，北京图书馆出版社，1998 年。

中国第二历史档案馆编：《中华民国史档案资料汇编》（第四辑）上、下册，江苏古籍出版社，1986 年。

荣孟源主编：《中国国民党历次代表大会及中央全会资料》（上、下册），光明日报出版社，1985 年。

中央档案馆编：《中共中央政治报告选辑（一九二二——一九二六年)》，中共中央党校出版社，1981 年。

中央档案馆、广东省档案馆编：《广东革命历史文件汇集》，甲1、甲2、甲3、甲4、甲5、甲6、甲7，1982 年至 1985 年。

陆军军官学校编：《陆军军官学校学生详细调查表》（共四册）（民国十三年七月），（台湾）文海出版社有限公司印行，1990 年。

湖南省档案馆校编：《黄埔军校同学录》，湖南人民出版社，1989 年。

国民党中央陆军军官学校校务委员会编纂：《中央陆军军官学校史稿》，1936 年。

中国社会科学院近代史研究所翻译室编译：《共产国际有关中国革命的文献资料（1919—1928)》第一辑，中国社会科学出版社，1981 年。

二、文集、著作

中共中央文献研究室编：《毛泽东年谱（一八九三——

九四九)》（上卷），人民出版社、中央文献出版社，1993 年。

中共中央文献编辑委员会编：《周恩来选集》上卷，人民出版社，1980 年。

中共中央文献研究室编：《周恩来年谱（一八九八——一九四九)》，中央文献出版社、人民出版社，1989 年。

王宗华主编：《中国大革命史：1924—1927》（上、下册），人民出版社，1990 年。

李新、陈铁健主编：《伟大的开端》，上海人民出版社，1991 年。

张静如主编：《北伐战争（1926—1927)》，上海人民出版社，1994 年。

丁言模：《鲍罗廷与中国大革命》，宁夏人民出版社，1993 年。

中共中央党史研究室：《中国共产党历史》第一卷（1921—1949)，中共党史出版社，2002 年。

中共广东省委党史研究室：《中国共产党广东地方史》（第一卷），广东人民出版社，1999 年。

中共广东省委党史研究室编：《中共广东党史大事记》（新民主主义革命时期)，中共党史出版社，1993 年。

卢权主编：《广东革命史辞典》，广东人民出版社，1993 年。

王晓天、王国宇主编，毛健副主编：《湖南古今人物辞典》，湖南人民出版社，2013 年。

中共安徽省委党史研究室编：《安徽革命史辞典》，安徽人民出版社，1996 年。

徐友春主编：《民国人物大辞典》，河北人民出版社，1991 年。

陈汉初主编，广东省汕头市社会科学联合会编：《周恩来在潮汕》，中央文献出版社，2004 年。

徐向前：《历史的回顾——徐向前回忆录》，解放军出版社，2007 年。

聂荣臻：《聂荣臻回忆录》，解放军出版社，2007 年。

张宗逊：《张宗逊回忆录》，解放军出版社，2008 年。

《叶剑英传》编写组：《叶剑英传》，当代中国出版社，1995 年。

广东省社会科学院历史研究室、中国社会科学院近代史研究所中华民国史研究室、中山大学历史系孙中山研究室合编：《孙中山全集》（第一卷），中华书局，1981 年。

中山大学历史系孙中山研究室、广东省社会科学院历史研究所、中国社会科学院近代史研究所中华民国史研究室合编：《孙中山全集》（第五卷），中华书局，1985 年。

中山大学历史系孙中山研究室、广东省社会科学院历史研究所、中国社会科学院近代史研究所中华民国史研究室合编：《孙中山全集》（第六卷），中华书局，1985 年。

中山大学历史系孙中山研究室、广东省社会科学院历史研究所、中国社会科学院近代史研究所中华民国史研究室合编：《孙中山全集》（第八卷），中华书局，1986 年。

广东省社会科学院历史研究所、中国社会科学院近代史研究所中华民国史研究室、中山大学历史系孙中山研究室合编：《孙中山全集》（第九卷），中华书局，1986 年。

广东省社会科学院历史研究所、中国社会科学院近代史研究所中华民国史研究室、中山大学历史系孙中山研究室合编：《孙中山全集》（第十卷），中华书局，1986 年。

广东省社会科学院历史研究所、中国社会科学院近代史研究所中华民国史研究室、中山大学历史系孙中山研究室合编：《孙中山全集》（第十一卷），中华书局，1986 年。

广东省社会科学院历史研究室编：《廖仲恺集》（增订本），中华书局，1983 年。

《鲍罗廷在中国的有关资料》，中国社会科学出版社，1983 年。

［苏］亚·伊·切列潘诺夫著，中国社会科学院近代史研究所翻译室译：《中国国民革命军的北伐——一个驻华军事顾问的札记》，中国社会科学出版社，1981 年。

［俄罗斯］阿纳斯塔西娅·卡尔图诺娃编，张丽译：《来到东方：加伦与中国革命史料新编》，广东人民出版社，2017 年。

［苏］А·И·卡尔图诺娃著，中国社会科学院近代史研究所翻译室译：《加伦在中国（1924—1927)》，中国社会科学出版社，1983 年。

任建树：《陈独秀传》，上海人民出版社，1995 年。

唐宝林：《陈独秀全传》，社会科学文献出版社，2014 年。

水如编：《陈独秀书信集》，新华出版社，1987 年。

刘冠贤主编：《邓演达研究概览》，广东人民出版社，2011 年。

周士第：《周士第回忆录》，人民出版社，1979 年。

包惠僧：《包惠僧回忆录》，人民出版社，1983 年。

彭述之：《评张国焘〈我的回忆〉—中国第二次革命失败的前因后果和教训》，香港前卫出版社，1975 年。

胡允恭：《金陵丛谈》，人民出版社，1985 年。

罗章龙：《椿园载记》，生活·读书·新知三联书店，1984 年。

中共一大会址纪念馆编：《陈公培文集》，上海人民出版社，2016 年。

张治中：《张治中回忆录》，中国文史出版社，1985年。

熊巢生、熊英、易敬林编著：《中国大革命中的熊雄》，江西人民出版社，2002年。

卢璐、谢中、蒋美成：《黄埔第一杰蒋先云》，湖南人民出版社，2012年。

李默庵口述，刘育钢、高建中编写：《世纪之履：李默庵回忆录》，中国文史出版社，1995年。

广东革命历史博物馆编著：《黄埔军校图志》，广东人民出版社，2010年。

中央党史研究室《萧楚女文存》编辑组、广东革命历史博物馆编：《萧楚女文存》，中共党史出版社，1998年。

田子渝、任武雄：《恽代英传记》，湖北人民出版社，1984年。

段建国、贾岷岫：《王世英传奇》，山西人民出版社，1992年。

靖任秋：《纵横龙潭虎穴间——靖任秋回忆录》，中共党史出版社，2009年。

马叙伦：《马叙伦自述》，中国大百科全书出版社，2012年。

钱义璋：《沙基痛史》，广东人民出版社，1995年。

陈公博：《苦笑录》，东方出版社，2004年。

康泽：《康泽自述》，团结出版社，2012年。

少侯编：《汪精卫文选》，上海仿古书店，1936年。

王仰清、许映湖标注：《邵元冲日记》，上海人民出版社，1990年。

杨天石：《蒋氏秘档与蒋介石真相》，社会科学文献出版社，2002年。

黄仁宇：《从大历史的角度读蒋介石日记》，中国社会科学出版社，1998 年。

蒋永敬：《国民党兴衰史》，台湾商务印书馆，2009 年。

汪荣祖、李敖：《蒋介石评传》，中国友谊出版公司，2005 年。

唐德刚：《中国革命简史》（增订本），台湾远流出版事业股份有限公司，2014 年。

李玉贞：《国民党与共产国际》，人民出版社，2012 年。

黄振凉：《黄埔军校之成立及其初期发展》，正中书局，1993 年。

毛思诚编：《民国十五年以前之蒋介石先生》，香港龙门书店印行，1965 年。

中国第二历史档案馆编：《蒋介石年谱初稿》，档案出版社，1992 年。

黄埔中央军事政治学校政治部编纂委员会：《蒋校长最近之言论》，中央军事政治学校政治部出版，1927 年。

吕芳上主编：《蒋中正先生年谱长编》，台湾"国史馆"，2014 年。

蒋中正：《苏俄在中国——中国与俄共三十年经历纪要》，（台湾）中央文物供应社印行，1956 年。

李勇，张仲田编：《蒋介石年谱》，中共党史出版社，1995 年。

中华民国史事纪要编辑委员会编：《中华民国史事纪要（初稿）》（1925 年 1 月至 6 月），1975 年。

中华民国史事纪要编辑委员会编：《中华民国史事纪要（初稿）》（1925 年 7 月至 12 月），1975 年。

中华民国史事纪要编辑委员会编：《中华民国史事纪要（初稿）》（1926 年 1 月至 7 月），1975 年。

容鉴光、叶泉宏：《黄埔军校一期研究总成》，台北易风格数位快印有限公司，2003年。

关玲玲：《许崇智与民国政局》，大安出版社，1991年。

《黄埔军校史丛书》编辑部、广州市社会科学院历史研究所：《黄埔军校研究》（第一辑），广东人民出版社，2006年。

《黄埔军校史丛书》编辑部、广州市社会科学院历史研究所：《黄埔军校研究》（第二辑），中山大学出版社，2007年。

《黄埔军校史丛书》编辑部、广州市社会科学院历史研究所：《黄埔军校研究》（第三辑），中山大学出版社，2008年。

郑志廷、张秋山等编著：《保定陆军学堂暨军官学校史略》，人民出版社，2005年。

陈予欢编：《云南讲武堂将帅录》，广州出版社，2011年。

李烈钧：《李烈钧将军自传》，中华书局，2007年。

张玉法、陈存恭访问，黄铭明纪录：《刘安祺先生访问纪录》，台湾中央研究院近代史研究所编印，1991年。

《谭平山文集》编辑组：《谭平山文集》，人民出版社，1986年。

［苏］维什尼亚科娃—阿基莫娃著，王驰译：《中国大革命见闻（1925—1927）——苏联驻华顾问团译员的回忆》，中国社会科学出版社，1985年。

阮啸仙著，《阮啸仙文集》编辑组编：《阮啸仙文集》，广东人民出版社，1984年。

［苏］C.A.达林著，侯均初、潘荣、张亦工等译：《中国回忆录：1921—1927》，中国社会科学出版社，1981年。

刘秉粹编：《革命军第一次东征实战记》，（台湾）文海出版社，1981年。

中国第二历史档案馆编：《中国国民党第一、二次全国代表大会会议史料》（上、下），江苏古籍出版社，1986年。

广东省档案馆、中共广东省委党史研究委员会办公室编：

《广东区党、团研究史料（1921—1926)》，广东人民出版社，1983 年。

中共中央党校党史教研室资料组编写：《中国共产党历次重要会议集》，上海人民出版社，1982 年。

中共中央党史资料征集委员会、中共中央党史研究室编：《中共党史资料》（第 3 辑），中共中央党校出版社，1982 年。

方鼎英：《方教育长言论集》，中央军事政治学校政治部印，1927 年。

李逸民著，黄国平整理：《李逸民回忆录》，湖南人民出版社，1986 年。

《四·一二反革命政变资料选编》，人民出版社，1987 年。

中国科学院历史研究所第三所南京史料整理处选辑：《中国现代政治史资料汇编》（第一辑）。

中央军事政治学校政治部出版《黄埔日刊》，1926 至 1927 年。

中国青年军人联合会会刊《中国军人》，1925 至 1926 年。

黄埔同学会宣传科编辑股编：《黄埔潮周刊》，黄埔同学会印行，1926 至 1927 年。

黄埔同学会宣传科编：《黄埔旬刊》，1926 至 1927 年。

《民众的武力》，中央军事政治学校入伍生部政治部印，1926 至 1927 年。

《沙基屠杀中党立军校死难者》，1925 年，载广东省立中山图书馆、广州市社会科学院、中山大学图书馆编：《黄埔军校史料汇编》（第一辑第十六册），广东教育出版社，2012 年。

《黄埔潮半周刊》，国民革命军中央军事政治学校政治部出版，1925 至 1926 年。

广东黄埔陆军军官学校青年军人社：《青年军人》（第六期后改名《革命军》，出版与发行者署广东黄埔陆军军官学

校特别区党部革命军人社）

伯休编：《中央军事政治学校第四期学生毕业纪念册》，中央军事政治学校，1926年。

李云汉：《从容共到清党》，（台湾）及人书店，1987年。

中国人民大学中国革命史教研室编：《第一次国内革命战争时期的统一战线》，高等教育出版社，1957年。

张国焘：《我的回忆》（上册），北方妇女儿童出版社，2007年。

蔡和森：《蔡和森的十二篇文章》，人民出版社，1980年。

李一氓：《李一氓回忆录》，人民出版社，2001年。

余沈阳主编：《王一飞传略·文存》，中共党史资料出版社，1988年。

汪精卫：《双照楼词稿》。

马超俊、傅秉常口述，刘凤翰等整理：《马超俊、傅秉常口述自传》，中国大百科全书出版社，2009年。

陶水木编：《沈定一集》，国家图书馆出版社，2010年。

桑兵主编：《各方致孙中山函电汇编》（第五卷）、（第六卷）、（第七卷），社会科学文献出版社，2012年。

### 三、史料汇编

中共广东省委党史资料征集委员会、中共广东党卫研究委员会办公室编：《广东党史资料》（第一辑），广东人民出版社，1983年。

中国人民政治协商会议全国委员会文史资料研究委员会编：《文史资料选辑》第二辑，中华书局，1960年。

中国人民政治协商会议全国委员会文史资料研究委员会编：《文史资料选辑》第十一辑，中华书局，1961年。

中国人民政治协商会议全国委员会文史资料研究委员会

编：《文史资料选辑》第十九辑，中华书局，1961年。

中国人民政治协商会议全国委员会文史资料研究委员会编：《文史资料选辑》第四十五辑，中华书局，1964年。

中国人民政治协商会议全国委员会文史资料研究委员会编：《文史资料选辑》第七十七辑，文史资料出版社，1981年。

中国人民政治协商会议广东省委员会文史资料研究委员会编：《广东文史资料》第十二辑，广东人民出版社，1964年。

中国人民政治协商会议广东省委员会文史资料研究委员会、广东革命历史博物馆合编：《广东文史资料》第三十七辑，广东人民出版社，1982年。

中国人民政治协商会议广东省委员会、广州市委员会文史资料研究委员会，广东革命历史博物馆合编：《广东文史资料》第四十二辑，广东人民出版社，1984年。

中国人民政治协商会议全国委员会文史资料研究委员会编：《第一次国共合作时期的黄埔军校》，文史资料出版社，1984年。

广东革命历史博物馆编：《黄埔军校史料（1924—1927)》，广东人民出版社，1982年。

陈以沛、邹志红、赵丽屏合编：《黄埔军校史料（续篇)》，广东人民出版社，1994年。

广东省立中山图书馆、广州市社会科学院、中山大学图书馆编：《黄埔军校史料汇编》（第一辑第一册），广东教育出版社，2012年。

广东省立中山图书馆、广州市社会科学院、中山大学图书馆编：《黄埔军校史料汇编》（第一辑第二册），广东教育出版社，2012年。

广东省立中山图书馆、广州市社会科学院、中山大学图书馆编：《黄埔军校史料汇编》（第一辑第三册），广东教育出版社，2012 年。

广东省立中山图书馆、广州市社会科学院、中山大学图书馆编：《黄埔军校史料汇编》（第一辑第四册），广东教育出版社，2012 年。

广东省立中山图书馆、广州市社会科学院、中山大学图书馆编：《黄埔军校史料汇编》（第一辑第五册），广东教育出版社，2012 年。

广东省立中山图书馆、广州市社会科学院、中山大学图书馆编：《黄埔军校史料汇编》（第一辑第六册），广东教育出版社，2012 年。

广东省立中山图书馆、广州市社会科学院、中山大学图书馆编：《黄埔军校史料汇编》（第一辑第十五册），广东教育出版社，2012 年。

广东省立中山图书馆、广州市社会科学院、中山大学图书馆编：《黄埔军校史料汇编》（第二辑第三十五册），广东教育出版社，2013 年。

中共惠阳地委党史办公室、中共惠阳县委党史办公室编：《叶挺研究史料》，广东人民出版社，1987 年。

中共广东省委党史研究委员会办公室、广东省档案馆编：《中山舰事件》，1981 年。

中共中央党史资料征集委员会、中共广东省委党史资料征集委员会、广东革命历史博物馆编：《广州起义》，中共党史资料出版社，1988 年。

中共广东省委党史研究委员会办公室：《中共广东党史访问资料》，打印本，1963、1964 年。

中共广东党史研究委员会办公室选印：《大革命时期广

东工、农、青、妇运动参考资料》，打印本，1964 年。

中共广东省委党史研究委员会办公室、广东省档案馆编：《中山舰事件》，打印本，1981 年。

方鼎英：《我的一生》（手写稿复印件），1974 年。

中共中央党校中共党史教研室编：《中国国民党史文献选编》，1987 年。

《张隐韬烈士日记》，中国革命博物馆党史研究室：《党史研究资料》，第 7、8、9 期，1988 年。

《陈毅安烈士书信集》，打印件，1922 年至 1927 年。

裘树凯：《我和我的二哥裘树藩》，打印件，1982 年。

《近代史资料》编辑部编：《近代史资料》总 106 号，中国社会科学出版社，2003 年。

中共惠州市委统战部、中共惠州市委党史办公室编：《东征史料选编》，广东人民出版社，1992 年。

广东省档案馆、广东青运史研究委员会：《广东青年运动历史资料》（一），1986 年。

中国社会科学院近代史研究所中华民国史组编：《中华民国史资料丛稿：大事记》（第十一辑），中华书局，1978 年。

### 四、本书作者相关著述、论文

《广州国民政府》，广东人民出版社，1996 年。

《共产党人与黄埔军校》，广州出版社，2004 年。

《共产党人与黄埔军校》，广州出版社，2013 年。

《黄埔军校》，大型历史文献专题片《黄埔军校》文字稿增撰本，中国民主法制出版社，2011 年。

《蒋介石在黄埔军校政治思想的矛盾及其演变》，《史学月刊》第 5 期，1986 年。

《孙中山大元帅大本营述论》，《近代史研究》第 3 期，1991 年。

《北伐时期的"迎汪"运动与中国共产党的方针》，《近代史研究》第 1 期，1988 年。

《蒋介石与广东革命政府的两次东征》，《近代史研究》第 6 期，1988 年。

《广州国民政府述论》，《近代史研究》第 5 期，1992 年。

《铁军风采——叶挺独立团述论》，广东党史资料丛刊编辑部，1996 年。

《1925 至 1927 年的胡、汪、蒋三角关系》，《中国革命史研究述论》，香港华星出版社，2000 年。

《黄埔军校研究·总序》，《黄埔军校史丛书》编辑部、广州市社会科学院历史研究所：《黄埔军校研究》（第一辑），广东人民出版社，2006 年。

《黄埔军校的话语空间与学术魅力》（在华南师范大学"文化素质大讲坛"讲演），温惠琴主编：《大学问》，广东高等教育出版社，2008 年。

《"廖案"能见度》，《黄埔军校史丛书》编辑部、广州市社会科学院历史研究所：《黄埔军校研究》（第四辑），中山大学出版社，2009 年。

《黄埔军校图志·综述》，广东人民出版社，2010 年。

《共产党人在黄埔军校》（在"黄埔军校同学会"讲演），2011 年。

《蒋介石"中山舰事件"倒汪谋略的形成——对蒋介石1926 年 3 月末虎门之行的剖析》，《国民革命与广州》，广州出版社，2011 年。

《关于黄埔军校——黄埔军校史料汇编·前言》，广东省立中山图书馆、广州市社会科学院、中山大学图书馆编：《黄埔军校史料汇编》第一辑第一册，广东教育出版社，2012年。

《黄埔：从水陆师学堂到陆军军官学校》，《黄埔军校史丛书》编辑部，广州市社会科学院历史研究所：《黄埔军校研究》（第九辑），广东人民出版社，2015年。

《晚清民国变局视野中的黄埔军校》（"首届穗台黄埔军校论坛"讲演），《黄埔军校研究》（第九辑），广东人民出版社，2015年。

《一座小岛与一个时代》（在成功大学历史系讲演），2016年。

《黄埔军校：从廖蒋配到汪蒋配》，《广东党史与文献研究》第1期，2017年。

《军校政治教育、军队政治工作和战时政治工作》，《周恩来与教育国际研讨会论文集》，天津南开中学，2017年。

《广州大革命史论丛》，中央文献出版社，2021年。

# 后　记

我毕业于中山大学历史系。从上世纪 70 年代末开始，任教、任职于中共广东省委党校和中共广东省委党史研究室。阅读黄埔军校的史料，寻绎黄埔军校之史事，最初是从想弄清"中山舰事件"底细的一闪之念开始的。说起来，这与我所寓居的"黄华园"有点儿关系，算是因感而发，沿波讨源。在个人读书、问学的道路上，却是个考正亡逸，研覆异同，追求已逝往事真相的漫长过程。

1926 年 3 月 20 日，黄埔军校校长蒋介石，坐镇于"广东造币厂"内（当时是国民革命军第二师师部和广州卫戍司令部所在地），调兵遣将，下"定变各令"，从而发动了一场深刻影响了黄埔军校历史走向的"中山舰事件"。这在蒋的日记和别的相关史料中，都有所记述。

广东造币厂原为广东"钱局"，位于广东省城大东门外之黄华塘。数十年之后，在广东造币厂原址，办了中共广东省委党校（省委党史研究室也曾设于此），校园称"黄华园"。事过境迁，除一座低矮厚实的"银库"作为历史遗址被保留下来了之外，广东造币厂的痕迹，久已荡然无存。只有那十数棵百年老榕树，顽强屹立于校园内各座建筑物之间。绿叶婆娑，迎风起舞，飒飒有声，让人听着，才不时对这个地方的陈年旧事，生出些联想来。

　　我在省委党校和省委党史研究室工作，在黄华园辟室而居，一住就住了数十个年头。或许就是因为这个地方与"中山舰事件"的发生有点关联吧，让我对"中山舰事件"的往事，不期然地有所留意，注意搜寻起与之相关的东西来。这可能就是所谓"在地化"意识的作用使然吧。长期的阅读与揣摩，获见积少成多。对蒋在广东造币厂所断然下达的"定变各令"究竟意味着什么，对这一事变的表象与实质，逐渐形成了一定的看法。乃知蒋从这里走出的那一步，真谓非同寻常，不但撕裂了黄埔军校，影响、决定了黄埔军校左右两翼军人的历史走向，而且种下了蒋走向最终失败的根子。这样的寻绎与思索，疏群疑于心胸，对黄埔军校史的认识，似有脑洞被打开、豁然贯通之感。

　　长年居住黄华园，阅读与梳理旧事，未免意绪千端。然而，说到研究与写作，还是从做"共产党人与黄埔军校"这一专题开始的。以将届退休和已退休之年，不自量力，不揣浅陋，努力打磨，撰成《共产党人与黄埔军校》一稿。这本书前后出版了两次，算是我在黄埔军校史的研究领域中向读者交出的粗浅之作。随后，参加中央新闻纪录电影制片厂摄制大型历史文献片《黄埔军校》，任总撰稿。影片播出后，又应出版社之约，在该影片脚本的基础上，增订修饰，补写了若干内容，仍以《黄埔军校》之名出版。

　　现在奉献给读者的《黄埔军校史（1924—1927）》一书，是《共产党人与黄埔军校》《黄埔军校》出版之后，我继续在电脑键盘上敲敲打打之作。这是我的一个自选动作。主要是有感于目前还没有国共合作时期的《黄埔军校史》的学术著作出版，而相关资料的搜集、整理和出版工作，已有较大的进展（例如，广东省立中山图书馆等单位编印的卷帙浩繁的《黄埔军校史料汇编》，已陆续推出；广东革命历史博物馆也已将馆藏《黄埔日刊》扫描印出），资料的查找已不至于茫无头绪；学界对黄埔军校史的专题和人物研究，成绩可观，已推出了许多值得学习和参考借鉴之作；个人的资料积累和前期研究，也有一定的基础。退休之年，行有余力，且将这点小小的心思，寄之于键盘，长敲慢打，缀字成文。所谓"禀鲁钝之资，挟鄙陋之学"，欲言人所未言，并欲言一己未尽之言也。日就月将，敲出了这本书，惟史乏新意，文少情采，或令旧雨新朋，有所失望乃尔。

感谢中共广东省委党史研究室、广东省委统战部、广东黄埔军校同学会对本书写作和出版的支持。

我多年来与各地党校、党史研究室、高校、社科院、方志办、图书馆、博物馆、档案馆和出版单位的朋友来来往往，得到许多关心、支持、帮助和指教，念兹在兹，足慰平生。全书清稿之际，谨以一片真挚，向各地朋友表示深深的谢意。

谨以此书献给黄埔军校建校一百周年，中山大学建校一百周年。

2024 年 5 月
于广州黄华园之省三书屋

## 《岭南文库》已出书目

| 书　名 | 作　者 | 出版时间 |
|---|---|---|
| 1. 岭南古今录 | 徐续　著 | 1992 年 10 月 |
| 2. 排瑶历史文化 | 练铭志、马建钊、李筱文　著 | 1992 年 12 月 |
| 3. 旧中国杂记 | 〔美〕亨特　著<br>沈正邦　译　章文钦　校 | 1992 年 12 月 |
| 4. 简明广东史 | 蒋祖缘、方志钦　主编 | 1993 年 7 月 |
| 5. 广东美术史 | 李公明　著 | 1993 年 7 月 |
| 6. 广东文化地理 | 司徒尚纪　著 | 1993 年 8 月 |
| 7. 岭南民间百艺 | 林明体　著 | 1993 年 10 月 |
| 8. 岭南历代文选 | 仇江　选注 | 1993 年 10 月 |
| 9. 黄节诗选 | 刘斯奋　选注 | 1993 年 10 月 |
| 10. 清代珠江三角洲的沙田 | 谭棣华　著 | 1993 年 12 月 |
| 11. 广东改革的经济学思考 | 曾牧野、张元元等　主编 | 1993 年 12 月 |
| 12. 岭南文化 | 李权时等　编 | 1993 年 12 月 |
| 13. 岭南思想史 | 李锦全等　编著 | 1993 年 12 月 |
| 14. 苏兆征 | 卢权、褟倩红　著 | 1993 年 12 月 |
| 15. 广东的自然灾害 | 梁必骐　主编 | 1993 年 12 月 |
| 16. 岭南历代诗选 | 陈永正　选注 | 1993 年 12 月 |
| 17. 岭南历代词选 | 陈永正　选注 | 1993 年 12 月 |
| 18. 羊城古钞 | 〔清〕仇巨川　纂<br>陈宪猷　校注 | 1993 年 12 月 |
| 19. 岭南书法史 | 陈永正　著 | 1994 年 8 月 |
| 20. 宋代广州的海外贸易 | 关履权　著 | 1994 年 10 月 |
| 21. 潮汕平原经济 | 陈朝辉等　著 | 1994 年 10 月 |
| 22. 广东的方言 | 李新魁　著 | 1994 年 10 月 |
| 23. 张九龄诗文选 | 罗韬　选注 | 1994 年 10 月 |
| 24. 黄遵宪诗选 | 钟贤培、管林等　选注 | 1994 年 10 月 |

| 书　名 | 作　者 | 出版时间 |
|---|---|---|
| 25. 广州城坊志 | 黄佛颐　编纂<br>仇江、郑力民、迟以武　点注 | 1994 年 12 月 |
| 26. 岭南史地与民俗 | 曾昭璇　著 | 1994 年 12 月 |
| 27. 明清佛山经济发展与社会变迁 | 罗一星　著 | 1994 年 12 月 |
| 28. 广东对外经济贸易史 | 徐德志、梁郁荣等　编著 | 1994 年 12 月 |
| 29. 梁启超 | 耿云志、崔志海　著 | 1994 年 12 月 |
| 30. 洪秀全 | 苏双碧　著 | 1994 年 12 月 |
| 31. 胡汉民 | 周聿峨、陈红民　著 | 1994 年 12 月 |
| 32. 叶挺 | 卢权、禤倩红　著 | 1994 年 12 月 |
| 33. 历代入粤名人 | 李小松、陈泽泓　编著 | 1994 年 12 月 |
| 34. 简明广东史（再版） | 蒋祖缘、方志钦　主编 | 1995 年 3 月 |
| 35. 吴尚时 | 司徒尚纪　著 | 1995 年 10 月 |
| 36. 郑观应 | 夏东元　著 | 1995 年 12 月 |
| 37. 南越国史 | 张荣芳、黄淼章　著 | 1995 年 12 月 |
| 38. 香港跨世纪的沧桑 | 许锡挥等　著 | 1995 年 12 月 |
| 39. 广东近代文学史 | 钟贤培、汪松涛　主编 | 1996 年 1 月 |
| 40. 广州历史文化图册 | 广州博物馆　编 | 1996 年 1 月 |
| 41. 广州简史 | 杨万秀、钟卓安　主编 | 1996 年 3 月 |
| 42. 粤港澳近代关系史 | 邓开颂、陆晓敏　主编 | 1996 年 3 月 |
| 43. 岭南海洋国土 | 司徒尚纪　著 | 1996 年 6 月 |
| 44. 孙中山文粹（上、下卷） | 张磊　主编 | 1996 年 10 月 |
| 45. 岭南近代对外文化交流史 | 刘圣宜、宋德华　著 | 1996 年 11 月 |
| 46. 广州国民政府 | 曾庆榴　著 | 1996 年 12 月 |
| 47. 珠江流域经济社会发展概论 | 梁钊、陈甲优　主编 | 1997 年 7 月 |
| 48. 黎族史 | 吴永章　著 | 1997 年 7 月 |
| 49. 客家风华 | 胡希张等　著 | 1997 年 9 月 |

| 书　名 | 作　者 | 出版时间 |
|---|---|---|
| 50. 省港大罢工史 | 卢权、禤倩红　著 | 1997 年 12 月 |
| 51. 广东海洋经济 | 王荣武、梁松等　著 | 1998 年 5 月 |
| 52. 石湾陶塑艺术 | 林明体　著 | 1999 年 7 月 |
| 53. 岭南古史 | 胡守为　著 | 1999 年 9 月 |
| 54. 广东经济地理 | 吴郁文　编著 | 1999 年 9 月 |
| 55. 广东十三行考 | 梁嘉彬　著 | 1999 年 12 月 |
| 56. 广东自然地理 | 曾昭璇、黄伟峰　主编 | 2001 年 6 月 |
| 57. 珠江三角洲经济 | 王光振、张炳申　主编 | 2001 年 6 月 |
| 58. 潮汕文化概说 | 陈泽泓　著 | 2001 年 9 月 |
| 59. 广东戏曲简史 | 赖伯疆　著 | 2001 年 12 月 |
| 60. 陈济棠 | 肖自力　著 | 2002 年 7 月 |
| 61. 岭南科学技术史 | 颜泽贤、黄世瑞　著 | 2002 年 9 月 |
| 62. 壮族史 | 张声震　主编 | 2002 年 12 月 |
| 63. 岭南地质与矿产 | 黄玉昆、邹和平　著 | 2002 年 12 月 |
| 64. 广州：发展中的华南经济中心 | 左正　著 | 2003 年 1 月 |
| 65. 粤乐 | 黎田、黄家齐　著 | 2003 年 1 月 |
| 66. 岭南珍稀动物 | 张玉霞　编著 | 2003 年 1 月 |
| 67. 广州城中村研究 | 张建明　著 | 2003 年 11 月 |
| 68. 珠江三角洲农村村治变迁 | 王春生　著 | 2004 年 6 月 |
| 69. 广东民族关系史 | 练铭志、马建钊、朱洪　著 | 2004 年 7 月 |
| 70. 梁宗岱 | 黄建华、赵守仁　著 | 2004 年 7 月 |
| 71. 潮州音乐 | 陈天国、苏妙筝　著 | 2004 年 11 月 |
| 72. 岭南学术百家 | 毛庆耆等　著 | 2004 年 12 月 |
| 73. 国民党与广东农民运动 | 梁尚贤　著 | 2004 年 12 月 |
| 74. 岭南瘟疫史 | 赖文、李永宸　著 | 2004 年 12 月 |
| 75. 梁士诒 | 李吉奎　著 | 2005 年 8 月 |

| 书　名 | 作　者 | 出版时间 |
|---|---|---|
| 76. 越歌：岭南本土歌乐文化论 | 冯明洋　著 | 2006 年 6 月 |
| 77. 民国广东商业史 | 黄增章　著 | 2006 年 8 月 |
| 78. 李昂英 | 杨芷华　著 | 2006 年 12 月 |
| 79. 岭南历史文献 | 罗志欢　著 | 2006 年 12 月 |
| 80. 广府文化 | 陈泽泓　著 | 2007 年 4 月 |
| 81. 明清基督教教会教育与粤港澳社会 | 夏泉　著 | 2007 年 5 月 |
| 82. 陈寅恪诗笺释（上、下册） | 胡文辉　著 | 2008 年 6 月 |
| 83. 邓演达 | 杨资元、冯永宁　著 | 2008 年 3 月 |
| 84. 宋代岭南谪宦 | 金强　著 | 2009 年 3 月 |
| 85. 陈炯明 | 段云章、倪俊明　著 | 2009 年 12 月 |
| 86. 澳门近代博彩业史 | 胡根　著 | 2009 年 12 月 |
| 87. 博济医院百年 | 〔美〕嘉惠霖、琼斯　著<br>沈正邦　译 | 2009 年 12 月 |
| 88. 广州番鬼录　旧中国杂记 | 〔美〕亨特　著<br>冯树铁、沈正邦　译 | 2009 年 12 月 |
| 89. 岭南文化（修订本） | 李权时、李明华、韩强　主编 | 2010 年 1 月 |
| 90. 南汉国史 | 陈欣　著 | 2010 年 2 月 |
| 91. 明清广东稀见笔记七种 | 李龙潜、杨宝霖、陈忠烈、徐林　点校 | 2010 年 3 月 |
| 92. 异物志辑佚校注 | 〔汉〕杨孚　撰<br>吴永章　辑佚校注 | 2010 年 6 月 |
| 93. 客家竹板歌研究 | 胡希张　著 | 2010 年 7 月 |
| 94. 民国广州的疍民、人力车夫和村落：伍锐麟社会学调查报告集 | 伍锐麟　著　何国强　编 | 2010 年 10 月 |
| 95. 岭南史志三种 | 〔清〕阮元、梁廷枏　撰<br>李默、林梓宗、杨伟群　点校 | 2011 年 3 月 |

| 书 名 | 作 者 | 出版时间 |
|---|---|---|
| 96. 历代岭南笔记八种 | 〔唐〕刘恂等 著<br>鲁迅、杨伟群 点校 | 2011 年 3 月 |
| 97. 广东通志·金石略 | 〔清〕阮元 主修<br>梁中民 点校 | 2011 年 3 月 |
| 98. 岭南画征略 | 汪兆镛 编撰<br>汪宗衍 增补 周锡馥 点校 | 2011 年 3 月 |
| 99. 崖州志 | 〔清〕张嶲、邢定纶、赵以谦 纂修<br>郭沫若 点校 | 2011 年 3 月 |
| 100. 岭南历代文选（新版） | 仇江 选注 | 2011 年 7 月 |
| 101. 陈兰彬与晚清外交 | 梁碧莹 著 | 2011 年 7 月 |
| 102. 孙文与日本史事编年（增订本） | 段云章 编著 | 2011 年 8 月 |
| 103. 羊城古钞（修订本） | 〔清〕仇巨川 纂<br>陈宪猷 校注 | 2011 年 11 月 |
| 104. 岭南书法史（修订本） | 陈永正 著 | 2011 年 12 月 |
| 105. 粤东金石略补注 | 〔清〕翁方纲 著<br>欧广勇、伍庆禄 补注 | 2012 年 1 月 |
| 106. 南音与粤讴之研究 | 梁培炽 著 | 2012 年 3 月 |
| 107. 番禺河南小志 | 黄任恒 编纂<br>黄佛颐 参订<br>罗国雄、郭彦汪 点注 | 2012 年 4 月 |
| 108. 康有为 | 赵立人 著 | 2012 年 5 月 |
| 109. 孙文与陈炯明史事编年（增订本） | 段云章、沈晓敏 编著 | 2012 年 6 月 |
| 110. 岭南古史与潮汕历史文化 | 郭伟川 著 | 2012 年 7 月 |
| 111. 张之洞与广雅书院 | 周汉光 著 | 2012 年 9 月 |
| 112. 岭南历代诗选（新版） | 陈永正 选注 | 2012 年 10 月 |
| 113. 潮州出土戏文珍本《金钗记》 | 陈历明 著 | 2012 年 10 月 |
| 114. 广府文化（新版） | 陈泽泓 著 | 2012 年 11 月 |

| 书　名 | 作　者 | 出版时间 |
|---|---|---|
| 115. 广州城坊志（新版） | 黄佛颐　编纂<br>仇江、郑力民、迟以武　点注 | 2012 年 11 月 |
| 116. 陈乐素史学文存 | 陈乐素　著　陈智超　编 | 2012 年 11 月 |
| 117. 陈寅恪诗笺释（增订本）（上、下册） | 胡文辉　著 | 2013 年 4 月 |
| 118. 岭南历史文献（新版） | 罗志欢　著 | 2013 年 6 月 |
| 119. 广东文化地理（修订本） | 司徒尚纪　著 | 2013 年 8 月 |
| 120. 宋代广州的海外贸易（新版） | 关履权　著 | 2013 年 9 月 |
| 121. 客家山歌史研究 | 胡希张　著 | 2013 年 11 月 |
| 122. 汪兆镛诗词集 | 邓骏捷、陈业东　编校 | 2013 年 12 月 |
| 123. 广州湾史料汇编（第一辑） | 龙鸣、景东升　主编 | 2013 年 12 月 |
| 124. 香港竹枝词 | 程中山　选注 | 2013 年 12 月 |
| 125. 岭雅 | 陈寂、傅静庵　主编<br>陈永正、李国明、李文约　辑校 | 2013 年 12 月 |
| 126. 潮汕文化概说（新版） | 陈泽泓　著 | 2013 年 12 月 |
| 127. 岭南杂事诗钞笺证 | 〔清〕陈坤　著<br>吴永章　笺证 | 2014 年 1 月 |
| 128. 雷州文化概论 | 司徒尚纪　著 | 2014 年 3 月 |
| 129. 粤大记（上、下册） | 〔明〕郭棐　撰<br>黄国声、邓贵忠　点校 | 2014 年 4 月 |
| 130. 岭南古史 | 胡守为　著 | 2014 年 4 月 |
| 131. 陈澧先生年谱 | 黄国声、李福标　著 | 2014 年 7 月 |
| 132. 粤海关志 | 〔清〕梁廷枏　撰<br>袁钟仁　点校 | 2014 年 7 月 |
| 133. 蔡鸿生史学文编 | 蔡鸿生　著 | 2014 年 8 月 |
| 134. 清代前期粤海关与十三行 | 陈国栋　著 | 2014 年 9 月 |
| 135. 广东民族关系史（新版） | 练铭志、马建钊、朱洪　著 | 2014 年 11 月 |
| 136. 广东先秦考古 | 杨式挺、邱立诚、冯孟钦、向安强　著 | 2015 年 3 月 |

| 书　名 | 作　者 | 出版时间 |
|---|---|---|
| 137. 香港简史（1840—1997） | 许锡挥、陈丽君、朱德新　著 | 2015 年 3 月 |
| 138. 清代广东笔记五种 | 〔清〕罗天尺、李调元　撰<br>林子雄　点校 | 2015 年 4 月 |
| 139. 汪兆镛文集 | 邓骏捷、刘心明　编校 | 2015 年 5 月 |
| 140. 岭南随笔（外五种） | 〔清〕关涵等　著<br>黄国声　点校 | 2015 年 5 月 |
| 141. 近代粤商与社会经济 | 张晓辉　著 | 2015 年 8 月 |
| 142. 岭南史地与民俗（新版） | 曾昭璇　著 | 2015 年 12 月 |
| 143. 广州简史（修订本） | 杨万秀、钟卓安　主编 | 2015 年 12 月 |
| 144. 岭南现当代散文史 | 陈剑晖　主编<br>黄雪敏、杨汤琛　副主编 | 2015 年 12 月 |
| 145. 廖恩焘词笺注（上、下册） | 卜永坚、钱念民　主编 | 2016 年 1 月 |
| 146. 东印度公司对华贸易编年史（1635—1834）（五册） | 〔美〕马士　著<br>区宗华　译　林树惠　校<br>章文钦　校注 | 2016 年 5 月 |
| 147. 陈恭尹诗笺校（上、下册） | 〔清〕陈恭尹　著<br>陈荆鸿　笺<br>陈永正　补订　李永新　补校 | 2016 年 5 月 |
| 148. 陈昌齐诗文集（上、下册） | 〔清〕陈昌齐　著<br>广州市雷州文化研究会、广东省立中山图书馆　编 | 2016 年 10 月 |
| 149. 广州湾史料汇编（第二辑） | 景东升、龙鸣　主编 | 2016 年 12 月 |
| 150. 粤讴采辑 | 朱少璋　编校 | 2016 年 12 月 |
| 151. 秦征南越论稿 | 林岗　著 | 2017 年 4 月 |
| 152. 岭南篆刻史 | 梁晓庄　著 | 2017 年 7 月 |
| 153. 岭南历代词选（新版） | 陈永正　著 | 2017 年 9 月 |
| 154. 岭南近代对外文化交流史（修订本） | 刘圣宜、宋德华　著 | 2018 年 1 月 |

续上表

| 书 名 | 作 者 | 出版时间 |
|---|---|---|
| 155. 学海堂与晚清岭南学术文化 | 〔美〕麦哲维 著<br>沈正邦 译 | 2018 年 3 月 |
| 156. 陈邦彦诗文集校注 | 〔明〕陈邦彦 著<br>王传龙 校注 | 2018 年 8 月 |
| 157. 岭南铜鼓 | 蒋廷瑜 著 | 2018 年 9 月 |
| 158. 厓山志 | 〔清〕黄淳等 撰<br>陈泽泓 点校 | 2018 年 10 月 |
| 159. 陈献章诗编年笺校（上、下册） | 〔明〕陈献章 著<br>陈永正 笺校 | 2018 年 12 月 |
| 160. 疍民历史文化与资料 | 吴永章、夏远鸣 著 | 2019 年 10 月 |
| 161. 清初丹霞天然年谱 | 李福标 著 | 2020 年 4 月 |
| 162. 陈瑸全集（三册） | 〔清〕陈瑸 著<br>唐有伯、龙鸣 整理点校 | 2020 年 9 月 |
| 163. 广州洋货十三行 | 彭泽益 著 | 2020 年 11 月 |
| 164. 宋湘诗文集 | 〔清〕宋湘 著<br>黄国声 校辑 | 2021 年 8 月 |
| 165. 雷州民系概论 | 司徒尚纪 著 | 2021 年 10 月 |
| 166. 明清佛山经济发展与社会变迁（新版） | 罗一星 著 | 2021 年 12 月 |
| 167. 岭南中医 | 沈英森、刘小斌、张军 主编 | 2022 年 1 月 |
| 168. 赵佗 | 胡守为 著 | 2023 年 11 月 |
| 169. 岭南三大家与清初文坛 | 王富鹏 著 | 2023 年 11 月 |
| 170. 客家风华（新版） | 胡希张、莫日芬、董励、张维耿 著 | 2023 年 12 月 |
| 171. 梁鼎芬诗词笺校 | 陈永正 笺校 | 2023 年 12 月 |
| 172. 张维屏先生年谱 | 黄国声、李福标 著 | 2023 年 12 月 |
| 173. 富马利中国见闻录 | 〔美〕富马利 著<br>〔美〕露西·皮博迪 整理<br>杨智文、陈安薇、黄勇 译注 | 2023 年 12 月 |
| 174. 广东古塔 | 陈泽泓 著 | 2023 年 12 月 |

| 书　名 | 作　者 | 出版时间 |
|---|---|---|
| 175. 岭南文学史（上、下册） | 陈永正　主编 | 2023 年 12 月 |
| 176. 广东十三行考·续考 | 梁嘉彬　著 | 2023 年 12 月 |
| 177. 广东的方言（新版） | 李新魁　著 | 2024 年 4 月 |
| 178. 广州历史地理 | 曾昭璇　著 | 2024 年 4 月 |
| 179. 黄埔军校史（1924—1927） | 曾庆榴　著 | 2024 年 6 月 |